# 担保制度論

私法研究著作集 第15巻

# 担保制度論

伊藤　進著

私法研究著作集　第15巻

信　山　社

# はしがき——第一五巻解題——

本書は、私法研究著作集全一三巻（第一期）発刊以降の、抵当権制度に関する課題（私法研究著作集第一四巻収録）以外の担保制度に関する課題につき検討した論稿を収録したものである。このため、既刊の物的担保論（私法研究著作集第四巻）、権利移転型担保論（私法研究著作集第五巻）、保証・人的担保論（私法研究著作集第六巻）および前述第一四巻『抵当権制度論』と共に、私の担保法理研究の過程を残すものである。ただ、今日、最も注目されている集合財産担保制度に関する諸論稿については、今後更に研究を深めた上で刊行することを予定している。

本書は大別すると、①担保制度一般に関わる論稿（***1・2***）、②人的担保制度に係わる論稿（***3〜10***）、③相殺に関わる論稿（***14〜16***）、④リースに関わる論稿（***18〜20***）、および⑤担保予約論を中心とするその他担保に関わる論稿（***11・12・21***）に分けられる。

①に関する「***1*** 倒産担保法による実体担保法理の変容」「***2*** 担保権消滅請求制度の担保理論上の問題」は、倒産法での担保法理の扱いによって実体法上の担保法理が修正されることはないのかとの視点から検討するものである。担保は倒産という究極の時点において、その効力を最もよく発揮するわけであるが、その時点において実体法上承認されている法的効力を発揮することができないというのであれば、倒産法によって実体担保法理は修正されたものといわざるを得ないとの命題にもとづいて検討したものである。

②に関する「***3*** 人的担保の基本問題」は、人的担保法理形成にあたってのグローバルな視点から問題提起したものである。具体的な課題の検討は、ここでは留保されているが、それらを検討する前提として基本的検討の意味を持つも

のである。「*4*『機関信用保証』論」は、前述*3*論文で提起した人的担保の類型論的検討の必要性の具体的実践的作業の一つとしての「機関信用保証」法理の形成を試みるものである。平成一七年の民法の口語化に伴う保証規定の改正にあたって、保証の類型により保証法理に差異を設けるという発想が導入されたことにより、かかる類型論的検討が今後も重要視されるのではないかと推測されるが、本稿は、それを先取りした実験的なものである。「*5* 信用保証協会約定書一二条免責条項」「*6* 信用保証協会約定書に基づく旧債振替免責の範囲」「*7* 保証協会保証における免責の法的性質」「信用保証協会の求償権の範囲に関する特約の効力」は、信用保証協会保証に係わる特約条項につき検討を加えたものである。これらの検討に当たっては、前述*4*論文で提言した「機関信用保証」法理が基底になっていることはいうまでもない。「*9* 中小企業金融に伴う保証の法的効力」「*10* 会社代表者個人保証の責任制限」も、保証の類型論的検討の一環である。これらの保証は、基本的には「経営責任保証」としての特質を有するものであることを前提としての解釈提言を行ったものである。それと共に、特に、前述*9*論文は、金融庁の「金融監督等にあたっての留意事項について―事務ガイドライン―第一分冊」(平成一五年)における中小企業金融に伴う保証のガイドラインを実体法の解釈においても導入する必要のあることを提言するものである。なお、平成一七年の保証規定の改正により貸金等根保証契約が導入されたことにより、この両論文で問題とした実際上の問題点は、今後は多少回避されることになったと思われるが、しかしそれは抜本的なものではなく、依然として両論文で提示した解釈的努力が必要ではないかと思われる。

③に関する「*14* 金融機関の信用供与債権と年金等の振込を源資とする預金債権との相殺」「*15* 年金等の振込口座による相殺の有効性」は、最高裁平成一〇年判決の妥当性と立法的解決の必要性を主唱するものである。この最高裁判決は、本件事案の第一審(釧路地裁北見支部)において主張した私見と基本的には共通するものであり、共感するものであった。ただ、現行法の解釈としては妥当しても、高齢化社会を迎えるにあたって年金振込口座との相殺を無条件に認めてよいか問題であり、若干の提言をしたものである。「*16* 順相殺と受働債権の転付債権者からの逆相殺の優劣」は、最高裁昭和五四年判決を評釈するものであり、相殺の期待関係にある状態への第三者の介入の態様によっては、その効

果に差異があってもよいとの命題の下で妥当するものである。
④に関する「*18* 米国統一商事法典におけるリース規定と公示制度」はアメリカにおけるリース制度を紹介するものであり、「*19* リース料等債務不存在確認請求事件」は医療用ソフトウエアリースのファイナンスリース性を否定するものであり、「*20* リース物件を使用できない場合のリース料支払義務」は最高裁平成五年判決を評釈するものである。
⑤に関するものの内「*21* 担保的予約の総括的検討」は、これまで担保的予約と呼ばれてきた制度を総括的に検討し、これらを本来型予約とは異なる「担保予約」として構成する必要のあることを提言するものである。その他の「*11* 新借地借家法と担保権の設定・管理」「*12* 担保保存義務免除特約の効力」「*13* 譲渡担保権設定者の受戻権放棄と清算金支払請求」は、タイトルにみられる課題について検討するものである。
なお、本書は、前述のように既刊の私法研究著作集（第一期）の続編として編まれたものである。その発刊の趣旨は、既刊書において述べたのと同様であって改めて言及しない。
本書の刊行にあたっては、信山社の今井貴氏および稲葉文子氏の一方ならざるご協力を得たことについて感謝するしだいである。

平成一七年五月

伊藤　進

**担保制度論**（私法研究著作集　第一五巻）**目　次**

# 担保制度論（私法研究著作集 第一五巻）

## 〈初出一覧〉

1 倒産担保法による実体担保法理の変容――民事再生法上の担保権の原則的取り扱いによる変容――……〔法律論叢七三巻四・五合併号（明治大学法学部創立一二〇周年記念）二〇〇一年一月〕
2 担保権消滅請求制度の担保理論上の問題――実体担保法理と倒産担保法理の関係に関する一考察――……〔ジュリスト一一六六号　一九九九年一一月〕
3 人的担保の基本的問題……〔ジュリスト一〇五三号　一九九四年一〇月〕
4 「機関信用保証」論――法人保証の提唱を契機として――〔椿寿夫編・法人保証の現状と課題　二〇〇〇年一〇月〕
5 信用保証協会約定書一一条二号免責条項〔改題〕……〔保証債務履行請求控訴事件に関する意見書　二〇〇三年一月〕
6 信用保証協会約定書に基づく旧債振替免責の範囲〔改題〕……〔保証債務履行請求控訴事件に関する意見書　二〇〇四年四月〕
7 保証協会保証における免責の法的性質……〔金融法務事情一五二五号　一九九八年九月〕
8 信用保証協会の求償権の範囲に関する特約の効力……〔椿・伊藤・大西・秦・堀編・担保の判例Ⅰ　一九九四年六月〕
9 中小企業金融に伴う保証の法的効力〔改題〕……〔銀行法務21　六二三号、六二六号、六二八号、六三一号、六三二号、六三三号、六三四号　二〇〇三年一一月～二〇〇四年七月〕
10 会社代表者個人保証の責任制限〔改題〕……〔保証債務履行請求控訴事件に関する意見書　二〇〇四年四月〕
11 新借地借家法と担保権の設定・管理〔改題〕……〔第一東京弁護士会法務実務研修・平成四年度春季研修録　一九九三年五月〕
12 担保保存義務免除特約の効力……〔塩崎勤・秦光昭編・現代判例法大系二四巻　一九九八年九月〕

13 譲渡担保権設定者の受戻権放棄と清算金支払請求〔最判平成八年一一月二二日〕……〔私法判例リマークス一六号　一九九八年三月〕

14 金融機関の信用供与債権と年金等の振込を源資とする預金債権との相殺……〔金融法務事情一五四六号　一九九九年五月〕

15 年金等の振込口座による相殺の有効性——釧路地裁北見支部平成八・七・一六判決をめぐって——……〔銀行実務四四五号　一九九六年一〇月〕

16 順相殺と受働債権の転付債権者からの逆相殺の優劣〔改題〕……〔椿・伊藤・大西・秦・堀編・担保の判例Ⅱ　一九九四年六月〕

17 担保・保証概観……〔金融判例研究四号　一九九四年九月〕

18 米国統一商事法典におけるリース規定と公示制度……〔月刊リース三二巻四号、五号、一〇号　二〇〇二年四月、五月、一〇月〕

19 リース料等債務不存在確認請求事件〔改題〕、〔リース料等債務不存在確認請求事件に関する意見書　二〇〇三年七月〕

20 リース物件を使用できない場合のリース料支払義務……〔民商法雑誌一一三巻三号　一九九五年一二月〕

21 担保的予約の総括的検討……〔椿寿夫編・予約法理の総合的研究　二〇〇四年四月〕

# 担保制度論

# 1　倒産担保法による実体担保法理の変容
## ――民事再生法上の担保権の原則的取り扱いによる変容――

## 一　問題の所在

民事実体法と倒産法との関係についての研究は、近時、とみに注目されてきている[1]。そのなかで、特に、実体法上の担保法理（以下、実体担保法理と呼ぶ）と倒産法上の担保の取り扱い（以下、倒産担保法と呼ぶ）との関係について、理論的にも実務的にも関心が寄せられている。その直接の契機となったのは民事再生法の制定である。民事再生法において担保権消滅請求制度が導入されたことにより実体担保法理の変容が顕著になったことによる。そこで、私は、かって倒産担保法と実体担保法理の関係全体について再検討を行う必要のあることを指摘した[2]。ところで、倒産担保法と実体担保法理の関係全体について再検討を行う必要性についての問題意識は、以下のようである。

担保制度の窮極的機能の場面は、債務者の信用状態が悪化し債権の回収が困難になった場面、その窮極の倒産手続場面で債権の回収を図る機能を発揮することである[3]。このため、実体担保法理では、このことを前提として、各担保権について、そのような場面で、どれだけ有効性を発揮でき、あるいは限界づけられるかを前提として、その内容を形成してきているものといえよう。

このようなことから、倒産法と実体担保法理の関係については、倒産法の任務は、倒産手続に中で、実体法上の担保法理を実現するのが原則である(4)。実体法上で決めたことを倒産手続で実現することであり、実体法上の担保法理と倒産法上の担保法理には矛盾・齟齬があってはならないとか、実体法上の担保法理の変容はあり得ないとするのが従来の一般的見解であった。しかしこれに対して、倒産法では、実体法上の担保法理に従うことを前提としながらも、実体法上の担保法理は平時におけるもので、倒産手続では、その手続目的に応じて変容させることは許されるとの考え方が有力になりつつある(5)。このことの結果としては、倒産法上の担保の位置づけ、取り扱いによって、実体担保法理に変容の生ずることは必然である。それだけではなく、倒産手続が清算型か再建型によっても変容の内容が異なることもあり得ることになる(6)。そしてこのような考え方に立って立法されたのか民事再生法であろう。

ところが、これまでの担保法研究の姿勢についてみると、実体担保法学者の研究の基本的姿勢は、実体法上の担保法理の解釈、適用及び法理形成の検討を中心とするものであった。もっとも、一部の学者は、倒産手続場面を視野にいれている場合もあるが、それは実体法上の担保法理から演繹して、担保権が倒産手続上、どのように位置づけられるべきか、どのように取り扱われるべきかに注目していたにすぎない。他方、倒産法学者も、実体法上の担保法理から演繹しての、倒産法上での位置づけ、取り扱いから出発した上で、実体担保法理との整合性を提示する程度であったと思われる。担保実務家は倒産法上での担保権の取り扱いを重視する傾向が強かったといえるが、倒産担保法の内容把握や解説に終始していたきらいがある。判例の姿勢は倒産法上での位置づけを前提としての解釈適用に重点が置かれ、実体担保法理の修正は視野に入れていなかっといえよう。さらには、倒産立法に際しても、実体法上の担保法理から演繹して倒産法上の取り扱いを検討した後に、倒産法理による修正が行われるにとどまっていた。それが、実体法上の担保法理の修正には直結していないし、実体担保法規定の改正は基本的には視野に入れていなかったといえる。

しかし、これまでのような、このような担保法研究の基本姿勢では、倒産担保法による実体担保法理の変容を捉えることはできない。担保法研究においては、倒産担保法による実体担保法理の変容のあることを前提として対応しなければならない。このためには、実体担保法から出発して倒産法上の位置づけ、取り扱いや実務処理を検討するという従来の視点からの検討を止揚し、意識的に、倒産法上の位置づけ、取り扱い、実務処理、倒産判例から出発し、倒産法上での理論を実体法上の担保法理に当てはめて実体担保法理にどのような変容が生じているかの視点に立っての検討が必要である。そして、かかる検討の後に、平時における実体担保法理と倒産時における実体担保法理という二元的担保法理を承認し担保法理論を構築するのか、倒産担保法により変容した実体上の担保法理のみが担保法理であるとして一元的に実体担保法理を再構築するのかの選択、あるいは両者が融合して実体担保法理を形成することが可能なのかについての議論が、今後の担保法研究の重大な課題になるものと思われる(7)。

本稿は、かかる課題の存在することを検証するための序論的研究である。直接的には、民事再生法上の担保の取り扱いを素材に、実体担保法理がどのように変容したかを検討し、その課題を提示するものである。

(1) 日本私法学会第五〇回大会（平成一二年一〇月八日・明治大学）でのシンポジウム「倒産手続と民事実体法」、野村豊弘ほか・倒産手続と民事実体法（別冊NBL六〇号）〔商事法務研究会・二〇〇〇年〕に見られよう。

(2) 拙稿「担保権消滅請求制度と担保理論上の問題―実体担保法理と倒産担保法理の関係に関する一考察」ジュリ一一六六号九六頁参照。

(3) 石渡哲「別除権の意義・要件・性質及び種類」判タ八三〇号一九五頁。

(4) 山木戸克己・破産法（青林書院新社・一九七四年）一六〇頁、谷口安平・倒産処理法（第二版）〔筑摩書房・一九八〇年〕二一九頁、斉藤秀夫＝麻上正信・注釈破産法（改訂版）〔青林書院・一九九二年〕五三〇頁など通説的見解である。石渡教授の、倒産手続の基本的特性である債権者の平等に特例を設けて優先的地位を与えるには実体法によりその根拠が提供されなければならないし、実体法により優先的地位を付与された者が、倒産手続において優先的に扱われることは、平等の要請にかなうものであるとする見解（石渡・前掲一九五頁）も、同旨であろう。

(5) 鎌田教授は「実体法的法政策の側面では、何が真の『平等』であり、倒産法に期待される社会的機能をよりよく果たすためにはいかなる破産政策を探ることが望ましいかという点につき、緒外国の経験やわが国の実状を踏まえつつ、総合的・多角的な検討をする必要がある。」「個別執行を前提として組み立てられてきた担保法学は、集団的包括的執行としての倒産手続をも包摂しうるものへの衣替えがせまられているであろう。」と指摘され、このことを積極的に展開しておられる（鎌田薫「倒産法における物的担保権の処遇—民法学の立場から」民事訴訟法学会シンポジウム報告書［一九九九年］四頁。山本(和)教授も同様の視点に立って検討されている（山本和彦「新再建型手続における担保権の処遇と国際倒産」倒産法改正の方向（シンポジウム）報告書［一九九九年］一四頁以下。

（6）森田修「倒産手続と担保権の変容—優先弁済権の範囲と任意売却の促進」野村ほか・前掲書八六頁。

（7）本稿のような視点での検討の結果、実体担保法理の二元的構成にしろ、一元的構成にしろ、今後は担保法体系書や教科書の書き換えも視野にいれなければならないであろう。

## 二　民事再生法における担保権の原則的取り扱いと実体担保法理の変容

### 1　特別の先取特権・質権・抵当権

(イ)　民事再生法の取り扱い

特別の先取特権・質権・抵当権についての民事再生法上の取り扱いは以下のようである。

(i)　**特別の先取特権・質権・抵当権の実行としての競売手続の中止命令**（法三一条）　民事再生法は、再生手続開始の申立てがあった場合の特別の先取特権・質権・抵当権の取り扱いとして、裁判所は、利害関係人の申立て又は職権で、再生債権者の一般の利益に適合し、かつ競売申立人に不当な損害を及ぼすおそれがないと認めるときは、相当の期間、担保権に基づく競売手続の中止を命ずることができるとしている。これは、特別の先取特権・質権・抵当権の実行によって、再生債務者の事業又は経済生活の再生のために不可欠な目的財産が失われるのを一時的に回避するのが狙いである。(1) 実質的には、この間に再生債務者等が担保権者と交渉して和解などの解決を図るための時間的猶予を与え、(2) あるいは民事再生法で新たに導入された担保権消滅請求の実効性を確保するものでもある。(3)

(ii)　**再生手続によらないで行使できる目的財産に対する別除権の承認**（法五三条一項、二項）　特別の先取特権・質権・抵当権者は、これら担保権の目的となっている財産から、再生手続による制限を受けることなく、これら担保権に基づく競売手続によって優先弁済を受けることができる。

**(iii)　別除権で弁済を受けることのできない債権部分（不足額部分）の再生債権者としての権利行使**（法八八条本文、八八条ただし書）　特別の先取特権・質権・抵当権者は、別除権行使によって弁済を受けることのできない債権部分（不足額部分）については、再生債権として、行使できる。これは、不足額の原則ないし不足額責任主義を採用するものである。(4)また、別除権行使で弁済を受けることができないと見込まれる債権部分（予定不足額部分）についても再生債権として行使できる。なお、権利の実行等が終了していないがために、不足額部分が確定していない場合でも、別除権の行使によって弁済を受けることができないと見込まれる債権の額、いわゆる予定不足額を届け出ることによって再生債権として行使できる。すなわち、実行による不足額の確定を待たずに、別除権者が再生債権者として権利行使する途を広げるのが目的であるが、そこでは一つの被担保債権の量的一部を担保されない債権とすること（別除権の一部放棄）ができることを前提とするものであるとされている。(5)なお、この場合には、再生計画で、不足額部分が確定の場合の権利の行使に関する適確な措置の定め（法一六〇条一項）が行われる。そして、不足額部分が確定した場合は、その部分について認可された再生計画に基づいて権利を行使できる（法一八二条本文）。

**(iv)　再生手続開始後に担保されないことになった債権の再生債権化**（法八八条ただし書）　別除権により弁済を受けることのできた被担保債権について、更生手続開始後に、別除権となる担保権の放棄、被担保債権の減額の合意、根抵当権の確定の合意などにより担保されないことになった債権の全部又は一部は再生債権になる。これに関連して、更生手続開始後に、別除権となる担保権を放棄した場合、当事者間での被担保債権額のみの減額の合意、法一六〇条二項による根抵当権の場合の仮払いの定めにもとづく一部弁済などにより被担保債権額が減額し、被担保債権の全部又は一部が担保されなくなったが、これらにつき未登記の状態で抵当権が譲渡された場合、抵当権の譲受人は減額前の被担保債権の全額につき別除権を行使できるか問題になる。このような被担保債権額の減額は、当事者間では、減額の登記がなくても有効である。再生債務者は、被担保債権額の減額を抵当権の譲受人に対抗できるかである。特定の債権者と再生債務者間のみならず、一般的に効力を主張しうる状態となる必要のあることから、登記又は登録を経なければならないとする見解[6]がみられる。これに対して、民事再生法では前述のように再生手続開始後に担保されないことになった債権は、再生債権としてしか行使できないものとしている。このことを前提とすると登記又は登録がなくてもよいと解すべきであるとする考え方もある[7]。法八八条ただし書は、そこまでの効力を有するものがどうかである。

(ロ)　実体担保法理の変容

特別の先取特権・質権・抵当権についての民事再生法上の前述のような取り扱いによって、実体担保法理に変容がみられるかどうかである。

(i)　**特別の先取特権・質権・抵当権の実行**　特別の先取特権・質権・抵当権者は、実体担保法理上、被担保債権の弁済期が到来しても債務者が弁済をしない場合には、いつでもすきな時に、換価権に基づいて実行し[8]、被担保債権につき優先弁済を受けられる。この場合の実行方法としては、いずれも原則としては、民事執行法の規定に従った競売手続によることになる。このため、民事再生法による競売手続の中止命令（法三一条）は、このような特別の先取特権・質権・抵当権者に認められている実体担保法理上の任意の換価実行権を「相当の期間」制限することになる。ただ、動産質権の簡易な弁済充当による実行方法（民法三五四条）や、債権質権者の目的債権の直接取立による実行方法（民法三六七条）をも制限することになるのかは明らかでない。もっとも、前者については簡易な弁済充当を認めるか否かの「正当の事由」の判断の時点で調整が可能であることから民事再生法であえて中止命令規定を置く必要がない。後者に関しては、法三一条は競売手続の中止命令に限っていることから、目的債権の債務者が質権者に任意に弁済することを中止させること、あるいは民事執行法に基づいて裁判所が質権の実行として差押えた場合に、これを中止させるものと解することはできないであろう。そうだとすると、これらの実行方法による換価実行権は変容していないということになる。なお、抵当権については、特別の先取特権や流質契約が禁止されている質権（民法三四九条）と異なり、抵当権者と抵当権設定者との特約により定めた方法での行使が可能であるとされている[9]。これは、抵当権の合意による任意換価実行権ともいえるものである。このため、実務においても、法定手続によらないで、任意的に目的財産を処分し、その処分代金から優先的に被担保債権の回収を図る手段として任意処分（任意売却）の方法によるのが抵当不動産の六割程度にも達しているといわれている。[10] この任意処分には、処分時に担保提供者の協力を得て任意処分する方法（共同実行型）と、担保設定時にあらかじめ担保権者が担保提供者から任意処分できる旨の特約をとりつけておき、その特約に基づいて、担保権者が一方的に任意処分する方法（債権者単独実行型）があるとされている。[11] 例えば、銀行取引約定書四条三項では「担保は、かならずしも法定の手続によらず一般に適当と認められる方法、時期、価格等により貴行において取立または処分のうえ、その取得金から……債務の弁済に充当できるものとし」と定められ、後者の例といえよう。ところで、共同実行型の任意処分の場合については、競売中止命令との関係は観念できない。問題は債権者単独実行型の任意処分との関係である。もっとも、実務では、債権者単独実行型は例外的に考えられるにすぎないとされていることから、実際にはそれほど問題にならないとも思われるが、実体法上の抵当権の変容を見るにあたっては、理論的には重要である。しかし、民事再生法では、このような債権者単独実行型の任意処分を中止させることはできないようである。このことからすると実体法上で認められている抵当権の合意による任意換価実行権は変容していないといえよう。

（ii） **特別の先取特権・質権・抵当権の優先弁済力**　特別の先取特権・質権・抵当権には、目的財産の価値から、他の債権者に優先して、被担保債権につき弁済を受けることのできる優先弁済力がある。この優先弁済力こそが、特別の先取特権・質権・抵当権の本体的効力である。民事再生法では、特別の先取特権・質権・抵当権者は、その目的財産につき別除権があるとする（法五三条一項、二項）。このことによって、その目的財産が民事再生の対象になっている場合でも、当該担保権の通常の実行方法によって、個別的に他の債権者に優先して弁済を受けることができる。このため、民事再生法上の取り扱いにおいても、特別の先取特権・抵当権については、実体担保法上の本体的効力とされる優先弁済力については維持されていることから本体的効力上の変容はないということになる。また、質権についても、優先弁済力に係わる限りでは同様である。

ても、この効力は変容していないのかどうかである。再生手続開始によって、質権の留置的効力が消滅するか否かについては明らかでない。そこで、破産の場合の別除権は、担保目的財産を破産財団に属することを前提として、その金銭価値のみを別除させる権利であると解されている[12]。再生手続の場合の別除権も、同様に、再生債務者財産に属することを前提として、その金銭価値のみを別除する権利ということになるものと解されるが、このような別除権の行使として、担保目的物の留置的効力を主張できるかである。質権が別除権として取り扱われることと、特別の先取特権や抵当権が別除権として取り扱われることとの間には変わりはないとすると、別除された金銭価値のみから優先的に弁済を受けることができるだけで、質権が別除権として取り扱われることになったからといって留置的効力まで認められるものではないと解することができる。そうだとすると、実体担保法理上の質権の留置的効力は優先弁済力に収斂するという形で変容したことになる。実体担保法理では、質権の留置的効力については、優先弁済力と共に質権の本体的効力であると解する見解[13]と、優先弁済的作用を促進する補助策にすぎないと解する見解[14]が基本的に対峙していることは周知の通りである。しかし、民事再生法では、前述のように解すると、後者の見解に立つことになり、このような実体担保法理上の論争を規定してしまうことになろう。そこで、このような考えからすると質権の留置的効力は倒産に至らない平時の質権法理においてのみ存在する効力にすぎないもので、倒産に至った段階では観念できない効力であると説明しなければならないことになろう。もしそうだとすると民法が約定担保物権として、占有担保としての質権と非占有担保としての抵当権を区別して制度化したことに、どれだけの意味があったということになるのか。窮極的には優先弁済力に収斂されてしまうとすると、それまでの過程時点での差異にすぎないということになる。これに対し、民事再生法は、再生手続開始によって質権の留置的効力を消滅させるものではないと解することもできる[15]。このように解するときは、実体担保法理上の質権の効力は変容していないことになる。ただ、質権には別除権行使として競売申立てを行い優先弁済を受けることができる状態にあるにもかかわらず、留置的効力をも認めて目的財産を留置しておく必要があるのかの疑問が

生ずる。(16)

（ⅳ）**一般財産からの弁済**　特別の先取特権・質権・抵当権者は、被担保債権の効力としての摑取力によって、債務者の一般財産にもかかってゆくことができる。ただ、民法三九四条は、抵当権者について、抵当不動産の代価から弁済の受けられなかった債権部分についてのみ、一般財産から弁済を受けることができるにすぎないとして制限している。そして、特別の先取特権者（民法三四一条）や不動産質権者（民法三六一条）にも、これが準用されている。ただ、動産質・権利質権者については、かかる制限はなく、まず債務者の一般財産から弁済を受け被担保債権が減少しても不可分性から質権は消滅することなく、実行できることになる。この場合も、そのことによって満足の得られなかった債権部分については、なお一般財産にかかっていくことができることになる。民事再生法では、不足額責任主義を採用して再生債権として行使できるものとして取り扱っている（法八八条、法一八〇条）。とくに、不足額が確定しない場合でも予定不足額確定主義によって再生債権として取り扱っている（一六〇条一項）。この点は、破産法では、不足額部分が証明できない場合には配当から除斥（破産二七七条）されることによって、和議法では和議条件により弁済の受けられる範囲について確定不足額説と債権全額説(17)とが存在し、前者によるときは不確定不足額部分については一般財産にかかっていくことができなくなり、実体担保法理の変容の余地のあることと比較すると、民事再生法では実体担保法理での不足額部分の一般財産からの弁済の徹底が図られているといえる。

（ⅴ）**原抵当債権減額後の抵当権の譲渡**　抵当権の譲渡の結果として、抵当権の譲受人は、譲渡人の抵当権によって把握されている担保価値の範囲において、特に被担保債権額の範囲内で優先弁済権を取得することになる。(18)ただ、その際、抵当権の譲渡前に、被担保債権につき一部弁済され、あるいは減額の合意によって被担保債権が減額していたのに、被担保債権の減額の登記が行われないままで抵当権が譲渡された場合に、譲受人は登記上の被担保債権額の範囲において優先弁済を受けることができるかどうか問題になる。このことに関して、原抵当債権の消滅後に抵当権の単独処分が行われた場合には、原抵当権の設定登記が抹消されていなくても、附従性の原則により原抵当権の消滅を対抗できるから、通知・承諾による対抗要件を具備していても対抗力を有しないとの見解からすると、少なくとも一部弁済による減額の場合には、減額の登記なくして、債務者は抵当権の譲受人に被担保債権額の範囲の減少を対抗することができることになろう。また、この立場からすると合意減額の場合も同様に考えることができよう。しかしこれに対して、減額の登記がなされていないことから抵当権の譲受人に不利益の生ずることを考えると、被担保債権の範囲の減額を主張するために登記が必要であるとの見解も成り立ち得よう。そこでもし、民事再生法が再生手続開始後に担保されないことになった債権は再生債権となり（法八八条ただし書）、別除権を認めないものとしたと解するときは、登記不要説に立つものであり、解釈上の争いを止揚したといえよう。[19]

（1）花村良一・民事再生法要説［商事法務研究会・二〇〇〇年］一一一頁。
（2）花村・前掲書一一一頁、深山卓也＝花村良一＝筒井健夫＝菅家忠行「民事再生法の要点（2）」ＮＢＬ六八一号三四頁、小海隆則「再生債務者の財産の保全」才口千晴ほか編・民事再生法の理論と実務（上）［ぎょうせい・二〇〇〇年］二一四頁。
（3）田頭章一「民事再生手続における保全処分・中止命令等」ジュリ一一七一号二三頁。
（4）山本克己「民事再生手続開始の効力」ジュリ一一七一号三二頁。
（5）山本・前掲三二頁。
（6）花村・前掲二五六頁。
（7）現代担保法研究会（第二八回・一九九九年六月）での田原睦夫弁護士の発言。
（8）近江幸治・担保物権法［弘文堂・一九八八］三頁以下。なお、民事執行法による担保権の実行も、担保権としての換価権に基づく競売と解されている（近江・前掲書九八頁、同旨三ケ月章「任意競売と強制競売の再編成」民事訴訟法研究六巻一三八頁以下、中野貞一郎「担保権実行の基礎」民商法五〇周年論集・二〇八頁以下）。これに対して、換価権は抵当権や質権には観念できないとの見解もある（生熊長幸「執行権と換価権」法学と政治学の現代的展開二八〇頁、高木多喜男・担保物権法［有斐閣・一九八四年］八六頁など）。
（9）柚木馨＝高木多喜男・新版注釈民法(9)［有斐閣・一九九八年］一九三頁（上田徹一郎）。
（10）上野隆司監修・任意処分の法律と実務［きんざい・一九九二年］三頁。

(11)　上野・前掲書二頁。
(12)　中野貞一郎「別除権」末川博編・民事法学辞典（下）〔有斐閣・一九六〇年〕一八〇八頁。
(13)　我妻栄・新訂担保物権法〔岩波書店・一九六八年〕一三二頁、柚木馨＝高木多喜男・担保物権法（第三版）〔有斐閣・一九八二年〕一〇一頁、鈴木禄弥・物権法講義〔三訂版〕〔創文社・一九七九年〕二二一頁、高木・前掲書五五頁、近江・前掲書七四頁、拙稿「質権」新版民法演習2〔有斐閣・一九七八年〕一六五頁。
(14)　林良平編・注釈民法・〔有斐閣・一九六五年〕二五九頁〔石田喜久夫〕、川井健・担保物権法〔青林書院・一九七五年〕二三三頁、槇悌次・担保物権法〔有斐閣・一九八一年〕八八頁、同旨大判大正五・一二・二五民録二二輯二五〇九頁。
(15)　なお、最高裁判決では、破産手続における商事留置権については、破産宣告後も留置権能は消滅しないとしている（最判平成一〇・七・一四民集五二巻五号一二六一頁、判時一六六三号一四〇頁、金法一五二七号六頁、金商一〇四六号三頁、最判平成一〇・七・一四金法一五二七号一二頁、金商一〇五七号二八頁）。
(16)　なお、このことに関連して、破産宣告の場合には、商事留置権は特別の先取特権として別除権が認められていることから、原則として留置的効力は消滅するとした判例がある（東京高決平成一〇・一一・二七判時一六六六号一四三頁、金商一〇五九号三二頁、金法一四五〇号六一頁）。
(17)　東京地判平成八・一一・二一判時一六一三号一一六頁。
(18)　柚木＝高木編・前掲書三六九頁〔山崎寛〕。
(19)　柚木＝高木編・前掲書四〇七頁〔山崎〕、西沢修「抵当権の処分の対抗要件―わが民法における抵当権の附縦性に関する一考察」関学一七巻四号四一八頁。

## 2　根抵当権

(イ)　民事再生法の取り扱い

根抵当権についての民事再生法上の取り扱いは、原則として前述の特別の先取特権・質権・抵当権と異なるところはない。すなわち、（ⅰ）根抵当権の実行としての競売手続の中止命令（法三一条一項）が適用されること、（ⅱ）元本確定前の根抵当権や元本確定後で極度額を超えない根抵当権は別除権として取り扱われる（法五三条）こと、（ⅲ）不足額部分又は予定不足額部分についての再生債権としての行使（法八八条本文、八八条ただし書）は、抵当権と同様である。ただ、根抵当権特有の取り扱いについてみると、以下のようである。

(iv) **元本の確定した根抵当権の特例としての仮払い**（法一六〇条二項・一六五条二項・一八二条但書）　担保すべき元本の確定した根抵当権については、極度額を超える部分につき、根抵当権者の同意を得て（法一六五条二項）、仮払に関する定め及び根抵当権の行使によって弁済を受けることができない債権の部分が確定した場合における清算の措置を定める（法一六〇条二項）ことによって、再生計画によらないで仮払いを受けることができる（法一八二条但書）。

(ロ) 実体担保法理の変容

根抵当権についての実体担保法理の変容については、民事再生法上の（i）～（iii）の扱いに対応しては、前述の抵当権の場合と同様である。

(v) **元本の確定後の流動性への影響**　実体担保法理では、元本の確定により極度額を超えていても根抵当権によって弁済を受けることのできない債権部分は確定するわけではない。確定により元本債権の流動性が失われるが、確定後、根抵当権の実行時までに発生する利息債権等は増加し続けるし、被担保債権が保証債務の場合には主債務の弁済により被担保債権が減少するなどの流動性がある。確定した根抵当権の極度額を超える部分の仮払いは、最終的には清算の措置を予定しているとはいえ、このような流動性を喪失させることになろう。

(vi) **根抵当権者の優遇**　前述のように根抵当権は元本の確定後も流動性をもっている。このことから、元本確定後に被担保債権額が減少することもあり得る。それにもかかわらず、一般債権者として弁済を受けられる金額を超えた部分につき仮払いとして支払を受け得る可能性があるということは、一時的にではあるが、実体担保法理での根抵当権の効力を強めることになろう。このような仮払いの定めは、根抵当権者の利益のために認められたということであるが[1]、流動性を喪失させてまで、なぜ、このような強化を図る必要があったのか問題である。根抵当権は、商事抵当権とも呼ばれているが、このように商事取引上の債権を担保するという性格の濃いものであることを重視したことによるものであろうか。

（1） 花村・前掲書四五三頁、深山卓也＝花村良一＝筒井健夫＝菅家忠行「民事再生法の要点（4）」NBL六八三号四七頁。

## 3 商事留置権

### (イ) 民事再生法の取り扱い

商事留置権についての民事再生法上の取り扱いは、原則として前述の特別の先取特権・質権・抵当権と異なるところはない。ただ、商事留置権特有の問題に限定してみると、以下のようである。

**（i） 目的財産に対する別除権の承認**（法五三条一項、二項） 商事留置権者は、特別の先取特権・質権・抵当権者と同様に、これら担保権の目的となっている財産から、再生手続による制限を受けることなく、競売手続によって弁済を受けることができる。債権を保全するために自己の占有に帰した債務者の財産を留置できる権利のうち、後述のように民事留置権については別除権を認めないで、商法の規定による留置権についてだけ別除権を認めた点に注目される。

**（ii） 直接の別除権の承認**（法五三条一項） 民事再生法は、商事留置権者に、別除権を認めるに当たって、直接、「目的である財産について、別除権を有する」として取り扱っている。現行の破産手続においては、商事留置権を特別の先取特権とみなすことにより、別除権として取り扱い、その順位は特別の先取特権に後れるとしている（破産法九三条一項）のと異なっている。このような取り扱いをしたことについては、①商事留置権者は、再生手続において、他の再生債権者は再生手続開始の効力によって個別的権利行使が禁止されることから、事実上、優先的満足を受け得る可能性が高いこと、②特別の先取特権とみなすと実行が容易になるが、再生手続では、商事留置権者に格段の権利保護を与えてまで別除権の行使を促す必要性に乏しいこと、③再生手続開始後に特別の先取特権とみなすと、再生手続開始前は一般優先権のある債権に劣後していたのに、再生手続開始の一事をもって順位が逆転することなどのためであるとされている。[1]

(ロ) 実体担保法理の変容

商事留置権の実体担保法理上の変容については、基本的には前述の特別の先取特権・質権・抵当権の場合と同様である。ただ、特有の問題としては、以下のことが問題となる。

(i) **商事留置権と民事留置権との差異** 両者は、債権者は債権を保全するため、自己の占有に帰した債務者の財産を留置する点で共通するが、前者は保全される債権と自己の占有に帰した財産との間に牽連性があるか否かにかかわらず成立するのに対して、後者は牽連性を必要とする点に差異があるとされている。しかし、この両者の関係については、実体担保法上では差異は本質的なものではないとして否定する見解、[2] 両者の本質的区別を強調し、後者は公平の維持と抗弁権的性質に基づくものであるが、前者は債権者の占有に帰した債務者の所有物をもって債権を担保せしめることを主眼とする担保物権[3]であるとして前者に担保物権性を強調する見解、前者について質権設定による種々の不便をさけ信用取引の迅速と安全を帰した点にあるとして[4]担保性に注目する見解、両者共に公平の観念に基づくが、その公平の観念が両者で異なり、前者は商取引における信用の維持と安全確実なる取引関係の持続にあり、個別的傾向を失わせて商人の活動を全体的に把握するものであるとの見解など[5]がみられる。[6] 民事再生法において両者の取り扱いに差異を設けたことは、両者に本質的差異があるとする見解に軍配を挙げるもので、実体担保法理の議論を規定することになる。なお、商事留置権者に別除権を認めたのは、事実上、優先的満足を受けることができる可能性が高いと考えられるからであるとの見解がみられる。その趣旨は、商事留置権者は債権について弁済を受けるまでは目的財産を留置できることから、目的財産の引き渡しを受けようとするものはまず弁済をしなければならないからとの理解によるものと推測される。しかしそうだとすると民事留置権についても同様のことがいえるのであるから、別除権を承認して、このような事実上の担保力を維持すべきであるということになる。すなわち、商事留置権に別除権を認めることについての、以上のような見解からすると両者に別除権を認めるべきであって、前者にのみ認めたことの理由にはならない。結局のところは、民事留置権よりも、商人間の取引を前提とする商事留置権の商事担保権性に注目したものであって、実体担保法理上も担保権としての性質に差異があるものと位置づけたものといえる(7)。

(ii)　**商事留置権の担保力**　商事留置権には、実体担保法理では留置的効力、果実に関する優先弁済権、競売権能(8)があるが、優先弁済力はないとするのが通説的見解である。

そこで、まず優先弁済力については、どうかである。民事再生法では、破産手続のように、商事留置権を特別の先取特権とはみなしていない。また、商事留置権を特別の先取特権とみなすことなく、直接、別除権を認めた理由として、前述のように、再建型の再生手続では破産手続と違って格段の権利保護を与える必要性に乏しいこと、特別の先取特権とみなすことによる順位逆転の不合理性などが指摘されている(9)ことからすると、破産手続のように特別の先取特権とみなすことによる優先弁済力の付与(10)は考えられていないということになろう。この点については、破産手続と異なり、実体担保法理の変容は生じていないことになる。

ついで、留置的効力についてみると、民事再生法では明文の規定は存在しない。ただ、商事留置権者に別除権を認めたことにより、商事留置権の効力とされる留置的効力を、再生計画の拘束を受けないで主張できると解することができるかどうかである。最高裁判決は、商事留置権の留置権能については、破産手続との関係では、破産法九三条一項で「『特別ノ先取特権ト見做ス』という文言は、当然には商事留置権者の有していた留置権能を消滅させる意味であるとは解されず、他に破産宣告によって右留置権能を消滅させる旨の文言は存在せず」「商事留置権者が適法に有していた手形に対する留置権能を破産宣告によって消滅させ、これにより特別の先取特権の実行が困難となる事態に陥ることを法が予定しているものと考えられない」と解している(11)。民事再生法では、明文上も、破産手続のように特別の先取特権とみなされることにより生ずる留置的効力の喪失の疑問は生ずる余地のないことからすると、なおさら問題なく留置的効力は存続するものと解される。このような解釈によるものとすると、実体担保法理での留置的効力は存続することになり変容は生じていないことになる。ただ、前述の最高裁判決の事案は、商事留置権者が留置物である手形につき、法律に定める方法によらないで、銀行取引約定書四条四項により取り立てる権限を有する場合であったことに着目して、その後の下級審判例では留置的効力が消滅する場合があると解するものがみられる[12]。すなわち、建築請負人による土地の占有が商法五二一条所定の占有と評価できることを理由に、土地についても商事留置権を取得することを認めた上で、破産法九三条一項の趣旨は、「商事留置権を特別の先取特権とみなすことにより、商事留置権の担保的機能を維持しつつ破産管財人による当該物件の管理及び換価を容易ならしめ、もって破産手続の円滑な遂行を図ることにあり、また商事留置権が法律で定められた方法により特別の先取特権を実行するについては、特に目的物を留置している必要はないことからすれば、破産宣告後においても商事留置権者が当該物件を留置していなければならない合理的理由はなく、したがって、原則として破産宣告により商事留置権者の目的物に対する留置権能及び使用収益権能は失われると解するのが相当である」としている。民事再生法では、特別の先取特権とみなされて別除権が認められているのではないこと、また特別の先取特権とみなし優先弁済力を付与してまで再生手続の円滑な遂行を図ることを意図しているわけではないことからすると[13]、破産手続ではこのような見解が肯認されるとしても、同様に解することはできないとの反論が予想されよう。しかし、少なくとも目的物が土地や建物のような場合は、後述のように、再生計画に拘束されないで、法定の手続である民事執行により競売を行うことを認めるだけで商事留置権としては十分であると考えると、東京高決と同様に再生手続開始決定後は原則として留置的効力は失われると解する余地もないではないであろう。もし、このような解釈が、倒産法理上、一般的であるとすると実体担保法理は変容したことになる。また、実体担保法理は、倒産法理上の解釈によって左右されることを意味するものである。

さらに、競売権能については、実体担保法理上、争いがなかったわけではないが、一般的に承認され、民事執行法においても肯認されている（民執法一九五条）。商事留置権者に別除権を認めることの端的な狙いは、再生計画に拘束されないで、競売申立てをすることができるものとするところにあったといえる。このことについては異論はないであろう。このため、商事留置権の競売権能については、実体担保法理における変容はないことになる。

**(iii)　商事留置権の優先順位**　商事留置権の目的物に対して、他に別除権を有する権利者とが競合した場合の優先順位、とくに商事留置権は不動産についても成立すると解されていることから[14]、例えば、根抵当権の設定されている不動産に商事留置権が成立した場合、あるいは逆に商事留置権が成立した後に抵当権が設定された場合の順位が問題になる。民事再生法では明文を設けていない。かつ、破産手続のように特別の先取特権に変容するものでもないとすると、実体担保法理上の解釈に委ねられているということになるのかどうかである。

留置権については、一般には、すべての者に対抗できるとされている。このことから、不動産留置権については、民執法五九条四項で、抵当権の実行などの競売においては、買受人が留置権によって担保される債権を弁済する責めに任ずるとして、抵当権などより優先して保護する趣旨の規定が置かれている。しかし、この規定にいう留置権が商事留置権のすべてを無限定に含むとする趣旨のものであるかとの疑問が提示されているし[15]、不動産にも商事留置権が認められることになると、占有を成立及び対抗要件とする商事留置権と登記を対抗要件とする抵当権とが同一不動産について重複して成立し得ることになり、相互の優劣関係は深刻な問題になるとも指摘されている[16]。そして、このような指摘を前提として、後者の決定では、破産手続においては、商事留置権から転化して留置権能を失った特別の先取特権と抵当権との関係については、商事留置権をほかの担保物権に優先させるべき実質的理由が見当たらないことから、公示制度と対抗要件の具備による権利の保護と取引の安全を調和させる担保物権の法理により解決すべきであり、特別の先取特権に転化する前の商事留置権が成立した時と抵当権設定登記が経由された時との先後によって決すべきであると解している。このように不動産上の商事留置権の優劣順位については、破産手続での解釈を通じて、一般の留置権の優劣順位と異なった実体担保法理を形成したことになる。

再生手続では、特別の先取特権に転化していないことによって留置的効力は消滅することがないと解すると、成立時期の先後を問わず抵当権より優先するものとして取り扱っているといえるのであろうか。そうだとすると、民事再生法で、商事留置権を特別の先取特権に転化しなかった理由として再生手続開始の一事をもって優劣の順位が逆転するのが不都合とされていたことと矛盾することになる。破産法上の解釈としては、転化させたことに注目して劣後化する可能性を導き出したのに対して、民事再生法では、このような可能性を導き出すことができず、常に優先順位を認めるという強力な担保力を保持させることになるからである。もっとも、民事再生法では、再生手続開始後は留置的効力が消滅するとの変容を前提とするものであるとすると、商事留置権は常に劣後にあることになろう。このように解することができるとすると、商事留置権の優劣順位に関しては、実体担保法理に変容を生じさせることになる。あるいは、この問題は、特別の先取特権への転化の有無にかかわらず、全く実体担保法理の解釈に委ねるものであって、倒産担保法は関与しないということであろうか。

(1) 花村・前掲書一六一頁。
(2) 石田文次郎・全訂担保物権法論［一九三五年］六三五頁、岡松参太郎・注釈民法理由物権編［有斐閣・一八九七年］三一三頁。
(3) 薬師寺志光「民事留置権と商事留置権との効力の差異」民商一巻三号二二頁以下。
(4) 小町谷「商事留置権に関する二三の疑問」海商法研究五巻二一三頁以下。
(5) 林編・前掲書一九頁［田中整彌］。
(6) 詳細は、林編・前掲書一八頁以下［田中］参照。
(7) 同旨、我妻栄・全訂担保物権法［岩波書店・一九六八年］二四頁。
(8) 林編・前掲書二二頁［田中］。
(9) 花村・前掲書一六一頁。
(10) 破産法九三条一項で、商事留置権を特別の先取特権とみなすことは優先弁済権を付与する趣旨であると解するのが一般である（前掲、最判平成一〇・七・一四）。
(11) 前掲、最判平成一〇・七・一四、前掲、最判平成一〇・七・一四。
(12) 前掲、東京高決平成一〇・一一・二七。
(13) 花村・前掲書一六一頁。
(14) 前掲、東京高決平成一〇・一一・二七、大阪高判平成九・六・一三金法一五〇八号八〇頁。

（15）　大阪高判平成九・六・一三金法一五〇八号八〇頁。
（16）　前掲、東京高決平成一〇・一一・二七。

## 4　一般の先取特権

(イ)　民事再生法の取り扱い

一般の先取特権についての民事再生法上の取り扱いは以下のようである。

**(i)　一般の先取特権者の別除権を否定**（法五三条）　民事再生法では、別除権として取り扱われる者は、特別の先取特権・質権・抵当権・商事留置権を有する者に限られ、一般の先取特権者には別除権を認めていない（法五三条一項）。一般の先取特権は、再生債務者の総財産を目的としていることから、この総財産に別除権を認めると再生手続に支障が生ずるとの理由によるものである。

**(ii)　一般の先取特権がある債権の一般優先債権への転化**（法一二二条）　一般の先取特権によって担保されている債権（民法三〇六条から三一〇条、商法二九五条など）は、民事再生法上は一般優先債権として取り扱われる（法一二二条一項）。一般優先債権が再生債権に先立って弁済を受けることができるのかどうかについては、共益債権にはその旨の規定が置かれている（法一二一条二項）が、明文がない。ただ、一般優先債権は、既に、民法、商法その他の実体法により優先権を付与されている債権であるので、再生債務者の一般財産から再生債権に先立って弁済を受けられることは当然であると解されている[1]。なお、一般の先取特権が一定の期間内の債権額のみにつき存在する場合（民法三〇八条、三一〇条など）は、再生手続開始の時からさかのぼって計算することになる（法一二二条二項）。

**(iii)　一般優先債権に基づく強制執行等の中止・取消命令**（法一二二条四項）　一般優先債権は、法三一条ただし書により、再生手続における中止命令を受けることがない。再生手続が開始した場合でも再生手続によらないで随時弁済を受けることができ、これに基づいて強制執行等の法的権利行使も自由にすることができる[2]。その執行の対象となる財産についても、自由に選択できるのが原則である。しかし、その執行対象財産が再生のために不可欠な財産である場合には、裁判所は強制執行等の中止又は取消を命ずることができるとされている。これは、再生を実現する上で必要な財産に対する権利行使を無制限に許容すると再生の目的が根底から覆されることにもなるのを阻止するためである(3)。その中止又は取消の対象となるのは、一般優先債権に基づく強制執行、仮差押えであることについては明文上、明らかである(法一二二条四項による一二一条三項の準用)。これに加えて一般の先取特権の実行としての競売(民執法一八一条一項四号)をも含むと規定している。学説も、このことを当然と解している(4)。

なお、再生債権に先立って弁済を受けることのできる共益債権及び一般優先債権の総額を弁済するのに再生債務者財産が不足する場合に、強制執行等の取消命令は規定されていない。会社更生法二一〇条の二第三項と異なる点である。民事再生法では、このような場合は、再生手続を廃止(法一九一条一号、一九四条)し(5)、実体法上の優先権に従った弁済を受けるものとすることを予定しているからであるとされている(6)。

(ロ) 実体担保法理の変容

一般の先取特権は、実体担保法理上、どのように変容したことになるかは問題である。

(i) **一般の先取特権の位置づけ**　一般の先取特権者には、別除権が認められていないことから、形式的には、再生計画の拘束を受けることなく、一般の先取特権を行使することができない。ただ、一般の先取特権の存在を前提としての競売の中止・取消命令の規定のあることから、一般の先取特権が消滅するものと扱っているのでないことは明らかである。

(ii) **一般の先取特権の効力の承継**　ただ、一般の先取特権によって担保されていた債権が一般優先債権に転化し、この一般優先債権に一般の先取特権が有していた効力と同様の効力があるものとして取り扱われていることから、実質的には転化、承継されていることになる。この意味では、実質的には、実体担保法理上、原則としては変容はなかったということになろう。しかし、このように一般優先債権に転化、承継させるという取り扱い自体、実体担保法理上、許される余地があったかどうかである。一般の先取特権は、法律に定める特殊の債権を有する者が、債務者の総財産から優先弁済を受けることのできる法定の担保物権であるとされている。この実体担保法理上の法的構造は、法律の定めた特殊の債権も他の一般の債権と効力においては同等であること、このためこの特殊の債権に基づいて強制執行等による弁済は債権者平等の原則に従うことになるが、その特殊の債権について他の一般の債権より優先して弁済を受けさせるために法定で一般の先取特権を成立させ、この一般の先取特権を実行する場合には優先弁済を受けることができるとしたものと理解できよう。そうだとすると、一般の先取特権に別除権を認めないときは、この特殊の債権によっても優先弁済を受けることができないことになるはずである。それにもかかわらず、民事再生法で一般優先債権に転化、承継させるということは、実体法上の優先弁済力のなかった特殊の債権を変容させたことにならないか。かつまた、このようなことが許されるのはなぜかである。この点、先取特権は「特定の債権者のために換価優先弁済権能を認めるのであるから、その趣旨は、このような特別な債権を特に他の債権に対して優先して保護する趣旨であるといわねばならない[7]」とか、「特殊の債権は、他の債権者と平等の立場で弁済させるべきものではなく、とくに優先して弁済させるべき客観的な理由があるとすることである[8]」とか、もっと端的に「法律が特に一定の種類の債権に対して優先弁済権を与えているからにほかならない[9]」などといわれていることによるものと推測される。その意味では、実質的には民事再生法での取り扱いと実体担保法理では齟齬はないことになる。ただ、法的構造において、実体担保法理では一般の先取特権という法定担保物権を介しなければ優先弁済が受けられないとしているのに対して、民事再生法では端的に債権自体に優先権を与えているという変容には注目しなければならないであろう。そして、一般の先取特権がこのような転化、承継を許容できる性質をもったものとするならば、一般の先取特権の本体は特殊の債権自体の優先権部分にすぎないと解することができよう。これでは、特殊の債権から独立した権利たる性格は希薄なものになる。このように考えると、実体担保法理上、物的担保権として質権・抵当権などと共通するものがあるなどとしてみることが妥当かどうか再考の余地があるのではないだろうか。また、民法典では、先取特権の規定の所に物的担保権に共通するものと理解されている重要規定が置かれているが、それが本当に共通規定なのかどうか、それらの規定の準用によって変質する可能性がないのかどうかについても再考する必要があろう。なお、一般の先取特権は一般優先債権に転化、承継できるものとして取り扱っているのに対して、特別の先取特権には別除権を認めて特別の先取特権の行使を認めるという差別した取り扱いに注目するとき、実体担保法理においては一般の先取特権と特別の先取特権の間には担保権としては格段の差異のあることを明確にしておく必要があるのではないかと思われる。

(iii) **一般の先取特権としての実行**　再生手続においては、一般の先取特権で担保されている債権は一般優先債権に転化し、この債権に基づいて再生債務者の財産に対して、強制執行や仮差押えができると共に、前述のように一般の先取特権の実行としての競売も可能と解するのが一般である。その当否に若干の疑問のあることは前述したが、このことを前提として考えると、一般の先取特権の場合は、再生手続の拘束をうけない実行手段が重畳的に存在することになる。もっとも、実体担保法理においても一般の先取特権による実行とそれによって担保されている特殊の債権による強制執行などとの二重の実行手段が考えられるから、このことについては別段、異なるところはないことになる。ただ、一般の先取特権に基づいて競売した場合に、再生債権に先立って弁済を受けることができるかである。一般の先取特権者に別除権を認めていないことから、すくなくとも一般の先取特権の優先弁済力に基づく優先弁済は受けられないと解されよう。このように解すると、一般の先取特権の実体担保法理上の優先弁済力は奪われたという変容が生じていることになる

(iv) **一般の先取特権の目的物**　一般の先取特権は、債務者の総財産が担保目的物とされている。このため、一般の先取特権者は、債務者のいずれの財産に対してでも実行していくことができる。再生手続での強制執行等の中止・取消命令は、このような目的財産の選択権を制限するという変容を生じさせることになろう。

(1) 花村・前掲書三四一頁。

(2)　深山卓也ほか・一問一答民事再生法〔商事法務研究会・二〇〇〇年〕六三頁。
(3)　加藤哲夫「再生債権、共益債権、一般優先債権などの処遇」才口ほか・前掲書二九四頁。
(4)　花村・前掲書三四二頁、深沢ほか・前掲（NBL六八一号）三五頁、山本・前掲三四頁。しかし、一般の先取特権者には別除権が認められていないのに、なぜ再生計画に基づかないで、一般の先取特権に基づく競売をすることが可能なのか。再生手続によって一般の先取特権が消滅する旨の規定がないことから、存続すると考えることができても、別除権として扱われていない以上、再生計画によらないで、競売を申し立てることができると解するわけにはいかないのではないだろうか。それとも、民事再生法によりそのような取り扱いをしたことの結果なのだろうか。倒産法上の問題であることから検討は留保する。
(5)　深山ほか・前掲書一五七頁、加藤・前掲二九四頁。
(6)　花村・前掲書三三九頁、加藤・前掲二九四頁、深山ほか・前掲書一五七頁。
(7)　林編・前掲書八四頁〔林〕。
(8)　我妻・前掲書四九頁。
(9)　近江・前掲書三三頁。

## 5　企業担保権

### (イ)　民事再生法の取り扱い

企業担保権の民事再生法上の取り扱いは以下のようである。

**(i)　企業担保権者の別除権否定**（法五三条）**と一般優先債権への転化**（法一二二条一項）　企業担保権で担保される債権は、法一二二条一項にいう「その他の一般の優先権がある債権」に該当することから、一般優先債権として取り扱われる。このことから、一般の先取特権と基本的に共通する。

**(ii)　企業担保権の実行手続と中止・取消命令**　企業担保権の実行は、法一二二条四項による中止又は取消となる手続には含まれていない。企業担保権の実行手続は、再生手続による制約を受けることなく進行することができる。このため、再建が困難になる場合は会社更生手続によらなければならないとされている。(1)

(ロ) 実体担保法理の変容

企業担保権の実体担保法理上の変容は、基本的には一般の先取特権と同じである。ただ、一般の先取特権と異なり、企業担保権の実行手続については、中止や取消命令が認められていない。このことは、企業担保権も一般の先取特権と同様に債務者の総財産から優先弁済を受けることのできる担保権である(企業担保法二条一項)が、企業担保権の場合は総財産を一体として担保目的物としているという差異によるもので、実体担保法理を徹底したものといえる。すなわち、実体担保法理に何らの変容も加えていないわけで、社債担保という商事担保権性に注目したことによるものなのかどうか注目される。

(1) 花村・前掲書三四三頁。

## 6 仮登記担保権

(イ) 民事再生法の取り扱い

仮登記担保権については、民事再生法上、なんら規定していない。ただ、付則一八条による仮登記担保契約法の一部改正により、抵当権に関する規定が準用される(仮登記担保法一九条三項)ことになったことから、別除権として取り扱われる。ただ、仮登記担保権の実行としての私的実行については、規定の文言からすると、抵当権と違って、担保権の実行としての競売手続の中止命令の規定の適用はない(法三一条の一項)ことから、これを中止させることはできない。

また、根仮登記担保権については、再生手続においては、その効力を有しないとされた(仮登記担保法一九条五項)。

(ロ) 実体担保法理の変容

仮登記担保権については、実体担保法理と一体となって規定されている。これは、仮登記担保法の制定に際して、他の倒産法との関係につき併せて規定したのと同様の手法によるものである。仮登記担保権は、根仮登記担保権を除いては、強制執行等の場面では抵当権と同様とされ、私的実行を認める点に特徴のある担保権であるが、別除権として扱われることによって、私的実行も堅持されたことになる。さらには、抵当権の実行は中止命令により中止させられることがあるのに対して、仮登記担保権の私的実行は中止命令の対象でないことから、抵当権以上に私的実行による担保的効力の行使が保障されていることになる。そしてこのことによって、仮登記担保権の実体担保法理上の効力としての所有権取得的効力に、何らの変容も生じていないことになる。(1)

(1) 本田耕一「仮登記担保権」判タ八三〇号一九九頁。

## 7 民事留置権

(イ) 民事再生法の取り扱い

民事留置権は別除権としては取り扱われていない(法五三条一項)。また、破産法九三条二項のように民事留置権が再生手続の開始によって失効する旨の規定もない。このことから、民事留置権は再生手続の開始後も行使することができることになる。(1)

しかし、民事留置権は別除権ではないから、民事留置権に基づく競売をすることはできず(法二六条一項二号)、開始されている競売の手続は当然に中止する(法三九条一項)。

(ロ) 実体担保法理の変容

(i) **民事留置権の競売権能** 民事留置権に競売権能があるか否かについては、留置権に優先弁済力が認められていないことから、争いがあった。(2) しかし、一般に競売権能を認める方向にあったし、また、民事執行法では競売権が認められ(民執法一九五条)ている。ただ、この競売権は優先弁済力のない換価のための競売で、留置権者が長く弁済を受けないことの不便を考えて設けられたものであると解する見解もある[3]。民事再生法では、民事留置権のこのような競売権能を奪うものといえる。あるいは競売権能否定見解に与したとも言うべきであろうか。

**(ii) 民事留置権の留置的効力**　留置的効力は、民事留置権の本体的効力である。このことによって、留置権者は、債権の弁済があるまでは、目的物の引き渡しを拒否できる。債務者は目的物の回復のためには債権を弁済しなければならない。目的物が競売された場合も買受人が債権の弁済をしない限り引き渡しを拒否できることから、他の債権者に先立って弁済をうけることになるという担保力を発揮する。民事再生法は民事留置権の失効を規定していないことから、このような留置的効力は存続するものと解され[4]、変容は生じていないことになる。なお、前述した商事留置権の留置的効力に関して、仮に不動産留置権のような場合には消滅すると解すべきであるとする見解と同様に解するとすると民事留置権の担保力は全く否定されてしまうという変容が生ずることになろう。

(1) 山本・前掲書三二頁。
(2) 林編・前掲書四四頁以下〔田中〕参照。
(3) 近江・前掲書二九頁。
(4) 山本・前掲書三二頁。

## 8　譲渡担保権

(イ)　民事再生法の取り扱い

民事再生法では、その取り扱いについて、何ら規定していない。立法者は、とくに、別除権として取り扱うかどうかは解釈に委ねられ、その際、立法の規定の仕方からみて、破産手続や会社更生手続での解釈が参考になるとしている[1]。ところで、倒産手続における解釈としては[2]、かっては譲渡担保権者は目的物につき取戻権があるとする見解が支配的であった。しかし、現在では、別除権として処遇すべきであるとする見解が支配的である。最高裁判決も、動産譲渡担保につき取戻権を否定し、更生担保権と解していることから、同様の見解に立っている[3]。なお、下級審では、手形譲渡担保[4]や自動車譲渡担保[5]を破産手続において別除権と解している。このことから、再生手続においても、解釈上、別除権として取り扱われる可能性が高いと指摘されている[6]。

このように解すると、仮登記担保権と同様に、再生計画に拘束されることなく、私的実行を行うことができる。またその実行に対して中止命令を出すことができないことになる。もっとも、この中止命令の対象となるかどうかも、制度趣旨との関係で、解釈によるべきであるとする見解がみられる[7]。

(ロ)　実体担保法理の変容

譲渡担保権の法的構成については、諸説がみられる[8]。概してみると、譲渡担保権者に形式的には所有権が移転していることに注目しての所有権的構成（信託的譲渡説）と、担保的実質を重視する担保的構成（期待権説・抵当権説・担保権説）が対峙している。ところで、譲渡担保権が別除権として取り扱われるためには、再生債務者の財産上に存在するものでなければならない。そこで、再生債務者の財産上には抵当権の一種ないし担保権が、あるいは二段物権変動説に立てば設定者留保権という物権的な権利が存在することになり、これが別除権として行使できるわけであるから、とくに支障はないとされている[9]。しかしこれは担保的構成に立ってのことであって、倒産手続上、譲渡担保権を別除権として取り扱うのが支配的であるとすると、実体担保法理上の譲渡担保権の法的構成として所有権的構成を排し、担保的構成に加担するものといえる。とくに、判例理論としては、実体担保法理としては、すくなくとも形式的には信託的譲渡説を変更していないとみられることとの関係からみて、倒産担保法によって変更が加えられたことになろう[10]。設定者の一般債権者が目的物を差押えたのに対して、譲渡担保権者に第三者異議の訴えを認めた判例の実体担保法理上の考え方を変容させることにもなろう。

もっとも、集合動産譲渡担保権に関しては、「価値枠」内にある有体動産に対する担保的支配権と構成すべきであるとする私見とは[11]、一致することになる。

(1) 深山ほか・前掲書一六頁。
(2) 詳細は、福永有利「動産・不動産の譲渡担保」判タ八三〇号二〇三頁以下参照。
(3) 最判昭和四一・四・二八民集二〇巻四号九〇〇頁。
(4) 名古屋高判昭和五三・五・二九金判五六二号二九頁。
(5) 札幌高決昭和六一・三・二六判タ六〇一号七四頁。
(6) 深山ほか・前掲書一六頁。
(7) 深山ほか・前掲書一六頁。
(8) 拙稿・担保法概説［啓文社・一九八四年］二〇一頁参照。
(9) 福永・前掲二〇四頁。
(10) 最判昭和五六・一二・一七民集三五巻九号一三二八頁。
(11) 拙稿・前掲書二〇八頁。

## 9　所有権留保

(イ)　民事再生法の取り扱い

所有権留保についても、民事再生法では、その取り扱いについて何ら規定していない。これも、譲渡担保と同様に解釈に委ねられている。(1) そこで、他の倒産手続における解釈についてみると、破産手続では、学説は別除権として取り扱う方向でほぼ一致しつつあるが、裁判実務では最高裁判決(2)を根拠として別除権としてではなく取戻権を認めている。ただ、会社更生手続では、取戻を認めると更生会社の事業継続が困難になることから裁判実務も更生担保権として取り扱う方向に固まってきているといわれている。(3) このことからすると、学説では、別除権として取り扱うのが支配的ということになる。裁判実務上は、統一的でないことになり、再生手続の場合、いずれによるべきかが問題となる。会社更生手続では更生担保権として取り扱われるのは更生会社の事業継続のためであるとされていること(4)からすると、再生手続でも別除権として取り扱うのが妥当ということになる。ただ、会社更生手続では担保権の実行が禁止されている（会社更生法六七条一項）ため、このように解釈することによって、事業継続の目的を果たすことができる。再生手続で別除権として取り扱った場合、再生計画に拘束されないで行使できることになり、担保権消滅請求をすればともかく、それだけでは、その目的は果たせない。このことからすると、必ずしも会社更生手続と同様に解するのが妥当ということにはならないであろう。

(ロ) 実体担保法理の変容

所有権留保の実体担保法理上の法的構成についても、見解の別れるところである。譲渡担保類似説、物権的期待権説、動産抵当権説などの担保的構成と、目的物が買主に引き渡され占有していても、所有権はあくまでも売主に属するとする所有権的構成である。倒産手続上の学説の支配的見解によるとすると、所有権留保については実体担保法理としても担保的構成によるべきであるということになる。そうだとすると、所有権的構成を前提としたものと推測される判例法理を変容させることになる。また、裁判実務が破産手続と会社更生手続で別れている現状では、所有権留保については、実体担保法理上は、二重の構成が可能ということを意味することになる。しかし、このような二重構成は許されるものではないであろう。

（1） 深山ほか・前掲書一一六頁。
（2） 最判昭和四九・七・一八民集二八巻五号七四三頁は、買主の債権者が目的物に強制執行をしてきたのに対して所有権留保者に第三者異議の訴えを認めている。
（3） 吉野正三郎「所有権留保」判タ八三〇号二一三頁。
（4） 吉野・前掲二一一頁。

## 10 相殺権

(イ) 民事再生法の取り扱い

民事再生法は、再生手続開始時に自働債権と受働債権が存在し、かつ再生債権の届出期間満了前に相殺適状が生じた場合にのみ、再生債権者が再生手続によらないで相殺権を有するものとし、その相殺権は再生債権届出期間の満了する前しか行使できないとしている（法九二条前段）。なお、受働債権の期限が未到来の場合も同様であるとしている（法九二条後段）。

なお、一般優先債権を自働債権ないし受働債権とする相殺については、法九二条前段の制限はないとされている。

(ロ) 実体担保法理の変容

実体担保法理では、差押えと相殺に関して諸説が存在する。(1) 自働債権と受働債権の弁済期の前後を問わず、差押後に取得した債権でない限り、差押後でも相殺適状になれば相殺可能（無制限説）として、相殺の担保的機能を最大限に肯定するのが通説、判例である。(2) これに対して、再生手続は、差押前に自働債権が弁済期にある場合にのみ相殺は可能とする従来の判例の見解（制限説）(3) によるものであって、実体担保法理を変容させることになる。さらに、無制限説は当然として、制限説も、差押後でも相殺権の行使を認めていたのに対して、このような実体担保法理をも変容させたことになる。無制限説を批判して、目的物に対する期待的利益の強い場合に限り、差押時に相殺適状になくても相殺可能と制限すべきであるとする有力見解（期待的利益説・制限説Ⅱ）(4) をも、さらに制限するものであって、実体担保法理により認められている相殺権の担保的機能の大幅な制限的変容がみられる。

なお、一般優先債権を自働債権ないし受働債権とする場合には、前述のような制限のないことから、実体担保法理に従うことになる。このため、通説、判例による無制限説、あるいは有力見解によれば期待的利益説・制限説Ⅱによることになり、実体担保法理に対応することになる。

(1) 詳細は、拙稿「差押と相殺―第三者の権利関与と相殺理論」星野英一編・民法講座4〔有斐閣・一九八五年〕三七三頁以下参照。
(2) 最大判昭和四五・六・二民集二四巻六号五八七頁。好美清光「銀行預金の差押と相殺(上)」判タ二五五号六頁、吉原省三「差押と相殺の優劣について」自由と正義二二巻一三号三三頁など多数。
(3) 最大判昭和三九・一二・二三民集一八巻一〇号二二一七頁。
(4) 石田喜久夫「判例批評」民商三九巻八号一〇〇〇頁、林良平「判例批評」民商五三巻三号四一二頁など。

## 三 別除権の目的財産の受戻しと実体担保法理の変容

(イ) 民事再生法の取り扱い

民事再生法は、裁判所の許可を受けると、特別の先取特権・質権・抵当権・商事留置権の被担保債権を弁済して、目的財産を受戻すことができるとしている(法四一条一項九号)。これは、法八五条一項の個別的弁済等の禁止の例外とされる「特別の定めがある場合」に当たるとして許容されている。

(ロ) 実体担保法理の変容

このような弁済による別除権の目的財産の受戻は、再生債務者の財産の上に存する特別の先取特権、質権、抵当権又は商事留置権の被担保債権たる再生債権を弁済して、これらの担保権を消滅させることを意味する。(1) そのためには、被担保債権全額を弁済することになる。これらの担保権の実行では配当の受けられない担保権の被担保債権にも弁済されることになる。これは、実体担保法理上の担保権不可分性の原則を貫徹するものである。他面、裁判所の許可のある場合に限られるため、実際上は不明であるが理論的には、後順位担保権者に実体担保法理での残存担保価値把握以上の効力を肯定することになり過剰な保護を与えることにつながるものである。

(1) 花村・前掲書一三四頁、斉藤=麻上・前掲書(下)四四五頁。

# おわりに

本稿は、倒産担保法から実体担保法理を眺めるという思考のもとで、民事再生法を素材に検討を試みたわけである。ただ、本稿では、紙数の関係で、民事再生法での担保権の原則的位置づけとの関係からのみ検討を加えるにとどまった。しかし、それでも、民事再生法による担保権の取り扱いによって実体担保法理にさまざまな変容のみられることを知り得た。もっとも、民事再生法では、担保権消滅請求制度が導入されている（法一四八条以下）ことから、かかる制度の導入との関係から検討を加えると、その変容はさらに明らかである。(1)

このような民事再生法による担保権の取り扱いによる変容の結果としていえることは、商事担保権の優遇化である。商事担保権たる性質の強い特別の先取特権についての優先弁済力の確固たる位置づけ、根抵当権の効力の拡張化、商事留置権の担保権としての確立にみられるように、これらの担保権の実体担保法理の変容である。これに対して、民事担保権ともいうべき一般の先取特権や民事留置権の冷遇化への変容である。また、非典型担保権については解釈に委ね、ご都合主義的に変容させていることである。

ところで、民事再生法による実体担保法理の変容は否定できないものとすると、とくに典型担保物権に関しては、物権法定主義の制約を受けていることから、これに反することにならないかという問題が生じよう。仮登記担保法のように実体担保法規を改正する場合には、このような問題は生じないとしても、民事再生法の改正だけで、あるいは再生手続上の解釈によって変容が生ずる場合に問題になろう。もっとも、民法一七五条の「其他ノ法律」には民事再生法も入ると解するならば、この問題はクリアーできることになるが、担保物権の内容を定める実体法の他に、このような倒産法も入ると解してよいのかどうかである。また、この点がクリアーできるとしても、当該担保物権の実体法上の内容が倒産法の定めにより変容しているというような場合に、物権法定主義からいっていずれによることになるのかという問題が生じよう。もしこの点を矛盾なく説明するとすれば、当該担保物権の内容は倒産担保法で変容したものとして、物権法定主義に適合することになったということになろう。そうだとすると、実体担保法理における当該担保権の説明においても、このような倒産担保法による変容を織り込むのでなければ担保法理の内容としては正確性に欠けることになるのではないかと思われる。

今後も、倒産担保法全体にわたって、このような問題意識に立っての検討を続ける予定であり、本稿は、その序論的なものにすぎないのである。

（1）　このことに関しては、拙稿・前掲九六頁以下で若干の検討を行っている。

# 2

# 担保権消滅請求制度の担保理論上の問題

## ——実体担保法理と倒産担保法理の関係に関する一考察

## はじめに

法制審議会倒産法部会は、七月二三日に「民事再生手続（仮称）に関する要綱案」を決定し[1]、法制審議会は八月二六日に同要綱を決定した。この民事再生手続（仮称）は、経済的に窮境にあるが、再生手続により、その事業又は経済生活の維持再生が図られる再生債務者を再生する（要綱二）ために、現行の和議手続に代わる新しい再建型の倒産手続として構築されたものであるといわれている。その中での担保の取扱いが注目される。①再生手続開始の申立があった場合、裁判所は手続開始の前後を問わず、担保権の実行としての競売手続の中止を命令できること（要綱案二六、要綱二八）、②担保権者は、原則として、破産手続と同様に別除権を有し、別除権の行使によって弁済を受けることができない債権の部分についてのみ再生債権者になり（要綱案七七、要綱五〇）、不足額部分について他の債権者と平等の割合で弁済を受けることができるが（要綱案一二一8、一二三8、要綱八二）、根抵当権の元本が確定している場合には、その根抵当権の極度額を超える部分については、仮払に関する定めができること（要綱一五一2）、③再生手続が開始された場合には、再建のために必要不可欠な担保財産については、債務者等が客観的価額に相当する弁済をすることによって担保権を消滅させることができること（要綱案一一一〜一一四、要綱一四〇〜一四五）とされている。特に、債務者等による担保権消滅請求制度の導入は、従来の担保理論との関係からみてやや特異な取扱いではないかと思われる面がみられる。このことから、立法はオールマイティーであって倒産処理立法に当たっては、このような特異扱いも許容されるものなのかどうか。実体法上の担保理論との関係において問題はないのかどうかの疑念が生ずる。本稿は、この疑念につき若干の検討を行うものである。

さらには、従来からも、倒産法上の担保の扱い（いわゆる倒産担保法理）と実体法上の担保の理論（いわゆる実体担保法理）との間には、若干の差異が感じられるところがなかったわけではないが、この要綱案及び要綱では、それが顕著に現れたといえよう。そこで、これを契機として、倒産担保法理と実体担保法理との関係につき見直しをしてみることが痛感される。ただ、本稿では、このような関係全体についての検討についは今後に留保し、当面、その契機となった担保権消滅請求制度の導入の範囲で検討するに留める。

## 一　担保権消滅請求制度の概要と問題点

### 1　担保権消滅請求の要件

再生債務者が担保権の消滅を請求できる要件としては、①再生手続開始当時再生債務者の財産上に特別の先取特権、質権、抵当権又は商事留置権が存在していること、②それら担保権の目的となっている担保財産が再生債務者の事業の継続に不可欠な財産であること、③担保財産の価値に相当する金銭を裁判所に納付すること、④裁判所の許可を得ることとされている（要綱案一一1、要綱一四〇）。

①の対象担保権には、民事留置権や仮登記担保権、譲渡担保権などの非典型担保権が含まれていない。特に、非典型担保については、立法関係者の話によると、解釈に委ねられているようである。しかし、要綱案では「その財産の上に存する担保権を消滅させるため」として、担保権は解釈上、要綱案七七1に規定する担保権（特別の先取特権、質権、

抵当権又は商事留置権）を意味することは明確であったが、要綱では「当該財産の上に存するすべての担保権」（傍点は筆者）としている。このことは、単なる文言上の修正にすぎないのか、それとも非典型担保を含めて消滅させる制度であると解釈するための修正なのか判断に苦しむところである。

②の財産の種類には制限はないが、予測できるものとしては不動産、工場、機械設備及び商品や原材料などの集合動産が考えられる。

③の財産価値相当額の納付については、担保権者に申出額に異議のある場合は、裁判所に価額決定の請求を行い、裁判所が確定することになる（要綱案一一二、要綱一四一）。また、価値相当額については、当初案では「担保権者に払い渡し、又は供託」とされていたが、「価額に相当する金銭の裁判所への納付」に変更されている。

④の許可については、再生債務者が、担保権の目的である財産の表示、財産の価値、消滅すべき担保権の内容を記載した書面で許可の申立、担保権によって担保される債権の額（要綱案一一一2、要綱一四〇2）を表示することになる。この申立に基づく裁判所の許可決定に対しては、担保権者は即時抗告することができる。

## 2　担保権消滅請求の効力

主要な効力としては、①再生債務者等が、所定期間内に、申出額相当金銭又は裁判による確定価額相当金銭を裁判所に納付した時に、担保権が消滅すること（要綱案一一三1・2、要綱一四四2）、②金銭の納付があると、担保権抹消の登記又は登録が嘱託により行われること（要綱案一一三3、要綱一四四3）、③裁判所は金銭の納付があった場合には、配当表に基づいて担保権者に配当し、剰余金があれば再生債務者等に交付すること、④この他、根抵当権者との関係では、許可決定の送達を受けた時から二週間を経過した時に、元本が確定する（要綱案一一一6、要綱一四〇6）こと、である。

### 3　実体担保法理との関係での問題点

以上のような担保権消滅請求制度について、民法上の担保法理からみると次のような抵触がみられる。

(1)　担保権による弁済の範囲との関係

担保権の優先弁済範囲についいは、担保権は被担保債権全額について、あるいは根抵当権の場合は極度額全額について優先弁済を受けることができるとされている。このことのために、被担保債権の一部につき弁済があっても担保権が消滅しないのが原則である。このことは、担保権の不可分性の原則によって保障されている（民法二九六条・三〇五条・三五〇条・三七二条）。そこで、担保権消滅請求制度の場合には、申出額又は確定価額が被担保債権全額につき弁済することができない場合でも、担保権が消滅することになる。すなわち、いわゆるオーバーローンであって一部弁済であっても担保権を消滅させることを狙いとした制度でもあるわけで、担保権の優先弁済範囲の原則及び不可分性の原則と抵触することになる。

もっとも、担保権実行の時点においては、担保目的物価値を限度としてしか弁済を受けられないという限界が存在する。この限りでは、担保目的物相当価額の提供により担保権を消滅させても何ら問題はないということになる。担保権による弁済の範囲に関する、この両者の関係を、実体担保法理上と倒産担保法理上でどのように棲分けするかが問題でもある。

(2)　担保権実行時期選択権との関係

担保権者は被担保債権につき弁済期が到来した後は、債務者が被担保債権の全額についての弁済を行うまでは、担保権の実行時期を自由に選択できるのが原則である。これによって、担保権者は、被担保債権全額の弁済を受けるために、その担保権を保持し続けることが正当に認められているのである。すなわち、実体法上の担保権は、その実行によって担保目的物価値の限度において弁済を受ける途を選ぶこともできるが、担保財産上に担保権を持ちつづけることによって、債務者に弁済を促し、債務の弁済により満足を得ることも許容していると考えられる。オーバーローン（債務超過）承知で融資をして担保権を設定するのも、このような法理を利用するためであるし、オーバーローン（債務超過）状態で担保権を主張するのもゴネトクとばかりはいえないのである。

担保権消滅請求制度は、金銭納付の時に担保権を消滅させることから、被担保債権の弁済期到来の有無や担保権者による実行の意思の有無にかかわらず、実質的には担保権が実行されたと同様の効果を生じさせるもので、担保権者の実行時期選択権と抵触することは明らかである。

(3)　順位昇進の原則との関係

後順位担保権は、先順位担保権が消滅すると順位が昇進するのが原則である。担保取引では、このような順位昇進を期待して後順位担保付ではあるが融資される場合が多い。このことによって、担保財産は、信用供与のために有効活用できることになる。

担保権消滅請求制度は、金銭納付の時に全ての担保権を消滅させることになるため、このような順位昇進の原則を排除することになるし、後順位担保権者の順位昇進の期待を奪うことになる。そして、先順位担保権への配当後に残余金のないときは、全く弁済を受けることができないままに担保権が消滅してしまうことになる。このことは、実体担保法理上、認められている順位昇進の原則と抵触し、その期待を全く考慮に入れていないことを意味する。

(4)　根抵当権の元本の確定との関係

担保権消滅請求の許可決定が、担保権者に送達されると送達時から二週間経過後に元本が確定する。これは、民法上の元本の確定事由（三九八条ノ二〇）や元本の確定請求（三九八条ノ一九）に追加ないし修正を加えるものである。とくに、元本確定期日が定まっている場合については、民法三九八条ノ一九第一項但書を倒産担保法理により変更したことになる。

(5)　滌除制度との関係

実体担保法理上も、さきの①②及び③の例外的処理として滌除制度（民法三七八条～三八三条）が存在する。この意味では、担保権消滅請求制度は、この滌除と類似するものである。ただ、滌除では、滌除権者について、不動産の流通の観点から第三取得者に限定し、債務者には認めていない。担保権消滅請求制度は債務者にも認めるもので、その趣旨は全く異なっている。その方法としては、滌除制度では抵当権者への払渡し又は供託であり任意弁済的性格が強いのに対して、担保権消滅請求制度では裁判所への納付や配当であって強制弁済的性格をもつという違いがみられる。さらには、異議のある抵当権者には、増価競売請求（民法三八四条～三八七条）の代わりに、価額決定の請求を認めて、競売により債務者が担保財産を失うことのないように工夫されている。

このように、担保権消滅請求制度は構造的には滌除制度に類似しながらも、その性質は全く異なるものである。実体担保法理上の滌除制度が存在する（注・平成一五年改正前）からといって、直ちに倒産担保法理に担保権消滅請求制度を位置づけるわけにはいかないのである。

## 二　担保権消滅請求制度導入の目的と評価

担保権消滅請求制度は、倒産法制の一環として新たな視点に立っての民事再生手続のなかでの主要な制度の一つである。それでは、このような制度が導入されるに至ったのはどのような契機に基づくのか。その目的は何であるのか。

この制度は、倒産債務者の再生のために、担保権について、いわゆる担保割れの状態（オーバーローン）が広く生じている中で、再建の目的を達成すると同時に担保権者の正当な利益を保持するにはどのような制度が望ましいかの視点から生まれたものといわれている。(2)現行法制では、倒産債務者の再生に際しては、担保権の不可分性や順位昇進の原則の結果、担保物の価値を相当に超える担保権が設定されている場合に、その担保物が債務者にとって事業の継続に必要不可欠なものであれば、担保権の実行がなされると再建が不可能になるため、それを回避するには担保権の目的物の価値を超えていても被担保債権の全額を支払わざるをえない。また、余剰が生じない後順位担保権者であっても、倒産後に先順位担保権者への弁済が進めば、それに伴って順位が昇進して剰余が生ずるようになるので、後順位担保権者も含めて全担保権者の被担保債権について弁済せざるをえない[3]。この結果、必要財産に対する担保権実行を避けるには無理な再建計画を立てることになりかねないし[4]、バブル崩壊後顕著である大幅な担保割れが生じている場合には債務者の再建可能性を直撃することになるとの現状に対応するのが目的のようである[5]。すなわち、倒産債務者の再生と担保権者の正当利益保持の調和という視点に立ちながらも、倒産債務者の再生のためには、少なくとも実体担保法理により認められている担保権者の利益（権利）を排斥ないし修正する必要があるとの見地から出発しているものである。

その結果として、大阪弁護士会の意見にみられるように、「担保権者の優先権は担保物の価値の範囲においては保障される必要があるが、それを超えて弁済を強いる機能については制限されてもやむをえない[6]」との基本的枠組みが形成されることになる。このことは、担保権は目的物の交換価値を把握しているにすぎないとの見地から、この制度に賛同する多くの見解[7]の支持を得て、基本的な疑問が持たれないまま展開しているように思われる。たしかに、担保権は本質的には担保目的物価値を把握して被担保債権の満足を得るための権利であるにすぎないことはいうまでもない。このため、その範囲において優先弁済が認められるならば、それで十分であるとの考えにも十分に説得力がある。しかし、実体担保法理では、担保権は債務者が被担保債権全額を弁済しない限り消滅させることができないとして、その利益を認めている。倒産債務者の再生のためには、何故、この利益を奪ってよいのかについては、理論的に論拠づけるべきではないだろうか。倒産担保法理では、何故、転換するのかである。

なお、これに関連して、倒産処理の時点では、単に、債務者と担保権者との利害調整の問題ではなく、担保権者と一般債権者との利害調整の問題でもある。債務者の弁済資源が担保物の価値を超えて別除権者への弁済に当てられ、一般債権者への配分が微少なものになることは是認できるだろうか[8]。破産手続では無担保として扱われる部分まで一般債権者に優先して担保権者に弁済することは、債権者平等原則に実質的に反する。担保割れ承知のうえで担保を設定しているような場合には、倒産手続の生命である債権者平等の観点からの非難が強く妥当する[9]。債権全額の満足が得られない状況下で、一般債権者と担保権者との間の、再建による利益の適正配分の観点から賛成し[10]、一般債権者の利益保護のために不可分性を排除する必要が高い場合にだけ――担保権消滅請求制度は倒産手続内に設ければ必要にして十分である[11]として――、倒産法制上の債権者平等原則を貫徹するのが目的であるとも指摘されている。しかし、担保権者は一般債権者に優先するのが実体担保法理の原則であるわけで、そのことのために担保権が設定され利用されているのに、突如として倒産担保法理では債権者平等原則により担保権者の優先権が無意味なものとされるわけである。それは、何故なのかである。

以上のような目的をもった担保権消滅請求制度につき、事業の継続、雇用の確保、迅速かつ高価な目的物の売却、担保権者や一般債権者の利益調整からみて、倒産処理をめぐる政策判断としては正当[12]として、賛成する見解が多い[13]。ただ、他方では、破綻責任を負うべき債務者が経営をつづけながら債務額に満たない金額で担保権を消滅できる可能性の途を開き正義公平の観念に反するのではないかとの懸念から、犠牲を強いられる担保権者との関係では、廉価売却のような詐欺的行為や乱用を回避することが必要であるとか[14]、保証その他の人的担保や所有権留保・リース等の所有権型担保に頼る等、ある意味では歴史の逆行現象が生じたり、保険その他によるリスク分散を図るなど「担保離れ」というべき現象が生ずる[15]のではないかとの懸念が指摘されている。とくに、非典型担保については明文化しないで解釈に任されていることと相まって所有権型担保への逃げ込み、あるいは非典型担保の潜脱の恐れは残されている。

なお、これまでの議論においても推察されるように、担保権消滅請求制度は、バブル崩壊に伴う債務超過という現在の経済状況を契機として提案されているものであることは明らかである。そうだとすると恒常的立法としてではなく、この特異な危機的状況を処理するための時限立法として立法化するだけでよいのではないかとの考えも成り立ちうる[16]。このことは、恒常化することによって、被担保債権全額弁済の機能が最終段階で保障されないとなると融資額がシビヤに抑えられたり、担保権実行時期の選択が奪われると、直ちに担保権の実行が行われ債務者の事業活動の正常化のための実行の猶予の余地が減少し、後順位担保権者の順位昇進の原則の期待が奪われると債務超過であることを了承しながらも順位昇進を期待しての事業活動に対する融資の途が閉ざされることになり貸し渋り現象が生じないのかどうか、後順位担保権者を切り捨てることによって担保目的物価値を有効に活用できなくなるのではないかなど正常時における担保取引への影響への懸念にもつながることになる[17]。

さらには、弁済資金はニューマネーとして他から調達し、倒産債務者の借換えによる消滅請求も認められるということになると、融資者の交代の機能を担うことになるわけであるが、そうだとすると債務者は営業譲渡等の方法により財産を第三者またはMBOの手法により経営者らが新設する会社等に譲渡し、担保権者のみならず一般債権者にも直ちに弁済することが本来の債務整理方法ではないか[18]との指摘がみられる。この方法によるときは、担保権は実体担保法理に従って処理されることになるのかどうかの問題は残る。

## 三　担保権消滅請求制度導入の法的根拠づけ

つぎに、前述のように実体担保法理とはいくつかの諸点において抵触する担保権消滅請求制度を倒産担保法理の中に位置づけることが、法体系上、許容しうるものなのかどうか問題になる。この問題は、実体担保法理と倒産担保法理とは、基本的にどのような関係にあるのか。倒産担保法理は、実体担保法理により保障されている原則や担保権の効果を単に実現させるために奉仕するにすぎないものなのか、それとも倒産処理との観点から実体担保法理を無制約に変更しうるものなのか、あるいは何らかの準則のもとでその調和が図られなければならないものなのかの根本課題にかかる問題である。ひいては、実体法と手続法の具体的な関係づけとして全法体系上の根本課題につながるものでもある[19]。

ここでは、その法的根拠づけにかかわる基本的思考についてみると、再生手続では、再生債務者の事業が円滑に運用され、商圏及び従業員等の経営資源の確保が必要となる[20]。このため、再生手続の開始という事態は、企業の再建のために関係者（とくに債権者）が一定の犠牲を払う時期に立ち至ったことを意味する[21]。企業の再建が社会的に追求する政策目的であるとすれば世界が変わるものとして処理しなければならない[22]との考えが、担保権消滅請求制度導入にあたっての大方の出発点とみられる。そのための法的思考としては、鎌田教授が主張されるように、「手続法としての倒産法制によって実体権の内容を修正することは許されない」といった見解はとらない、理念から解釈論的な結論を演繹しないという立場[23]も当然であろう。それは、再生手続の目的から担保権をどのように取り扱うのが適切であるかという視点から検討するのが当然と思われるからである。その意味では「世界が変わる」次元での担保権の位置づけの検討ということになろう。しかし、「世界が変わる」次元の検討であるからといって、実体担保法理を無視した無制約的な位置づけでは、法体系上、正しく位置づけられるものではないことはいうまでもなかろう。この点についても、鎌田教授は、一般債権者と担保権者の利害の調整や優先権者相互間の利害調整のためには、実体法的法政策の側面では、何が真の「平等」であり、倒産法に期待される社会的機能をよりよく果たすためにはいかなる破産政策を採ることが望ましいかという点についての総合的・多角的な検討が必要であると指摘されている[24]。このことは、もっぱら再生手続の目的からの担保権の最も望ましい取扱いの検討が行われた後は、それが実体担保法理によって保障されている担保権者の利益を奪うものでないのかどうか、あるいはそれを奪う論拠があるのかどうかの検証の必要を示唆するものではないと思われる。ところが、担保権消滅請求制度の導入にあたっては、それと抵触する実体担保法理上の不可分性の原則や実行時期選択の自由、順位昇進の原則などとの関係につき一応は検討されているが、それらの法理についての実体担保法理上の位置づけにつき本質的な原則ではなく補充的なものでしかないことを強調することによって、再生手続の目的達成のためには修正あるいは排除しても差し障りはないものと帰結していることについては若干の疑念が残るのである。何が、実体担保法理上の本質的であり補助的であるかについての検討は、ここでは留保するとして、現行法上の実体担保法理では、これらの諸原則により担保権者の利益保護が図れていることは、再生手続における倒産担保法理としても軽々に扱うべきではないであろう。これらの諸原則による担保権者の利益保護は、担保法理としては望ましくないのであれば、実体担保法理を変更すべきであり、その変更を先行しないで再生手続において修正、排除するためには、実体担保法理上、補充的なものであるとするだけでよいのかどうかの疑問が生ずるからである。現に、担保権消滅請求制度の導入にあたっては、担保権者は、多くの者が犠牲を受ける債務者倒産の状況下にもかかわらず、担保権の存在をいわば梃子（レバレッジ）として、その無担保部分についてまで優先的な利益をうけることは、一般世論の理解をえがたいように思われる。[25] 債権者間の平等が手続開始以前とは質的に異なる価値をもつようになった、「再建に必要な財産については不可分性を否定し、担保目的物の清算価値の限度で担保権を認めて、余剰部分は一般債権者として他の債権者と同等に扱うに止めるという担保権消滅請求の制度は、理論的に十分正当化することができる」[26]。「債務者が引き続き財産管理をしてはいるものの、その財産管理の法的性質が一変しているという意味では、債務者に対する弁済圧力という利益は、すでに機能できない局面を迎えている」[27]。このため、「抵当権は、目的物の交換価値を捕捉する権利であるという意味での『価値権』であり、交換価値から優先弁済を得ることが可能であれば、抵当権者の利益は十分に確保されている」わけであるから、[28] 担保権者への保障は清算価値で足りる。[29] 新再建型手続に入った後での先順位担保権者への弁済による順位上昇の期待を保護するか否かは、正に、法的整理手続としての新再建型手続そのものが決定すべき範疇に属するとして後順位担保権者に犠牲をしいるのには問題はないとする見解[30]、などの諸見解には、再生手続優先の思考がかいまみられ、実体担保法理上の担保権者の利益保護との調整が後退しているのではないとも思われる。

そして、この再生手続優先の思考を支える一つの論理としては、倒産法制における債権者平等の原則の重視である。しかし、そこでの主張をみると、本来「無担保部分にまで優先的利益」を受けることが、一般債権者との関係において平等原則に反するとするものである。それは当然のことである。仮に担保権者が別除権行使による弁済を受けることができなかった部分についてまで優先弁済を認めることはすべきではないであろう。しかし、ここで「無担保部分」とされているのは、担保目的物価値を超える被担保債権部分を意味しているのであるが、この部分についても、実体担保法理上は、不可分性の原則や債務者による滌除禁止などにみられるように被担保債権全額弁済の原則により債務者から優先弁済を受けることを認められている部分であることからすると、この部分について優先弁済主張をすることはあながち不平等とはいえないとも解されよう。このことからすると、実体担保法理において担保権者に認められている被担保債権全額弁済の原則よりも、担保権は担保目的物価値を支配するにすぎないとする法理が、再生手続では優先させるべきであるかどうか、その論拠をどこに求めるかの問題に帰結する。すなわち、再生手続における債権者平等の原則の貫徹からは、担保権の優先弁済範囲を担保目的物価値に限定したり、そのための担保権消滅請求制度の導入を根拠づけることはできないのではないだろうか。また、実際問題として、担保権者の優先弁済の範囲を担保目的物価値の範囲に限定することによって残余部分を一般債権者に分配することによって平等原則が保たれるというようなことは、担保権消滅請求が行われる時点において期待できるものであろうか。その時点では、債務超過状態であるなかで担保目的物の維持を図るのが目的であることから、最終的財産処理を予定している破産の場合と同様の平等原則を展開できるかは疑問であり、残余財産の一般債権者への平等配分ということよりも、再生債務者の再生が主であるといえよう。このことからすると、担保権消滅請求制度は債権者平等原則の貫徹とは関係なく、もっぱら再生債務者の再生のために奉仕する制度といっても過言ではないのではないかと思われる。

では、なぜ再生手続においては、再生債務者の再生のために、担保目的物価値に限定してよいのかである。すなわち、実体担保法理上の被担保債権全額弁済の原則を後退させることができるのは何故かである。このことに関しては、倒産手続に入った以上、その時点で担保物の価値を固定してしまうことはおかしくないとか[31]、その時点での目的物の価値でカバーされる範囲内においてのみ優先弁済を認める制度が必要であるとする見解が注目される[32]。実体担保法理においても、担保権者の弁済を受けうる範囲についての被担保債権全額弁済の原則と担保目的物価値限度の関係については、担保権実行前においては前者を基準として、担保権実行後は後者が基準になることを予定しているものと考えられる。このため、倒産処理としての再生手続が開始されるということは、この担保権実行の開始に等しいものと解する余地があり、担保権実行の場合と同様に後者の基準によることができるものと考えることはできないだろうか。そうだとすると実体担保法理とは、この限りでは抵触することはないことになろう。

ただ、このように考えても、担保権者の実行時期選択が制限されることになるわけであるが、再生手続開始による担保権の実行は、任意執行としてよりも民事執行や強制執行的な執行としての性質を持つものとして、その制限もやむを得ないと解することができないだろうか[33]。この意味においては、担保権消滅請求制度は、構造的には、滌除制度と近似するものがあるが、滌除制度は任意執行的性質を持つことからすると、基本的には異なる制度として位置づけられるべきである。そして、このように解することによって、当該担保目的物上に存在する担保権が消滅するだけではなく、賃借権などの利用権についても消滅すると解する余地もあるのではないだろうか。

さらに、担保権消滅請求制度により、最も害されるのが、後順位担保権者の順位昇進の原則による利益である。恐らくは、担保権消滅請求により、優先弁済の範囲が担保目的物価値に制限されても、先順位担保権者は被担保債権につきそれなりの弁済を受けることが可能であろう。このため、比較的、先順位担保を設定できる銀行等の金融機関にとっては、敢えて反対する理由はなさそうである。しかし、そのような先順位担保を設定できる可能性の薄い取引先にとっては、残余価値のないことから、後順位担保権者として割を食うことになる可能性が大きいからである。そこで、この順位昇進の原則も、今日、実体担保法理として妥当なものではないと解するのが有力であるといわれていることをもって[34]、再生手続において無視することは許されるべきではない。少なくとも、現行の実体担保法理上は、かかる利益を保護しているのであるから、それを否定するのであれば、実体担保法理の変更を待つべきであろう。ただ、再生手続は、集団的債務整理手続の申立であるから、担保権者の個別執行手続は制限されることにならざるを得ない[35]。この結果、再生手続開始の時点における担保目的物に対する担保権設定状況に固定して包括的には処理をしなければならないことになる。ここでは、先順位担保権消滅による順位昇進という理論は働く余地はないことになろう。この点では、滌除制度と同様であって、実体担保法理としても、既に認められている法理である。鎌田教授の「個別執行を前提として組み立てられてきた担保法学は、集団的包括的執行としての倒産手続をも包摂しうるものへの衣替えが迫られる[36]」と指摘される集団的包括執行の場合における修正として肯認できるのである[37]。

## 四　おわりに

民事再生手続に関する要綱において提言されている担保権消滅請求制度につき、主としては、実体担保法理と倒産担保法理との関係づけの見地から、その基本的問題点のみにつき検討を加えた。その動機は、実体法から担保法を研究するものとして、担保権消滅請求制度の導入には違和感があったこと、その導入に当たっての諸見解は、バブル崩壊という異常状況のもとでの、専ら再生手続優先のなかでの実体担保法理へのアプローチに過ぎずやや納得の得られないものがあり、あるいは正常担保取引における実体担保法理への影響が懸念されたからである。現代担保法研究会（東京で二回、大阪で一回開催）における検討に際しても、多くは、このような状態であったといえよう。ところで、担保権消滅請求制度の導入についての賛否はともかくとして、上述のように理解することができるとすれば、再生手続による実体担保法理の修正としてではなく、単に倒産手続法制における手続上、あるいは処理上の技術的法理の結果として、その導入がなされるにすぎないということになろう。

なお、担保権消滅請求制度の導入にあたっての実体担保法理上の諸原則にどのような影響が及ぶことになるのか、その当否などにつき各論的に検討する必要のあること、さらには担保権消滅請求制度の導入に伴う解釈上の問題点などの検討の必要性については、当初、予定し、研究会でも若干の見解を述べたわけであるが、本稿では、紙数の関係上、留保し、後日に期することとする。

（1）　ＮＢＬ編集部「民事再生手続（仮称）に関する要綱案について」ＮＢＬ六七〇号（一九九九年）二二頁以下参照。
（2）　山本和彦「新再建型手続における担保権の処遇」国際倒産（シンポジウム報告書）一四頁。
（3）　木内道祥「新再建型手続における担保権の取扱」判タ九九一号一二頁、山本・前掲一五頁。

(4) 山本・前掲一五頁。
(5) 山本和彦「新再建型手続における担保権の処遇と国際倒産」ＮＢＬ六六五号三〇頁。
(6) 木内・前掲一三頁参照。
(7) 池田靖「使いでのある担保権消滅請求権」銀行法務五六三号一七頁ほか。
(8) 木内・前掲一二頁。
(9) 山本・前掲（シンポジウム）一五頁、一六頁、同・前掲（ＮＢＬ）三〇頁、四宮章夫「新再建型手続と担保権の取扱い」銀行法務21五六三号六頁。
(10) 池田・前掲一七頁。
(11) 松下淳一「担保権消滅制度の倒産法上の位置づけについての試論」銀行法務五六四号五八頁。
(12) 鎌田薫「倒産法における物的担保権の処遇―民法学の立場から」民訴学会シンポジウム報告書一頁。
(13) 片岡宏一郎「企業再建と担保権消滅請求制度」銀行法務21五六三号二一頁、中西正「担保権消滅請求制度導入の当否」銀行法務21五六三号二四頁など。
(14) 鎌田・前掲二頁。同旨、高木新二郎「債務調整手続（仮称）における担保権消滅請求の濫用防止策」銀行法務21五六二号三九頁。
(15) 鎌田・前掲四頁。
(16) 現代担保法研究会での椿教授発言。
(17) 拙稿「担保権消滅請求制度と正常状態担保への影響」銀行法務五六三号一八頁。実体法秩序に与える影響を懸念する見解として、河野玄逸「実体法との整合性が気がかり」銀行法務五六三号二一頁。
(18) 松田安正「新再建型倒産手続についての比較法的提言」銀行法務五六二号一三頁。
(19) ただ本稿では、このような根本課題まで遡る余裕はないので留保する。
(20) 松田・前掲一一頁。
(21) 山本・前掲（ＮＢＬ）三三頁。
(22) 山本・前掲（シンポジウム）二一頁、同・前掲（ＮＢＬ）三四頁。
(23) 鎌田・前掲一頁。
(24) 鎌田・前掲四頁。
(25) 山本・前掲（ＮＢＬ）三三頁。

(26)　山本・前掲（シンポジウム）二一頁、同・前掲（NBL）三四頁。
(27)　四宮・前掲八頁。
(28)　中島弘雅・高橋智也「担保権消滅請求制度と担保権の不可分性」銀行法務五六四号六四頁。
(29)　山本・前掲（NBL）三三頁。
(30)　木内・前掲一八頁。
(31)　小林秀之「担保権消滅請求制度の評価と問題点」銀行法務五六三号一四頁。
(32)　松下・前掲五八頁。
(33)　山本克己教授は、債務者に担保権の実行を強制することを認める制度で、破産法上の介入権と性格が等しいとされている（同「担保権消滅請求制度と倒産・執行法制」銀行法務五六四号六七頁）。
(34)　我妻栄・新訂担保物権法二一七頁など、橋本真「順位昇進の原則」担保法理の現状と課題・別冊NBL三一号三〇〇頁以下参照。
(35)　松田・前掲一一頁。
(36)　鎌田・前掲四頁。
(37)　なお、実体法理が、このような集団的包括執行の場面においての修正についての検討は、拙稿「『民事執行上の催告』による暫定的中断効と消滅時効中断効論」法論七一巻四・五合併号（椿寿夫教授古稀記念論文集）一一七頁以下につながる問題であり、今後の重要な課題ということになろう。

# 3　人的担保の基本的問題

## はじめに

現代担保法の研究を開始するにあたり、その一つの重要な研究領域として、人的担保の問題がある。本稿は、この人的担保についての基本的な問題点を概観し、今後の研究の道しるべとするのが目的である。このため、人的担保の具体的な諸問題の検討は、今後に委ねるものである[1]。

（1）　なお、本稿は、拙稿「人的担保の新しい課題―保証法理の再構築序説」ＮＢＬ二八九号六頁以下・二九一号二二頁以下（一九八三年）、同「人的担保制度の序論的研究」明治大学社会科学研究所紀要二九巻二号四三七頁以下（一九九一年）、同「保証法理の研究」明治大学社会科学研究所年報二四号三三頁以下（一九八四年）の諸論稿に依拠するものである。

## 一　「人的担保」概念の整理と課題

「人的担保」という用語は、「物的担保」概念に対比して、今日、一般に用いられ、定着しているといえる。しかし、法律概念として「人的担保」とはどのようなものであるかについては、それほど確固たる概念構成が行われているとは思われない。

まず、民法典についてみると人的担保概念は、現行民法典には見出しえない。しかし、旧民法債権担保編二条では「義務履行ノ特別ノ担保ハ対人ノモノ有リ対物ノモノ有リ　対人担保ハ之ヲ左ニ掲ク第一保証　第二債務者間又ハ債権者間ノ連帯　第三任意ノ不可分」と規定している。すなわち、旧民法では、債務者の総財産は債権者の共同担保であるとするとともに、特別の担保として対人のものと対物のものとの二種類のあることを規定し、対人担保すなわち、人的担保概念が規定上見出すことができるのである。ところで、このような人的担保の規定がどのような経緯によって設けられたのかについては明らかでない。一般に旧民法典はフランス民法を模倣とするといわれているが、このフランス民法においても人的担保に関する規定はみられない。フランス民法では、人的担保の典型とされる保証は、財産取得法第一四章保証として二〇一一条以下で規定している。しかし、それは保証を契約の一種として規定するものである。[2] また、ドイツ民法典上も、人的担保の典型とされる保証は第二編債務関係法中の「第七章個々ノ債務関係第一八節保証」として規定され、契約の一種とされていること、連帯債務や不可分債務については「第六章債務者及債権者ノ多数」で規定されており、人的担保規定は見出しえない。このことからすると、人的担保が規定されている旧民法典は、大陸法系の民法典のなかでも特異なものであったとみることができよう。ただ、フランス民法学上は債権担保としては人的担保(例えば、保証・連帯債務・不可分債務)と物的担保の二種があり、保証は対人担保の一に属すると理解されていたようである。そして、対人的信頼感を基礎とする保証は連帯債務と相並んで社会生活の原初から債権の担保方法として最も度々用いられて来たし、ローマ法上も最も重要な担保方法の一となっていたといわれている。[3] このことからすると、旧民法典に規定されたのは、このようなフランスにおける学説の影響をうけたボアソナード博士の創作による規定ではないかと推測されるのである。ところで、この旧民法典の人的担保規定においても、人的担保概念は担保を種別するための区別概念、そして同種の担保の上位概念としてのものでしかない。このために、かかる規定がどれほどの意味をもつものであったのか疑問が残る。

現行民法典は、旧民法典上、人的担保として規定されていたものを「第三編債権第一章総則第三節多数当事者ノ債権」で規定している。すなわち、債務者が多数いる場合の問題として捉えて規定しているのである。これは、それらは作用的側面からではなく、債務の存在状態に注目したものである。このことは、ドイツ民法典の影響によるものではないかと推測されるが、それにしても保証をも含めていることは、特異である。そこで、旧民法典の債権担保編に規定されていた「第一部対人担保」の部分が削除され、多数当事者の債権関係で規定されることになった経緯については詳細に検討する必要があろう。しかし、その検討は後日に留保するとして[4]、このようにして人的担保概念は、民法典上は存在しなくなったことは事実である。そしてこのことが、人的担保概念を法理概念として形成するにあたっての阻害要因となったとも推測される。すなわち、民法典上は、人的担保なるものは観念できない法理概念となり、それに代わって、多数当事者の債務法理の形成に努力が払われるようになったともみることができよう。

しかし、人的担保概念は、今日、民法の書物には一般的に使われている。それは、多数当事者の債権関係を「人的担保」制度という面から再構成する見解が多くなった[5]ことも影響しているものと思われる。その端緒は末川博士[6]であり、それを明確化したのが我妻博士であるといわれている[7]。

すなわち、我妻博士[8]は「債権の担保として特別の担保を利用することも債権の効力に関することであるが、そのうち人的担保（保証と連帯）は債権法中に包摂される」とし、民法は、多数当事者の債権関係を債権の主体における特殊形態とみているが、「本講義においては、かかる態様における債権関係の有する担保的作用に重点を置き、これを普通の態様における債権の説明の後に取扱うことにした」として民法典と異なる位置づけをする。そして、担保物権法の書物では、担保制度には人的担保と物的担保の二つの制度があり、「前者は、債務者以外の者の一般財産をもって担保するものであって、保証と連帯とがその最も主要なものである」とし、この「人的担保制度は、担保する者の一般財産の状態によってその担保としての価値を左右されるものであるから、債権の経済的価値は、なお専ら担保者の人的要素に依存する」。ただ、「物的担保の目的とするに適した財産を所有しない人々に対する金融は、人的担保の手段に訴える他なく、しかして、これらの人々に対する金融について国家が積極的に援助しようとする傾向が次第に顕著となるに際しては、人的担保制度に種々の改善を試み、その作用を伸長させることは怠ってはならない」。その意味では、農村負債整理組合法における組合員の保証責任、サラリーマンや中小商工業者への金融のためにかつて銀行が考案した種々の人的担保制度、とりわけそれらの制度を一層整備した信用保証協会の保証とこれを強化する中小企業信用保険法が注目に値すると説明されている[9]。債権総論の書物では、「物的担保制度が次第に人的担保制度を凌駕する傾向を示す」。しかし「信用授受について国家が積極的に助長の手を伸ばそうとする場合には、人的担保制度を改善してこれを利用する途を選ばねばならない」が、中小企業信用保険法によって国が営む信用保険はその顕著な一例であるが、この制度は、信用保証協会が中小企業者の金融機関からの借入についてした保証による損失を補償するという意味では、求償保証と同一であり、保険制度が利用される点に重要な意義があると記述されている[10]。このように、我妻博士によれば、人的担保概念は、種々の担保を物的担保との対比において区別するための区別概念および保証債務や連帯債務などの上位概念として位置づけられている。また、その概念内容については、「第三者の一般財産による担保」であること、その担保力は「人的要素＝一般財産」によるものであるとしている。このことを前提として、専ら人的担保の社会的機能につき重点を置いて記述されている。その中で、人的担保の概念内容との関係でとくに注目されるのは、信用保証協会保証や信用保険も人的担保のなかに含まれるものであることを指摘していることである。それは、後述のように「債務の担保」に限らず、「信用の担保」や「損失の担保」の場合も人的担保として捉えることが可能であることを暗示するものであるし、「保険」の形式による場合も人的担保概念に包含されることを意味するものといえるからである。ただ、人的担保概念によって共通の法的処理が可能かどうか、すなわち人的担保法理の形成については言及されていないし、人的担保を法理概念としては観念していないといえよう。このことは、柚木＝高木教授[11]、星野教授[12]、鈴木（禄）教授[13]、槇教授[14]、加藤教授[15]の諸見解においても同旨[16]である。なお、中馬教授は、人的担保として、保証債務、支払承諾、保証協会保証、中小企業信用保険、身元保証、身元信用保険、損害担保契約、連帯債務、併存的債務引受、不可分債務、協調保証などがそれに含まれるとされる。[17] これによると、人的担保概念に包含されるものとしては、「債務の担保」に限らず、身元保証や損害担保契約のような「損失の担保」、保証協会保証のような「信用の担保」も観念されているし、「保険」の形式による場合も同様に解している点が注目される。しかし、特定の法理概念としての位置づけは行われていない。拙稿でも「債権担保制度の基本的構造はつぎの二つにわかれる。一つは、債務者の代わりに、ある人（保証人、連帯債務者などの担保者）に債権の弁済義務を負わせ、その担保者の信用と一般財産によって債権を担保する方法で、人的担保制度があ」り、他方では物的担保制度がある。「人的担保という場合、一般的には『ある人の信用、究極においてはその一般財産をもってする債権の担保』である。これには附従的保証のほか独立的保証を含めた「広義の保証」すなわち連帯債務、不真正連帯債務、併存的債務引受などを含む他、人的担保についての積極的な、新たな現代的利用の出現として、「一つは、資力や信用力の劣る企業者、とくに中小企業者、中小漁業者、農業者に信用を与え金融機関からの融資を容易にする目的で特別の機関ないし協同的機関によって行われる保証（中小企業信用保証、中小漁業融資保証、農業信用保証等）ないし保険（中小企業信用保険、輸出保険、機械類信用保険等）であり、二つは、消費者信用に際して利用される保証（消費者信用保証、住宅ローン保証、自動車販売保証、日本信販保証等）ないし保険（住宅ローン保証保険、個人ローン信用保険等）であり、三つは、物品納入、工事請負等の履行責任についての保証（工事完成保証、納品保証等）、ないし保険（履行保証保険、請負信用保険等）がそれである」と記述したことがある。[18] ここでも、人的担保概念は、区別概念として、また上位概念として観念していたのである。また概念内容としては「他人の一般財産による担保」であり、その担保力は「人的要素＝一般財産」に依拠されるという点でも、多くの見解と同様である。しかし、その担保の客体は、「債務」に限定されないで、「責任」、「損失」、「信用」を担保する場合も、人的担保に包合されるものと考えていたのである。また、「保険」の形式を用いる場合も人的担保であるとの考えによっているのである。ただ、この時点では、特定の法理概念としての認識はみられない。

ところで、以上のような「人的担保」についての諸見解によれば、まず人的担保概念は、物的担保と区別するための区別概念として使われていることである。また、それは種々の担保の上位概念として観念されていることである。そして、これまでの多くの見解では、この程度の概念としてしか位置づけが行われていないということである。そうだとすると、人的担保概念は、種々の担保制度の分類概念、整理概念にすぎないともみることができよう。しかし、人的担保概念は、このような位置づけにとどまるものなのかどうかは、さらに検討しなければならないであろう。人的担保として分類され整理される担保に共通する特質を検討することによって、法的処理における共通性を見出すことによって、人的担保法理の形成を試み、法理概念として形成することが可能かどうかを検討することが要請されるのである。そして、このことは、人的担保の典型とされる保証法理が、人的担保概念に包含される他の担保にどこまで適用され、また適用されないかを判断する上においても重要である。

(2) 川上太郎ほか編・仏蘭西民法〔V〕（復刻版）一一四頁〔川上太郎〕（有斐閣・一九五六年）。
(3) 川上ほか編・前掲注(2)一一三頁、一一四頁〔川上〕。
(4) 民法修正案理由書（三五四頁以下）では、不可分債務については、「担保編中ニ規定セル任意ノ不可分ナルモノハ連帯ノ如ク只之ヲ一種ノ債権担保ト見タルカ故ニ過キス固ヨリ財産編ノ規定外ニ其適用ヲ有スルモノニ非ス故ニ本案ニ於テハ其財産編ノ規定ヲ参酌修正シテ之ヲ採用シ担保編ノ規定ハ全ク之ヲ削除セリ」と説明されている（三五六頁）が、連帯債務や保証債務については、個々の規定につき削除する理由が述べられてはいるが、全部削除の理由は見当たらないのである。
(5) 西村信雄編・注釈民法⑾二〇頁〔椿寿夫〕（有斐閣・一九六五年）。
(6) 末川博・債権法七一頁、七二頁（評論社・一九四九年）。
(7) 西村編・前掲注(4)二〇頁〔椿〕。
(8) 我妻栄・債権総論一一頁、一七七頁（岩波書店・一九五五年）。
(9) 我妻栄・新訂担保物権法三頁（岩波書店・一九七二年）。
(10) 我妻栄・新訂債権総論四四八頁（岩波書店・一九六四年）。
(11) 柚木馨＝高木多喜男・担保物権法〔新版〕一頁・二頁（有斐閣・一九四八年）。
(12) 星野英一・民法概論Ⅱ二二〇頁（良書普及会・一九八一年）、同・民法概論Ⅲ一四四頁以下（良書普及会・一九八一年）。

(13) 鈴木禄弥・債権法講義(二訂版)四〇三頁(創文社・一九九二年)。
(14) 槇悌次・担保物権法一〇頁・一一頁(有斐閣・一九八一年)。
(15) 加藤一郎「担保法の展開」担保法大系第一巻七頁、八頁(一九八四年)。
(16) 詳細は、拙稿・前掲注(1)「人的担保制度の序論的研究」紀要二九巻二号四四一頁以下。
(17) 鈴木禄弥=清水誠編・金融法二〇五頁以下〔中馬義直〕(有斐閣・一九七五年)。
(18) 拙稿・担保法概説一一頁、二六七頁・二六八頁(啓文社・一九八四年)。

## 二 人的担保の現代的機能・類型化と課題

人的担保の機能については、「物的担保は、次第に人的担保を制圧してしまった」といわれているように[19]、債権を担保するという機能からみれば、衰退の傾向にあるようにみえる。しかし、そのような状況にありながら、今日でも、人的担保が物的担保と併用して用いられているし、信用取引の際には必ずといっていいほど人的担保としての保証が求められている。それは一体なぜなのか。そのねらいはどこにあるのかの解明は、人的担保、特に保証のもつ現代的機能を知るうえにおいて欠かすことのできない課題ではないかと考えられる。それとともに、前述したような、人的担保についての積極的な、新たな現代的利用の出現に注目しなければならない。そして、このような人的担保の現代的機能を踏まえて、人的担保の理論、特に保証の法理をみつめ直してみることが要請されよう。

その視点の一は、保証と保険の同質化の生じてきていることが指摘される。さきの人的担保の現代的利用においてみられるように、保証の形式をとるものと保険の形式をとるものとが対をなして存在していることからも知りうるところである。それは、法形式の観点からすると、主債務者の債務の履行ないし担保という保証の形式を用いられているものと、債権者の損害を塡補するという保険の形式を用いるものとに区別されるわけであるが、両者はいずれも、信用を付与するとともに自己の一般財産によって責任を負うという点では同一の経済的機能を担っているのである。そして、かかる保険と保証の同質化については、保険の側からはすでに認識され、その保証性については今日一般的に承認されているところである。すなわち「保証の基本的特色は、①実際の当事者が債権者、債務者および保証人の三者であること、②給付の内容として主債務者の債務不履行に基づく損害を対象としていること、③主債務者の信用補完の機能をもつとの三点にあるという見解にたつと、本保険も同様な特徴を有している」[20]とか、保険と保証とは歴史的沿革を異にするが、保証が保険的仕組みで構成された場合には、保険と保証との接近が進められ、このことは保険の自己増殖ないし拡大現象と受け止めることができ、そこでは保険と保証とが融合して峻別不可能となってきているとかが指摘されている[21]。このことは、法形式がまったく異なりながらも、近接・同化が行われることによって統合化の方向を示唆するもので、人的担保法理の形成という観点からすると特に注目されるものである。そして、このような保険の位置づけを行うためには、民法上の保証＝狭義の保証の「担保」性を解明し、それを機軸として、人的担保としてとらえられてきた他の諸制度との関係を明らかにすることが必要である。

その視点の二は、保険の形式をとるものをも含めて、人的担保とされるものに種々のもののあることは前述したところから明らかである。そこでまず、人的担保とされる種々のものにつき、その最も重要な要素とされる担保の客体、すなわち何を担保しようとしているのかに注目して、類型化を試みることが重要である。かかる観点にたつとき、つぎのように類型化されよう。

(イ)　「債務担保」型人的担保

人的担保によって被担保者の「債務」を担保する類型である。従来からも人的担保といわれる場合には、この類型だけが意識的に、あるいは無意識的に想定されていたもので、人的担保の典型類型といえる。この意味では、狭義の人的担保ともいえる類型である。民法上の保証で金銭債務保証がその典型であるが、営利保証、連帯債務、併存的債務引受なども それに属する。また、機関信用保証も二次的にはかかる類型と位置づけることもできよう。この類型では、被担保目的としては、被担保者の債務の存在が要素となっている。すなわち、被担保債権の存在を前提とする担保である。

しかし、担保の客体とされる被担保者の債務と担保者の債務との関係をみると、附従性のある従属的担保と、附従性のない独自的担保に分れる。前者は、民法上の保証や営利保証、二次的な性格ではあるが機関信用保証もそれに属する。後者に属するのは連帯債務や併存的債務引受である。また、この類型では、無償担保が原則であるが、営利保証のように有償・営利担保であるものもみられる。

(ロ)「信用担保」型人的担保

人的担保によって被担保者の「信用」を補完することを主たる目的とし、ただ最終的には「債務」を担保する類型である。機関信用保証がその典型である。この類型では、被担保目的としては、被担保者への信用の付与が要素となっている。このため、被担保債権に相当する信用の付与の存在を前提とする担保である。また、信用の付与の存在とは附従性があり従属的担保である。そしてまた、機関担保であり、有償担保たる性質をもつのが普通である。

(ハ)「地位担保」型人的担保

人的担保によって被担保者の契約当事者としての「地位」を担保するものである。工事完成保証がその典型である。この類型では、被担保者が契約当事者たる地位にあることが要素となっている。すなわち、被担保債権に相当する契約上の地位の存在を前提とする担保である。また、契約上の地位とは附従性があり従属的担保である。

(ニ)「賠償担保」型人的担保

人的担保によって被担保者の債務不履行や不法行為による「賠償」責任を担保する類型である。この類型では、当初は、被担保者の「履行」を担保するものではあるが「債務」は担保されていない。その後、不履行が生ずることによって損害賠償債務に転じた場合には、被担保者の負担する「賠償」債務を担保するものである。この意味では、被担保者の賠償債務の存否を問題としていない後述の「損失」担保とは異なる類型である。このため、条件付「債務担保」型人的担保とみることもできないわけではない。しかし、当初の担保目的が異なることから、一応、これとは別の類型として捉えることにする。不代替物給付保証、身元保証で被用者の債務不履行や不法行為によって被用者が負う損害賠償債務を身元保証人が担保する場合がそれである。この類型では、被担保目的として当初は「履行」責任が、後には「賠償」債務のあることが要素となる。このため、被担保債権に相当する履行責任とそれが転化したところの賠償債務の存在を前提とする担保である。また、この履行責任や賠償債務とは附従性があり従属的担保である。

(ホ)　「損失担保」型人的担保

人的担保によって債権者の「損失」を担保する類型である。このため、債権者の損失塡補として構成することも可能である。これが保険の形式を用いる場合の構成である。しかし、債権者の損失の発生は、被担保者によって惹起されるものであることからすると、本来、被担保者が負担することになる損失を担保するものとして、担保的に構成することのほうがその実質により適合するものではないかと思われる。ただ、法的には、被担保者に債務や責任のあることを前提としていない担保である。身元保証で被用者が債務を負うかどうかを問わず、その者を雇用することによって使用者が被るであろう一切の損害を担保する場合、損害担保契約、保証保険、信用保険がそれである。この類型は、被担保債権に相当するものの存在を必要としない担保である。このため、従属的担保か独自担保かを観念できない人的担保である。そして、保証の形式を用いる場合も、保険の形式を用いる場合も、いずれであっても同質の人的担保といえる類型である。

以上のような類型化により明らかなように人的担保といわれるものには種々の類型がある。そうだとすると、人的担保法理の形成にあたっては、これまでのように民法上の保証、すなわち「債務担保」型人的担保に当てはめて処理するのではなく、それぞれの類型に応じた理論を検討するとともに、それらに共通する法理としての人的担保法理を模索することが必要ではないかと思われる。

(19)　西村編・前掲注(5)一八〇頁〔椿〕。
(20)　松村寛治「損害保険と担保」別冊ＮＢＬ⑽「担保法の現代的諸問題」二一八頁（一九五八年）。

(21) 西島梅治・保険法九頁(筑摩書房・一九七〇年)。

## 三　機関信用保証法理の形成と課題

人的担保にかかわる現代的課題としては、機関信用保証の出現がある。そして、これが今日の保証の問題の主流をなしつつあり、法理論的にどう捉えていくか重要な問題である。

ところで、機関保証ないし機関保証という概念は、個人保証との対比において、今日、まま用いられてきているが、その概念内容は定かでない。すなわち、「保証を専業とする保証機関による保証」であるとか[22]、「保証取引という新しい取引形態を前提としてはじめて把握できるところの保証[23]」、そのメカニズムは「一定の事業体が、主債務者からの保証委託に基づき、保証料を徴し、事業として不特定多数人のために行う保証」であるとか[24]、保証の特性として合理的・取引的性格、継続性、有償性、信用補完性等を保有する保証、あるいは信用獲得、信用補完をねらいとする保証[25]であるなどといわれている。しかし、このような意味づけでは「機関保証」という独自の性格づけを十分に認識することはできず、混乱を生じさせたようである。そこで、この混乱を避けるために、個人保証と対比した特色を有する「機関保証」性と、「債務の保証」とは異なる「信用の保証」としての特色に注目しての「信用保証」性の両性質を有する保証であるという意味で、これを「機関信用保証」と称することにし[26]、このような「機関信用保証」法理の形成を強調してきたのである。機関信用保証の問題は、より根本的には、民法上の保証法理と接合するものであるかどうかである。

ところで、この点、通説[27]、判例[28]は、民法上の保証と本質において変わりはないとして、民法上の保証理論によって捉えている。それはおそらく機関信用保証も「主債務者の債務を保証する」という法形式を用いているためであると考えられる。その限りでは一見妥当といえるが、それでは機関信用保証の特質を正しく理解し、法律関係を正しく処理することはできないであろう。すなわち、前述の人的担保の類型でみると、民法上の保証は「債務担保」型人的担保であるのに対して、機関信用保証は「信用担保」型人的担保として類型的に区別されるものである。このような類型的差異があるにもかかわらず民法上の保証と同視するのが妥当かどうか問題となろう。民法上の保証は「債務の担保」の場合の人的担保につき規定しているにすぎず、「信用の担保」を主とする人的担保の場合にも同様の法理によることができるのかどうか検証する必要があると思われるのである。

ところで、保証理論における近時の一特色は、信用保証協会保証、すなわち機関信用保証を中心として保証理論が展開している。求償権の範囲に関する特約の効力[29]、原債権抵当権の被担保債権は求償権か原債権かの問題[30]、内入弁済により求償権と原債権のいずれに充当されるかの問題[31]、求償権の消滅時効期間の起算点[32]、求償権と原債権の時効中断関係[33]、保証委託契約における担保保存義務免除特約の効力[34]などに関する最高裁判決を契機として、学説や実務において論議されていることによって知りうるところである。ただその際、民法上の保証と機関信用保証の差異に注目するときは、このように機関信用保証を中心として展開してきた近時の保証理論につき、それが機関信用保証特有の保証理論であるのか、それとも保証一般の理論とみてよいのかが問題にされなければならないことになろう。そして、このような検討を加えることによって、人的担保の一形態とされる「信用担保」型人的担保法理を形成するとともに、「債務担保」型人的担保との共通性や人的担保一般理論を抽出することができるのではないかと考えられる。

このような意味での機関信用保証法理の形成の検討は、他の人的担保類型についても必要であり、それらが総合されて初めて人的担保法理の形成が結果されるものと考えられるのである。

(22)　拙稿「個人保証と機関保証」手形研究一九二号一頁（一九七二年）、同「『機関保証』理論の動向」信用保証五九号一九頁（一九七四年）、上野隆司「機関保証をめぐる諸問題」手形研究二四七号六三頁（一九七八年）。なお、椿教授は「法人保証」と称しておられる。
(23)　拙稿・前掲注(22)一頁。
(24)　金沢理「信用保証とボンド」金融法務事情七五〇号一五頁（一九七五年）。

(25) 岡崎治郎「信用保証制度の再検討」金融法務事情七四〇号二一頁以下(一九七五年)。
(26) 拙稿「信用保証協会の保証の現状と問題点」米倉明ほか編・金融担保法講座Ⅳ四〇一頁(一九八六年)。
(27) 谷川久「判批」ジュリスト三一五号一〇五頁、加藤一郎＝吉原省三・銀行取引(改定版)二一九頁(有斐閣・一九七一年)など。
(28) 東京高判昭和三五・一〇・二六下民集一一巻一〇号二二九二頁、札幌高函館支判昭和三七・六・一二高民集一五巻四号二八九頁など。
(29) 最判昭和五九・五・二九民集三八巻七号八八五頁、最判昭和五九・一〇・四金商七一一号三頁、最判昭和五九・一一・一六金商七一一号三頁、最判昭和六〇・一二・一三金法一一一二号三三頁。
(30) 最判昭和六〇・一・二二判時一一四八号一一一頁、金商七二四号三九頁。
(31) 前掲、最判昭和六〇・一・二二。
(32) 最判昭和六〇・二・一二判時一一七七号五六頁、判タ五七九号五二頁、金商七三五号三頁。
(33) 最判昭和六二・一〇・一六金法一一七八号三三頁。
(34) 最判平成二・四・一二金法一二五六号六頁。

## おわりに

人的担保についての研究を始めるにあたってのグローバルな視点からの問題提起を行った。このような視点からの検討とともに、個別問題毎の検討の必要なことも承知しているつもりである。特に、実務においてはそれが重要であり軽視することはできない。このことについては、追々、検討を積み重ねていく予定である。

なお、人的担保については、この他にも多くの問題がある。それを思いつくままに列挙すると、学理上は人的担保制度の比較法的検討に始まり、人的担保と物的担保の関係、物上保証との関係、信用保証・継続保証・根保証などの用語の整理、解釈上ないし実務上は根保証理論の確立、保証人の責任制限理論、求償関係法理の整理、原債権と求償債権の関係、保証委託契約の法律関係、担保保存義務の問題、代理貸付金融機関の保証責任などがある。これらの問題についても、今後、検討を加える予定である。

# 4 「機関信用保証」論
## ――法人保証の提唱を契機として――

### 一 問題の所在

「法人保証」の提唱者である椿教授によれば、『「だれが保証人か」』により、保証法理それ自体もかなり大きく変わってくるのではないか。(1)」との命題に立って、「ある自然人が引き受ける個人保証に対置される」「法人による保証」＝「法人保証」(2)法理形成の必要を強調される。そして、この提言は、西村教授により指摘された保証の特性が全体として妥当しない保証であることを明らかにするにとどまらず、このような保証主体の違いに注目しての「従来から保証法においていわれてきた保証の特質や法的処理の方向（一例を挙げれば保証人保護という相当頻繁に強調されるスローガン）」(3)の違いをも検証すべきであるとされている点が注目される。(4)

このことのために、第一に、「機関保証」概念は一定の法的効果を導きがたいもので無用であり、「法人保証」に倒置すべきであるとする。すなわち、機関保証という表現の意味については、①保証専業機関の保証（広義）、②一定の事業体すなわち機関が対価を徴収し事業として行なう保証（より広義）、③協会保証そのものの意味で使うこと（狭義）がある。「私見が法人保証と呼ぶものと、おおむね②と同じ」であるとしたうえで、(5)「機関保証性は、それが使用された初期、黎明期にあって注目を惹いた表現・用語と評価すべく、今や法人保証というまとめ言葉との間で甲乙はなくなって、それに続く何らかの、より明確かつ具体的な性格規定をともなわないかぎり一定の効果を導きがたいように思われる」「伊藤教授が対外・対内両面にわたって示された方向をさらに進めて保証人（ここでは信用保証協会）にきわめて有利な法的地位を与えることは、根拠として抽象的に過ぎ無力ではあるまいか(6)」と指摘されていることから明らかである。このことから、個人保証ではない機関保証が確立、普及してきている今日において、法人保証と倒置できるものなのかどうか。また機関保証の提唱は信用保証協会の保証（協会保証）を念頭に置いての民商法上の保証と異なる保証法理の形成のためであったわけであるが、このような保証法理の形成にとって本当に無力なものであるのかどうか再考を迫られることになろう(7)。

第二に、機関保証との関連で強調されてきた信用補完性あるいは信用保証性の特徴につき、このような特徴を主張するだけでは法律問題を具体的に解決する論拠となりえないと指摘される(8)。すなわち、信用補完と信用保証とは「互いに絡み合って用いられる特徴であるが、その内容に関しては統一された説明がない。信用保証は、……債務の保証よりも信用の保証を第一次的目的にしている、とみる学説もある。金融を得やすくする点は『法人保証――営利営業型』でも変わらないはずだし、信用を保証するといっても法的には生じた債務の保証に帰着するから、解釈論として何かを主張しようとする際、これらの特質指摘にはあまり積極的な役割を認めがたい。とりわけ、このようなスローガンを掲げても、協会が債権者・主債務者・個人保証人などとの間で与えられる法的地位の強化を導く論拠とするには、無力すぎる(9)。」、「そのことから、協会が債権者・主債務者・保証人・物上保証人といったさまざまな関係者との間で、種々の法的な内容につき、最も有利かつ優位な地位を保有すべしとする法解釈的結論が、さしたる媒介項なしに説得力をもちうるか。」「いっそうの補説を願ったうえで聴者の側で判断しなければならない(10)。」と主張される。さきの第一点は、やや形式的、現象的問題提起であったと受けとめることができても、この第二点については、これまでの機関保証理論での根本的思考の無意味さを指摘するものである。このため、これまでの機関保証理論の目指したものは何であったのかにつき再考しながら、それが法人保証に包括され倒置されるものなのかについての検討が求められよう。

第三に、機関保証概念の無用性、信用補完性や信用保証性の特徴強調の無力性に変わるものとしては、法人保証に包括されているが協会保証の特性とされる政策性、公共性だけが特約等を根拠付け他の保証とは異なるものとしていると主張する。すなわち、「協会保証が一定程度他の保証に比べて保護されるべき根拠は……公共性、国家政策性があげられる」[11]、「私見は、協会保証の公共性、国家政策性こそが協会の立場を他の保証より有利に扱い、いろいろな特約にあまり制約を加えるべきでない第一かつ最大の根拠であると解する」[12]と主張される。公共的政策保証としての特質の故に、これまでの機関保証理論の下で展開してきた協会保証についての法解釈理論を論拠づけられるかどうかについての検証は、法人保証論者に期待するところである。ただ、機関保証論者側としては、この公共的政策保証性と機関保証理論はどのような関係を持っていたかは再考してみるべきであろう。

第四に、法人保証のうち、公共性、政策性を持つ協会保証についても、「保証協会は、あらゆる関係者の中で、最後尾において責任ないし負担を負えば足りる関与者になる」と「まで行くべきではあるまい」、「過当な保証人保護という状況が造られるからである」、「もともと民法学は対立する利益の調和的関係が深く根づいている領域であるから、どの問題では、どの程度の関係を妥当適切とするか慎重に検討されるはずだからである」[13]と主張し、第五に、法人保証については公共性と営利性を基準にして分類して検討してみてはどうかと提言される。[14]第四点と第五点に関しては、法人保証論者による具体的な検討に期待したい。ただ、推論するに、椿教授の分類[15]による法人保証公共型（公共公益型・特殊公益型）についても何を保証の対象（債務・信用・損害・地位等）としていいのかにつき、さまざまな場合があると思われるが、これらを考慮しないでよいのかどうか。法人保証営利営業型についても、すでに指摘された（注・椿寿夫編「法人保証の現状と課題」）であろう保証のさまざまな機能に注目した保証法理をどのような基準建てで形成するのか、しないのかなどの課題が予想される。

ところで、法人保証の提唱によって機関保証論に投げかけられた直接的課題は第一点と第二点であろう。本稿は、主として、これらの点に限定して検討するものである。そのさいに、法人保証論は、法人による保証のいずれの場合も保証の対象は「債務」であることを前提としているものと推測される。民商法上の保証の構造と基本的には異なるものでないことから出発し、このような保証法理の差異は保証主体が異なることと、それが公益か営利かによって生ずるとの思考によっている。すなわち、保証主体の属性（法人保証か公共保証か営利保証か）による保証法理の形成を提唱するのに対して、機関保証論では保証の対象になっている内容（債務保証か信用保証か）による保証法理の形成を提唱してきているという根本的対峙に留意しながら、検討する必要がある。このことから、本稿では、法人保証論そのものについての検討を目的とするものではない。専ら、投げかけられた課題に対する保身的検討に終始するものである。もっとも、このことによって、協会保証を「機関信用保証」と解し、「それは当事者の特約によって生れ、学説や判例によって承認され、保証取引上の慣習ないし慣習法として形成してきた新しい種類の保証」法理の確立が必要であると提唱した(16)ことについての検討にもつながることになろう。

(1) 椿寿夫「法人（による）保証論のための序論(下)」ジュリ一一三一五号一一二一頁参照。
(2) 椿寿夫「民法学における幾つかの課題(5)」法学教室二二九号六六頁。
(3) 椿・前掲注(2)六八頁。
(4) 椿・前掲注(2)六七頁。
(5) 椿寿夫「民法学における幾つかの課題(6)」法学教室二三〇号四一頁。
(6) 椿・前掲注(1)一二〇頁。
(7) 椿・前掲注(5)四三頁。
(8) 椿寿夫「法人（による）保証について」NBL六五五号二六頁。
(9) 椿・前掲注(5)四三頁。
(10) 椿・前掲注(1)一二〇頁。
(11) 椿・前掲注(8)二五頁、二六頁。
(12) 椿・前掲注(1)一二〇頁。

(13) 椿・前掲注(5)四四頁。
(14) 椿・前掲(8)二六頁。
(15) 椿・前掲(5)四二頁。
(16) 拙稿・保証・人的担保論(初出「信用保証協会の保証の現状と問題点」米倉ほか編・金融担保法講座Ⅳ)一四一頁、一四二頁。

## 二 「機関保証」は有用か

### 1 「機関保証」という表現の意味との関係

この機関保証の概念内容は定かでないのが実情である(17)。すなわち①「保証を専業とする保証機関による保証」(広義)(18)、②「一定の事業体が、主債務者からの保証委託に基づき、保証料を徴し、事業として不特定多数人のために行なう保証」(最広義)(19)、③「信用獲得、信用補完を狙いとする保証(20)」等を意味するものとして、さらには協会保証そのものの意味(狭義)にも使用されている。ただ、これらに共通しているのは、機関、事業体、協会という組織体による保証であるということである。それは、保証主体に注目した現象的な捉え方であるかも知れないが、機関保証と表現することによって、個人保証との違いを意識した概念として使用されていることだけは明らかである。このことによって、機関保証は、かつて西村教授が保証一般の特質として指摘された利他性、無償性、情宜性、軽率性(21)とは異なる特質を持った保証であること、すなわちこれらの特質を持つ個人保証とは異なる保証法理により規律する必要(22)のあることを指摘している点では意義があるといえる。この点では、法人保証の提唱と共通する。このため、機関保証を、機関、組織、団体、会社、事業体という組織体による保証としての意味しかないものとして使用されているとするならば、これらの組織体は、今日では、ほとんどが法人であることからすると、これを「法人保証」と呼んで倒置することについては、用語法の問題であり、「機関」より概念が明確であってより的確であるとも思われることからさして問題はないであろう。とくに、機関保証を②の意味としてみるならば、これを法人保証といっても何ら問題はない。ただ、この場合に、さほどたいしたことではないが形式論として、法人でない組織体による保証を個人保証に入れるかという問題が残るだけである。

## 2　「機関保証」提唱の目的との関係

ところで、前述のような保証主体のみに注目しての機関保証の理解では、機関保証であることの故をもって、協会保証の特質に注目しての保証法理を形成する論拠となりえないのは確かである。このような理解に基づく機関保証であるというだけでは、保証人にきわめて有利な法的地位を与える根拠としては無力であり[23]、「いわゆる機関保証全般、つまり営利保証にも協会保証と同じ程度の保護を認めるのは妥当でない[24]」との批判を甘受しなければならないであろう。それは、機関保証を法人保証に倒置したとしても同様であろう。このことから、「かかる現象的な捉え方が、法律上の概念としての機関保証とイコールかどうかは検討」しなければならないと指摘[25]し、機関保証概念がこのような保証主体である「機関」にのみ注目したものであるならば、保証専門機関による保証であることと銀行その他の金融機関や商社等による保証であることとは、保証理論を考えるにあたっては、何ら差異はなく、保証主体の態様というものは、さほど重要ではないと指摘したところである[26]。

しかし、機関保証の提唱は、協会保証の問題と切り離して議論できるものではない。それは、信用保証協会という保証を専業とする機関による保証であることに注目すると共に、協会保証と同様の特性を持つ信用保証協会以外の組織体(機関・事業体・協会・団体)による保証をも包括する意味で機関保証の用語が用いられたのであるが、その提唱の目的は協会保証の特性を持つ保証(信用保証協会以外の組織体による保証をも含む)について、機関保証人の、債権者に対する保証責任の免責、主債務者に対する求償権の強化、他の保証人や物上保証人に対する負担部分ゼロ等の内容を持った民商法上の保証と異なる保証であることを論拠づけることにあったわけである。

このために、協会保証の特性として、まず①機関保証性、②信用補完性、③制度性、④政策性、⑤公共性、⑥定型性、⑦慣行性、⑧信用保証性、⑨大量取引反復継続性、⑩有償性、⑪修正された附縦性・補充性、⑫没個人的情宜性、⑬求償権の優越性、⑭特約多用性、⑮有利特約性等が指摘されている。ただ、そのいずれの特性が、機関保証が民法上の保証と異なる保証であることを論拠づけるものであるのか。また、どの点が異なるのか――単に民法上の保証規定の適用よりも特約を優先させるだけなのか、保証の性質が異なるのか――、その特性がどのようなメカニズムによって民法上の保証との差異を生じさせるのかについて、深化させて十分に検討されてはいない。ただ、単純に、これらの特性を包括して持っている保証が機関保証であり、これら包括した特性が民法上の保証と異なる保証と解される論拠としてきた傾向がないではない。しかし、それは論外である。これらの特性のなかには、たとえば、①のように機関保証としての性質を持つ保証であることによって導き出されるものも含まれている。このため、その特性をもって論拠づけることはトウトロジーである。このことから機関保証は、どのような特性に注目して形成された保証法理であるのかを明確にしなければならない。このことに関しては、私としては、若干の検討を行なったことがある。(27) このことを前提としてみると、①からは根拠づけられないこと、④⑤からは政策保証としての性質がみられ根拠づけに寄与するものであること、③⑥⑦⑨は民法上の保証と異なる内容の保証を作り出す原因にすぎず根拠づけにはなりえないこと、ただし後述のように③⑥⑦は新しい種類の保証の存立根拠に繋がること、(28) ⑩の有償については対価性の有無により営利保証か政策保証かの区別に繋がり、後者の場合は④同様に根拠づけに寄与することになるが、その根拠づけに最も重要なのは②信用補完性および⑧信用保証性の特性ということになる。②⑧の特性を強調する見解は多くみられる。(29) このことから、一般的には、機関保証は②⑧の特性を有する保証であり、このことが民法上の保証とは異なる保証であることを根拠づけものとして提唱されてきたのである。このことから、単に保証主体にのみ注目しているかの如き「機関保証」の用法に代えて「信用の保証を業務とする保証機関による保証」を意味する用法として「機関信用保証」と呼ぶことの方が適切ではないかと提言したことがある。(30)

ただ、このように機関保証は②⑧の特性を有する保証であることについては、大方の共通性を得ていると思われるが、それが保証の性質として民法上の保証と同様なのかどうかについては見解の分かれるところである。[31] すなわち、②⑧の特性を有する保証であっても(a) 民商法上の「債務の保証」であることには変わりはないとするのが通説、判例である。これに対して、(b) 信用保証協会法という特別法に定められた特殊の保証であるとか、(c) 特約・事実たる慣習・慣習ないし慣習法上の保証であって「信用の保証」であるとみて民商法上の「債務の保証」とは性質の異なる保証であるとみる見解がある。特に、(b)に法的基礎を求めることができるかどうかは疑問であるが、(c)の見解は「信用の保証」は民商法上に規定されたものではないことから、その法的基礎づけのために主張されたものである。

以上のように機関保証の意味づけについては、さまざまな状況にある。これに対応して機関保証概念は無用とする法人保証提言では、機関保証人の、債権者に対する保証責任の免責、主債務者に対する求償権の強化、他の保証人や物上保証人に対する負担部分ゼロなどの内容を持った民商法上の保証と異なる保証であることを論拠づけるのは②⑧の特性ではないとみることについては前述したとおりである。[32] それとともに、法人保証提言は、その保証の性質を(a)と解することで十分であるとの前提に立つものと推測される。すなわち、②⑧特性を持った(a) 保証では民法上の保証と異なる保証性を根拠づけることができないとみるのである。たしかに、②⑧特性を持った(a) 保証については、②⑧特性が、どのようにして根拠となりうるかについての検証が十分に行なわれていない状況からすると特性のスローガンを掲げただけで、機関保証人が「最も有利かつ優位な地位を保有すべしとする法解釈的結論が、さしたる媒介項なしに説得力をもちうるか[33]」といわれてもやむをえないであろう。

しかし、②⑧特性を持った(c) 保証の場合はどうであろうか。法人保証概念に組み込みうるのかどうかである。そして②⑧特性を持った(c) 保証であることに注目するとき、さらに「信用の保証」としての性質を持った慣習ないし慣習法上の新しい保証の組み立てが必要であるとすれば、どうであろうか。「機関信用保証」の提言[34]は、このような保証を想定したものである。もっとも、そのためには、②⑧特性が保証法理を形成するにあたって、どのような意味や位置づけをもつものなのか、②⑧特性が単に「機関信用保証」人に有利かつ優位な地位の保有の根拠づけにとどまるものなのかどうかなどをも考慮しながら、原点に立ち返って検討する必要のあることはいうまでもない。

(17) 拙稿・前掲注(16)(初出『機関保証』概念の整理」中小企業信用保険公庫月報一九八三年九月号)一〇六頁で、すでに指摘したところである。
(18) 拙稿・前掲注(16)(初出「個人保証と機関保証」手形研究一九二号)一一六頁。
(19) 金沢理「信用保証とボンド」金法七五〇号一五頁、上野隆司「信用保証協会保証の特色」加藤一郎＝林良平編・担保法大系5四五四頁。
(20) 岡崎治郎「信用保証制度の再検討」金法七四〇号二一頁以下。
(21) 西村信雄編・注釈民法一一(一九六五年)一五〇頁以下(西村)。
(22) このことについては、拙稿・前掲注(16)一一六頁以下で検討したところである。
(23) 椿・前掲注(1)一二〇頁。
(24) 椿・前掲(8)二五頁。
(25) 拙稿・前掲注(16)一〇七頁。
(26) 拙稿・前掲注(16)一〇九頁、一一〇頁。
(27) 拙稿・前掲注(16)一〇七頁以下。
(28) 拙稿・前掲注(16)一四一頁、一四二頁。
(29) 江口浩一郎「信用保証取引の基礎」金法八二五号三六頁、岡崎・前掲注(20)二一頁以下など。
(30) 拙稿・前掲注(16)一一二頁。
(31) 詳細は、拙稿・前掲注(16)一三九頁、一四〇頁参照。
(32) 椿・前掲注(9)参照。
(33) 椿・前掲注(1)一二〇頁。
(34) 拙稿・前掲注(16)(初出『機関保証』理論の動向」信用保証五九号)九七頁以下、拙稿・前掲注(16)一四〇頁以下。

## 三 「機関信用保証」の形成に向けて

### 1 「信用の保証」の特質

機関信用保証の内容となるのが、被保証人の「信用」である。すなわち、信用の保証を専業とする機関が、被保証人の信用を保証するのが機関信用保証である。その代表的な例は、中小企業信用保証協会による保証であるが、これに類似する機関による信用の保証も同様である。たとえば、信用保証協会の保証では、その直接の狙いは、単に中小企業者等の金融機関からの借入債務を保証することではなく、あくまでも中小企業者等に対する信用補完を目的とした金融の円滑化にあることが強調されているが[35]、その機能としての信用補完性に注目するだけではなく、このような保証の対象を「信用」自体と見ようとするものである。このため、前述の協会保証の特性のうちの②信用補完性と⑧信用保証性は同義ではない。②特性に関しては「債務の保証」であっても、そのような特性の強い保証を想定することが可能であるのに対して、⑧特性は「債務の保証」と保証の対象が異なる保証であることを指摘するものである。それは、民商法上の被保証人の「債務」を保証する保証とは異なるものである。このことから、「信用補完性、つまり協会保証の制度目的・制度機能は中小企業のために融資を受けやすくするためのものであり、普通の債務保証とは異なる点にその根拠を求める見解があるが、これが法律問題を具体的に解決する論拠にはなりえないと考える」とする見解は[36]、⑧特性も②特性と同質とみてこれを強調するにとどまるかぎりにおいては妥当と思われる。しかし、「信用の保証」としての機関信用保証についても同様であろうか。

保証の対象が「信用」であるような保証は、認められるか。「保証」は「債務」を保証する場合の概念であって、このような保証を「保証」と呼ぶべきではないとする主張も考えられる。しかし、被担保者の「負担」を担保負担者の「一般財産」によって担保する人的担保[37]であることについては共通する。民商法上の保証は被担保者の「債務」負担を担保するのに対して、機関信用保証は被担保者の「信用」負担を担保する点で異なるだけである。この意味では、人的担保とされる工事完成保証のような請負人の「地位」負担を、損害賠償債務を担保する身元保証のような「損害」負担を、損害担保契約のような「損失」負担を担保する場合等と同様に、「負担」の内容が異なるが人的担保の一類型として位置づけることができよう。そして、このように担保される「負担」の内容に応じた人的担保法理の形成が考えられてもよいのではないと思われるのである。とくに、その担保される「負担」の内容が異なることによって、人的担保の典型とされる「債務」負担を担保する民商法上の保証と、どのように接合し接合しないのかに注目するとき、民商法上の保証規定や保証法理の妥当する部分と修正しなければならない部分が明らかにされよう。その結果として、民商法上の保証と異なる機関信用保証特有の人的担保法理を根拠づけることができものと思われる。

そこで、問題は、被担保者の「債務」負担を担保する場合と、「信用」負担を担保する場合とでどこが違うかである。まず、担保設定にあたっては、観念的――実態を確認していないので――ではあるが、「債務」負担担保の場合は債権者は担保負担者の「一般財産」によって「債務」額を代位弁済可能かどうかに関心を持つのが通常ではないだろうか。これに対して「信用」負担担保では「信用」額そのものが観念できないこともあって担保負担者の「一般財産」にはそれほど重要視されないのが通常であろう。この実態は、信用保証協会の保証にみられるように、信用保証協会の「一般財産」力からは想像できないほどの保証残高のあることによって知ることができよう(39)。ついで、「債務」負担担保では担保負担者の義務内容としては、被担保者の「債務」と同一内容の「債務」を負担し、履行することになる。すなわち、保証の特質とされる「債務の同一性」の存在が前提となっている。しかし、「信用」負担担保では、担保負担者の義務内容として「信用」を履行するということは観念できないであろう。この場合には、まず担保負担者は債権者が被担保者に供与した信用を保障する義務を負うことになる。信用供与に伴って被担保者が債権者に負担することになる「債務」の履行義務が直接の内容となるわけではない。ただ、被担保者が「債務」の履行を怠り供与された信用が損なわれることになった場合に、担保負担者は信用保障義務の具体的内容として被担保者の「債務」につき、一般財産によって代位弁済することになる。「信用」負担担保のこのようなメカニズムからすると、以下のような特質を抽出することができよう。担保負担者の義務には被担保者の「負担」内容との同一性は見られない。被担保者に対する信用供与に伴う「債務」負担が存在しないかぎりは信用保障義務の具体的内容として被担保者の「債務」の代位弁済は生じないという意味での附従性は存在する。被担保者に供与された信用を保障するものであることからすると、被担保者の「債務」が移転したとしても、これに随伴することはない。被担保者が「債務」の履行を怠り供与された信用が損なわれることになった場合における「債務」の代位弁済であるという意味では、その補充性は最終的なものである。ただ、最終的には、被担保者の「債務」を代位弁済するという意味で「債務」負担担保と近似する。そして、このことから、基本的には、民商法上の保証規定や保証法理の適用の可能性を根拠づけることができよう。

## 2　「約定」により組み立てられた保証

ところで、以上のような特質を有する機関信用保証は、民商法上の保証規定や保証法理では律し切れない。このため、「信用」負担担保であることを特徴づけるために、「約定」が多用されることになる。たとえば、信用保証協会と金融機関（債権者）との保証約定書例の前文では「信用保証協会法第二〇条に基づく保証」約定である旨が明記され、「信用の保証」の目的を達成するために第三条の旧債振替の制限及び第一一条の保証免責を定め、第九条で金融機関に債権の保全取立責任を負担させ、第六条では最終的に債務の履行が行なわれないものと確定した時点で債務を履行することとし、第一〇条ではその履行後も債務者からの求償を確保するために担保物などの交付義務を約定している。他方、保証協会と中小企業者（債務者）との保証委託契約書例では信用保証協会の回収確保のために求償に関して民法の保証規定とは異なる諸規定（特に第三条、第四条、第六条）を定めるとともに、この求償権を担保する者との間でも優位性（第一一条）を定めている。これらの約定は、両者相まって、椿教授の言によれば「保証協会は、あらゆる関係者の中で、最後尾において責任ないし負担を負えば足りる関係者になる[40]」ことを約定したものと理解することができよう。すなわち「信用保証協会法第二〇条に基づく保証」は民商法上の「債務の保証」とは異なる性質を持った保証として「約定」により組み立てられているのである。

もっとも、このような「約定」により組み立てられた保証を、あえて民商法上の「債務の保証」とは異なる性質を持った保証とみる必要はなく、ただ「約定」の有効性を論拠づけるだけで十分であるとの反論も成り立とう。椿教授は、その論拠づけを協会保証の公共的政策保証性に求めるわけである。その当否は、ここでは議論しないが、それだけでは、約定の効力の及ぶ範囲においてのみ「最後尾において責任ないし負担を負えば足りる関係者になる」に止まることになる。このような「約定」により組み立てられた保証の本質を探求することにより、たとえ約定の存在しない法律関係においても、保証人は「最後尾において責任ないし負担を負えば足りる関係者になる」保証法理の形成も考えられよう。私見の目的はここにあるわけである。

### 3　三面的一体契約性

保証をめぐる法律関係には、二つの重要な要素がある。保証人と債権者間の保証契約と保証人と被保証人（主債務者）間の保証委託契約である。しかし、民商法上の保証については、保証契約は保証委託契約の存否や有効・無効とは関係しないと解されている。このことから、保証委託契約の内容が保証契約の内容を規律するものでありえない。しかし、椿教授の紹介によれば、ラーレンツ債務法〔補訂版〕では保証の解釈論的整理として「保証は保証人・債権者および主債務者間における三角関係の一部である」と認識しているとのことである。[41]また、法人保証の場合には、被保証人（主債務者）から保証の委託を受けないで、保証契約が行なわれることはありえないことから、この三角関係の特性に留意して保証法理を考えるべきではないかとの見解もみられる。かかる観点に立つとき、前述のように、保証人は「最後尾において責任ないし負担を負えば足りる関係者になる」ための「約定」は、保証契約においてだけではなく保証委託契約と一体となって組み立てられていることは明らかである。このため、保証契約と保証委託契約とを切断させることは法的構造としては適切ではないことになる。これを一体として捉えてこそ、保証人は被保証人の債務に関しては「最後尾において責任ないし負担を負えば足りる関係者になる」保証の法理を形成することができるのである。すなわち、このように関連づけることによって、保証人と債権者との保証約定と保証人と被保証人（主債務者）との保証委託約定の内容が、その保証全体の内容となる。この意味では、単に三角関係の特性を持つだけではなく、保証人・債権者・被保証人（主債務者）の三当事者による一体的契約としての性質をもったものとみるべきである。機関信用保証は、このような三面的一体契約性を特質とするものである。

このことによって、保証人と債権者の間の法律関係にかかわる場面でも保証委託約定による定めを主張することができるし、また保証人と被保証人（債務者）の間の法律関係においても保証約定による定めを主張できることになる。また、機関信用保証では、保証委託関係において無効原因がある場合には保証人と債権者との保証関係にも直接的に影響が生ずるものとして考えることができよう。例えば、信用保証協会法二〇条による「中小企業者等」に該当しない被保証人資格のない者についての「信用」を保証した場合には、保証協会（保証人）と金融機関（債権者）との関係においても保証協会（保証人）には「信用の保証」責任は生じないものと解することができる。また、三当事者による一体的契約において約定した求償や代位関係などについても、他の保証人や物上保証人、第三取得者などの第三者との関係においても、「信用」負担担保として合理性の認められる限り、主張できることの可能性を容易に根拠づけることができるであろう。(42)

## 4 信用「枠」保証性

民商法上の「債務」負担担保では、負担内容の同一性、附従性、随伴性の故に、負担の対象となる「債務」が特定していることが原則である。不特定な「債務」の保証では、これらの性質とどのように調整するかという困難な問題が残る。「信用」負担担保では、同一性、随伴性は観念できず、附従性については「債務」の代位弁済の段階でのみ必要となるだけである。そこで、このような特質からすると、特定することなく、一定の範囲＝「枠」内における「信用」を保証することは容易である。

このことによって、例えば、協会保証におけるように、中小企業の事業活動に必要な資金調達のために、その信用を保証し、資金調達を容易にしょうとする場合に、個々の融資から生ずる債務を個別的に保証していくのではなく、「信用」枠を設定し、その「信用」枠の範囲内であるならば、中小企業者の資金調達の必要度に応じて融資が得られることになり、協会保証の目的に最も叶うものとして制度設計することができよう。

また、協会保証では、保証契約は、信用保証書の交付により成立し（約定書例一条）、貸付によって効力が生ずる（約定書例二条）とされている。このような成立と効力発生の不自然な分離は、保証債務の附従性の原則からみて疑問がある（法務省民事局第三課長事務代理の私簡）とされたことによるようである。たしかに、「債務の保証」では、保証債務によって担保されるべき主債務が特定し、存在しなければ保証契約の効力を認めることができないということなろう。これに対して、信用「枠」保証として制度設計するときは、三当事者による一体的契約の合意の時点で、債権者による融資が実行されていない場合であっても、信用「枠」保証は成立し効力が生ずるものとみることができるであろう。(43)不自然な成立と効力発生を分離する必要もなくなる。

さらには、その融資に伴う債務の消滅、発生によっても、信用「枠」保証の効力には影響がないことになる。このため、たとえば、中小企業者が、商品を輸入し、販売するための事業融資を受ける場合に、金融機関が中小企業者に対して取得するところの求償権→貸付債権→手形債権と変質する債権の保証につき、「債務の保証」による限りでは、その都度、保証契約を締結しなければならないのに対して、「信用の保証」では、それを解消しうる可能性があるのである。(44)

## 5　政策保証性

直接、債務を保証しないで「信用」負担担保の保証の場合には、被保証人（債務者）の信用だけでは融資が困難であることから、その信用を補完し、融資を容易にすることを専らの目的とされている。このことは、融資を行なう金融機関（債権者）側でも承知をしているのが通常である。金融機関（債権者）としても、融資に伴う債務に保証を得ることが目下の意図ではなく、保証人によって信用が補完されているものであることに注目して融資するのが真に意図するところといえよう。このように、「信用」負担担保の保証では、所定の資格を有する被保証人（債務者）について、所定の目的における融資を容易にするという政策に基づいての保証としての特性を持つ。このことは、たとえば、協会保証が、中小企業者等が事業活動を行なうための資金調達のために行なわれるものであることから明らかである。

そこで、このような政策保証性の結果、その保証は、政策目的に叶ったものでなければならないことは当然である。このため、金融機関（債権者）との関係においても、被保証人資格のない者について行なった保証は無効とする必要がある。また、このことは債権者においても承知のうえであるから不都合はないであろう。さらに、金融機関（債権者）が、政策目的とは異なる目的で融資をした場合にも、保証人は保証免責を主張できるとするのも当然であろう。協会保証における保証における保証免責条項（保証約定例三条、一一条）は、この趣旨の約定であることはすでに指摘[45]したところである。

なお、このような政策保証性は、それが公共目的のためであるかどうかは問うべきではないであろう。私的民間機関であっても、その「信用」負担担保の保証が、政策目的を持っている限りにおいては、その政策目的を逸脱するような保証の効力を否定することができるものと解すべきだからである。このため、公共性は、その政策保証性を強めるものであるにすぎないのである。

## 6 補充性の強化

保証は、もともと主債務者が債務を履行できないときに、保証人が代位弁済するという補充的な性格を持つものである。それは、主債務者と保証人との債務にかかわっての主従関係を想定したものでもある。ただ、債権者にとっては、このような主従関係を維持し、補充性を堅持することは都合が悪い。それどころか、債権者としては、主債務者からの債務の履行が期待できない場合でも、保証人からの債務の代位弁済が期待できる場合には、そのことにのみ注目して主債務者に対する債権を持つことになる。このような場合は、保証の主従関係や補充性というもともとの性格は失われ、保証債務とはいうものの、主従関係のない連帯債務と同様なものになる。これが、連帯保証で、民法上も認められ、かつ実際においては、このような債務の保証が通常になっている。しかし、それは債務の履行の段階でのことである点に留意しなければならない。

しかし、「信用」負担担保の保証では、債権者との関係においては、債権者による主債務者からの債務の回収の努力義務を課し、最終的に債務の不履行が確定した後においてはじめて、債務の履行の段階に至るという債務の履行の段階に至るまでの間の補充性が強化されることになる。「信用」負担担保の保証は、第一次的に信用保障義務が内容になっており、主債務者の債務の不履行が確定して初めて債務の代位弁済義務に転化するという二段的構造になっていることから、第一段階においては債権者に債務の回収義務と債務不履行の確定を義務づけたとしても、第二段階の債務の保証において主従関係や補充性のない連帯保証になったとしても矛盾するものではないからである。なお、第一段階における債権者の債務回収や債務不履行の確定は、主債務者との関係にとどまらず、その主債務者の「債務」を担保する他の保証人や物上保証人等との関係においても義務づけられているものである。このことによって、「信用」負担担保の保証人は「最後尾において責任ないし負担を負えば足りる関係者」として位置づけられることになる。

## 7 二次的債務代弁性――「債務」の保証人・物上保証人との関係

主債務者の「債務」を担保する者としての保証人や物上保証人は、前者については一般財産により主債務者の「債務」履行義務を負い、後者については特定財産により主債務者の「債務」履行責任を負う。いずれにしても、これらの者は、主債務者の「債務」の履行を直接に負担する者である。このため、これらの者は、「信用」負担担保との関係では、主債務者の「債務」の代位弁済については、第一次的負担者として位置づけられる。これらの者は、前述した第一段階での「債務」の履行責任を負担するものであるからである。「信用」負担担保では、前述のように、第一段階での債権者による債権回収の努力等やこれらの者による「債務」の代弁が行われた後、第二段階において「債務」の代位弁済義務に転化することから、その「債務」の代位弁済義務は二次的性質をもつことになる。「債務」の保証人や物上保証人の「債務」の履行責任とは同一次元での優劣の問題ではないのである。

### 8 機関信用保証の法的基礎づけ

以上のような特質を持つ「信用」負担担保としての保証、すなわち「機関信用保証」は、民商法上の保証規定や保証法理によって法的に基礎づけることはできない。また、協会保証にかぎってみても、信用保証協会法という特別法により定められた特殊の保証とする説によって基礎づけることは困難である。同法は、大部分が、信用保証協会の組織運営を定め、業務を定めたもので、協会保証の特質についての特別規定が置かれているとみることができないからである。[46]協会保証の特質は殆どか、前述のように約定で定められているのである。さらには、「機関信用保証」は協会保証に限られるものではなく、これと同様の性質を持った保証に共通する保証類型であることからすると、かりに信用保証協会法によって根拠づけられるしても、これのみを根拠とするのは適切ではない。

このことから、「機関信用保証」は約定により組み立てられ、一体的三面契約として締結され、保証取引上の慣習ないし慣習法として形成されてきた新しい種類の保証として基礎づけられるものである。[47]それはあたかも「譲渡担保」法理の形成と共通ものである。

(35) 江口・前掲注(29)三六頁。
(36) 椿・前掲注(8)二六頁。

(37) 拙稿・前掲注(16)(初出「人的担保制度の序論的研究」明大社会科学研究所年報二九巻二号)四二頁、四三頁参照。
(38) 詳細は、拙稿・前掲注(16)五一頁以下。
(39) 信用保証協会の平成一一年度の保証件数は一六六万九、五四八件であり、保証残額は四三兆円に達しているのに対し、基本財産は一兆三、八〇三億円と約三三分一強である。
(40) 椿・前掲注(5)四四頁参照。
(41) 椿・前掲注(1)一一八頁。
(42) 拙稿・前掲注(16)九八頁。
(43) 拙稿・前掲注(16)九九頁。
(44) 詳細は、拙稿・前掲注(16)九九頁以下参照。
(45) 拙稿・前掲注(16)一四五頁以下。
(46) 拙稿・前掲注(16)一四〇頁。
(47) 拙稿・前掲注(16)一四一頁、一四二頁。

## おわりに

法人保証の提唱に伴って「機関保証」論に投げかけられた問題提起を受けながら、指摘された「機関保証」の曖昧さにつき検討を試みた。この結果、「機関保証」は、「機関信用保証」に衣替えするのでなければ、法人保証と倒置される可能性のあることを見た。ところで、検討したような特質を持つ「機関信用保証」法理の形成が承認されるかどうかは、今後の問題である。しかし、協会保証に代表されるような類似の保証について、椿教授が最も的確に言い表されたように、保証人を「最後尾において責任ないし負担を負えば足りる関係者」として解釈論的に位置づけるためには有用であるのではないかと考えている。そして、このような特質を持つ「機関信用保証」も法人保証に倒置されるものなのかどうか、あるいは組み込まれるものなのかどうかは、法人保証法理の中身が明らかでない現状では判断しかねるのが現状である。

# 5　信用保証協会約定書一二条二号免責条項

## 一　緒　言

本稿では、保証債務履行請求控訴事件（以下、「本件」という）に係わって、Y銀行が「事業者カードローン当座貸越根保証要綱」（以下「要綱」という）一四項⑵に違反したことから、X信用保証協会の信用保証協会信用保証取引「約定書」（以下「約定書」という）一二条二号を理由とする保証債務免責（以下「二号免責」という）が認められるか否かにつき検討するものである。

## 二　信用保証協会保証の特質と免責条項の趣旨

X保証協会とY銀行との間の約定書には、保証債務の全部または一部の免責条項（約定書一二条）が定められている。それには、いわゆる旧債振替による免責（一号免責）、保証契約違反による免責（二号免責）、Y銀行の故意、重過失による取立不能の場合の免責（三号免責）が定められている。本件では、X保証協会は二号免責を主張するものである。

そこで、まず、このような二号免責は、法的にどのような意味を持つものであるかにつき検討する。

## 1　信用保証協会保証の特質

信用保証協会の保証（以下「信用保証協会保証」という）は、中小企業者等に対する金融の円滑化を図ることを目的として、中小企業者等が銀行その他の金融機関から貸付け等を受けるにつき、その貸付金等の債務を保証するものである（信用保証協会法一条、二〇条参照）。

このような信用保証協会保証の法的性質については、つぎのような諸説がある。(ア)民商法上の保証と同様の債務の保証とみる債務保証説（東京高判昭和三五・一〇・二六下民集一一巻一〇号二二九一頁、札幌高判昭和三七・六・一二金法三一五号七八頁。加藤一郎＝吉原省三・銀行取引（改定版）二二九頁、谷川久「信用保証協会のする保証の性質」銀行取引判例百選（新版）一八三頁、藤江忠次郎「信用保証協会の保証の性質」金法三三〇号一八頁）で、通説、判例である。(イ)中小企業者の薄弱な信用力をカバーして金融機関から融資を容易に受けられるようにするために、その信用力を補完するもので、信用保証協会法という特別法に定められた特殊の保証とみる信用補完説（東辰三篇・新版信用保証読本一八一頁、岡崎治郎「信用保証制度の再検討」金法七四〇号二一頁以下）で、信用保証協会関係者によって主張されている。(ウ)信用保証協会が金融機関に対して自己の名において、かつ自己の計算において中小企業者に信用を供与すべきことを委任する契約とみる信用委任説（鈴木正和「制度保証の法的性格の明確化」信用保証五八号二一頁）で、少数意見である。(エ)保証を専業とする保証機関による保証であるとみる機関保証説で、その内容として、一定の事業体が主債務者からの保証委託に基づき、保証料を徴し、事業として不特定多数人のために行う保証の一つである（金沢理「信用保証とボンド」金法七五〇号一五頁）とか、保証取引という新しい取引形態を前提としてはじめて把握できるところの保証である（伊藤進「個人保証と機関保証」手研一九三号三頁）とか、それは債務の保証としての性格のあることは否定しえないが信用の補完という性格の強い保証である（山本進一＝保住昭一＝伊藤進＝上井長久「信用保証の法的意義について」法律論叢四九巻六号七二頁）とか言われている。(オ)私見としても、信用保証協会は中小企業者等の育成振興という公的使命を果たすために地方公共団体の出損その他の財政援助、さらには中小企業信用保険公庫を通じ国の財政資金の導入を得て、中小企業者等の事業資金の円滑化を図るために設けられた保証機関による保証であるという機関保証性、債務の保証としての性格のあることは否定しないが信用の保証すなわち信用の付与を第一義的目的とした信用保証性の双方を有する保証であり、信用保証取引に伴う慣習ないし慣習法として形成された保証とみる機関信用保証説（伊藤進・保証・人的担保論一四〇頁以下）を主張してきた。ここでは、これら諸見解の当否については言及しないが、かりに通説、判例のような債務保証説に立つ場合であっても、①中小企業者等の振興育成という政策的保証であり公共性の強い保証であること、②中小企業者等の信用を補完して事業資金の調達を円滑におこなわせるという信用の保証の要素が強い保証であるという特質を持った保証であることについては異論のないところである。このことから、信用保証協会保証に係わる法律関係を考えるにあたっては、債務の保証としての性質を持つだけではなく、上記①②に指摘したような特質を持った保証であることに留意するのでなければ、妥当な判断を導くことができないのである。

## 2　保証免責の趣旨

本件で問題となっている免責条項は、まさに、このような信用保証協会保証の特質に基づいたものである。

一号免責（旧債振替違反）は、金融機関が保証付貸金の全部または一部を既存の貸付債権の弁済に充当した場合に、信用保証協会が免責されるとするものである。この一号免責の趣旨を要素の錯誤に求める見解がある（藤原弘道「信用保証協会の保証における免責条項」金融法務事情七五六号五頁、六頁）。すなわち、貸金債務の保証の場合に、その貸付金がどのように使途されるかは一般的には保証契約を行う際の動機でしかない。このためその貸付金の使途方法が異なったとしても単なる動機の錯誤となるだけで保証契約の効力には影響が生じないが、保証人がその使途方法について表示したり、債権者が認識していたときは要素の錯誤となりうることから、その使途方法を明示し、これと齟齬して使途された場合に要素の錯誤の成立を企図したものと解するのである。しかし、一号免責の法的性質が動機の錯誤が要素の錯誤となる旨を定めたものであるにすぎないのであれば、約定書四条では保証付貸付金の使途につき明規していることから、それと使途方法が異なる場合は、それだけで錯誤無効を主張することは可能ではないかと思われる。このことから、一号免責条項は無用ということになる。そこで、単に信用保証協会側の保証にあたっての動機との齟齬にとどまらず、公共性のある信用保証協会保証の目的に抵触することになることから定められた信用保証協会保証に特有の免責条項であると解すべきである。すなわち、金融機関による貸付金の使途については、保証人は制限できないのが原則である。このため、貸付金が金融機関の有していた既存の債権の弁済に充当され、あるいは中小企業者等が事業資金以外に使用したとしても保証契約の効力には影響がないことになる。そこで、信用保証協会保証では上記①②に指摘したような特質を持った保証であることに鑑み、保証契約において、その使途を制限し、その使途制限に違反した場合、かりに保証契約の無効を主張することができない場合でも、保証免責を得ることができるものとしたのである。そして、一号免責では、その使途が旧債振替である場合についての免責を特約したものと解すべきである（山本＝保住＝伊藤＝上井・前掲一〇八頁、伊藤・前掲著作集一七六頁など参照）。

二号免責（保証契約違反）は、保証契約に違反した場合に免責されるとするものである。この保証契約違反の内容は、本稿の中心となる部分であるので後述する。そこで、この二号免責の趣旨についてのみみると、保証契約締結に際し金融機関に交付される信用保証書中に記載された貸付形式、金額、期間、返済方法、担保保証徴求などの条件違反の場合には現実に発生した主債務と保証契約の内容とした債務との間に同一性がないことになるためであるとか（藤原・前掲八頁、江口浩一郎「信用保証契約の成立と信用保証債務」金融法務事情八三四号二五頁）、保証条件に相違する場合は一号免責と同様に、要素の錯誤となり保証契約が無効となることを明文化したものであるとか（江口・前掲二五頁）の見解がみられる。しかし、かりに債務の同一性が存在しないのであれば保証債務も不成立になるであろうし、要素の錯誤説についても一号免責で指摘したように無効となるわけで免責条項は無意味である。そこで、条件違反のうち貸付条件違反に関しては中小企業者等の事業活動を助けるための金融の円滑化に資するという協会保証制度の目的に基づくものであり、担保徴求条件違反に関しては協会の求償権の実効性の確保という経済的な面に重点が置かれているとする見解がみられる（関沢正彦「信用保証協会の信用保証をめぐる法律的諸問題⑷」金融法務事情八九三号二八頁。なお、山野目教授も金融機関の側からみると両者が異なると述べておられる（江口浩一郎＝関沢正彦＝中村康平＝山野目章夫「〈座談会〉信用保証協会取引と免責の効果」銀行法務二一一六頁）。貸付条件違反についてはまさに、その通りである。それだけではなく、担保徴求条件違反についても同様の趣旨にもとづくものとみるべきである。たしかに担保徴求条件違反は求償権の実効性を確保するものであることは否定できないが、それは信用保証協会の場合は中小企業振興という政策保証を行うために公的資金の拠出を受けて、保険公庫の保険によってもカバーされているという公共的機関であるという特徴から、保証人一般のレベルより以上に要求されることに基づくものであるわけであるから、やはり信用保証協会保証の目的の実効性のためであるとみるべきである。

三号免責（故意・重過失による取立不能）は民法五〇四条の債権者の担保保存義務違反による免責と類似する。このことから、これらの規定から一般的に導き出されるところの、債権者の信義則上の保証人に対する一般的注意義務・債権保全義務を民法上規定されていないがために約定で補ったものであるとする見解がみられる（藤原・前掲一〇頁、星野英一「中小漁業信用保証の法的性格」民法論集⑵所収二三四頁以下）。しかし、信用保証協会の保証の特質として、民法が保証の補充性として考えていた催告および検索の二つの抗弁権を持たないが、約定書例七条、一〇条によって債権者の主債務者からの取立が第一義とするとの修正された補充性の実効性を確保するものと解すべきである（伊藤進・信用保証協会保証法概論三五頁）。すなわち、主債務の保全・取立については、原則として債権者に委ねられるべきものであり、保証人は関与することはできない。もっとも、それが民法五〇四条や信義則に反するような場合には免責される可能性はあるとしても、原則的ではない。そこで、三号免責によって、信用保証協会保証の目的から、修正された補充性につき特約し、その実効性を確保するものである。

以上のように、いずれの免責条項も、信用保証協会保証についても同一性不存在や錯誤という法律行為一般理論による保証契約の不成立や無効の法理、あるいは保証債務の附従性による無効や消滅、担保保存義務違反による免責（民法五〇四条）の適用のあることかを前提としながら、これらの法理による不成立、無効、消滅などを主張することができない場合でも、信用保証協会保証の特質である前述①②を実効性あるものとするために約定されたものであるということができる。すなわち、信用保証協会保証の目的実現が不能となる場合には、保証免責できるものとして約定しているのである。

免責条項が、このような趣旨のものであることは、最高裁判決も認めるところであり（最判平成九・一〇・三一民集五一巻九号四〇〇四頁）、下級審判決（大阪高判昭和五三・四・一二判時五五〇号二一頁や前掲最高裁判決の一審、二審判決も同旨である）にも同旨の見解がみられ、判例理論としては確立しつつあるものといえる。すなわち、最高裁判決は、一号免責に関連してではあるが、「信用保証協会の保証に係る貸付金が当該金融機関の既存の債権の回収を図るための手段として利用されると、中小企業者等が必要とする事業資金の調達に支障が生ずることになり、中小企業者等の信用力を補完し、その育成振興を図ろうとする信用保証制度の本来の目的に反する事態となる。そこで、信用保証協会と金融機関との間で交わされた信用保証取引に関する約定には、旧債振替禁止条項が設けられ、さらに、同条項の実効性確保するために、金融機関が同条項に違反して信用保証に係わる貸付金により既存の債権を回収した場合には、信用保証協会は保証債務の履行の責を免れる旨が定められているのである。」として、その趣旨を判示している。かかる免責条項の趣旨は、二号免責、三号免責にも共通するものであることは文理からみても明らかである。

## 三　二号免責の射程範囲

約定書一二条の免責条項は、いずれも、中小企業者等が必要とする事業資金の調達のために、中小企業者等の信用力を補完し、その育成振興を図ろうとする信用保証制度の本来の目的（以下「信用保証協会保証の目的」という）の実効性を確保するものであることは前述した。では、これら免責条項は、どのような関連性を持つものであるのか。

一号免責は、貸付金使途が信用保証協会保証の目的に違背する場合の免責に係わる条項であることは明らかである。しかし一号免責では、貸付金使途違反の全ての場合に免責されるとしているものではない。貸付金の使途は、原則として中小企業者等に委ねられている。このため、極論すれば、中小企業者等が事業資金として使用しない場合であっても、保証契約の効果に影響を及ぼすわけにはいかない。ただ、金融機関は貸付に際して、中小企業者等の事業資金として貸し付けて置きながら、それを金融機関の既存の債権の弁済に充当させることは、金融機関自身が信用保証協会保証の目的に違背する貸付金の使用に加わるものであり、あるいは観点を変えれば金融機関自身の既存債権の弁済資金調達のために信用保証協会保証を利用するものであって、中小企業者等の振興育成を図ることを目的とする信用保証協会保証の目的に適合しないことになる。このため、約定書四条で旧債振替を禁止する旨を約定し、その実効性を確保するために、保証免責されるとして、限定したものである。

このため、旧債振替以外の貸付金使途違背についても、たとえば、金融機関が貸付に際して、中小企業者等が名目は事業資金としての融資の申し込みではあるが、実際には事業資金として使用される状況にないことを知っていたか、あるいは知り得た（あるいは通謀していることもあるかも知れない）にもかかわらず貸付を行なったというような場合には、やはり免責されてもしかるべきである。しかしこの場合は、一号免責によることのできないのは文言からも明らかである。また、免責のような効果を趣旨解釈によって認めることもできないであろう。そこで、このような場合には、信用保証協会保証は信用保証協会法二〇条に基づく保証であることが約定書前文で明記されていることから、中小企業者等が事業資金として使用するための貸付から生じた債務について保証するものであることは約定されているわけで、かかる保証契約に違反するものとして、二号免責により保証免責されるものと解される。そして、このように解することによって、旧債振替以外の貸付金使途違背の場合にも、信用保証協会保証の特質の実効性を図ることができるのである。

三号免責は、被保証債権の故意、重過失取立不能による免責条項である。被保証債権を、どのように保全し取り立てるかは、原則として、金融機関に委ねられている。このため、被保証債権につき取立不能が生じ、それがどのような方法による取立の結果であったかによって、保証契約の効果には影響が及ばない。そこで、民法五〇四条で保証人の求償への期待を保護するために担保保存義務懈怠による免責を認め、あるいは学説では債権者の保証人に対する一般的注意義務懈怠による免責を認める見解（星野・前掲二三四頁以下）もあるが、三号免責は、そのようなレベルにおける免責ではない。信用保証協会保証の特質、とくに中小企業の振興育成という政策的保証であり公共性の強い保証であることから、そのような保証を利用して融資を行なう金融機関に対して、約定書一〇条で被保証債権の取立については極めて強い義務づけを行なうことを約定し、その実効性を確保するための免責条項であると解すべきである。さらに、この三号免責は、他面からみると、信用保証協会保証は、連帯保証であるため、民法上、催告の抗弁権や検索の抗弁権が認められない（民法四五四条）ことになり補充性がないことになるが、前述のような信用保証協会保証の特質から約定書七条及び一〇条で補充的な性格を持った保証であることを約定（以下「修正された補充性」という）し、この実効性を確保するという意味をも持つものである。このため、三号免責は、保証条件となった担保等の保全措置を行なわなかったり、金融機関固有の債権のみを回収し被保証債権を放置したり、破産法、和議法、会社更生法等の届出を怠ったり、その他法的手続または確認を怠ったためなどにより被保証債権に損害が生じた場合に適用されることになる。すなわち、被保証債権取立にあたっての保全取立措置に違背したことを免責事由とするものである。ただ、この三号免責は、信用保証協会保証の中心となる中小企業者等の事業資金調達という目的に直接違背するものではないこと、金融機関に故意、重過失を要件として免責されるものとして、被保証債権の取立にあたっての金融機関の負担を軽減したものである。そこで、被保証債権取立にあたっての保全取立措置違背以外の被保証債権の保全や管理についての約定（例えば約定書一〇条）、とくに修正された補充性の約定（約定書七条、一〇条）に違背するときは、そのことによって取立不能や被保証債権に損害が生じていない場合であっても、その違背は保証契約違反として、二号免責の適用を受けることもありうるということになる。

二号免責は、保証契約違反を免責事由としている。しかし、金融機関が本来、保証契約に違反するようなことがあった場合には契約上の責任が生ずるわけであるから、単に保証契約に違反したというだけで免責につながるものではない。この二号免責についても、信用保証協会保証の目的に違背するような保証契約違反であってはじめて免責されるものと解すべきである。信用保証協会保証の目的に違背するような保証契約違反については、一号免責は旧債振替貸付金使途違背、三号免責は故意・重過失被保証債権取立不法と限定的であるのに対して、かなり包括的である。そこで、前述したように、一号免責に該当しない貸付金使途違背、三号免責に該当しない被保証債権保全管理措置違背及び修正された補充性違背が、保証契約違反に該当するものであることを指摘した。これら以外に、どのような違背が該当するかである。この保証契約違反の典型的な場合としては、信用保証書に記載された保証条件に違反して貸付が行なわれた場合であると解することについては異論はない。主な事例として、債務者の名称、人格の相違、保証金額と貸付金額の相違、貸付期間、貸付形式、返済条件等の相違により被保証債権の主たる内容に相違がある場合と、信用保証書特記事項欄記載の「〇〇〇を完済後、実行願います。」等の保証条件不履行の場合であるとされている（大阪府中小企業信用保証協会・信用保証の実務解説第四版七九頁）。すなわち、貸付実行条件違背ともいうべき場合ということになる。このような貸付実行条件についても、原則的には、金融機関に委ねられており、それが、保証契約の目的とされている被保証債権と同一性が認められ、貸付実行条件が保証契約の成立のための条件とされていない限り、違反はあっても、保証契約には影響が生じない。そこで、信用保証協会保証の目的との関係で、貸付実行条件を保証契約の内容として約定し、その実効性を確保するために、貸付実行条件違背も保証契約違反として免責されるものとしたのが二号免責である。そして、二号免責は、前述した場合の他にも、約定書等により保証契約において約定されている貸付実行条件違背を保証契約違反として免責されるものであることを約定したものである。このため、二号免責は、約定書などにおいて約定され当該保証契約の内容となっている貸付実効条件に違背し、そのために信用保証協会保証の目的の実効性が図れない場合の全てを包摂して保証契約違反として、免責事由とするものである。個々の保証契約に際しての信用保証書に記載された約定に限定されるものではない。このことから、原審が「約定書一一条二号の『保証契約』とは、信用保証書の交付によって成立する個々の保証契約のことを意味すると解釈すべきである。」とするのは誤った解釈であり、何の根拠もない。これでは、前述したような一号免責の適用を受けない貸付金使途違背や、三号免責の適用を受けない被保証債権の保全管理措置違背については免責されないことになり、信用保証協会保証の目的の実効性を図るための免責条項としては全く機能しないことになる。

## 四　事業者カードローン当座貸越根保証要綱一四項⑵違背の性質と二号免責の主張

### 1　要綱一四項⑵違背の性質

事業者カードローン当座貸越根保証要綱一四項⑵は「次の場合は、金融機関は貸越を一時中止するものとする。——略——⑵信用保証協会の保証付借入について、延滞……が生じた場合」と約定している。この要綱一四項⑵は、中小企業者の経営に必要な小口資金を当座貸越の保証によりカード・通帳等を用いて反復継続的かつ安定的に供給し、もって中小企業者の事業振興に資することを目的とした事業者カードローン当座貸越根保証（以下「カードローン根保証」という）のために約定されたものである。すなわち、保証金額、保証期間を定め、保証期間内に反復継続して保証金額（貸越極度額）まで行なわれる取引から発生する当座貸越債務の保証というカードローン根保証の特質に注目して、信用保証協会保証の目的の実効性を図るために約定されたものである。すなわち、カードローン根保証では、金融機関の判断によって反復継続的貸付が行なわれることを前提としていることから、その金融機関による反復継続的貸付においても信用保証協会保証の目的に対応した貸付が行なわれるものであることを確保するため特に約定されたものである。申込人の資格要件として業績三年以上で金融機関が支援育成していきたい先で償還能力があると認められる者（要綱三項）であること、保証限度、保証期間、保証形式、保証極度額等の保証要件を備えた貸付である（要綱六項）ことなどがそれであるが、それと共に、当初は資格要件を備えた者であっても、反復継続的貸付の時点では、その要件を欠くに至る者の生ずることのあることを予定して、その場合の兆候である被保証債権に延滞が生じた場合に、貸付を一時中止すること（要綱一四項⑵）などの反復継続的貸付実行条件を約定しているのである。このことから、金融機関が要綱一四項⑵に違背して、被保証債権の遅滞後に貸付を行なったことは、この反復継続的貸付実行条件違背を意味する。このことは、二号免責の典型例とされ、異論のないものとされている信用保証書記載事項違背のうちの「○○○を完済した後、実行願います」との貸付実行条件違背と同趣旨の約定といえる。そして、このような貸付実行条件違背は保証契約違反として二号免責に該当することにつき異論のないことからすると、要綱一四項⑵の被保証債権の遅滞後の貸付による反復継続的貸付実行条件違背についても二号免責により免責されるものと解するのが妥当ということになる。

これに対して、原審は「保証要綱一四項は金融機関に対し貸越一時中止義務という形で上記約定書の規定（注・約定書一〇条一項）を具体化したものといえる。」とし、「したがって、保証要綱一四項、約定書一〇条一項違反については、債権者の債権保全管理義務違反による取立不能を免責事由とする約定書一一条三号の適用問題とするのが相当である。」と判示している。しかし、金融機関による被保証債権の遅滞後の貸付が、何故、債権保全管理義務違反ということになるのか理解に苦しむ。要綱一四項⑵に違背して、被保証債権の遅滞者に貸し付けたことにより、新たに被保証債権が発生することになるのであって、これを被保証債権の保全管理とみる人がいるのであろうか疑問である。それよりも、被保証債権の遅滞者には一時貸付を行なってはならいなとの貸付実行条件違背と解するのが素直な解釈ではないかと思われる。なおさらに、原審が、要綱一四項⑵を債権保全管理を具体化したものと解した理由も不明であるが、仮に原審における原告主張のように、二号免責は保証契約成立時の事情によるものであり、三号免責は成立後の事情によるものであるとの主張に基づくものであるとすると、このような時期的区分により二号免責と三号免責の射程範囲を区分することに妥当性があるのかどうか問題になる。約定書一一条による免責は、このような時期的区分によって分けられているといえるのかどうかである。そこで、まず一号免責は、この時期的区分からしてどの時期に位置付けられるのであろうか。このような時期的区分によって位置付けることはできないのではないだろうか。そうだとすると、このような時期的区分は破綻であり恣意的であるといわざるを得ない。また、約定書一二条の免責条項は、基本的には信用保証協会保証の目的の実効性を図るものであることは度々指摘してきたことからすると、それは内容との関係で区分するのが妥当である。すなわち、一号免責は旧債振込貸付金使途違背、三号免責は債権取立のための保全取立措置違背を免責事由とし、二号免責は一号免責に該当しない場合の貸付金使途違背、三号免責に該当しない場合の債権保全管理措置違背及び貸付実行条件違背などを包含した保証契約違反を免責事由としているものといえる。なおさらに仮に、原告主張のような時期的区分に従って、カードローン根保証契約成立後の被保証債権に係わることは不特定な債権保全管理の問題であるとの立場に立ったとしても、三号免責に該当するということはできない。三号免責は、単なる債権保全管理措置違背を免責事由としたものではない。被保証債権の取立に当たっての保全取立措置違背による取立不能の生じたことを免責事由としているのである。そこで、要綱一四項⑵に違背して、被保証債権の遅滞者に対する反復継続的貸付を中止しないで貸付を行なったことが、被保証債権取立のための保全管理措置の問題であるとみることがどうしてできるのであろうか。たしかに、仮に被保証債権の遅滞者に対する反復継続的貸付が債権保全管理にかかわるものであるとの立場に立つとしたときは、約定書一〇条一項で「被保証債権の保全に必要な注意をなし、債務履行を困難とする事実を予見し、又は認知したときは、……適当な措置を講ずるものとする。」との保証債権の保全管理措置の約定に違背したものであるとみることはできるかも知れない。しかし、そのことが直ちに三条免責の免責事由になるわけではない。三条免責は、何度も繰り返していることであるが被保証債権取立にかかわっての保全取立違背に限定されているのであって、このような一般的な債権保全管理措置違背は、約定書一〇条一項で約定された保証契約違反として二号免責の免責事由になるものと解するべきである。このことから、原審が、約定書一〇条一項違反が直ちに約定書一二条三号の適用を受けると解したことについても疑問が残るし、その理由は何ら示されていないことから、その解釈において理由不備であると評することができる。

## 2　二号免責の主張

要綱一四項⑵に違背した被保証債権の延滞者に対する貸付は、反復継続的貸付実行条件に違背するものであり、保証契約違反として二号免責に該当するものであること、仮に、約定書一〇条一項の債権保全管理措置違背であると解しても、それは三号免責に該当する場合ではなく、保証契約違反としての二号免責に該当するものであることは前述したとおりである。

それでは、保証契約違反を理由とする二号免責は、どのような場合に免責主張することができるのであろうか。単に、形式的に保証契約違背であるというだけでよいのかどうかである。約定書一二条で免責条項を約定した趣旨は、基本的には、信用保証協会保証の目的の実効性を図ることにあることは、前述したところである。そうだとすると、二号免責の適用にあたっても、保証契約の内容として約定したことに違背したことが、この信用保証協会保証の目的との関係においても違背することになるのかどうかの観点を加味しながら判断しなければならない。

そこで、要綱一四項⑵の被保証債権の遅滞者への貸付を一時中止するのは、反復継続的貸付の過程において、貸付を行なっても事業を展開し、そのことによって償還能力があると認められない者であることが予見でき、あるいは認識できた場合にも貸付られた債務につき保証することは信用保証協会保証の目的に適うものではないとの考えによって約定されたものであることからすると、保証契約違背として二号免責の主張ができる場合であるといえる。

## 五　約定書及び要綱と保証契約の内容

二号免責は、Y銀行が「保証契約に違反したとき」を免責事由としている。それでは、本件におけるX保証協会とY銀行間のカードローン根保証契約において約定書及び要綱が、当該カードローン根保証契約の内容となっていたといえるかどうかが問題になる。

当該約定書は、大量の保証取引に簡易、迅速、確実に対応できるように、あらかじめ保証取引に関する定型的かつ基本的事項を定めたものである。このため、X保証協会とY銀行間で約定書が取りかわされているだけでは、なんら具体的な権利や義務が生ずるわけではない。これに基づいて個別的保証契約が締結されてはじめて、その保証契約の内容となって効果が生じ、画一的にその内容に従わせるものである。このため、個別的保証契約が締結された時点では、約定書の内容は保証契約の内容となる。このことに関しては異論のないところである。また、当該要綱は、カードローン根保証契約という特質に注目して、当該約定書を具体化したものである。このため、個別的保証契約が締結されて約定書が保証契約の内容となるのと同時に、その具体化された当該要綱も保証契約の内容となる。

このことは、X保証協会とY銀行との間での事業者カードローン当座貸越根保証基本契約書で、当該要綱に基づき、この契約を締結するものである（前文）とすると共に、「この契約に定めのない事項については、要綱、要領並びに……約定書に従うものとする。」（五条）として、要綱並びに約定書がカードローン根保証契約の内容になるものであることが明記されている。このことから、要綱一四項⑵は、本件、カードローン根保証契約で約定され、当該カードローン根保証契約の内容となっていることにつき疑問はない。

原審は、このように当該カードローン根保証契約の内容となっている要綱一四項⑵違背を、二号免責における保証契約違反に該当しないと解したことについては理解しがたいものである。もっとも原審は、その理由として「約定書一条で『保証契約は、……信用保証書を交付することにより成立するものとする』はしていることを理由の一つに挙げているが、しかし、信用保証書が交付されると個別の保証契約が成立すると同時に、前述のように約定書及び要綱も、当該個別保証契約の内容となるのであるから、要綱一四項⑵も保証契約の内容となって、これに違背すると保証契約違反になるものと解するのが素直である。また、原審は「約定書一二条一号が約定書四条本文違反を特に免責事由としていること及び約定書の条項違反について一律に免責という重大な効果を生ずると解することは必ずしも妥当とは解されないことを併せ考えると」を理由とする。しかし、一号免責が旧債振替に限定して免責事由としていること、同様に三号免責でも故意重過失取立不能に限定して免責事由としていることだけで、約定書や要綱により保証契約の内容となった約定違背につき、二号免責事由としての保証契約違反に該当しないと解し得る理由とはならない。一号免責や三号免責が免責事由を限定していることをもって、これらに該当しない約定書や要綱による約定違背については免責を主張できないものとする旨が約定されているとも解するのであろうか。これでは、前述の最高裁判例も認めているところの信用保証協会保証の目的の実効性を図るために約定された免責条項の基本的趣旨に反した解釈である。むしろ、一号免責や三号免責で免責されない約定書や要綱による約定違背については、保証契約違反として二号免責により免責されるものと解するのが素直な解釈である。なお、後段の理由である「約定書の条項違反について一律に免責」するのは妥当でないからだとする点については、一面、正鵠を射ているところもある。しかし、そのことをもって、約定書や要綱による約定違背は、二号免責の保証契約違反に該当するものではないということは論理的にはつながらない。原審のような価値判断があるとすれば、二号免責の適用される保証契約違反とは、どのような場合であるのかにつき判断すべきである(付言すると、この判断は、信用保証協会保証の目的の実効性の観点から客観的に行なうべきであり、主観的事情は斟酌すべきではない)。以上のように、原審は、この点に関しては、価値判断が先行し解釈論理を誤ったものであると評することができる。

## 六　結　語

以上、述べてきたように、本件におけるY銀行が要綱一四項⑵に違背して被保証債権の弁済が遅滞しているにもかかわらず貸付を一時中止しないで反復継続的貸付を行なったことは、本件カードローン根保証契約で約定された保証契約に違反するものであり、二号免責の事由となり得るものであり、X保証協会はY銀行に対して二号免責を主張することができるものといえる。

# 6　信用保証協会約定書に基づく旧債振替免責の範囲

## 一　緒言

本稿では、X信用保証協会とY銀行間での保証契約に基づく、Y銀行のA株式会社に対する信用保証付貸付金の一部が、貸付先会社代表取締役個人の既存の債権の回収に充てられた事案（以下、「本件事案」と呼ぶ）につき、東京高等裁判所民事第八部平成一五年九月二五日判決（平成一五年(ネ)第一五一三号事件）が、信用保証約定書第三条（旧債振替禁止条項）に違反したものではあるが、約定書第一一条に基づく保証免責の範囲は既存債権の回収に充てられた範囲に限られ、全部に及ぶものではないと判示したことの当否につき検討する。

## 二　信用保証協会保証の特質

本件事案でのX信用保証協会とY銀行間での保証契約は、信用保証協会法二〇条に基づき、全国信用保証協会連合会作成の約定書例に準拠した約定書に定める約定で保証する旨の契約を締結したものであるが、通常、信用保証協会保証と呼ばれている（以下、「協会保証」と呼ぶ）。

この協会保証は、「信用保証協会は、中小企業者等に対する金融の円滑化を図ることを目的として、中小企業者等が銀行その他の金融機関から貸付け等を受けるにつき、その貸付金等の債務を保証することを主たる業務とする公益特殊法人である（信用保証協会法一条、二〇条）。信用保証協会は、地方公共団体からの出捐その他の財政的支援を受け、中小企業信用保険公庫を通じて国の財政資金も投入され、国や地方公共団体の監督に服する。したがって、信用保証協会の行う保証は、国の中小企業政策の一翼を担うものであり、民法の予定する私人間の保証に比べて強い公共性を有している。信用保証協会の行う保証は、経済的、社会的な観点からいえば、中小企業者等に信用を供与しこれを補完するものである。」（河邉義典「最高裁判所判例解説」法曹時報五二巻四号一一八六頁）と指摘されているような特質を有している。すなわち、協会保証は、①公益性のある保証機関による保証としての機関保証性、②中小企業の振興育成という公共政策的保証性、③中小企業者の債務を保証するという要素は否定できないものの、専ら中小企業の信用を補完して金融円滑化を図るという信用の保証性という特質を有している。協会保証がこのような特質を有することについては、今日、ほとんど異論はない。ちなみに、最高裁判所平成九年判決（最判平成九・一〇・三一民集五一巻九号四〇〇頁）においても、同様の考えに立つものと推測される。

このことから、協会保証の法的性質についても、諸見解が展開されている。協会保証の法的性質については、①民商法上の保証と同様の債務保証説、②中小企業者の薄弱な信用力を補完するもので、信用保証協会法という特別法で定められた特殊の保証とみる信用補完説、③信用保証協会が金融機関に対して自己の名において、かつ自己の計算において中小企業者に信用を供与すべきことを委任する契約とみる信用委任説、④保証を専業とする保証機関によるもので、保証料を徴し事業として不特定多数人にために行う保証、保証取引という新しい取引形態を前提として把握できるところの保証、あるいは債務の保証としての性格のあることは否定しえないが信用の補完という性格の強い保証とみる機関保証説、⑤保証機関の法人たる性格に注目した法人保証説、⑥つなぎ融資説、さらには⑦保証主体の属性からみると機関保証であり、保証の内容からみると債務の保証としての性格はあるものの信用の付与を第一義的目的とした保証であり、信用保証取引に伴う慣習ないし慣習法として形成された保証とみる機関信用保証説などがみられる。私見としては、機関信用保証と解するのが妥当と主張してきている（拙稿「『機関信用保証論』――法人保証の提唱を契機として――」椿寿夫編・法人保証の現状と課題・別冊NBL六一号六二頁以下参照）ここでは、これらの性質論については検討を留保する。ただ、協会保証に係わる法律関係を判断する上において、かかる協会保証の特質、かかる特質に対応させるための法的性質論を無視しては、妥当な帰結を導き出すことができないことを指摘するものである。このことは、これまでの下級審判決においても正当に認識されてきているところである。その一例としては、信用保証委託契約書第六条の求償の範囲及び第一一条三項の他の連帯保証人との間における求償および代位の関係についての特約の第三者に対する効力に係わる判例の展開を挙げることができる。判例は、当初は、このような特約の第三者に対する効力を消極に解していたが、現行の特約のもとでは積極に解するのが多数（東京高判昭和五三・一二・二五判例時報九一九号六二頁、東京高判昭和五一・二・一六金融法務事情八〇〇号七七頁など多数）である。このような消極から積極への転換は、協会保証の保証の特質、つまり保証目的の信用補完性という特質が、特約によって明確化され、裁判所も、協会保証の特質に沿った判断をするのが社会的に妥当との認識に立つに至ったことを物語るものである（拙稿「代位弁済の効果に関する特約の第三者に対する効力」私法研究著作集第六巻一八二頁以下参照）。

本件事案は、約定書第三条の旧債振替禁止条項に違反し、第一一条での保証免責の主張という、いわゆる「旧債振替免責」に係わるものであり、協会保証の最も根幹にかかわる事案であることに鑑みるとき、その判断においては、協会保証の特質や法的性質を念頭におき、それらに対応したものでなければならない旨を強調し指摘しておきたい。

## 三　旧債振替免責（約定書第三条及び第一一条）の意義

約定書第三条は「乙は、甲の保証に係わる貸付（以下「被保証債権」という）をもって、乙の既存の債権に充てないものとする。但し、甲が特別の事情があると認め、乙に対して承諾書を交付したときはこの限りでない。」と定め、約定書一一条は「甲は、次の各号に該当するときは、乙に対し保証債務の履行につき、その全部又は一部の責を免れるものとする。⑴　乙が第三条の本文に違反したとき。⑵　乙が保証契約に違反したとき。⑶　乙が故意若しくは重大な過失により被保証債権の全部又は一部の履行を受けることができなかったとき。」と定める。

このうち、本件事案は、約定書第三条本文に違反し、第一一条一号の保証免責に係わるものである（以下、「一号免責」と呼ぶ）。

このような一号免責を約定していることの趣旨については、当所、最高裁判所平成九年判決は「信用保証協会の保証に係わる貸付金が当該金融機関の既存の債権の回収を図るための手段として利用されると、中小企業者等が必要とする事業資金の調達に支障が生ずることになり、中小企業者等の信用力を補完し、その育成振興を図ろうとする信用保証制度の本来の目的に反する事態となる。そこで、信用保証協会と金融機関との間で交わされた信用保証取引に関する約定には、旧債振替禁止条項が設けられ、さらに、同条項の実効性を確保するために、金融機関が同条項に違反して信用保証に係る貸付金により既存の債権を回収した場合には、信用保証協会は保証債務の履行の責めを免れる旨が定められているのである。」と判示している。かかる判示は、正鵠を得たものであり、このことについても、今日では、特に異論はないものと思われる（拙稿「保証協会保証における免責の法的性質」金融法務事情一五二五号七頁以下）。つまり、一号免責は、協会保証の特質とされる、中小企業者の育成振興という公共政策的保証性及び中小企業者の事業資金の円滑化のための信用保証性を包含した「信用保証制度趣旨違反」に対する実効性確保にあるということであり、このことは確かに確認しておかなければならないのである。

最高裁判所平成九年判決は、さらにつづけ「このような規定が設けられた趣旨及びその内容にかんがみると、金融機関に旧債振替禁止条項の違反があった場合には、信用保証協会からの特段の意思表示を要することなく、保証債務は当然に消滅」すると判示する。これは、旧債振替禁止条項違反という「信用保証制度趣旨違反」に注目するならば、信用保証協会側にも保証免責の効力発生につき裁量の余地を認めないのが当然との判断に基づくものであり、このことに関しては、すこぶる妥当な見解である。私見としても、かって信用保証協会による抗弁の主張があって初めて免責の効力が生ずるとの見解を改説するに至るほど協会保証の特質を考慮に入れたものと評価できる。

以上のような最高裁判所平成九年判決の立場は、旧債振替禁止条項違反＝「信用保証制度趣旨違反」であり、その実効性を確保するための一号免責については、信用保証協会側及び金融機関側の主観的な事情になじまない領域であるとの規範を提示したものと受け止めることができよう。そして、一号免責についての、最高裁判所平成九年判決が示したこのような規範は、まさに正当であり、本件事案に関わっても、このような立場に立って判断すべきということになる。

## 四　一号免責と他の免責条項との関係

約定書第一一条は、旧債振替禁止違反を理由とする一号免責の他に、保証契約違反を理由とする二号免責、故意・重過失による取立不能を理由とする三号免責につき定めている。このうち、形式的解釈論的には一号免責は二号免責に包含される余地がある。すなわち、信用保証協会は、金融機関が中小企業者への協会保証付貸付金をもって金融機関の中小企業者への既存の債権に充てないことを条件として保証契約をしている。中小企業者の既存の債権の弁済に充当したことは保証契約違反となり二号免責に当たるとも解することができるからである。このような形式的解釈が成り立ちうる余地があるにもかかわらず敢えて旧債振替免責を保証契約違反免責から独立させ、かつ保証契約違反免責よりも優先させて一号免責として定められていることについては、法理論的にみて特別に注目すべきである。

このことについては、一般に「旧債振替禁止条項違反も保証契約違反の一態様であるが、より重い制裁を課すために独立の規定を設けたものである」とされている（江口浩一郎「信用保証取引約定書中旧債振替禁止条項違反の効力」金融法務事情一五八一号一三七）。また当初、最高裁判所平成九年判決も「旧債振替禁止条項違反が他の事由に比べて信用保証制度の趣旨・目的に反する程度が強い」ことを認め、かかる一般的主張を肯認している。このように、一号免責と二号免責及び三号免責とは、異なる意味をもった免責条項であることについても、異論はないようである。ただ、それは「制裁の程度」であるとか「信用保証制度の趣旨・目的に反する程度」に於いてであるにすぎないものと解されているようである。その意味では、一号免責と二号免責及び三号免責とは基本的には同一レベルに於いて解することができる定めであることを意識的かあるいは無意識的にか前提としているようである。しかしそうであるとすれば、旧債振替禁止違反と保証契約違反とを別個の違反として、特に約定書三条まで設けて別個に定める必要は、特にないということになる。旧債振替禁止違反も保証契約違反に包含し、その違反の程度に応じて制裁の程度や免責の程度を判断するだけで十分に目的を達することができるものと考えられるからである。もしそうだとすると約定書三条の旧債振替禁止条項及び一一条一号の保証免責の定めは単に注意を喚起しているだけに留まることとなる。これでは、前述した最高裁判所平成九年判決の提示した旧債振替禁止条項違反＝「信用保証制度趣旨違反」であり、その実効性を確保するのが一号免責であるとの規範と齟齬した解釈ということになる。

もっとも、私見でも「保証免責の趣旨は、一号から三号までいずれも同趣旨であり、各号によって異なるものではないのである。」と主張したことがある（拙稿・前掲（金融法務一五二五号九頁））。ここでの主張は、保証免責「趣旨」の共通性を指摘し、保証免責の法的性質の共通性を根拠づけたものである。すなわち、一号から三号までのいずれの免責条項も、協会保証の特質とされる中小企業者に対する金融の円滑化のための公共的政策保証性と、それを実現するための中小企業者の信用補完保証性に依拠するものであるということであった。ところで、保証免責の趣旨は、このように共通するものではあるが、その趣旨を実現するにあたっての機能的役割において、質的な違いのあることに留意しなければならない。

すなわち、これまで何度も指摘したように、一号免責は「信用保証制度趣旨違反免責」であるのに対して、二号免責及び三号免責は個別具体的な信用保証取引における違反を理由とする具体的な「保証取引目的」の実効性を確保するものであるにすぎないのである。とくに、二号免責は保証契約で定めた貸付条件あるいは担保徴求条件に違反した場合など具体的な「融資目的不達成免責」を意味するものと解される。そこでは、一号免責は、「信用保証制度」自体の維持という公共的レベルに基づくものであるのに対して、二号免責は個別的な「融資目的」の確保という契約レベルに基づくものであるという質的な差異が存在するものと解すべきである。

この意味で、一号免責は、「マスコミや国会等でも話題になったように、金融機関が旧債振替を推進する趣旨の内部文書を発信したり、申込人の意思にかかわらず半ば強制的に旧債振替をさせた事例が明らかになった。」と報じられている（六信勝司「信用保証協会保証の新制度と運用状況」金融法務事情一五四三号三七頁）ような事態に対する抑止として働くことが予定されている条項でもあると位置付けることもできる。

## 五　先例との関係

旧債振替禁止条項違反に関する判例としては、本件事案に関する第一審判決（静岡地方裁判所沼津支部平成一五・二・一二判決）及び原審判決（東京高等裁判所平成一五・九・二五判決）の他、先例としては大阪高等裁判所昭和五三・四・一二判決（下民集二九巻一～四号二三三頁）［①判例］と第一審判決である大阪地方裁判所昭和五一・一一・二四判決［②判例］、及び最高裁判所平成九年判決（前掲、平成九・一〇・三一）［③判例］とその第一審判決である松山地方裁判所平成七・八・二九判決（判例時報一五八七号一三一頁）［④判例］、原審判決である高松高等裁判所判平成八・六・二五判決［⑤判例］、更に大阪高等裁判所平成一三・一・二五判決（金融商事判例一一二一号二〇頁）［⑥判例］がある。

先例である［①判例］は協会保証付貸付金一〇〇〇万円のうち三九九万円について旧債振替があった事案で全部免責の主張は採用できないと判示し、［③判例］［④判例］［⑤判例］も協会保証付貸付金一四〇〇万円のうち二〇〇万円について旧債振替があった事案で旧債振替禁止違反に対応する部分を除くその余の部分についての免責を否定する旨を判示し、［⑥判例］は協会保証付貸付金二億円全額が既存の債務の弁済に充てられた事案で全部免責を認める旨を判示している。このような先例からすると、本件事案のように協会保証付貸付金の一部についての旧債振替禁止違反の場合には、免責の範囲はその違反に対応する部分についてのみとする判例法理が形成しつつあるかのように見受けられる。特に、最高裁判所平成九年判決は、このことを確認しているが如く見受けられる。

しかし、［①判例］［③判例］［④判例］［⑤判例］は、本件事案と、事案を異にするものであって、これら先例で形成しつつある判例法理を直ちに、本件事案に適用するのは妥当でない。

［①判例］［③判例］［④判例］［⑤判例］の事案は、信用保証協会が、金融機関による旧債振替部分についても保証債務として履行した後に、信用保証協会がその求償権を保証している保証人に求償したのに対して、信用保証協会の求償金請求訴訟の相手方である保証人が、金融機関に貸付金の一部に旧債振替禁止違反があり、このため一号免責により信用保証協会の保証債務は全部につき消滅したのであるから信用保証協会が弁済をしたとしても保証債務の履行に伴う求償権は存在せず、自己には全部についての求償金債務がないとして争った事案を前提とするものである。それは、約定書一一条一号が本来予定していない信用保証協会と求償保証人間での争いにおいて援用された事案であることに留意しなければならない。これに対して、本件事案及び全部免責を認めた［⑥判例］は、約定書一一条一号が、本来予定しているところの、信用保証協会が金融機関に対し旧債振替禁止違反を主張して代位弁済を拒絶する場合の事案に係わるものである。

すなわち、価値判断的にみると、信用保証協会と求償保証人間の事案においては、求償保証人の主張のように一号免責により全部免責を認めると信用保証協会の行った代位弁済につき全く求償することができないことになり、協会保証の根幹を揺るがすことになりかねない。とくに協会保証の特質である補充性を徹底するとすれば、できる限りの範囲において求償保証人に対する求償の余地を認めるべきであるということになるわけで、かかる価値判断が、その解釈において影響を及ぼすことも妥当ということになる。これに対し、本件事案のような信用保証協会と金融機関間の事案においては、一号免責が本来予定している「信用保証制度趣旨」確保の実効性という見地に立った判断が求められることになるのは必至である。このことから、多くの先例は、形式的には旧債振替禁止条項ないし一号免責条項の解釈という形をとってはいるが、実質的には、これら条項の基本的趣旨に踏み込まないまま協会保証の補充性確保という価値判断に基づいて解釈されたものであり、旧債振替禁止条項ないし一号免責条項の解釈としては不本意な状態で判断されたものである（このことについては、多くの者の認めるところでもある（河邉・前掲一二〇〇頁））。

なおさらに、多くの先例の事案では、形式的には旧債振替禁止違反であり「信用保証制度趣旨」確保の実効性という見地に立った判断が求められることになるが、信用保証協会が、そのことを主張しないが旧債振替部分についても代位弁済したことにより二号免責と同様の「融資目的不達成免責」の問題に転化させて解釈することも可能である。そのことは、約定書第三条で、信用保証協会が「信用保証制度趣旨」に違背するものではないと判断し、かつ中小企業者に対する融資目的と齟齬しない限りにおいては、旧債振替になる場合でも、これを承諾する旨が定められていることからも知ることができよう。現に、「中小企業金融安定化特別保証制度においては、必要事業資金の上乗せを前提として、その他金利の軽減、返済期間の長期化、返済口の一本化等、申込人の事業経営上利益となる場合においてのみ、旧債振替を認めている。」（六信・前掲三七頁）という運用がなされている。この意味では、信用保証協会による旧債振替部分についての代位弁済は、このような事前の承認に対する事後の承認という要素もないではない。しかし、そのことをもって保証免責が問題にならないというものではないが、その免責の範囲については柔軟に解することが可能な場合であることに留意しなければならないであろう。

現に、最高裁判所平成九年判決の事案では、信用保証協会は協会保証付貸付金一四〇〇万円のうち七一八万円余については旧債振替を認めていること、かつそれと諸費用などを差し引いた一三一八万円余が金融機関にある中小企業者の普通預金口座に入金されたが、同預金口座に当座貸越約定が付されていて、二九九万円余の貸越金残高があったことから、右入金額によってまず貸越金の返済が行われたなど形式的には旧債振替とみられるような状況にある。そのような状況のなかでの信用保証協会が承諾していない二〇〇万円についての旧債振替が問題になった事案である。これに対して本件事案は、原審判決認定のように、当初から、協会保証付貸付金二〇〇〇万円のうち五〇〇〇万円について、貸付先中小企業者の代表取締役に対する既存の債権の返済に充てること、すなわち旧債振替を行うことが融資の条件として意図されていた事案である。それは、最高裁判所平成九年判決の事案と形式的には旧債振替免責の事案としては共通してはいるが、本件事案は、その実は「信用保証制度趣旨違背免責」事案であるのに対して、最高裁判所平成九年判決及び多くの先例の事案は「融資目的不達成免責」事案であり、両者は「質」において異なるものであることに留意すべきである。

両事案において、このような「質」的違いがあるにもかかわらず、最高裁判所平成九年判決の判断は「事案の特殊性を超えて、金融機関と信用保証協会との間で旧債振替禁止条項ないし免責条項の解釈が争われる事案についても及ぶことになるものと思われる。」との見解に立つときは、まさに概念法学的解釈であり、具体的事案に即した妥当な判断をすることができないものと言わなければならない。現に、原審判決は、本件事案を最高裁判所平成九年判決及び多くの先例の事案と同一視し「融資目的不達成免責」事案との立場に立って判断したものであり、まさにその過ちを犯したものであると言える。

なお、本件事案に限ってみると、協会保証付融資金の一部が、金融機関の貸付先である中小企業者に対する債権の弁済に充てられたものではなく、貸付先中小企業の代表取締役個人に対する債権の弁済に充てらたていることから、約定書第三条の旧債振替に当たるかどうかという問題がある。しかし、このことについては、原審判決も「本件振替弁済の方式・態様によって融資金を花島個人に対する既存の債務の回収に充てることは、旧債振替禁止条項の趣旨に反するものであり、花島個人に対する債権は、これをハナジマオーキッドに対する債権と同視して、約定書三条本文にいう『既存の債権』に含まれるものと解するのが相当である。」と判断したことは妥当であり、ここではこれ以上に言及しない。ただ、原審判決が「本件振替弁済が、融資を受けた中小企業者の代表者に対する債権の回収を図ったものであって、中小企業者自体に対する債権の回収を図ったものではないことを考慮すれば」著しく悪質であるとまではいえないと判示している点については疑問である。それは、約定書三条本文にいう「既存の債権」に含まれるとの判断をするにあたって、「ハナジマオーキッドは、資本金二五〇〇万円、常勤役員三名、家族従業員二名、常雇従業員五名の小規模な中小企業者であり、花島個人は本件融資の保証人にもなっているのであって、ハナジマオーキッドと花島個人とは、その信用力において一体のものであった」とする認定と齟齬することになるからである。このことから、本件事案においても、金融機関の中小企業者自体に対する既存の債権の弁済に充てた場合と、全く同じ事案であることを前提として旧債振替禁止条項ないし一号免責条項の解釈に関する判断を行うべきである。

## 六　一号免責の範囲

約定書第一一条は、「次の各号に該当するときは、……その全部又は一部の責めを免れるものとする。」と定めている。そこで、約定書一一条一号に該当する場合の免責の範囲は、保証債務の履行につき、全部免責ということになるのか一部免責ということになるのか問題になる。

### 1　諸見解の動向

このことに関しては、全部免責とする見解（全国信用保証協会連合会「信用保証協会信用保証『約定書』の解説(4)」金融法務事情一四八四号四〇頁、全国信用保証協会連合会編「信用保証（第二版）」一五八頁、岡崎治郎「信用保証協会と銀行の実務上の法律関係」担保法大系第五巻五一二頁、江口浩一郎「信用保証協会保証における旧債振替制限条項違反」金融法務事情一四二一号八五頁、関沢正彦「信用保証協会の信用保証をめぐる法律的諸問題(4)」金融保務事情八九三号二七頁、長尾治助「判例評釈」判例評論四七五号二九頁、村田利喜弥「保証協会実務からみた旧債振替判決」金融法務事情一五二五号一九頁、上野隆司ほか「座談会・旧債振替判決と保証協会の免責をめぐって」（江口浩一郎発言）金融法務事情一五二五号四二頁、江口浩一郎ほか「座談会・信用保証協会取引と免責の効力」(山野目章夫発言)銀行法務二一五五一号一〇頁、拙稿「保証協会保証における免責の法的性質」金融法務事情一五二五号一二頁など)と、旧債増振替に対応した一部免責とする見解(藤原弘道「信用保証協会の保証における免責条項」金融法務事情七五六号七頁、島谷六郎「旧債振替制限に対する銀行の違反と信用保証協会の保証責任」判例タイムズ三九〇号九九頁、拙稿・信用保証協会保証法概論一一九頁、山中康嗣「信用保証協会と貸付銀行間の保証契約において貸付銀行をもって旧債務の弁済に充当してはならない旨の約定の趣旨」手形研究二八五号二七頁――高橋爽一郎判事のコメント、前田庸「判例研究」ジュリスト七六五号一三二頁、後藤紀一「判例解説」商事法務九一九号一〇五頁〜一〇六頁、高橋眞「時の判例」法学教室二一〇号六九頁、小杉茂雄「判例評論」私法判例リマークス一八号三三頁、河邉義典・前掲一一九九頁など)に別れている。そして、その見解の傾向を概してみると、協会保証の実務では全部免責の考えに立って運用されてきているが、学説では、これまでは一部免責の考えに立つ見解が多くみられたが、最高裁判所平成九年判決を巡っては全部免責が有力に展開されるようになってきている。

そこで、これら両見解の基本的論拠についてみると、以下のようである。

その一、旧債振替は信用保証の制度趣旨に著しく違背するものであるから制裁的な観点から全部免責が相当するとの主張に対して、全部免責というペナルティを科すほどの抑制的効果を強調すべきではないと主張する。この点では両見解は、旧債振替免責は「信用保証制度趣旨」の実効性確保にあることについては共通の認識に立ちながらも、その実効性確保のための具体的手段である保証免責を、単なる制裁論、ペナルティ論に歪曲化させている。そして、このレベルの問題として捉える限りにおいては、いずれの見解にも一理あることになる。しかし、「協会保証付貸付金を金融機関が旧債振替に依頼することは、公的資金を担保として資金需要者への融資をはかるこの制度の濫用」である。そこで、旧債振替免責は、「信用保証協会による公的資金の産業支援行為から、その事業上、有利な事実上の効果を受けることのある金融機関に、協会保証の政策目的に適合する事業行動をとることを要求」(長尾・前掲二二五頁)し、これを法的に担保するものであることから、旧債振替が全部について行われたか否か、また金融機関の悪意・過失を問わず一義的に、協会保証制度利用目的が不法になったものとして、全部についての免責を認めるのが当然と解すべきである。

その二、旧債振替は可分な金銭移動の義務違反ではあるが信用保証協会の保証制度目的から導かれる帰結として全部免責という例外的措置を原則としてすべきであるとの主張に対し、免責は保証の担保機能を失わせ金融機関にとって重大な効果を生じさせるので、その解釈運用にあたっては厳格性と衡平性が要求され、その意味でバランスの取れた法解釈をすべきであると主張する。たしかに、可分な金銭移動の処理としては旧債振替禁止違反分についてのみ免責するというのは、一見、バランスのとれた法的処理のようにも思える。しかし、旧債振替免責に限ってみると、このような発想では協会保証の特質である公益的保証機関による公共的政策保証制度の趣旨・目的に対応した保証取引を維持できないことにつながる（同旨、長尾・前掲二二五頁）。それは、まさに国家政策的目的を無視した私的取引レベルでの発想であって、信用保証協会と金融機関間での旧債振替免責の処理としては許容できないものである。ちなみに、二号免責及び三号免責は、具体的な保証取引においての「融資目的不達成」を理由とする免責であることから、金融機関による保証契約違反や故意重過失による取立不能の程度と具体的保証取引における融資目的達成度との相関関係において免責の範囲を判断することは許されてよいであろう。

その三、旧債振替も広い意味では保証契約違反といえるにもかかわらず、約定書第一一条で、保証契約違反の場合の免責を定めた二号免責とは別個独立に一号免責として規定したのは、旧債振替が信用保証制度の趣旨・目的に著しく違背するためであることに鑑みて、全部免責と解すべきであるとの主張に対し、旧債振替が信用保証制度の趣旨・目的に反する程度が強いことから注意的に別に規定したまでで、そのことの故に直ちに全部免責と解する根拠にはならないし、現に信用保証協会の承諾があれば旧債振替も認められているとすると、旧債振替＝全部免責のセオリーは成り立たないと主張する。しかし、前述したように一号免責は「信用保証制度趣旨違反免責」であり、二号及び三号免責は「融資目的不達成違反免責」であって、そこには「質」的違いがあるわけである。まず、これらを同レベルにおいて捉える思考には抜本的誤りがある。そのことは、旧債振替禁止については、約定書の最初である第三条でわざわざ確認をし約定していることをもってしても明白である。これを、単に保証契約違反の一類型について注意的に規定したまでであると曲解するのは、協会保証の特質を完全に無視し、通常の保証と同様の発想でもって解釈するものであり、そのリーガルマインドが疑われかねないものといわなければならない。これも、前述したバランス論が先にありきの結果ではないかと推察される。

また、信用保証協会の事前の承認の下で旧債振替を認めているのは、具体的な保証取引において旧債振替を認めることが信用保証制度の趣旨に反するどころか、その趣旨とする中小企業者の融資の円滑化に適合する場合のあることから、信用保証制度の柔軟な運用の余地を確保するのか狙いであろう。現に、前述したように、正しく、そのような運用が行われているのである（六信・前掲三七頁）。これを逆手に取ってバランス調整論の論拠とする解釈は許されるべきではない。

その四、旧債振替免責については、実務では全部免責として運用され、信用保証協会と金融機関の両者において一致したものであるとの主張に対し、旧債振替免責につき信用保証協会と金融機関間で争われた例（本件事案を除外）はなく、信用保証取引の実務において全部免責説による解釈運用が確立していたともいえないと主張する。たしかに、金融機関においても旧債振替免責は信用保証制度の根幹にかかわる違背であることは当然の前提としていることから、仮に結果として旧債振替になった場合でも、そのことについては争ってはこなかったという意味において、紛争例はないものと推察される。観点を変えてみれば、信用保証取引においては、それだけ旧債振替＝信用保証制度趣旨違反＝全部免責というテーゼが両者間で確立していたものともいえよう。

その五、このような理論状況のなかにあって、それでも一部免除説が全部免除説と拮抗し、一面、合理性をもったものとして、依然として根強く存在し続けるのは、約定書当事者間の旧債振替免責についての問題は金融機関と信用保証協会との間での問題としてではなく、約定書の当事者以外の信用保証協会と求償保証人との間での問題として登場してきたところにあるともいえる。この場合においては、一部免責と解することの方が、協会保証の特質とされる信用の補完性、補充性に適合することになるからである。現に、私見においても、「①判例」に関連して、一部免責とするのが妥当な見解であり「このことは、旧債振替部分が大半を占める場合であっても、同様といえよう」と主張したことがある。その意味では、ここでの意見とは矛盾する面がないではない。しかし、約定書の当事者以外の信用保証協会と求償保証人との間での問題の場合は、それが形式的には旧債振替であり一号免責に係わる問題ではあるが、信用保証協会が、このような旧債振替部分についても代位弁済を行い、かつ求償保証人との間の問題であることから、二号免責及び三号免責と同様のレベルの問題として処理することが許されるものとの判断が潜在している結果ではないかと推測される。

## 2　最高裁判所平成九年判決について

先例として最も重要視される最高裁判所平成九年判決は、「貸付金の一部にしか同条項の違反がないのに、当然に保証債務の全部について債務消滅の効果を生じさせる合理的理由は見いだし難」いこと、「約定書の文理ないし構成からしても、所論（注・全部免責）のような解釈を導くことはできない」ことを理由として、当該違反部分のみについて保証債務消滅の効果が生ずるとして一部免責が相当としている。

しかし、前述の「その一、から、その四」において論証したような諸理由を勘案するときは、旧債振替免責については、原則として、全部免責と解する方に合理的理由がある（同旨、長尾・前掲二三五頁）ものと判定できる。この意味では、最高裁判所平成九年判決の事案が信用保証協会と求償保証人の間での問題であるとの特殊性を考慮に入れない限りにおいては、判例変更をもって対応するのが妥当と判定する。

なお、約定書の文理ないし構成に関しては、曖昧さを残す部分も確かにみられる。とくに、保証免責を定めた約定書一一条については、一号免責と二号免責及び三号免責の「質」的違いを明確に読み取ることができないという不備もみられる。しかし、それだけを捉えて一号免責と二号免責及び三号免責を同一レベルの問題として判断するのは形式的な文理解釈にすぎない。約定書全体の構成との関係において、それを解釈しなければ論理的とはいえないであろう。このような観点に立つとき、約定書第三条に特に旧債振替禁止条項が置かれていることの論理的意味づけが重要視されることになる。そこで、このこととの関係において約定書一一条を解釈するとき、一号免責と二号免責及び三号免責とは異なるレベルの条項であることが明らかになり、かつ柱書の「全部または一部」の責めを免れるとの文言は論理的に一号免責にかかるものでないとの解釈を導き出すことが可能ではないかと思われる。

なおさらに、最高裁判所平成九年判決は、判決全体の論理展開において十分な理由づけが行われているとはいえない面がある。すなわち最高裁判所平成九年判決による、「協会保証は中小企業者の信用力を補完し、その育成振興を図ろうとする公共的機関による公共的政策保証であると認定し、かつ旧債振替禁止条項はかかる信用保証制度の目的を確保するために金融機関の既存の債権の回収のための手段に利用されないようにするものであり、旧債振替免責条項はこれらの実効性を確保するものであり、そのため旧債振替禁止条項に違反すれば信用保証協会からの特段の意思表示を要することなく保証債務は当然に消滅する」との論理展開の帰結としては、価値判断的にも論理的にも、その免責の範囲は、原則として「保証債務全額」であるということになるのではないかと思われるからである。もしそのような帰結に至らないとするならば、単に「合理的理由は見いだし難く」「約定書の文理ないし構成からしても」というような一遍の無内容な理由だけでは許されないのではないかと思われる。

この意味において、最高裁判所平成九年判決の先例に囚われることなく、かつ約定書において、本来予定している信用保証協会と金融機関の間での事案である本件事案において、旧債振替免責の免責の範囲につき再考する必要があるものと思われる。

## 七　本件事案における旧債振替禁止違反と保証債務の全部免責の妥当性

本件事案は、X信用保証協会（以下、「上告人」と呼ぶ）とY銀行（以下、「被上告人」と呼ぶ）間での保証契約に基づく、被上告人のA株式会社（以下、「訴外会社」と呼ぶ）に対する信用保証付貸付金二〇〇〇万円のうちの五〇〇万円が、貸付先会社代表取締役個人（以下、「訴外会社代表者」と呼ぶ）の既存の債権の回収に充てられたことを理由として、上告人が被上告人に対し、約定書第三条及び一一条一号に基づき、上告人の保証債務の全部が消滅したと主張するものである。

### 1　本件事案における約定書第三条及び一一条一号に基づく全部免責の妥当性

約定書第三条及び一一条一号は、金融機関が協会保証付貸付金を既存の債権の弁済に充てた場合に、信用保証協会が金融機関に対して保証免責を主張できる旨を定めたものであり、まさに本件事案の場合の処理を予定したものである。そこで、本件事案における約定書第三条及び一一条一号での法的処理に当たって、第一審判決は、最高裁判所平成九年判決を引用し「原則として当該違反部分のみについて保証債務消滅の効果が生ずるものと解するのが相当である。」しかし、特段の事情がある場合には信用保証協会の趣旨、目的に反するものといえ、「信用保証制度そのものを揺るがしかねない事情があるものと認められるから、このような特段の事情があると認められる場合には保証債務の全部について免責を認めるのが相当である」とし、本件においては「信用保証制度の趣旨、目的に著しく背反するものであり、保証債務の全部について、免責を認める特段の事情がある」として全部免責の主張を認めている。これに対して、原審は「免責条項の文言上、保証債務の一部のみが免責される場合があることが予定されている上、中小企業者等が旧債振替後の融資金の残額により、融資を受けた目的を達成することができる場合があることにかんがみ」「貸付金の一部のみに旧債振替禁止条項の違反がある場合において、保証債務の全部について当然に債務消滅の効果を生じさせるとする合理的理由は見いだし難い」。そこで、原則として「当該違反部分についてのみ保証債務消滅の効果が生ずると解するのが相当」であり、特段の事情のある場合にのみ全部免責が認められるが、本件では「全部について免責を認めるのを相当とする特段の事情があるとは認めることができない」として旧債振替に該当する五〇〇万円の限度で免責されるとして、一部免責しか認めていない。

これら両判決は、その結論は異にするが、基本的には最高裁判所平成九年判決を先例とし、これに依拠している点では共通する。しかし、最高裁判所平成九年判決を先例として依拠することについては、前述のように本件事案とは異なる事案を前提しての判断を援用するものであって、本件事案における信用保証協会と金融機関の間での約定書第三条及び一一条一号適用の判断として妥当とはいえない（同旨、上野隆司「銀行の旧債振替禁止条項違反による信用保証協会の保証免責判決とその波紋」金融法務一五二六号五頁）。

この意味では、最高裁判所平成九年判決を先例とすることなく、約定書で本来予定された事案への約定書第三条及び一一条一号適用の解釈問題として判断すべきである。かかる立場立っての判断としては、前述「六　一号免責の範囲」で述べたところであり、協会保証の特質を勘案すれば「全部免責」とするのが妥当である。

## 2　原審判決の不当性

一歩譲って、第一審判決及び原審判決の寄って立つ基本的立場からみても、本件事案における一部旧債振替の場合に、全部免責の主張につき理由なしとした判断は誤りであり、不当である。

かかる基本的立場に立つときの争点は、最高裁判所平成九年判決も指摘しているように「保証債務の全部について免責を認めるのを相当とする特段の事情」があるかどうかの判断に係わる。

この特段の事情としては、最高裁判所平成九年判決は「信用保証制度の趣旨・目的に照らして保証債務の全部について免責を認めるのを相当とする事情」であり、その一例として「残額部分の貸付金では中小企業者等が融資を受けた目的を達成することができないとき」だけを挙げている。そして、最高裁判所平成九年判決自体、この一例とされた特段の事情に該当するか否かを判断し協会保証付貸付金一四〇〇万円のうちの二〇〇万円、七分の一の旧債振替では、それに該当しないと判示している。すなわち、その特段の事情の判断は、「融資目的不達成」か否かのレベルでの判断に留まっている。このことは、最高裁判所平成九年判決の事案は、形式的には旧債振替違反ではあるが、信用保証協会はその部分について代位弁済を行っていること、かつ信用保証協会と求償保証人との間での問題であることから、二号免責や三号免責と同様のレベルで捉え、それであっても「融資目的不達成」の状態によっては信用保証制度の趣旨・目的が損なわれる場合もあるとの思考を前提とするもので注目される。

これに対して、本件事案では協会保証付貸付金二〇〇〇万円のうちの五〇〇万円、四分の一と旧債振替割合が高いだけのレベルの判断だけではなく、原審判決も認定しているように、被上告人が訴外会社からの融資依頼に対して、「本件振替弁済の方式を発案し、訴外会社代表者に対し、この方式を承諾することが本件融資の条件であることを述べた」という事情が加わっているのである。このことから、第一審判決では「本件においては、……保証付融資の実行に当たり、旧債振替禁止条項に違反し、かつその違反の態様は当初から自行の債権の回収を意図し計画的に信用保証協会の保証付融資を利用するというもので」あるとして特段の事情の存在を認定している。

しかし原審は、特段の事情に当たる場合として、「融資目的不達成」の他に、最高裁判所平成九年判決の示した一般的基準である「信用保証制度の趣旨・目的に照らして保証債務の全部について免責を認めるのを相当とする事情」に更に条件を過重し、「違反の態様が信用保証協会による保証制度の趣旨・目的に著しく違背し、通常の旧債振替にはない悪質性が認められるような場合」として旧債振替の「悪質性」を加えている。このような特段の事由基準については、この他に「金融機関が、当初から自行の債権を回収する意図で計画的に信用保証協会の保証付融資を利用」する場合、「反復的に旧債振替を行った場合」のように、「保証制度の趣旨・目的に著しく背馳する」場合も、それに当たるとする見解はある（河邉・前掲一二〇頁）。これらの特段の事由基準は、協会保証を金融機関の既存の債権の回収に利用することは信用保証制度の趣旨を蹂躪するものであるとの見地に立つものとみることができ、是認できよう。そこで、これらの見解に基づく基準からみても、本件事案は、まさに当初から金融機関の既存の債権の回収のために計画された旧債振替であって疑いもなく特段の事情に該当し全部免責と解されるものである。このためか、原審判決は、これらの見解においても基準としていない「悪質性」までは基準に付加したのであろう。このような原審判決の基準は独自見解によるものであり、最高裁判所平成九年判決の先例とも著しく齟齬するものであるし、そのことよりも、前述のように、これまで学説や判例理論によって確立してきた協会保証の特質である公益的保証機関による公共的政策保証であることを前提としての協会保証の法理論の展開を全く無視する見解であるといわなければならない。

更に数歩を譲歩して、特段の事情の判断において「悪質性」をも基準になるとの立場に立ってみても、正常なリーガルマインドからみて原審判決のような帰結には至らないのではないかと思われる。

# 7　保証協会保証における免責の法的性質

マル保融資に際しては、信用保証協会と金融機関との間に、あらかじめ基本的事項を内容とする約定書が取り交わされる。そのなかの約定書例一一条には、次の各号に該当するときは、「保証債務の履行につき、その全部または一部の責を免れるものとする」との保証免責条項が定められている。そして、一号免責は約定書例三条本文の金融機関と保証協会の「保証に係る貸付をもつて、乙（金融機関）の既存の債権に充てないものとする」との定めに違反したとき（旧債振替違反）、二号免責は「保証契約に違反したとき」（保証契約違反）、三号免責は「故意若しくは重大な過失によって被保証債権の全部又は一部の履行を受けることができなかったとき」であるとしている。

ところで、このような保証免責は、どのような趣旨で定められ、また法律的にどのような性質を持つものであり、どのような場合に、どのような範囲において、どのような方法で認められるのかについては、従来から議論のあるところである。しかし、これらのいずれについて考える場合でも、信用保証協会保証の法的性質との関係を抜きにしては、理解できないものであることについては、これまで指摘し続けてきたところである(1)。本稿は、近時、最高裁判所(2)が、三号免責に関連して、これらの問題に関して判示したのを契機として、その法的性質を中心に再考するものである。本稿は、最高裁判決を評論するものではないが、結果として、その評価に繋がることにもなる。また、実務的には保証免責の適用運用にあたっての指針となれば幸いである。

## 一　信用保証協会保証の法的性質

保証免責の法的性質を考えるにあたっては、信用保証協会保証の法的性質についてみておくことが重要である。そこでまず、信用保証協会保証の特質を概観すると、[3] ①中小企業の振興育成という政策的保証であり公共性の強い保証であること、②中小企業者の債務を保証するという要素のあることは否定できないが、その信用を補完して金融を円滑に行なわせるという信用の保証の要素が強いこと、③信用保証協会という保証を専門とするもので機関保証の性格をもっていること、④この保証は連帯保証であることから、本来は補充性は認められないが、約定書例六条、九条などにより修正された附従性および補充性を堅持していることなどがあげられる。このため、その法的性質を考えるうえにおいても、このような特質を考慮する必要のあることはいうまでもあるまい。

ところで、信用保証協会保証の法的性質については、つぎのような諸説がある。①民商法上の保証と同様の債務の保証とみる債務保証説[4]で、通説、判例である。②中小企業者の薄弱な信用力をカバーして金融機関からの融資を容易に受けられるようにするために、その信用力を補完するもので、信用保証協会法という特別法に定められた特殊の保証とみる信用補完説[5]で、信用保証協会によって主張されている。③信用保証協会が金融機関に対して自己の名において、かつ自己の計算において中小企業者に信用を供与すべきことを委任する契約とみる信用委任説[6]で、少数意見である。④保証を専業とする保証機関による保証であるとみる機関保証説で、その内容として、一定の事業体が主債務者からの保証委託に基づき、保証料を徴し、事業として不特定多数人のために行なう保証の一つであるとか、[7] 保証取引という新しい取引形態を前提としてはじめて把握できるところの保証であるとか、[8] それは債務の保証としての性格のあることは否定しえないが信用の補完という性格の強い保証であるとかいわれている。[9] 私見としては、かつては機関保証説に立っていたが、今日では、機関保証性と信用保証性の双方を有する保証であり、債務の保証としての性格のあることは否定しないが信用の保証すなわち信用の付与を第一義的目的とした保証で、債務の保証とは明らかに異なるものであり、信用保証取引に伴う慣習ないし慣習法として形成された保証とみる機関信用保証説が妥当ではないかと考えている。(10) このため、保証免責の法的性質についてみる場合も、このような信用保証協会保証の性質との関係でみる必要がある。一歩譲って、通説、判例のような債務保証説に立つ場合であっても、前述した特質を無視しては、正しく捉えることはできないものと思われる。

## 二　保証免責の趣旨

### 1　一号免責（旧債振替違反）の趣旨

一号免責は、金融機関が保証付貸付金の全部または一部を既存の貸付債権の弁済に充当した場合に、保証協会が免責されるとするものである。このような一号免責を定めた趣旨については、信用保証協会による保証に際しての貸付金の使途意図による要素の錯誤として保証契約の全部または一部の無効をきたすことを明文化するものであるとする見解がある。この見解では、一号免責の法的性質は要素の錯誤ということになる。(11) すなわち、貸金債務の保証の場合に、その貸付金がどのように使途されるかは一般的には保証契約を行なう際の動機でしかない。このためその貸付金の使途方法が異なったとしても単なる動機の錯誤となるだけで保証契約の効力には影響が生じないが、保証人がその使途方法について表示したり、債権者が認識していたときは要素の錯誤となりうることから、その使途方法を明示し、これと齟齬して使途された場合に要素の錯誤の成立を企図したものと解している。たしかに、このように解しても、信用保証協会の保証の目的を達成させるための免責条項として機能する。しかし、一号免責の法的性質が、動機の錯誤が要素の錯誤となる旨を定めたものであるにすぎないのであれば、約定書例三条では保証付貸付金の使途につき明規していることから、それと使途方法が異なる場合は、それだけで錯誤無効を主張することは可能ではないかと思われる。このことから、一号免責条項は無用ということになる。さらには、このような要素の錯誤説では、通常の保証の場合での同様の特約と異なるものではないことになり、信用保証協会の保証特有のものとしては捉えられてはいないことになる。

しかし、一号免責は、もっぱら金融機関の単なる債権回収の手段として協会保証が利用されるということは、単に信用保証協会側の保証にあたっての動機との齟齬にとどまらず、公共性のある協会保証の趣旨に抵触することになることから定められた信用保証協会保証に特有の免責条項であると解すべきであると主張したことがあるが[12]、下級審判例でも支持を得つつあった[13]。前述の最高裁判決[14]では、そのことは確認された。すなわち「信用保証協会は、中小企業者等に対する金融の円滑化を図ることを目的として、中小企業者等が銀行その他の金融機関から貸付け等を受けるにつき、その貸付金等の債務を保証することを主たる業務とする公共的機関である（信用保証協会法一条参照）。しかるに、信用保証協会の保証に係る貸付金が当該金融機関の既存の債権の回収を図るための手段として利用されると、中小企業者等が必要とする事業資金の調達に支障が生ずることとなり、中小企業者等の信用力を補完し、その育成振興を図ろうとする信用保証制度の本来の目的に反する事態となる。そこで、信用保証協会と金融機関との間で交わされた信用保証取引に関する約定には、旧債振替禁止条項が設けられ、さらに、同条項の実効性を確保するために、金融機関が同条項に違反して信用保証に係る貸付金により既存の債権を回収した場合には、信用保証協会は保証債務の履行の責めを免れる旨が定められているのである」として、その趣旨を判示している。

## 2　二号免責（保証契約違反）の趣旨

ここでいう保証契約違反の意義は明白でない。保証契約締結に際し金融機関に交付される信用保証書中に記載された貸付形式、金額、期間、返済方法、担保保証徴求などの条件違反のみを意味するのか、約定書例上の条項違反も含まれるのか問題になる。かつて実務上は前者のみを意味していたようであるが[15]、今日では広義では約定書違反も含まれると解しているようである[16]。ただ、約定書違反の例はほとんどないとのことである[17]。この二号免責の趣旨については、これらの条件違反の場合には現実に発生した主債務と保証契約の内容とした債務との間に同一性がないことになるためであるとか、[18]保証条件に相違する場合は一号免責と同様に、要素の錯誤となり保証契約が無効となることを明文化したものであるとかの見解がみられる。[19]しかしこれらの見解については、一号免責で指摘したように信用保証協会の保証の特質を考慮していないという問題が残る。さらに、条件違反のうち貸付条件違反に関しては中小企業者の事業活動を助けるための金融の円滑化に資するという協会保証制度の目的に基づくものであり、担保徴求条件違反に関しては協会の求償権の実効性の確保という経済的な面に重点が置かれているとの見解がある。[20]貸付条件違反については妥当としても、たしかに担保徴求条件違反は求償権の実効性の確保にあることは否定できないが、それは信用保証協会の場合は中小企業振興という政策保証を行なうために公的資金の拠出を受けて、中小企業信用保険公庫の保険によってもカバーされているという公共的機関であるという特徴から、保証人一般のレベルより以上に要求されることに基づくものであるわけであるから、担保徴求条件もやはり協会保証の目的の実効性のためであるとみることができる。さらに、信用保証協会がこれらの条件をつける目的は、約定書例六条で保証債務の履行請求期間を九〇日後と定め、九条で被保証債権の保全や取立について適切な措置を講ずることを定めるなどして補充性を確保し、保証委託契約書例一一条三項で共同保証人間における信用保証協会の負担部分ゼロの特約、あるいは物上保証人に対する弁済額全額の求償特約をして信用の補完性を図っているわけであるが、二号免責はこれをさらに確実なものとしたものである。[21]

### 3　三号免責（故意・重過失による取立不能）の趣旨

この三号免責は民法五〇四条の債権者の担保保存義務違反による免責と類似する。このことから、これらの規定から一般的に導き出されるところの、債権者の信義則上の保証人に対する一般的注意義務・債権保全義務を民法上規定されていないがために約定で補ったものであるとする見解がみられる。[22]しかし、信用保証協会の保証の特質として、民法が保証の補充性として考えていた催告および検索の二つの抗弁権を持たないが、約定書例六条、九条によって債権者の主債務者からの取立が第一義とするとの修正された補充性の実効性を確保するものと解される。[23]なお、基本的には、同旨ではあるが、帰するところは信用保証協会の経済的損失を防止する趣旨であるとする見解もある。[24]しかしこの点についても、前述二号免責で述べた考えを援用できよう。また、三号免責は金融機関の故意、重過失を要件としていることに注目して、修正された補充性の確保のほかに信義則上の注意義務や催告、検索の懈怠の効果を根拠とするものであるとの見解もある。[25]しかし、三号免責が金融機関の故意、重過失を要件としたのは修正された補充性の実効性を確保することを原則としながらも、金融機関の負担を軽減したにすぎないものであって、このこと自体が特別の意義を持つものとみるのは妥当ではない。

## 4 小　括

保証免責を定めた趣旨については、以上の見解を要約すると、①一号免責を動機の錯誤との関係で、二号免責を同一性や要素の錯誤との関係で、三号免責を担保保存義務との関係から説明をする見解のように法理論の補充に求める考え方、②保証人の経済的損失防止という保証一般の危険防止に求める考え方、③信用保証協会の法的性質としての機関信用保証性、ないしは信用の補完や保証の補充性という特質に求める考え方、さらには④として②と③の考え方をミックスさせる考え方がみられる。しかし、これまで述べてきたように、それは③の考え方に立ってみるのが妥当である。④の考え方も成り立ちえないわけではないが、約定書例全体が、一般的な保証人の利益を保護することが目的となっているのではなく、信用の保証という特質を確保するための定めであると解するのが適切であることから、④のような考え方を潜ませることは適切ではなく、また適用にあたっても混乱が生ずるであろう。なお、保証免責の趣旨は、一号から三号までいずれも同趣旨であり、各号によって異なるものではないのである。そこで、このような保証免責を定めた趣旨との関係において、免責効果の生ずる根拠を考察する必要がある。

## 三　保証免責効果発生の法的プロセス

### 1　保証免責の法的性質についての学説・判例

そこで、保証免責の法的性質については、保証免責の以上のような趣旨に注目して、私見では、この趣旨に反する結果、信用保証の目的そのものに違反するという意味において、保証免責を主張できるとする協会保証の趣旨抵触説を主張してきた。(26) これに対しては、一号免責に関連して、それは一号免責が定められた理由は示すものの、免責とは一体法律的にどのようなことなのかの説明がなされていないとの指摘がなされた。(27) たしかに、どのような法的プロセスによって免責が生ずるのか明らかでないとの指摘としては、適切なものである。また、前掲大阪高裁昭和五三年判決(28)は、免責条項の定められた趣旨を前提として「金融機関が右の旧債振替禁止条項に違反するがごときは厳につつしまなければならないし、信用保証協会としてもこれを看過することがあってはならないのである。このようなところからすると……保証の責に任じないことを定めたものと解すべきである。したがって……弁済をしたとしても保証債務の弁済としての効力を生ぜず」と判示し、前掲最高裁判決(29)は「このような規定が設けられた趣旨及びその内容にかんがみると…信用保証協会からの特段の意思表示を要することなく、保証債務は当然に消滅」すると判示している。そこで、このような判例は私見と同旨といえるが、このためにこのような判例についても同様のことを指摘することができるであろう。

このことに関してはこれまで、保証免責の法的性質の問題としてつぎのような見解がみられる。一号免責に関しては、前述した要素の錯誤説(30)、旧債振替という債務不履行があった場合には、それを理由として信用保証協会の保証契約を消滅させることによって、保証債務の履行を免れるとする解除条件付失権約款説(31)、旧債振替制限条項違反を停止条件とする停止条件付債務免除契約説(32)、金融機関に旧債振替違反があったときは信用保証協会は保証債務の履行を拒絶しても保証債務の不履行にならない旨を定めたにとどまるとする履行拒絶権能説(33)や、信用保証の実効性を確保するとする見地から、保証契約自体は効力を持っているが、旧債振替により保証目的が達成されないことになるから、信用保証協会は保証債務の履行を拒絶できる抗弁権を持つことになるとする履行拒絶抗弁権説[34]がみられる。二号免責や三号免責についてはあまり議論がみられないが、一号免責と共通の解除条件付失権約款説や履行拒絶抗弁権説によるもののほかに、二号免責に関しては、債務の同一性不存在や動機の錯誤に求める説[35]、貸付条件違反は附従性理論により保証条件違反は求償権が害される限度とする見解[36]がみられ、三号免責に関しては、債権者の保証人に対する信義則上の義務説[37]がみられる。

ところで、この問題は、信用保証協会と金融機関との関係においてみれば、いずれと解しても結果は異ならないようにみえる。しかし、この免責効果発生の法的プロセスの理解の仕方によっては、さまざまな場面においてその法律関係が異なる結果をもたらすことにもなるので、単なる法的性質の問題としてではなく、各プロセスごとに検討することが重要である。

## 2 免責効発生の法的根拠

まず、免責とはどのような効果なのか問題である。解除条件付失権約款説、停止条件付債務免除契約説、履行拒絶権能説は、約定書例一一条による特約の効果すなわち信用保証協会と金融機関との契約の効果とみていることは明らかである。要素の錯誤説、同一性不存在説、附従性欠如説は、約定書例一一条で錯誤や同一性不存在、附従性欠如になる場合につき合意をし、そのことを前提として、要素の錯誤説は意思表示理論で、同一性不存在説、附従性欠如説は保証契約理論に基づく効果とみている。私見による履行拒絶抗弁権説については明確ではない。それは信用保証の法理によるものであると主張したことがあるが[38]、それがどのような意味なのか曖昧であった。さらに前述のように前掲大阪高判も前掲最二小判も、この点は明確ではない。保証免責が定められる趣旨が、信用保証協会保証の機関信用保証性あるいはその特質の実効性を確保するためであるとするならば、その機関信用保証性あるいはその特質に違背したマル保貸付は信用保証協会の保証の目的実現を不能にするものであるから、金融機関によって生じさせた保証契約目的実現不能のためであるとみるのが妥当ではないかと思われる。そして、約定書例一一条では、あらかじめ信用保証協会の保証契約目的実現不能になる場合を合意したものとみることができる。信用保証の法理とは、最高裁判決が「趣旨及び内容」からといっているのは、このような意味に用いられているとみてよいであろう。

さらに、保証債務の履行につき「責を免れる」のは、保証契約の無効ないし不成立のためか、保証契約が消滅することになる結果なのか、保証債務の履行を免れるだけなのかの問題がある。要素の錯誤説や同一性不存在説、附従性欠如説では、契約の無効ないし不成立のためということになる。また、解除条件付失権約款説では保証契約が消滅すると解している。(39) また、約定解除事由を定めて保証契約関係を全部免責の場合は全部を終了させ、一部免責の場合はその契約に基づいて生じている保証責任を減縮させる効果とみる見解もある。(40) しかし、保証契約の無効や不成立あるいは解消を前提とすると解することには疑問がある。保証契約は有効に存続しているけれども、その契約から生ずる保証債務の履行を免れることができると解するのが、約定書例の文言からいっても素直な解釈ではないかと思われる。また一部免責の場合に保証契約の一部の無効や不成立あるいは解消と解するよりも、保証債務の一部の履行を免れると解するのが素直ではないかと思われるが、このことと共通して理解することができよう。判例も、保証の責めに任じないとか保証債務が消滅するとしているのも同旨ではないかと推測される。そして、このように解しても、信用保証協会の法的性質や特質と抵触することはないであろう。

### 3　免責効発生の手段

「責を免れるものとする」という効果は、旧債振替があれば当然生ずるのか、信用保証協会の主張をもって初めて生ずるのかも問題である。要素の錯誤説、同一性不存在説、附従性欠如説、解除条件付失権約款説、停止条件付債務免除契約説などは当然生ずるとの立場に立つものである。なお、前掲最二小判は「信用保証協会からの特段の意思表示を要することなく、保証債務は当然に消滅」するとし、前掲大阪高判は「保証債務の弁済としての効力は生じない」と判示している。履行拒絶権能説ないし履行拒絶抗弁権説は信用保証協会による抗弁の主張があって初めて免責の効力が生ずるとの立場に立っている。私見としては、これまで信用保証協会による抗弁によって生ずるものであると解してきた[41]。しかし、保証免責は、信用保証協会保証の機関信用保証性あるいはその特質を確保するためのものであり、信用保証の目的に違反した場合に生ずる効果であることに注目するならば、信用保証協会側の裁量の余地を認めるのは適切ではない。このことから信用保証協会の主張を待つまでもなく免責効は当然に生ずるものとの見解に改説することにする。このため、免責事由が生じているにもかかわらず、信用保証協会が保証債務を履行した場合には、金融機関との関係では非債弁済になり不当利得返還請求の問題を残すことになるが、保証債務を担保するための連帯保証人や物上保証人に対しては求償権を行使することはできないことになる。このことは、一号免責に限らず二号免責および三号免責についても同様とみるべきである。

## 4　保証免責と第三者の関係

信用保証協会が金融機関に対して、保証人として代位弁済をすると、信用保証協会は弁済者代位権によって主債務の担保権を行使し、または保証人に求償できるし、また求償権を担保している物上保証人や保証人に対して弁済請求できることになる。そこでこれらの請求等を受ける第三者と保証免責の関係が問題になる。主張免責の考え方に立つと信用保証協会が主張しない限り、これら第三者は保証免責を主張できない。また、信用保証協会が免責を主張しないで代位弁済した場合はこれら第三者に請求等を行なうことができることになる。当然発効によると、これら第三者も保証免責を主張できるし、信用保証協会が免責を主張しないで代位弁済しこれら第三者に請求等をしてきた場合は、これら第三者は保証免責を主張して抗弁できることになる。最高裁判決および大阪高裁判決はいずれも後者であると判示している。私見では、これまで前者と解していた。信用保証協会が保証免責に該当しないとして免責を主張できるのに、第三者が免責を主張するのは妥当ではないとの考えによるものであった。しかし、保証免責は信用保証の目的実現不能のために発効するものであるとすると、その判断は客観的でなければならないのであって、信用保証協会の主観に委ねることは妥当でないことから、ここで私見を改めるものである。

これに関連して、信用保証協会が免責を主張しないで代位弁済した部分については、中小企業信用保険法による保険でのカバーも認めるべきではない。

なお、このような第三者からの主張や抗弁を封ずるために、信用保証協会としては、約定書例一一条の各号に違反する場合には、「信用保証協会の抗弁によって免責される」趣旨の条項に改めることが考えられる。[42]免責効を特約上の効果とみるときは、かかる条項を設けることが可能であり、有効である。しかし、前述のように免責効は、合意した内容に対応した事実が生じた場合には信用保証の目的実現が不能になることの結果として、不能の理論によって生ずるものであると考えると、信用保証協会の抗弁によって不能になり、抗弁しないことによって不能とならないとするような条項を設けることは規定上に矛盾が生じ、効力を認めることはできない。

## 5　全部免責と一部免責

保証免責の範囲については、免責事由によって異なるとしているのが学説である。一号免責については、一部旧債振替が行なわれたにすぎない場合でも、政策的な見地からするとかなり悪質であり、制度趣旨からすると当然全部免責が原則であり、少額の旧債振替の場合は別途運用で考えるとか、[43]制裁ないし信頼関係破壊の反映やみつかったら一部免責ですませるという雰囲気を醸しだす解釈の不合理性などを理由に全部免責と解する考え方があり、[44]全国信用保証協会連合会も全部免責説を採用しているようである。[45]これに対して、前掲大阪高判は一部免責を認めているし、前掲最二小判は旧債振替違反は信用保証制度の趣旨、目的に反する程度が強いことを認めながらも、全部免責とする合理的理由が見出しがたく、約定書例の文理ないし構成からみても全部免責と解釈できないとして、一部旧債振替したことにより「残額部分の貸付金では中小企業者等が融資を受けた目的を達成することができないなど、前記信用保証制度の趣旨・目的に照らして保証債務の全部について免責を認めるのを相当とする特段の事情がある場合を除き、当該違反部分のみについて前記の保証債務消滅の効果が生ずるものと解する」として一部免責が原則であると判示している。[46] もっとも、この問題については、全部免責説も一部免責説も例外を認めることから、その例外の設け方次第では両説の対立は大きいものではないが、立証責任で異なることになるとのコメントがみられる。[47] たしかに、保証債務は金銭債務であるから、その内容からすれば分割しても影響はない。しかし、保証債務を負担した目的からすると原則としては影響があることを前提として、分離しても全体としては影響のない場合に、一部免責と解するほうが、信用保証制度の趣旨、目的を徹底することになる。また立証責任につき金融機関側にこれを負担させるほうが妥当である。

二号免責については、信用保証実務は基本的に全部免責のようである。これは、中小企業信用保険法上、全部の貸付が保険の対象になり、部分保証については保険免責ないし保険不成立になるためであるといわれている。[48] これに対して、一号免責では全部免責説に立つ見解のなかにも、少し詰める必要があるとか、[49] 貸付条件違反が中小企業者の保護、育成の見地からみて重大なものである場合は全部免責で、保証条件違反は協会の求償権が害される限度での免責と解する見解がある。[50] また、三号免責については、回収漏れによる実損部分の免責であるとか、[51] 金融機関が保全取立をしていれば保証債務の履行をしなくてもすんだ限度の免責であるとして一部免責を原則と解している。[52] しかし、これらの見解は、保証条件違反による二号免責や三号免責は、信用保証協会の経済的損失をカバーするものであるから、その限度で免責するだけでよいとの考えに基づくものである。しかし、二号免責も三号免責も一号免責と同様に信用保証制度の趣旨、目的の実効性を確保するものであるとの立場に立つ限り、全部免責が原則であり、その程度の違反によっては全体として信用保証制度の趣旨、目的に違背しないことが立証されたときに限って一部免責になると解すべきである。このため、免責条項違反により信用保証協会に経済的損失が生じない場合でも、保証免責の認められる余地があるのである。

## 四　むすびに代えて――保証免責の判断基準

以上のように保証免責は信用保証の目的実現不能の結果として生ずる効果であるとすると、その判断は客観的でなければならない。客観的に金融機関の違反行為の結果、当該保証付貸付が信用保証制度の趣旨、目的に違背すると判断されるときは原則として全部免責が生ずる。ただ、その程度の違反では全体として信用保証制度の趣旨、目的に違背するものでないことが金融機関で主張立証された場合には、一部免責が生ずる。このため、一号免責に当たる旧債振替違反の場合には全部免責の生ずる場合が多いが、二号免責の保証条件違反や三号免責に当たる保全取立違反では全部免責よりも例外の一部免責とされる場合が多いという違いは生じよう。

ところで、この判断にあたって、金融機関の責めに帰すべき事由あるいは過失という主観的要素を考慮する見解がみられるが(53)、信用保証の目的実現不能か否かはそのような主観に関わらせることは妥当ではない。もっとも、三号免責では金融機関の故意、重過失を要件としているが、これは三号免責は信用保証制度の趣旨、目的の実効性確保としても最も距離のあることから、金融機関側に保証免責から逃れうる余地を与えたにすぎないのである。

（1）拙稿「機関信用保証―免責条項―」私法研究著作集第六巻一七五頁以下、「信用保証協会の保証の現状と問題的」私法研究著作集第六巻一四五頁以下、『信用保証協会保証法概論』一二二頁以下。

（2）最二小判平九・一〇・三一（金融法務事情一五〇二号六四頁）。

（3）詳細は、拙稿「企業金融と機関信用保証」前掲注(1)私法研究著作集第六巻一五六頁参照。

（4）東京高判昭三五・一〇・二六（下民集一一巻一〇号二二九一頁）、札幌高判昭三七・六・一二（金融法務事情三一五号七八頁）。加藤一郎＝吉原省三『銀行取引〔改訂版〕』二一九頁、谷川久「信用保証協会のする保証の性質」『銀行取引判例百選〔新版〕』一八三頁、藤江忠次郎「信用保証協会の保証の性質」金融法務事情三三〇号一八頁。

(5) 東辰三篇『新版信用保証読本』一八一頁、岡崎治郎「信用保証制度の再検討」金融法務事情七四〇号二一頁以下。
(6) 鈴木正和「制度保証の法的性格の明確化」信用保証五八号二一頁。
(7) 金沢理「信用保証とボンド」金融法務事情七五〇号一五頁。
(8) 拙稿「個人保証と機関保証」手形研究一九三号三頁。
(9) 山本進一＝保住昭一＝伊藤進＝上井長久「信用保証の法的意義について」法律論叢四九巻六号七二頁)。
(10) 拙稿・前掲注(1)私法研究著作集第六巻一四〇頁以下。
(11) 藤原弘道「信用保証協会の保証における免責条項」金融法務事情七五六号五頁～六頁。
(12) 山本＝保住＝伊藤＝上井・前掲注(9)一〇八頁、拙稿・前掲注(1)私法研究著作集第六巻一七六頁など。
(13) 大阪高判昭五三・四・一二(金融法務事情八六三号三五頁)や前掲最高裁判決の一審松山地判平七・八・二九(金融・商事判例一〇三三号一三頁)、二審判決(高松高判平八・六・二五金融・商事判例一〇三三号一一頁)も同旨である。
(14) 前掲最二小判平九・一〇・三一。
(15) 江口浩一郎「信用保証契約の成立と信用保証債務」金融法務事情八三四号三一頁。
(16) 江口浩一郎＝関沢正彦＝中村廉平＝山野目章夫〈座談会〉信用保証協会取引と免責の効果」銀行法務21五五一号一六頁〔江口発言〕。
(17) 江口＝関沢＝中村＝山野目・前掲注(16)一六頁〔江口発言〕。
(18) 藤原・前掲注(11)八頁、江口・前掲注(15)二五頁。
(19) 江口・前掲注(15)二五頁。
(20) 関沢正彦「信用保証協会の信用保証をめぐる法律的諸問題(4)」金融法務事情八九三号二八頁。なお、山野目教授も金融機関の側からみると両者が異なると述べておられる(江口＝関沢＝中村＝山野目・前掲注(16)一六頁)。
(21) 拙稿・前掲注(1)私法研究著作集第六巻一四八頁、一七八頁、拙稿・前掲注(1)『信用保証協会保証法概論』二五頁、三五頁など。
(22) 藤原・前掲注(11)一〇頁、一一頁、星野英一「中小漁業信用保証の法的性格」『民法論集(2)』二三四頁以下。
(23) 拙稿・前掲注(1)私法研究著作集第六巻一四九頁、一七九頁、拙稿・前掲注(1)『信用保証協会保証法概論』三五頁など。
(24) 関沢・前掲注(20)二九頁。
(25) 江口＝関沢＝中村＝山野目・前掲注(16)一四頁〔江口発言〕。

(26)　拙稿・前掲注（1）私法研究著作集第六巻一四七頁、一七六頁、拙稿・前掲注(1)『信用保証協会保証法概論』二五頁など。
(27)　関沢・前掲注(20)二七頁。
(28)　前掲大阪高判昭五三・四・一二。
(29)　前掲最二小判平九・一〇・三一。
(30)　藤原・前掲注(11)参照。
(31)　関沢・前掲注(20)二八頁。
(32)　島谷六郎「判批」判例タイムズ三九〇号九八頁。
(33)　前田庸「判批」ジュリスト七六五号一三一頁。
(34)　拙稿・前掲注(26)参照。
(35)　藤原、江口・前掲注(18)参照。
(36)　関沢・前掲注(20)二九頁。
(37)　藤原、星野・前掲注(22)参照。
(38)　拙稿・前掲注(1)私法研究著作集第六巻一四七頁。
(39)　江口＝関沢＝中村＝山野目・前掲注(16)七頁〔関沢発言〕。
(40)　江口＝関沢＝中村＝山野目・前掲注(16)八頁〔山野目発言〕。ただ、全部免責と一部免責とでは効果が異なると解するのかどうか疑問である。
(41)　拙稿・前掲注(26)参照。
(42)　同旨、江口＝関沢＝中村＝山野目・前掲注(16)一一頁〔関沢発言〕。
(43)　江口＝関沢＝中村＝山野目・前掲注(16)九頁〔関沢発言〕。
(44)　江口＝関沢＝中村＝山野目・前掲注(16)一〇頁〔山野目発言〕。
(45)　江口＝関沢＝中村＝山野目・前掲注(16)八頁〔江口発言〕。
(46)　前掲大阪高判昭五三・四・一二、前掲最二小判平九・一〇・三一。学説として、島谷・前掲注(32)九八頁、前田・前掲注(33)一三二頁、藤原・前掲注(11)七頁など多数である。
(47)　前掲最高裁判決のコメント〔金融法務事情一五〇二号六四頁〕。
(48)　江口＝関沢＝中村＝山野目・前掲注(16)一二頁〔江口発言〕。

(49) 江口＝関沢＝中村＝山野目・前掲注(16)一七頁〔山野目発言〕、同旨〔中村発言〕。
(50) 関沢・前掲注(20)二九頁。
(51) 江口＝関沢＝中村＝山野目・前掲注(16)一六頁〔江口発言〕。
(52) 関沢・前掲注(20)二九頁。
(53) 江口＝関沢＝中村＝山野目・前掲注(16)一七頁〔関沢発言〕、一九頁〔山野目発言〕。

# 8　信用保証協会の求償権の範囲に関する特約の効力

最高裁昭和五九年五月二九日〔民集三八巻七号八八五頁、判時一一一七号三頁、判タ五三〇号一三三頁、金法一〇六二号六頁、金判六九八号三頁〕

## 一　判決の要旨

代位弁済した保証人は、保証人と債務者との間の求償権につき約定利率による遅延損害金を支払う旨の特約がある場合には物上保証人および後順位担保権者等の利害関係人に対する関係で、また保証人と物上保証人との間に民法五〇一条五号所定の代位の割合と異なる特約がある場合には後順位担保権者等の利害関係人との関係で、右特約に基づいて担保権を代位行使することができる。

## 二　事実の概要

A社は、B信用金庫との間で昭和四六年五月に信用金庫取引約定を締結し、A社の代表取締役Cは、この取引から生ずる債権を担保するために自己所有の建物に極度額六〇〇万円の根抵当権を設定し登記するとともに連帯保証をした。A社は、昭和四九年五月に取引約定に基づいて四八〇万円を、利息年一一%、遅延損害金を年一八・二五%で借り受けた。X保証協会は、A社からの信用保証の委託申込みを受け、その借受債務について保証した。その際、X保証協会は、A社との間では求償権の内容として代位弁済したときは代位弁済額全額および代位弁済の翌日から支払済まで年一八・二五％の割合による遅延損害金を払うこと（以下、「損害金特約」という）、Cとの間では代位弁済した全部につきB信用金庫に代位して根抵当権を行使できる（以下「全部代位特約」という）旨を特約した。その後、A社が支払を怠ったため、X保証協会は四五四万円を代位弁済し、根抵当権の全部について移転の附記登記をした。一方、この建物には、Dの先順位根抵当権が存在し、後順位根抵当権としてEを第三順位、Yを第四順位とする根抵当権が存在していた。

このような状況のもとで、先順位根抵当権者Dが競売の申立てをし、それに基づいて配当表が作成されることになったので、X保証協会は、「損害金特約」、「全部代位特約」を有効なものとして申し出たところ、右特約の効力をいずれも否定して配当表が作成された。そこで、X保証協会は、右特約はいずれも有効であるとして、後順位根抵当権であるEおよびYに対して配当異議の訴えを提起した。

第一審は、右特約はいずれも第三者にその効力を及ぼすことはできないとしてXの請求を棄却したが、原審は右特約は第三者に対しても有効であるとして全部認容した。そこで、Yのみが、これらの特約は第三者の利益を侵害し、その信頼を裏切るものであるとともに、最三小判昭和四九・一一・五（金法七三八号三四頁、金判四四五号七頁）に違背するとして上告した。

## 三　判旨の内容

(1)　「損害金特約」に関しては、「民法四五九条二項によって準用される同法四四二条二項は、これを代位弁済額のほかこれに対する弁済の日以後の法定利息等とする旨を定めているが、右の規定は、任意規定であって、保証人と債務者との間で右の法定利息に代えて法定利率と異なる約定利率による代位弁済の日の翌日以後の遅延損害金を支払う旨の特約をすることを禁ずるものではない。また、弁済による代位の制度は保証人と債務者との右のような特約の効力を制限する性質を当然に有すると解する根拠もない。」とする。そして、代位弁済者が弁済による代位によって取得した担保権を実行する場合において、その被担保債権として扱うべきものは、原債権であって、保証人の債務者に対する求償権ではないことから、保証人と債務者が約定利率による遅延損害金を支払う旨の特約によって求償権の総額を増大させても、保証人が代位によって行使できる根抵当権の範囲は右の極度額及び原債権の残存額によって限定されるのであり、また、原債権の遅延損害金の利率が変更されるわけでもなく、いずれにしても、右の特約は、担保不動産の物的負担を増大させることにはならず、物上保証人に対しても、後順位の抵当権者その他の利害関係人に対しても、なんら不当な影響を及ぼすものではない。また、保証人と右の利害関係人とが保証人と債務者との間で求償権の内容についてされた特約の効力に関して物権変動の対抗問題を生ずるような関係に立つものでないことから、保証人は右の特約を登記しなければ利害関係人に対抗することができない関係にあるわけでもないとする。

⑵　「全部代位特約」に関しては、民法五〇一条但書五号は「物上保証人及び保証人相互間において、先に代位弁済したものが不当な利益を得たり、代位弁済が際限なく循環して行われたりする事態の生ずることを避けるため、右の代位者相互間における代位の割合を定めるなど一定の制限を設けたものであるが、その究極の趣旨・目的とするところは代位者相互間の利害を公平かつ合理的に調整することになるものというべきであるから、物上保証人及び保証人が代位の割合について同号の定める割合と異なる特約をし、これによってみずからその間の利害を具体的に調整している場合にまで、同号の定める割合によらなければならないものと解すべき理由はなく、同号が保証人と物上保証人の代位についてその頭数ないし担保不動産の価格の割合によって代位するものと規定しているのは、特約その他の特別の事情がない一般の場合について規定しているにすぎず、同号はいわゆる補充規定であると解するのが相当である。したがって、物上保証人との間で同号の定める割合と異なる特約をした保証人は、後順位抵当権者等の利害関係人に対しても右特約の効力を主張することができ、その求償権の範囲内で右特約の割合に応じ抵当権等の担保権を行使することができるも

のというべきである」とする。このように解しても、特約がある場合であっても、保証人が行使しうる根抵当権は右の極度額の範囲を超えることはありえないし、右の特約によって受ける不利益はみずから処分権限を有しない他人間の法律関係によって事実上反射的にもたらされるものにすぎず、右の特約そのものについて公示の方法がとられていなくても、その効果を甘受せざるをえない立場にあるものというべきであるとする。

## 四　学説と判例

一　信用保証協会が債務者の委託を受けて保証する際には、債務者との関係では遅延損害金につき約定利率特約（「損害金特約」）を、物上保証人との関係では代位の割合につき「全部代位特約」を締結するのが普通である。そこで、「損害金特約」に関しては、民法四五九条二項によって準用される四四二条二項の法定利率（信用保証協会については、判例は、年六分と解している）を超えることになる。このため、このような約定利率の範囲において債務者に対して求償するとともに、物上保証人・後順位担保権者・差押債権者・第三取得者など第三者との関係でも認められるかが問題になる。また「全部代位特約」に関しては、民法五〇一条但書五号では頭数に応じた割合と規定していることと異なる。このことから、かかる特約を後順位担保権者・差押債権者・第三取得者などの第三者との関係においても認められるかが問題となる。従来、これらにつき信用保証協会の求償特約に関する第三者効の問題として議論されてきた問題であり、本判決は、かかる問題に関するリーディングケースともいえるものである。

そこで、これらの問題に関する判例の経緯を概観すると（詳細は、拙稿「代位弁済の効果に関する特約の第三者に対する効力」手研二八八号五頁、村田・後掲⑤一〇頁参照）、まず、上記のような特約のない時点において、協会保証の特殊性を根拠に同様の趣旨の主張がなされた事案においては、単なる民商法上の保証にすぎないとして消極に解する判例がみられる（東京高判昭和三五・一〇・二六金法二五八号六頁など）。ついで、旧特約条項にかかわる事案においては、積極に解する判例もあったが（東京高判昭和五一・二・一六金法八〇〇号七七頁など）少なく、消極に解するものが多かった（横浜地決昭和四三・一〇・八金法五七二号一四頁）。そして、最高裁も消極に解し（最判昭和四九・一一・五金商四四五号七頁）、本判決でも、この判決との関係が争点とされている。ところが、現行特約条項に関する事案では、判例の大勢は積極説（東京地判昭和五二・八・三〇判時八七七号七二頁、東京高判昭和五三・一二・二五金商五七六号四〇頁など）であったが、消極説による判例も散見される（東京地判昭和五二・一二・二九四頁、判時八七七号七六頁、東京地判昭和五四・二・二三判時九三八号五五頁など）。このため、最高裁の見解が待たれていたのであるが、これに答えたのが本判決であり、これまでの判例の大勢を受け入れて積極説によったものである。そして、その理由づけは詳細緻密であり判例理論として確定しようとする意気込みが感じられる。なお、この判決の直後に、最高裁第一小法廷（最判昭和五九・一〇・四判時一一四〇号七四頁）では本判決を引用した同旨判決が、最高裁第二小法廷（最判昭和五九・一一・一六判時一一四〇号七四頁）では引用はしていないがほぼ同旨の判決が出た。本判決が第三小法廷判決であることからすると、最高裁の全ての法定で承認しており事実上の大法廷判決ともいえるものである（塚原・後掲③四四三頁）。さらに執行実務についてみても、東京地裁執行部は昭和五三年七月まで消極説であった。本判決の事案は、このような時期になされた配当計画に対する異議申立てである。しかしその後は積極説に転じ現在に至っている（塚原・後掲④七九頁）。このことから、積極説は実務としては確立した見解といえる。

学説は、本判決以前においてもほとんど積極説であり（拙稿・後掲①二〇頁、拙稿・前掲六頁、山本進一ほか「信用保証の法的意義について」法律論叢四九巻六号一〇〇頁、寺田正春「保証人の物上保証人に対する求償特約と代位による優先弁済の範囲」判タ四一一号六八頁、石田喜久夫「信用保証協会の信用保証特約の後順位抵当権者に対する効力」法時五二巻九号一二六頁など）、消極説（柳川俊一「信用保証協会の求償権の範囲に関する約定の趣旨と第三者に対する効力」金法七五八号八頁）は例外であった。また、本判決後においては、積極説に対する異論はみられない（村田・後掲⑤四頁、辻・後掲⑥一八頁、川井・後掲⑦八六頁、近江・後掲⑧八八頁、野田・後掲⑨八頁、円谷・後掲⑩九一頁、寺田・後掲⑪一二九頁など）。このため、積極説は学説上も確立したといえる。

**二**　ところで、積極説を展開する本判決の理由づけは詳細であり注目される。そこで若干の検討を加えながら概説するとつぎのようである。

⑴　弁済による代位制度の原理、構造を明らかにする。そして、この制度は、代位弁済をした者の求償権を確保するための制度と解し、この求償権確保のために債権者が債務者に対して有していた債権（「原債権」という）が法律の規定により代位者に移転し、この原債権に担保が付けられているときは、それも付随して移転するとみる。これにより、弁済による代位制度を法定的な一種の担保制度であることを明らかにしたといえよう（塚原・後掲③四三一頁、塚原・後掲⑫一三頁、円谷・後掲⑩九三頁）。代位制度のこのような理解については、異論はない（代位制度の詳細については、寺田正春「弁済者代位制度論序説」法学雑誌二〇巻一号、二号、三号〔未完〕参照）。

⑵　このため、代位弁済者は、代位により移転する原債権と求償権を併有することになる。この関係は独立又は併存して競合するのではなく、互いに牽連して又は主従の関係を有しながら競合するとみる。これについて、「原債権を本とし、代位権と求償権を末とする本末関係があり、末の代位権と求償権は、共同保証人等が他にいるような場合は、主債務者に対する権利のほか、保証人等に対する横方向の権利も取得する」との見解がある（谷啓輔「債権者に代位弁済した保証人の権利」手研三六七号七頁）。主従関係と本末関係に違いがあるのかどうか不明であるが、いずれにしても主従的関係として捉えることは妥当といえる（寺田・後掲⑪一三二頁、近江・後掲⑧八九頁）。

⑶　ついで、原債権に付随する根抵当権を実行する場合、その被担保債権となるのは原債権であって求償権ではないと解する。すなわち、被担保債権は原債権から求償権に変更されるとする接木説を否定したわけである。この点、本判決後も「我々実務を担当する者にとっては、原債権は弁済により消滅してしまっており、現にある求償権が原債権にとってかわっているものと認識する方がはるかに自然である」との主張がみられる（村田・後掲⑤一二頁）。また、物上保証人が、原債権を超える求償権の範囲内で担保権を行使されることを承諾していた場合は、求償権も原債権も被担保

債権となると考える余地もあるとする見解もみられる（辻・後掲⑥二一頁）。たしかに、原債権については弁済により消滅すると考えるのが自然かもしれない。しかし、債務者と債権者関係では消滅するが、代位弁済者との関係では消滅しないと解することも法理論としては不都合ではない。また、原債権から求償権にどのようにして接木されるのか。接木されると考えることのほうが不自然ではないかと思われる。さらに、予めの承認により求償権も被担保債権になると解することにも疑問が残る。このことから、被担保債権は原債権のみとする本判決は妥当といえる。

(4)　被担保債権が原債権であるということになると、その優先弁済の範囲は原債権の範囲に限られ、これを超えることはない。また、それが求償権の確保のためであることからすると、この求償権の範囲に限定されることにもなる。そこで、その被担保債権は求償権であるとすると、この求償権の範囲についての特約の第三者に対する効力が問題となるのに対して、原債権でありその範囲を超えることはないとするときはそのような特約があっても何ら第三者を害することにはならないことになる。さらには、それは根抵当権の極度額ないし普通抵当権の場合は原債権を被担保債権として登記された額および最後の二年分の利息の範囲においてのみ優先弁済が受けうるだけということになる。

(5)　一方、「損害金特約」については、民法四五九条によって準用される四四二条二項は任意規定であり、保証人と債務者間でこれと異なる合意をすることは自由であるとする。民法上の保証規定は強行規定でもないし、求償権者（代位弁済者）と利害関係ある第三者との利害調整規定でもないことから特約は自由であり有効と解される（拙稿・後掲①二三頁、二四頁）。また、求償権の遅延損害金の利率がいかに特約されても原債権の遅延損害金の利率が変更されるわけではないこと、そして被担保債権がこの原債権であることからすると第三者の利害は全く害されないとする。さらに、求償権者（代位弁済者）と利害関係ある第三者がこのような関係にあることから、特約をめぐっては物権的な対抗関係に立つことはなく、特約の登記や公示は必要ではないとする。すなわち、この規定では、第三者の関係は、本来、考えていないことから、特約と第三者の効力関係を問題にする必要もないと捉えているのである。かつて私見とし主張したところである（拙稿・後掲①二四頁、拙稿・前掲七頁）。この意味では、消極説の最も強力な論拠とされる「特約は公示されているか公知の事実でない以上、第三者を拘束しないとする特約の効力についての一般原則」論は論拠のないものであることを明らかにしている。

(6) 他方、「全部代位特約」については、民法五〇一条但書五号は代位者相互間の利害の公平かつ合理的な調整を目的とする補充規定にすぎず、代位の割合を決定すべき特約その他の特別の事情がある場合には、それにより決定するのが妥当とする。ここでも後順位抵当権者など第三者との間では物権的な対抗関係に立つものでないこと、またこのような特約を有効なものとすると後順位抵当権者などは不利益を受けることになるが、それは法律上本来的に期待することのできない反射的利益で特約によって失うのもやむを得ないと解する。私見も同旨である（拙稿・後掲①一二四頁）。

(7) 最後に、最高裁昭和四九年判決との整合性については抵触しないとする。これに対して、旧特約では物上保証人との間で保証協会には負担部分はない旨定めてあったのであるからその反対解釈として全部代位ができる旨の特約と解し得る余地のあることからすると、この点では同様の事案とみることができ、これを本判決が積極に解したことは判例変更と位置づけるべきであるとの見解がある（谷・前掲九頁、野田・後掲⑨一一二頁）。事案の比較としては一理ある。しかし基本的には、最高裁昭和四九年判決は、代位により取得する根抵当権の被担保債権は求償権であるとの誤った前提のもとに求償関係変更の特約により当然には代位関係が変更されるものではないとしたもので、その限りでは抵触はない（塚原・後掲③四四三頁）。

## 五　学理上の問題点

本判決は、前述のような特約の存在を前提として保証協会の行う保証の特質とされる信用補完性ないし「信用の保証」性（拙著・信用保証協会保証法概論一〇頁）を実現させたわけである。とくに、「全部代位特約」を認めることによって、債務の保証や担保を目的とする通常の保証人や物上保証人とは異なり、最終的債務負担はそれらの者によって行われるものであることを承認したわけである。そこで、通常の保証の場合には、本判決と同様にその特約のあることが最終的債務負担者を決める決め手になると解してよい。しかし、信用保証協会の保証のように「信用の保証」性に注目するときは、特約がなくても同様の効力を認めるべきではないかと思われる（拙稿・後掲①一二三頁）。この点は、今後の課題となろう。

## 六　実務上の留意点

(1)　求償権への充当方法

本判決による場合、代位により移転した根抵当権が実行された場合の競売代金の弁済充当の方法が問題である。本判決によれば、被担保債権は原債権であるとしていることから、競売申立てには原債権が表示され求償権は表示すべきではなく、また配当を受けるのも原債権ということになる（塚原・後掲③四三一頁）。ただ、その後、保証人が代位弁済した後に債務者が内入弁済した場合には求償権と原債権のそれぞれにつき内入弁済されると解する判例（最三小判昭和六〇・一・二二判時一一四八号一一一頁）のあることから、求償権もその範囲で消滅するものといえよう。

(2)　特約方式と求償権担保方式

代位弁済者の求償権を確保する方法としては、求償権について直接（根）抵当権を設定することが考えられる。この両者の差異についてみると、被担保債権は前者では本判決の示す通り原債権であり、後者では求償権ということになる。遅延賠償金についてみれば、前者は原債権の遅延賠償金の約定利率が限度であるのに対して、後者では求償権につけられた特約に従っての約定利率の範囲において優先弁済を受けることができる。本判決によると、本件事案は原債権の利率も特約された利率も同一であったことから、特に注目されなかったようであるが、求償権の特約利率が原債権を上回っているときは、その分について優先弁済が受けられないわけである。これは特約方式の限界であり、実務としてはこの点に留意すべきである。

〈参考解説・評釈〉

① 伊藤進・判評二三五号二〇頁（判時八九三号一三四頁）
② 伊藤進・信用保証協会保証法概論二二二頁
③ 塚原朋一・曹時四一巻二号四一七頁
④ 塚原朋一・ジュリ八二四号七八頁
⑤ 村田利喜弥・手形研究三六五号四頁
⑥ 辻正美・判評三一一号一八頁（判時一一三三号一八〇頁）
⑦ 川井健・昭和五九年度重判解（ジュリ八三八号）八六頁
⑧ 近江幸治・民法判例百選Ⅱ債権〈第三版〉八八頁
⑨ 野田宏・金法一〇七七号八頁
⑩ 円谷峻・ジュリ八四七号九一頁
⑪ 寺田正春・民法の基本判例（別冊法教）一二九頁
⑫ 塚原朋一・手形研究三六八号一〇頁

# 9　中小企業金融に伴う保証の法的効力

## 一　概　説

金融庁は、「新しい中小企業金融の法務に関する研究会」の報告書（平成一五年七月一六日）等をふまえ、平成一五年七月二九日に「金融監督等にあたっての留意事項について——事務ガイドライン——第一分冊……預金取扱い金融機関関係」の一部を改正し、主として中小企業向け貸付および個人保証関係を念頭において、銀行の内部管理態勢の検証を行う際の着眼点を類型化して例示したものを新設した。そのなかの中小企業向け貸出に伴う保証（以下、「中小企業貸付保証」という）のガイドラインについて要約すると以下のようである。

① 契約時点等における説明として、個人保証契約については、保証債務を負担するという意思を形成するだけでなく、その保証債務が実行されることによって自らが責任を負担することを受容する意思を形成するに足る説明を行うこととして、貸付先の中小企業の経営者に個人保証を求める場合（以下、「経営者個人保証」という）および名目的役員や経営者の父母、兄弟、友人などの第三者に個人保証を求める場合（以下、「第三者個人保証」という）には保証人になる者の「保証債務負担意思」のみならず「保証責任負担意思」の形成のための説明義務があること。

② 経営に実質的に関与していない第三者と包括根保証契約を締結する場合には、契約締結後、保証人の要請があれば、定期的かつ必要に応じて随時、債務者の借入残高・返済状況について情報を提供する義務、すなわち「第三者個人

保証における主債務状況提供義務」があること。

③　経営に実質的に関与していない第三者に保証を求める場合には、保証人の立場、主債務者と他の保証人との関係等を踏まえ、当該保証人との間で保証契約を締結する客観的合理的理由、とくに包括根保証契約については、「債権保全の観点からみて有効性に限界がある」と指摘されていることも踏まえた客観的合理的理由の説明を行う態勢の整備、すなわち「第三者個人保証における契約締結の客観的合理的理由」が存在すること。

④　経営者等に包括根保証を求める場合には、代表者であることをもって一律に包括根保証を求めることについて、さまざまな批判があることを踏まえ、当該保証人と包括根保証契約を締結する客観的合理的理由の説明を行う態勢の整備、すなわち「経営者個人保証における客観的合理的理由」が存在すること。

などである。

このような中小企業貸付保証についての検証ガイドラインは、地域の中小企業が、優れた技術を有し、あるいは競争力のある製品・サービスを生産している場合に、中小地域金融機関はリレーションシップバンキングの相手方として長期的に資金調達をサポートするのが望ましいが、その一方で中小企業への貸付に際しては経営者と企業の資産・資本が十分に分離されておらず、経営者と企業の一体性が強い場合が多く、資金供給者がそうした中小企業の経営や財務の実態を把握することが困難であることから(1)、経営者等の個人保証に過度に依存しやすいのが現状である。この結果、企業が経営困難に陥った場合、経営者が保証債務の履行請求を恐れるために事業再生の早期着手に踏み切れない傾向を助長し企業の再建が困難になるという問題が生ずるし(2)、経営者の個人保証等の実行による企業経営自体の頓挫・破綻の危険が生ずること、経営者や第三者の保証人は、結果として支払能力を超えた保証債務を負担することが多いため、経営者として再起を図るチャンスを失ったり、社会生活を営む基盤すら失うような悲劇的な結末を迎えるといった現実がある(3)ことなどに対応するために、経営者等保証に過度に依存しない新たな中小企業融資のためのモデル取引事例を作成する目的のものであるとされている(4)。

しかし、このような検証ガイドラインは、単に金融庁の金融機関に対する行政ガイドラインに止まらず、保証の法的効力、少なくとも中小企業貸付保証の法的効力の制限についての考え方を示すものとして注目されるものである。すなわち、中小企業貸付保証にあっては、保証契約締結に際し「債務負担意思」の形成の説明のみならず「保証責任負担意思」の形成のための説明が行われていない限り、保証の法的効力が否定されるか制限されるものであるとの考え方、またこのような説明が行われている場合であっても、第三者個人保証では主債務状況を提供していないときは保証の法的効力が否定ないし制限されるものであるとの考え方、さらには経営者個人保証あるいは第三者個人保証を求めるにあたっての客観的合理的理由が存在しない場合には、保証の法的効力が否定ないし制限されるものであるとの考え方が前提とされているものとみることができるからである。

このような中小企業貸付保証の法的効力についての制限法理は、一つの新しい制限法理によるものとして注目されるものである。

それは、今日、保証の法的効力について、さまざまな議論が展開されようとしている状況の一環として位置付けることができる。

過去には保証人保護のための効力制限、かつての根保証の効力制限のための判例法理の形成、個人保証と機関保証あるいは機関信用保証との違い、すなわち「債務の保証」と「信用の保証」の差異に注目しての保証の法的効力についての学説の提言(5)、さらには法人保証の提唱との関係における保証の法的効力問題、最近の商工ローンに係る根保証の法的効力についての一連の判例法理の形成などにみられるように、保証に内在する特質あるいは保証の目的などに応じて保証の法的効力を考えようとする保証法理の動向と軌を一にするものである。

そこで、本稿では、中小企業貸付保証の法的効力の制限理論の当否の検討を中心としながら、保証の法的効力についての今後の課題を探索することにする。

なお、新聞報道によると、法制審議会において中小企業の法的整理に際し、中小企業貸付保証の保証人の返済責任を軽減するための新法の制定のため検討を開始するとのことであるが、本稿はそのための実体法上の根拠付けの提案にもつながるものである。

## 二　中小企業貸付保証の状況と特質

中小企業貸付保証の徴求の状況については概ね以下のとおりである。

かつての銀行取引約定書ひな型などでは保証人の記名捺印欄が設けられて保証人の義務に係わる条項が細かく定められていた。このことからすると、かかる約定書ひな型を用いての中小企業向け融資にあたっては必ず保証人が徴求されてきたものと推測される。その後、平成一二年～一三年頃に多くの金融機関で、約定書ひな型が廃止され、使用がとりやめられるか、保証人の記名捺印欄、保証人の義務に係わる条項のない約定書が用いられている。このことによって、形式的には中小企業融資と経営者個人保証ないし第三者個人保証はセットされたものではないという状況にあるといえよう。しかし平成一四年時点のある調査によれば、主要行で約四分の三、地方銀行で約九九％、第二地方銀行で約九九・九％の割合で徴求しているとのことである。この意味では、中小企業向け融資にあたっては保証への過度な依存現象は解消していないといえよう。

ところで、保証人としては、主要行では、①債務者の代表者など経営に深く関与し経営内容に責任を負っている者、②実質的に債務者の経営を支配し意向を経営内容に反映できる者、③生計を一にして債務者同様に与信取引により便益を受けている者、④債務者の信用力のみでは与信取引が十分に可能とはいえないときに、特定の個人資産の裏付けをよりどころとして与信取引を行う場合の特定の個人について、地方銀行では、⑤法人の代表者として経営の意思決定という行為能力を有している者、⑥代表者家族および第三者については融資先の事業内容や業状等を知り得る立場にあって、保証債務を負担する合理的な理由の存在する者について、第二地方銀行では、⑦中小企業のオーナーであり、経営責任を明確にする意味合いのある者などについて徴求するとされている。

このようなことからすると、中小企業融資にあたっての付保意識としては、④以外に顕著にみられるように、その主眼は経営責任あるいは経営努力の確保にあるとみることができる。このことは、中小企業では経営者と企業の資産・資本が十分に分離されておらず、経営者と企業の一体性の強い場合が多いこと、家計と経営が未分離であることや、財務諸表の信頼性に問題があることなどから中小企業の経営や財務の実態を把握することが困難であることに起因すると指摘されている。(6)

いずれにしても、このような、中小企業融資にあたっての付保意識からすると、中小企業貸付保証のうちの経営者個人保証は「経営責任担保」および経営に対する規律付けという機能すなわち「経営規律担保」の性格を有するものであり、(7)第三者個人保証は経営のモラル確保のための機能すなわち「経営モラル担保」の性格を有するものであると解することができる。(8)もっとも、いずれの場合も④にみられるように副次的には信用の補完、すなわち「信用担保」の性格に止まり、企業の債務の保証すなわち「債務の担保」としての性格は第一次的なものではないと解することができるのである。

ところが、このような特質をもった保証であっても、企業が経営難に陥った場合には、保証人である経営者や第三者に対して保証債務の履行を求め、保証人から融資金の回収を図るという手段に用いられるのが常である。

確かに保証は、法形式としては、このような保証人に保証債務の履行を求めて主債務者への融資金の回収という法的効力を有していることから、それもやむを得ない面があるかもしれない。しかし、前述のような中小企業貸付保証の性質ないし特質からみて、すなわち中小企業貸付保証の実質面からみて、中小企業貸付保証に、このような法形式上の法的効力を無限定に肯認してよいかどうか問題である。つまり、中小企業貸付保証では実質上狙いとしている効力と法形式上の法的効力とが齟齬しているわけであるが、このような場合に法形式上の法的効力を無限定に肯認できるものなのかどうかの問題である。

保証については、今日、民法が予定している「債務の保証」としての性質を有するもののほかに、多様な機能、多様な性質や特質のある保証が存在することについてはこれまでも指摘されている。[9] そして、保証については民法が予定する債務の保証として一律にその法的効力を認めるのではなく、このような機能、性質あるいは特質に応じて保証の法的効力を考えるべきであるとの見解が有力になりつつある。判例でも、信用保証協会保証にかかわる一連の保証判例[10]や商工ローンに伴う一連の保証判例[11]などにみられる形式理論としては債務の保証であることを前提としながらも、その保証の特質に応じた法的効力を肯認する傾向のみられるのも、実質的にはこのような有力見解と軌を一にするものがある。

このことから、中小企業貸付保証の法的効力についても、その「経営責任担保」「経営規律担保」および「経営モラル担保」を特質とする保証であるとの観点に立って考究する必要がある。そこでの検討課題としては、第一に、基本的には、中小企業貸付保証のこのような特質に対応した法的効力を重視するということであると、法形式上の保証債務負担という効力否定ないし制限の論理が組み立てられるかどうかが問題となる。第二に、中小企業貸付保証において、保証債務負担としての法的効力が許容される場合は、どのような場合であるのか。その許容のための基準建てが問題となる。

## 三　従来の保証人の保護法理と中小企業貸付保証の法的効力

第一課題である中小企業貸付保証の法的効力の否定ないし制限との関係で、まず問題になるのは、従来の保証人の保護法理[12]を援用することができるかどうかである。

「保証法は、債権者の保全と保証人の保護との間における妥協である」[13]とか、「保証人は自己の全財産をもって他人の債務を担保するものであり、他人のために自己の全財産に執行を受ける危険にさらされている。……ところで、保証人が履行をする事態に立ち至ることは必ずしも予想されていないため、保証人が自己の責任が重いこと、自己に累の及ぶことを十分に意識せずに保証することが多いことによって、危険は一層増大する。この保証の危険性に、保証法の考慮すべき問題の一が存在する」[14]などと指摘されているように、保証人の保護のために保証の法的効力をどのようにして限定するかは保証法に内包する宿命でもある。このため、各国の保証法においても、そのことに腐心してきており、わが国でも早くからこのことが主張されてきた。

その代表は西村信雄教授の見解である。西村教授は保証一般の特殊性として、利他性、人的責任性、無償性、情義性、未必性および軽率性をあげ、さらに継続的保証の特性として永続性、広汎性を加え、とくに継続的個人保証人の責任制限のための理論的根拠を解明された[15]ことは周知のところであり、このことは今日では、民法理論上、一般に承認されているところである。そして、その後も、学説や判例において、そのための努力が続けられてきている。

そこで、中小企業貸付保証の法的効力の否定ないし制限付けを考えるにあたって、このような従来からの継続的個人保証の責任制限法理に依拠できるものであるのかどうか検討することが必要になる。これを概観すると以下のようである。

(1)　保証意思の解釈による保護

保証意思が十分に明確な場合には保証責任を認めてもよいが、保証意思があいまいで不明瞭な場合には保証責任を負わせるべきではないとする見解である[16]。

判例においてもしばしば用いられている。たとえば最高裁判例[17]では、手形の「裏書をする者の立場からみるときは、他人が振り出す手形に保証の趣旨で裏書をしているというだけで、その裏書によりいわゆる隠れた手形保証として手形上の債務を負担する意思以上に、右手形振出の原因となった消費貸借上の債務までをも保証する意思がある」とするのは「必ずしも平裏書をする者の通常の意思に合致するものと認められない」とするのがその一例である。

このような保証意思解釈による限定は、保証の未必性と他人性という特質からみて「疑わしきは債権者に不利の原則」を確立するための解釈手法として承認されることになる。このため、この保証意思解釈による保証の法的効力の否定ないし制限は一つの有力な手法である。ただ、前述の最高裁判例にみられるような従来のような利用では、中小企業貸付保証の場合の「債務保証」の効力を否定ないし制限することは困難である。

また、その「債務保証」意思の有無を判定するための解釈基準の定立への配慮もまったくみることはできないのが現状である。この意味で、その手法としては援用し得る可能性はあるとしても、従来のままでは有効性を発揮するものではない。その原因は、これまでの保証意思解釈による限定は債務保証の範囲を制限するか、債務保証自体についての保証意思を否定するためにのみ用いられたものであるのに対して、中小企業貸付保証の場合には、保証人の意思は「経営責任担保」「経営規律担保」あるいは「経営モラル担保」意思に留まるのか、「債務保証」意思まで有していたといえるかの判断につながるものであるからである。

⑵　合理的責任制限による保護

保証人の責任の範囲を信義則や権利濫用の見地からみて、合理的な範囲に制限し保証人を保護しようとする理論である。我妻博士は「保証人の責任を負うべき限度額が定められていないときにも、その責任は無限の額に及ぶと解すべきではなく、当該保証契約のなされた事情、保証される取引の実情などによってそこにおのずから合理的な限度があるといわなければならない。従って保証される債務が取引慣行に反して不合理に拡大したときは、保証の範囲は合理的に制限されるべきである」と主張される[18]。最高裁判決[19]でも、期間の定めのない根保証で、債務者の経営状態が悪化し、担保物件も第三者に売却されたのちに、保証人の意思を打診しないで新たな手形貸付をしたなどの事情がある場合に「保証債務の履行を求めるのは、信義則に反し権利の濫用であって許されない」とする。下級審判決にも同旨の判例が多くみられる[20]。

このような責任制限理論は、とくに根保証の人的信頼性と責任の広汎性、他人性という特質に注目し、信義則の見地から制限しようとするものである。かかる責任制限理論は、「保証責任は、合理的範囲においてのみ存在するにすぎない」という理論の形成につながるものである。この意味では、後述のように中小企業貸付保証の法的効力の否定ないし制限の理論として援用し得る余地が大きい。しかし、これまでの合理的責任制限理論は、債務の保証の場合の、保証債務負担の範囲の制限のためにのみ用いられているにすぎない。このことから、中小企業貸付保証の場合のように、「債務保証」責任の適否の判断のための理論として援用できるかどうかについてはさらに検討が必要である。さらには「債務保証」責任まで負わすことの合理性の基準についても明確にしなければならない。

(3) 身元保証法五条類推による保護

「身元保証は継続的保証全般の指導的法則」と位置付けて[21]、身元保証法五条類推適用により包括根保証人の責任を制限するものである。保証の広汎性、他人性において共通するところに着目した責任制限理論である。

ただ、かかる保護理論は、保証債務自体の範囲を制限できるのかどうか疑問との見解もみられるし、もっぱら「債務保証」責任の制限理論であって、中小企業貸付保証の法的効力の否定ないし制限のために援用することは困難ではないかと思われる。もっとも、身元保証法五条は、前述の合理的責任制限のための判断要素を示すものとしての意義はある。

(4) 保証人の解約権承認による保護

根保証では、保証人には保証契約締結後、相当の期間を経過した後は保証契約を解約できるとする通常解約権ないし任意解約権、主たる債務者の資産状態が急激に悪化するなど保証契約締結の際に予測し得なかった特別の事情があれば解約できるとする特別解約権があるとするのが通説および判例で承認された理論である。このような解約権承認による保護は、根保証の広汎性、永続性、他人性に注目したものである。

しかし、中小企業貸付保証の場合、このような解約権承認による保護で十分であるかどうか疑問である。保証人の解約権承認の基準が明確ではないこと、解約権の認められてきた事案についてみると、前述の保証意思の解釈や合理的責任制限による保護の理論によって対応することができ、中小企業貸付保証の場合との関係では、そこで指摘したのと同様の問題が残ることになる。

⑸　債権者の保証人に対する注意義務肯認による保護

債権者に保証人に対する注意義務を課して、これに違背したことを理由に、保証人の責任を免除するか債権者に損害賠償義務を負わせることによって保護しようとする理論である。民法四五五条の債権者の催告、検索の懈怠による保証人の免責や、五〇四条の担保保全の注意義務懈怠による保証人の免責の規定は、その趣旨によるものと解し、これらを根拠とするものである。①保証責任の他人性、広汎性、未必性等の特質からみて、債権者は保証人に対して、普通の債務者に比して債務者に不利益を及ぼさないようにするいっそう高度の一般的注意義務があるとし、これに違背した場合には保証人の免責や損害賠償を認める。②保証人が催告や検索の抗弁権を行使したのに、債権者が主債務者に対する催告ないし執行を怠り、そのため主債務者から弁済を受けることができなくなった場合に、催告ないし執行をしていたならば弁済を受けたであろう限度で責任を免責する。③債権者の法定代位権者一般に対する担保保存義務を認め、この義務に懈怠したときに保証人の免責を認めるなどの主張がみられる[22]。

このうち②③は、債務保証の責任制限に限られるものであって、中小企業貸付の保証の法的効力の否定ないし制限の理論としては、それが債務保証の責任の制限が問題である限りにおいては援用できるにすぎないという限界がある。①の保証人に不利益を及ぼさないいっそう高度の一般的注意義務の内容が漠然としていること、かつここでの不利益は債務負担に限定されているものと推測されることから、従来の理論のままでは援用は困難である。ただ、中小企業貸付保証の特質に対応して、債権者にある種の注意義務を課すこと、かつこれに違背した場合に保証の法的効力を限定するという理論構成は注目に値するものである。

以上のような検討から明らかなように、従来の保証人の保護の理論は、基本的には「債務保証」の法的効力を否定ないし制限するために組み立てられたものであり、その限りにおいては有効性を発揮してきたと評することができる。ただ、中小企業貸付保証の法的効力の否定ないし制限の理論としては、従来からの保証人の保護の理論は直截的には援用できないことが明らかになった。しかし、保証意思の存在、保証の合理的理由および債権者に対する注意義務付けという保護のために用いられた論理は注目すべきものである。

(1) 新しい中小企業金融の法務に関する研究会報告書「中小企業の事業及び財務再構築のモデル取引に関する基本的考え方」四頁。
(2) 研究会報告書・前掲(1)五頁。
(3) 研究会報告書・前掲(1)三頁。
(4) 研究会報告書・前掲(1)三頁。
(5) 伊藤進「人的担保制度の序論的研究」『保証・人的担保論(私法研究著作集第六巻)』五〇頁以下(信山社・一九九六年)。
(6) 研究会報告書・前掲(1)四頁、六頁。
(7) 研究会報告書・前掲(1)四頁。
(8) 研究会報告書・前掲(1)四頁。
(9) 拙稿・前掲(5)五〇頁以下参照。
(10) 札幌高判昭和三七・六・一二金融法務事情三一五号七八頁、東京高判昭和三五・一〇・二六下民集一一巻一〇号二二九二頁などは、民法の保証としながらも特約の有効性を認めることにより信用保証としての特質を肯認している。
(11) 東京高判平成九・一二・一八金融・商事判例一〇三八号二二頁、東京高判平成一三・二・二〇金融・商事判例一一一一号三頁など。
(12) 詳細は、伊藤進「法人の保護」『保証・人的担保論(私法研究著作集第六巻)』二五七頁以下(信山社・一九九六年)参照。
(13) 西村信雄編『注釈民法(11)』(椿寿夫執筆)二二一頁(有斐閣・一九六五年)。
(14) 星野英一「中小漁業信用保証の法律的性質」『民法論集第二集』一九七頁(有斐閣・一九七〇年)。
(15) 西村信雄『継続的保証の研究』一五頁以下(有斐閣・一九五二年)。
(16) 小杉茂雄「保証債務成立に解する一考察」阪大法学一一二号五三頁。
(17) 最判昭和五二・一一・一五判例時報八七三号二八頁。
(18) 我妻栄『新訂債権総論』四七三頁以下(岩波書店・一九六四年)。
(19) 最判昭和四八・三・一金融・商事判例三五八号二頁。
(20) 大阪高判昭和三八・九・五高民集一六巻七号四九三頁など。
(21) 西村編・前掲(13)一六三頁(西村)。

(22) 拙稿・前掲(12)二六八頁以下参照。

## 四　包括根保証における保証人の責任制限判例と中小企業貸付保証の法的効力

金融庁の中小企業貸付保証についてのガイドラインでは包括根保証に主眼が置かれているようである。また、法務省の法制審議会においても、包括根保証の場合の法的効力の制限が念頭にあるようである。そこで、中小企業貸付保証の法的効力を考えるにあたって、包括根保証に限定することでよいのかどうか。従来の、とくに判例による包括根保証の場合の責任制限の理論を分析しながら、このことにつき検討を加える。

なお、包括根保証の定義については、議論のあるところではあるが、ここでは、保証限度額および保証期間が定められていない保証を包括根保証として検討する。このため、被保証債務発生原因が特定されている場合でも、その期間が限定されていない場合は、ここでの検討の対象とする。

### 1　包括根保証における保証人の責任制限判例の状況

包括根保証で保証人の責任制限につき争われた判例をみると次のようである(1)。

(1)　経営者等個人保証の責任制限

①　判例の状況

主債務会社の代表者、取締役、監査役などの主債務会社の経営組織上の地位にある者が主債務会社に係わる債務を個人保証した場合、あるいは従業員が個人保証した場合の保証責任制限に関する判例の状況は以下のようである。

**[判例1]　東京高判平成一四・一・二三判例時報一七八八号四三頁**

(債権者)　信用組合。

（主債務と保証人の関係） 主債務会社の名目的な監査役。

（貸付の状況） 九口の貸付で残債務一億七五五九万円余。

（保証契約締結時の状況） 契約締結に際し、債権者から借入れの趣旨、見込額、返済予定等についてほとんど説明を聞くことはなかった。

（判決結果） 多額の回収不能が発生したことについて、債権者の責任は大きく、かつ顕著であったとして、残元本（二億超）の四割に保証責任を制限。

（責任制限の法理） 信義則に照らし合理的な範囲に制限。

**［判例2］ 東京地判平成一二・三・三一金融法務事情一五七三号四八頁**

（債権者） 信用金庫。

（主債務と保証人の関係） 主債務会社の代表取締役で、保証契約後に解任。

（貸付の状況） 三回の貸付、現在残高一六億一八四五万円余。

（契約締結時の状況） 自ら起こした会社の経営を立て直すために、将来融資を受けることを期待して連帯保証契約を締結したことがうかがえる。

（契約締結後の状況） 本件裁判になるまで右連帯保証について特段苦情を申し立てたことがうかがわれない。

（判決結果） 錯誤・詐欺の主張を否認。

（責任制限の法理） 保証の範囲を信義則に従い合理的に解釈。

**［判例3］ 東京高判平成九・一二・一八金融・商事判例一〇三八号二一頁**

（債権者） 都市銀行。

（主債務と保証人の関係） 主債務会社代表者の母で主債務会社の役員（経営には実質的に関与していない）。

（貸付の状況） 保証人が極度額一〇〇〇万円の根抵当権設定と包括保証契約締結後、融資、追加融資が行われている。

（契約締結時の状況）　根保証の内容についての説明を受け、その内容を十分認識したうえで連帯保証にかかる契約を締結したものか明らかではない。

（契約締結後の状況）　追加融資にあたり必要に応じてその都度、保証人から根抵当権の追加設定を受けている。

（判決結果）　連帯保証契約は極度額を一〇〇〇万円とする根抵当権設定契約とともに締結したものであり、保証債務を一〇〇〇万円（既払いにより消滅）の限度にて認める。

（責任制限の法理）　当事者の合理的意思解釈。

**［判例4］　東京地判平成八・三・一九金融法務事情一四七一号九二頁**

（債権者）　信用金庫。

（主債務と保証人の関係）　債務者会社の取締役で、代表取締役と共に連帯保証、その後取締役を辞任。

（貸付の状況）　残元金七五〇〇万円。

（契約締結時の状況）　不明。

（契約締結後の状況）　請求にかかる貸付は連帯保証契約締結後二四年から二八年余りが経過した後の貸付であり、取締役の辞任通知が送達されてからでも一一年余り経過している。債権者からの通知はない。

（判決結果）　主債務会社の担保力や返済能力を超えた融資や、安易な融資を行ったとは認められず、取引の通念上相当と認められる範囲内の融資であり、かつ保証契約締結後二八年を経過しているが、退職の挨拶があったが、解約告知の事実はないとして、責任制限を認めず、請求全額を認容。

（責任制限の法理）　信義則に反するとか権利の濫用に該当しない。

**［判例5］　大阪地判平成六・一二・二六金融法務事情一四四〇号四四頁**

（債権者）　都市銀行。

（主債務と保証人の関係）　主債務会社の設立者に頼まれて取締役会長に就任し、二〇年後辞任。その間、経営に参画していなかったがマーケティングにつきアドバイスしていた大学教授。株主でもある。

（貸付の状況）　貸付は本件連帯保証契約締結後、七ないし八年経過したもので、当初貸付は一〇〇〇万円程度であったが、その後一億円に増加。残元金五六四二万円余。

（契約締結時の状況）　連帯保証契約締結当時の貸付は一〇〇〇万円位で、その後一億円に増加しているが、これらの貸付は、保証人には知らされず、最後の貸付がなされてから一年以上経過した後に通知。

（契約締結後の状況）　貸付が、主債務会社の返済能力を無視した無理なものであったとはいえない。

（判決結果）　取締役会長でありマーケティングのアドバイザー役を果たしてきたことなどから、主債務会社と緊密な関係があり経理状態を知り得る地位にあったとして、責任制限を否定し、請求全額認容。

（責任制限の法理）　信義則上否定または制限されるものではない。

**［判例6］　最判平成六・一二・六金融・商事判例九六四号一四頁、判例時報一五一九号七八頁**

（債権者）　信用組合。

（主債務と保証人の関係）　コンビニ経営者の元妻で業務に従事。

（貸付の状況）　八〇〇万円の追加融資と一〇〇〇万円の手形貸付（残額一六五〇万円）。

（契約締結時の状況）　八〇〇万円の追加融資に伴い極度額一二〇〇万円の根抵当権と同時に根保証契約を締結した。

（契約締結後の状況）　不明。

（判決結果）　各契約の締結および極度額設定の経緯を併せ考えれば、本件保証契約の文言上保証の限度額が明示されなかったとしても、客観的には、その限度額は本件根抵当権設定契約の極度額である一二〇〇万円と同額と解するのが合理的である。債権者は、配当として一二〇〇万円を受けたことが明らかであるから保証債務は消滅した。

（責任制限の法理）　合理的意思解釈。

**［判例7］　東京地判平成三・七・三一金融法務事情一三一〇号二八頁**

（債権者）　地方銀行。

（主債務と保証人の関係）　主債務会社の設立に伴い共同代表取締役として就任したが、その後辞任。

（貸付の状況）　一五回の貸付にかかる九七五二万円余。

（契約締結時の状況）　取引開始に先立ち包括連帯根保証契約を締結。

（契約締結後の状況）　債権者に、代表取締役の辞任にあたり、自己の名を用いて借入れの申込みをしても一切取り合わないように願いたい旨の連絡・警告とともに記載した文書を郵送。

（判決結果）　上記文書到達の翌日以後の一三九三万円余を限度する。

（責任制限の法理）　保証当時予想し得た取引を限度とするとともに本件文書到達時までの貸付以後の保証債務の請求は権利濫用。


**［判例８］東京地判平成二・七・一三判例時報一三八六号一二一頁、判例タイムズ七五三号一七三頁**

（債権者）　信用金庫。

（主債務と保証人の関係）　主債務会社の経営者の妻で、名目上の監査役。

（貸付の状況）　包括連帯根保証契約締結当時の融資残高は七五〇万円余。その一年半後に、貸付金額三〇〇万円の貸付が二回行われている。

（契約締結時の状況）　主債務会社の代表者である夫から説明を受け、依頼されたが、債権者が面談や、連帯保証の説明、保証意思の確認をしていないし、包括連帯根保証契約書も交付していない。

（契約締結後の状況）　夫とは離婚するとともに、監査役の報酬を得ていないし、経営にはまったく関与せず、経営状態、取引状況等も知らなかった。

（判決結果）　債権者は、包括連帯保証の担保力を評価して貸し付けていたが、主債務会社の経営者の妻であるだけで経営に関与していなかったこと、保証意思の確認が行われていなかったことは信義則違反とまではいえないものの、元本合計額の五割の三〇〇万円（全額四六一万円余）に責任を限定するのが相当。

（責任制限の法理）　錯誤無効の主張を否定。信義則に照らして責任を合理的範囲内に制限

**【判例9】東京高判平成元・一・二四金融法務事情一二三四号三七頁**

（債権者）　信用金庫。

（主債務と保証人の関係）　主債務者が代表取締役である会社を共同して設立し、同社の取締役である町議会議員。

（貸付の状況）　債務者が金庫取引約定に基づき負担する債務一億八〇〇〇万円。

（契約締結時の状況）　上記貸付に際し金額の限度のない保証書を差入れ。

（契約締結後の状況）　不明。

（判決結果）　請求全額認容。

（責任制限の法理）　債権者と主債務者との癒着融資の事実はなく、信義則違反の主張否認。


**【判例10】東京高判昭和六〇・一〇・一五金融・商事判例七三三号二六頁、判例時報一一七三号六三頁、金融法務事情一一一五号三四頁**

（債権者）　信用組合。

（主債務と保証人の関係）　主債務会社の取締役に就任し、経営に参加しているがまったく名目的なもの。本人は死亡。

（貸付の状況）　取引残高は六四〇万円と不動産購入資金としての融資七〇〇〇万円。

（契約締結時の状況）　包括保証契約締結時の残高は五一五万円。

（契約締結後の状況）　その後、五年間、一〇回以上の貸付が行われているが、一〇〇万円から二〇〇万円程度であったが、不動産購入資金として七〇〇〇万円が融資され、当該融資については保証人の意思確認は行われていない。

（判決結果）　他の債務者の関係で債権者に八〇〇万円の連帯保証をしている事情などを勘案して責任額は一五〇〇万円を限度とする。

（責任制限の法理）　信義則に照らして合理的な範囲に責任を制限。

② 経営者等個人保証と中小企業貸付保証の法的効力

以上のような経営者等個人保証の責任制限に関する判例状況が中小企業貸付保証の法的効力を考えるにあたって、どのような意味をもつものであるかにつき検討する。

(i) 現役経営者個人保証の場合

主債務会社の現役の代表者、取締役、監査役など経営者の個人保証についての責任制限が、直接問題とされているのは**【判例9】**のみである。

この事案では、主債務会社の代表取締役ではないが、主債務者が代表取締役を務める会社を共同で設立し取締役に就任していることから、実質的にはオーナーの一人と位置付けることができよう。このためか包括連帯根保証責任を求めることは信義則違反であるとの主張を退けて一億八〇〇〇万円という高額の保証債務全額につき保証責任を認容している。

ここで、実務でも、中小企業のオーナー社長であるとか、同族会社等で会社と個人が一心同体の関係にある場合等、主債務の信用状態を知り得る立場の者についてのみ包括根保証人として適格であり[2]、このような場合については保証責任を制限すべきではないとするのが一般的である[3]。

次に、オーナー的経営者でない現役の代表取締役、取締役、監査役の責任制限が問題になる。確かに、正常に営業活動が展開するときは保証債務の履行を求めることは考えられないが、主債務会社の信用が極度に悪化したとか、破産状態にあるなどの場合には、その可能性はある。しかし判例は、見受けられない。このため、このような現役の経営者個人保証において保証責任が制限されるのかどうかについては、判例法理としては直接的には明らかでない。ただ、後述のように、代表取締役**【判例2・判例7】**、取締役会長**【判例5】**、取締役**【判例4】**であった者の辞任後の保証責任に関する判例状況では、就任中に主債務会社に融資された残債務額については、保証責任を肯認する傾向にあることからすると、原則的には保証責任は制限されないことになるものと推測される。

以上のような判例状況からすると、オーナー経営者やオーナー的経営者ではないが現役の代表取締役、取締役、監査役の個人保証については、包括根保証責任は制限されないということになる。確かに、これらの保証人は、主債務会社の経営に関与し、融資の事情や経理状態に深く係わり、あるいは知り得る状態にあったことからすると、それに伴っての借入債務につき保証する意思があり、当然との考えによるものと思われる。

しかし、今日、中小企業貸付に伴っての経営者個人保証で社会的に最も問題になっているのが、このような場合である。経営者が個人的に保証責任を求められることにより経済的破綻を来たし、社会的に抹殺され、あるいは自殺等に至るという社会的問題のほか、保証人が主債務会社のオーナーであるとか、主債務会社が同族会社であって会社と一心同体の関係にある者であるとかの結果、保証人に保証債務の履行を求めることにより保証人が経済的に破綻し、同時に主債務会社の再建が見込めなくなることから不良債権処理がスムーズに行われないという経済的状況などが露呈してきているところに問題があるのである。先のような判例の状況では、このような問題への対処は、有効でないということになる。

ところで、経営者個人保証の責任制限について、先のような判例理論から一歩進めることができないものであろうか。金融機関が中小企業に融資する場合、相手方の会社の代表取締役等をその保証人とすることが、ほとんど慣例になっている。それは、いざというときに保証人の財産からも債権を回収するための担保としての狙いがあるものと考えられるが、考えてみれば、取締役の個人資産が、はたして債権の完全回収の備えとして十分なものであるか否か、きわめて疑問である。(4) 前述したように、個人保証の狙いは、債務の保証というよりも、経営者を保証人とすることによって経営に対する責任感を喚起することであり、会社と運命共同体にあることを認識させることであるとすると、(5) この場合の経営者個人保証は「経営責任保証」であり、「債務の保証」とは異なる保証であるとの認識に立ち、それでも、経営者個人保証人に債務保証責任を求めることができる場合とは、どのような場合であるのかにつき検討するという思考が必要ではないかと思われる。

そのような場合としては、経営に関与し資産状況を把握し得る状況にあって融資を求めたこと、かかる融資に伴う債務につき、単に保証意思があったかどうかではなく、経営者個人保証人に、主債務会社の債務についての保証責任を求めることについて、客観的にみて合理性があるかどうかを基準として判断することが必要である。金融機関は、中小企業への融資にあたっては、第一次的には、融資先の中小企業の営業活動により融資金の返済を受けることができるとの判断に基づいているのが通常であろう。

ところが、保証債務の履行を求めることになるのは、当初、金融機関が自らにおいて判断した中小企業の営業活動に支障が生じ、経営が悪化し、債務の返済が遅滞し、あるいは経営破産を招いた場合であるわけで、このような状況判断の誤りは金融機関自身の判断の誤りでもあるわけであることからすると、それによって生じた主債務会社の債務を安易に経営者個人保証人に転化することは妥当でないということになろう。すなわち、金融機関自らの融資に伴う判断の誤りによる損失は、融資金融機関自身において負担すべきであるとの原則を前提としたうえで、それでもなお経営者個人保証人に保証債務の履行を求めることが客観的合理性があるという場合に限るべきではないかと思われる。そのような場合の判断基準については、今後、具体的な状況の下で確立していかなければならいことになるが、融資先の中小企業の営業活動では融資金の返済は見込めないが、経営者個人に資産があり、これを担保とする限りにおいては融資も可能との客観的状況がある場合であり、かつ経営者個人保証人の資産を限度としてとするのか雑駁な基準となろう。

(1) 判例の検討にあたっては、金融庁で「保証の法的効力について」のスピーチを行う際の資料として、金融庁の担当者により作成し配布されたものに、判例を追加、あるいは必要箇所を選別して作成したものである。

(2) 片岡宏一郎「包括根保証人の責任の制限」金融法務事情一三四八号一二頁、牧山市治「継続的保証と信義則」金融法務事情一五八一号一二五頁。

(3) 天野佳洋＝椿寿夫編『担保法の判例Ⅱ』一九五頁（有斐閣・一九九四年）。

（4） 野口恵三「契約後二八年目に問われた包括根保証人の責任」NBL六一一号七一頁。
（5） 同旨、野口・前掲（4）七一頁。

（ii） 退任後の経営者個人保証

中小企業貸付に際し、当初、代表取締役【判例2】・【判例7】、取締役会長【判例5】、取締役【判例4】であったことから、経営者として個人保証人になったが、その退任後に保証債務の履行を求められた場合の中小企業貸付保証の法的効力にかかわる判例をみると以下のようである。【判例4】は退任後の解約告知の事実がないこと、【判例5】は退任後もマーケティング・アドバイザーとして経理状態を知り得る緊密な関係にあったことを理由に保証責任を制限しなかったのに対し、【判例7】は辞任に際し警告をしたことを理由に、【判例2】は退任後に特段苦情を申し立てたわけではないにもかかわらず保証責任を制限している。このような状況に鑑みると、判例法理は一律ではないということになろう。また、具体的事案によって異なるためなのかどうかについても判然としない。[1] ただ、いえることは、退任後においても中小企業貸付保証の法的効力は当然に及ぶことを前提として判断されているということである。これに対して、「根保証人が代表者の地位を退いた場合、その後の新たな債務発生については、保証責任を制限する事由があるとするのが判例の立場といってよいであろう。」との見解[2]がみられるが、前述の判例状況からみて、そのようにいえるかどうか疑問であるし、そうであるとしても、なぜ退任後には保証責任が制限されることになるのかの論拠が明らかでない。

そこで、ここでは、主債務者である中小企業と経営者個人保証人が退任するという身分関係の変化が生じた場合の中小企業貸付保証の法的効力について検討する（なお、退任前については、前述「（i） 現役経営者個人保証の場合」で述べたのと同様であるので、ここでは言及しない）。

また、「実務的には債務会社の社長に保証人になってもらっていたところ、その社長の交替があったため新社長に保証人になってもらう事例は銀行取引ではよくある」といわれている。[3] このような場合でも、退任したことにより当然に保証責任は消滅するのか、退任後の債務についてのみ保証責任を免れるのか、解約告知のない限り退任後の債務についても保証責任を負うと解するのかといった問題が残る。

ところで、包括根保証の場合、保証人の身分関係の変更に伴う保証責任の制限法理としては、一般的に特別解約権が認められている。これは「期間の定めのない継続的保証契約は保証人の主債務者に対する信頼関係が害されるに至った等保証人として解約申入れをするにつき相当の理由がある場合においては、右解約により相手方が信義則上看過しえない事情ある場合を除き、一方的にこれを解約しうるものと解するのが相当」(4)とする判例法理の一類型(5)として、主債務者と保証人間の関係の消滅を理由とする解約権の行使による責任制限の法理である。(6)

かかる特別解約権の行使による保証責任の制限の法理の承認については、学説においても異論はない。そして、中小企業の代表取締役などの退任の事態は、かかる解約権の行使が当然に認められる場合でもあるとされている。(7)そこで、経営者個人保証人が、その経営者たる地位を退任するのに伴って、このような解約権を行使している場合には、解約後の中小企業に対する貸付に伴う債務についての保証責任を負わないことについては異論はない。

そこで、このような解約権が行使された場合、退任に伴う解約前に、金融機関が中小企業に貸し付けたことによる債務についての保証責任はどうなるかが問題になる。特別解約権の行使による保証責任の制限法理からすると、解約前に生じた保証債務は免れることのないのは当然と解されているものと思われる。このため、実務的には「取締役を退任したときは、新旧取締役が同道で金融機関やメーカーに出向くなりして、従来の保証人の地位と既存の債務についての責任は全部新取締役が肩がわりしてこれを引き継ぎ、旧取締役は退任とともに完全に従来の保証関係から脱却することを書面上明らかにしてもらうことができたら、これが最善の方法である」といわれている。(8)しかし、このような解約前の保証債務についても、現役経営者個人保証の場合において述べたと同様に、退任経営者個人保証人に保証債務の履行を求めることが、客観的合理性があるという場合に限るべきではないかと思われる。そのような場合としては、中小企業への融資の時点で、融資先の中小企業の経営活動では融資金の返済は見込めないが、経営者個人に資産があり、これを担保とする限りにおいては融資が可能との客観的状況のもとで融資が行われ、そのような事情が退任による解約後も継続しているというような状況にある場合に限られるものと解される。すなわち、経営者としての保証は、前述のように基本的には「債務の保証」とは異なる「経営責任保証」としての性格をもつものであることからすると、経営者たる地位を退いた者にまで、そのような「経営責任保証」責任を求めるのは妥当ではなく、ただ特別に「債務の保証」であるとすることについて合理的状況にある場合に限ってのみ保証責任が残るものと解すべきであるからである。実務における「社長の交替による新社長の保証人就任の要請」はこのことを物語るものでもある。とくに、退任後に解約を申し出ている場合には、そのことの意思は明白であり中小企業貸付に伴う経営者個人保証の法的効力の内容として、保証責任は当然に消滅すると解するのが妥当である。

それでは、退任の通知はしたが、解約しなかった場合はどうかである。形式解釈的には、保証債務は存続することになる。このため退任の前後にかかわらず中小企業への貸付に伴う債務につき保証責任があることになる。現に【判例4】では、保証契約「締結後、既に約二八年が経過しているが、この間、被告（保証人）が、本件連帯保証契約を、退職するとの挨拶をしたのみで、右退職に至る間の事情を話したことしか本件連帯保証の解約告知をした事実は存しない。したがって、原告（金融機関）が、被告が本件契約の連帯保証人の地位にあるとして処理したとしても無理からぬこと」であるとして、中小企業に対する取引の通念上相当と認められる範囲内の貸付の債務についての保証責任を肯認している。まさに形式的解釈であり、信義則に基づく保証責任の範囲の限定も認めてよいように思われるとの見解もみられる[9]。

これに対して、【判例7】は「代表取締役を辞するとともに」今後は「無関係なので……借入れの申込みをしても一切取り合わないように願いたい旨の連絡・警告とともに記載した本件文書」を発送し、支店に到達したが、後任の支店長に報告されないままその翌日に貸し付られた事案で、後任の支店長に報告されなかったのは銀行内部の不行届きであり、それによって生じた損害を保証人に求めるのは権利の濫用になるとして、文書到達後の貸付についての保証責任を否定している。これによると辞任・警告通知後の保証責任は免責されるとするものとも理解できる。［判例4］は単なる退任の通知であるのに対して、［判例7］は連絡・警告の通知も含まれているという違いはあるが、このような違いが保証責任制限の決め手と理解してよいであろうか。このように、退任通知のみの場合の事案では、判例の見解は分かれるところであるが、中小企業貸付保証の特質からすると［判例7］の方向が妥当といえる。退任の通知は、形式的には保証契約の解約としての意味をもつものでないことは確かであるが、経営責任者としての地位のないことを通知するものであることは明らかである。そうだとすると、かかる通知を受けた金融機関としては、退任経営者には「経営責任保証」を求めることができなくなったことを認識することができるわけであるから、「経営責任保証」責任を求めることができないものとして制限すべきものと解される。なお、さらに退任という事実のみで、当然に保証債務は確定し、その後に発生した債務については保証責任は生じないとみることができないかが問題になる。包括根保証では主債務者と保証人との間の情義的かつ一身専属的な要素の強いことから保証人の死亡により、とくに解約がなくても相続人は相続開始時に存した債務のみについて保証債務を相続し、相続開始後に発生した債務については保証債務を負わないとする保証法理[10]からすると、これに準じて、当然、保証責任が制限されるものと解する余地もあると指摘されている[11]。

このことに関して［判例2］は「退任により当然に保証債務が確定し、以後保証責任を負わなくなるということはできない」と判示している。また、「一般論としては、社長の交替の事実だけをもって直ちに前社長の保証債務の確定の効果が生ずるとすることには、たとえば社長の個人資産を前提にした保証であった場合に、社長の退任によって当然に保証債務が確定するということは実務上極めて不合理が生じ、この考え方を認めることには無理がある」とも主張されている[12]。しかし、これらの見解は、「債務の保証」法理としては肯認される。ただ、その場合であっても、退任を包括根保証人の死亡による保証責任の法理に準じて考える余地は残されているし、経営者個人の資産を前提とした貸付でなかった債務の保証については退任により保証責任が免責されると解し得る余地があろう。

ところで、より根本的には、中小企業貸付保証は「経営責任保証」としての特質をもつということであり、このことからすると経営者の地位にない者に、いつまでも経営者としての保証責任を求めることは許されるものではない。この意味において、経営者の退任により、当然に、保証責任は負わないものと解するのが妥当ということになる。ただ、それが経営者であった者の個人資産を前提とした保証であり、そのことについて客観的に合理的状況にあった場合には「債務の保証」性が残存するという意味において保証責任は免れ得ない。この点では前述の見解[13]と同旨ということになる。

なお、その際、金融機関が退任の事実を知らなかった場合でも同様に解してよいのか。この点では、**［判例7］**で辞任・警告の通知は到達しているが了知するに至っていない場合でも、保証責任の制限を肯認している点が注目される。金融機関が中小企業に融資を行うにあたって、誰が経営者であるかを確認することなく、いったん締結された経営者の個人保証に依存して貸し付けるということは、まさに怠慢である。とくに「経営責任保証」の責任負担者となる者を確認することなく、漫然と貸し付けたことによって生ずる債務の保証責任を退任の経営者に求めることは許されるべきではない。この意味において、経営者個人保証人の経営者退任の不知は考慮に値する事情とはいえないであろう。

以上からすると「世間には、取締役としての立場上結んだ契約であることから、取締役をやめれば、保証人の地位も責任も当然に消滅してしまうように誤解している者」があると指摘されている[14]が、かかる指摘は保証一般論としては正鵠を得ているとはいえ、中小企業貸付保証の法的効力としては「誤解」ではなく、まさにそのとおりであるべきであり、保証法理として形成しなければならない方向性である。

ところで、**［判例4］**は、退任の挨拶はしているが「解約告知をした事実」がないことを信義則違反ないし権利濫用により保証責任を制限するにあたっての否定の理由としている。すなわち、解約告知をした事実がないことから、金融機関が「連帯保証人の地位にあるものとして処理をしたとしても無理からぬこと」との理由による。しかしこのような見解は、中小企業貸付保証の特質を考慮に入れない考え方であり、正鵠を得ているとはいえない。特別解約権の不行使は、保証責任制限否定の理由とはなり得ないと解すべきである。

さらに、包括根保証人に対する信用不安事実報告義務[15]、保証意思確認義務[16]、あるいは保証人からの新たな融資中止要請による融資中止義務[17]などに違反したことを理由とする包括根保証人の保証責任制限の理論が主張されている。しかし、これらの理論は、退任後も当然には保証責任が消滅しないことを前提としての保証責任制限の理論であることから、私見の立場からすれば援用に値する理論ではないということになる。ただ、これらの理論は、逆説的にみると、これらの義務を尽くしていれば保証責任は制限されないという理屈を作り上げることは可能である。そこで、この点について若干、検討を加えておく必要があろう。

信用不安事実報告義務は直接保証人の保証意思の確認までは必要としないが、包括保証人に解約権行使の機会を与えるために主債務者に信用不安の事実がある場合、その旨を報告する義務[18]があり、これを怠ったときは保証責任が制限されるとするものである。包括保証人が主債務者の信用不安などの報告を受けながら解約権を行使しない以上は、依然として保証責任を負う意思があるものとみて、保証責任の制限を考える必要がないという論理につながる理論でもある。この理論は、一見、包括保証人自身に保証責任負担の判断を委ねているにもかかわらず解約を申し出ない以上は、何らの保護にも値しないとの価値判断に依拠するものといえる。確かに、「債務の保証」の法理として妥当といえる。

しかし中小企業貸付保証のような「経営責任保証」では、退任により、すでに経営に関与する立場にない者について、このような信用不安の事実の報告に対応しなかったという一事のみによって判断することには疑問がある。このことから、信用不安事実報告義務は保証人に対する単なる説明義務の一種であって、そのことが直ちに保証責任存続に結び付くものではないものとして位置付けるのが妥当と解される。

保証意思確認義務は金融機関が新たな融資をするとき、そのような状態にあっても保証人として引き続き保証する意思があるかをその都度確認する義務[19]であり、これを怠ると保証責任を免れるとする理論である。この種の判例も案外見受けられるとの指摘もある[20]。中小企業貸付保証に関連した**［判例2］**は同旨であり、保証意思の確認がなかったことを理由に保証責任を制限している。そこで、このような保証意思確認に際して、包括保証人が明示的に承諾した場合は当然として、場合によっては黙示的に、あるいは回答しないことにより承諾したものとみなされるなどの場合には保証責任は制限されないとの理論を帰結することが考えられる。しかし、中小企業貸付保証の場合、たとえ明示的承諾が行われたというだけで、そのような判断を行ってよいかどうか疑問である。通常の「債務の保証」包括保証人の場合には、新たな保証債務を負担するとの意思によるものと判断することは許される。これに対して、中小企業貸付保証の場合には、それまで「経営責任保証」人であった者が、このような保証意思確認に際して明示的に承諾したということだけで「債務の保証」人に転化すると直ちに解することは行き過ぎではないかと思われる。

退任後は、その貸付先中小企業とは、特別の事情のない限りは第三者の関係に立つことになる。このような立場においての保証の明示的承諾は、中小企業貸付保証の内の「第三者個人保証」と同様の保証ということになる。そうだとすると、後述の「第三者個人保証」の保証責任制限の法理に従うべきであって、その場合に保証につき承諾をしたことのみで制限を受けないと解してよいかどうかの問題として検討しなければならないであろう。

ここで結論を先取りすると、保証意思が確認されたというだけではなく、その保証意思は「債務の保証」としての意思であり、かつそのような「債務の保証」を行うにあたって保証取引上、客観的合理的理由がある場合においてのみ保証責任を求めることができるものと解すべきと考えている。

融資中止義務については、言及するまでもないことである。融資中止の要請に反しても、保証契約が存続する以上は中小企業に貸し付けることにより保証責任は生ずるとの解釈は成り立たないわけではない。

以上からも明らかなように、中小企業貸付保証では、経営者の立場で「経営者個人保証」として「経営責任保証」を負担していた者が、退任により経営者たる地位を失い経営に関与することがないという状態になった場合には、当然に、かつ退任の前後を問わず「経営責任保証」は消滅する。この意味では、中小企業貸付保証の法的効力は、それが「経営者個人保証」の場合には、経営者の退任までという「時期的制限」[21]を受けているものと帰結できる。もっとも、このような退任経営者が、後述の「第三者個人保証」の場合と同様に、中小企業の「債務の保証」責任まで負う立場にあったというような、ごく限られた特別の事情のある場合にだけ保証責任は存続するものと解すべきある。

さらに、このような特別の事情のある場合であっても特別解釈権の行使、あるいは信用不安事実報告義務、保証意思確認義務、融資中止義務などの違反を理由とする一般的な包括保証人の保証責任制限の法理の適用が可能な場合には保証責任は免責されることはいうまでもないであろう。

(1) 「各事案に対しきめ細かい対応を示してきた」との指摘の結果なのか？（宇田川基「判例解説」判例タイムズ九七八号一七頁）。
(2) 天野佳洋「判解」椿寿夫編『担保法の判例Ⅱ』ジュリスト増刊号一九五頁（有斐閣・一九九四年）。
(3) 鈴木正和「退任社長の包括根保証責任」判例タイムズ七八四号七二頁。
(4) 最判昭和三九・一二・一八民集一八巻一〇号二一七九頁。
(5) 大判昭和九・二・二七民集一三巻二一五頁など。
(6) 大判昭和一六・五・二三民集二〇巻六五〇頁。
(7) 菊地裕太郎『判例先例金融取引法（新訂版）』二一三頁（金融財政事情研究会・一九八八年）。
(8) 野口恵三「判例に学ぶ」ＮＢＬ六一一号七一頁。
(9) 西尾信一「判解」本誌五三一号七二頁。
(10) 最判昭和三七・一一・九民集一六巻一一号二二七〇頁。
(11) 鈴木・前掲(3)七二頁。
(12) 鈴木・前掲(3)七三頁。
(13) 鈴木・前掲(3)七三頁。
(14) 野口・前掲(8)七一頁。
(15) 最判昭和四六・七・一金融・商事判例二八一号七頁。
(16) 最判昭和四八・三・一金融法務事情六七九号三五頁。
(17) 東京高判平成二一・九・一七金融法務事情一二七九号三〇頁。ただし、本判決は保証人の免責の主張を認めていない。
(18) 鈴木・前掲(3)七一頁～七二頁。
(19) 鈴木・前掲(3)七一頁。同旨、浅生重機「包括根保証人の責任の信義則による制限」金融法務事情一六六七号七三頁。

(20) 鈴木・前掲(3)七一頁。
(21) 浅生・前掲(19)七三頁参照。

(iii) 名目役員個人保証

中小企業貸付において主債務会社の経営者を保証人とするだけではなく、名目経営者であるにすぎない者をも包括保証人とする場合がままみられる。判例にも、名目取締役【判例3】・【判例10】、名目監査役【判例1】・【判例8】がみられる。【判例3】は主債務会社代表取締役の母であり、設立当初からの取締役であるが、経営には実質的に関与していなかった者が、【判例10】は主債務会社代表取締役の妻の兄であったことから取締役になったが経営には参加していなかった者が、【判例1】は主債務会社の連帯保証人に請われて監査役になり、貸付金融機関には多額の預金をしていて一般の顧客より高金利の利息を受け取っていた者が、【判例8】は主債務会社の代表者の妻であったので監査役になり、その後離婚し、経営にはまったく関与せず、その経営状態、取引状況等も知らなかった者が、それぞれ包括保証人になっている場合である。

ところで、このような名目役員個人保証の法的効力については、判例は一様に保証責任を制限する傾向にある。そのための理論構成としては、「信義則に照らし、保証人の責任を合理的な範囲内に制限することができるものと解するのが相当である」とするもの（【判例1】は残債務元金四割の九四二万円余りに制限、【判例8】は元本合計額の五割にあたる三〇〇万円をもって限度とするのが妥当として制限、【判例10】は七〇〇〇万円のうち責任額は一五〇〇万円に制限）と、根抵当権と併存する事案で根抵当権の極度額を根保証の限度額と解するのが合理的解釈とするもの（【判例3】は連帯保証1の限度額はこれと共に締結された根抵当権設定契約の極度額である一〇〇〇万円と同額であると解するのが合理的として制限）がみられる。とくに前者に関しては、「包括根保証契約に当たるが、かかる契約に基づく保証人の責任は、その責任が著しく過酷にならないよう、主たる債務者と保証人の関係、契約が締結されるに至った経緯ないし事情、債権者と主債務者との取引の態様又は経過、債権者が取引に当たって債権の担保ないし保全のために講じた措置、保証人の主債務者に対する認識の程度、主債務の使途及び金額その他一切の事情を斟酌し、保証人に主債務の全額又は相当程度を超える額につき責任を負わせるのが不相当であると認められる特段の事情が存する場合」に（**【判例1】**）、また「保証契約締結に至った事情、当該取引の業界における一般的慣行、債権者と主たる債務者との取引の具体的態様、経過、債権者が取引にあたって債権確保のために用いた注意の程度、保証人の認識の程度、その他一切の事情を斟酌し」（**【判例8】**）保証責任を制限するのが妥当とするものであり、これまでの判例、学説が包括根保証の有効性を認めつつ内容ないし効力を制限してきた法理を、名目役員個人保証にも援用するにすぎない。名目役員個人保証特有の保証責任法理に依拠するものではない。

学説でも、名目役員個人保証の場合に、このように信義則ないし権利濫用により合理的範囲内に責任を制限することについては異論はない。(2)

では、名目役員でしかなかった場合に、なぜ保証責任が制限できるのかについての論拠付けはあまりみられない。ただ、淺生判事は「会社の運用について関与する機会があれば、その関与の過程で、主債務である借入れの発生や、その返済可能性、そして、返済の履行の状況など、自己の保証責任に影響のある事項について、必要な情報を得ることができる」が、名目役員は会社の運営に関与していないことから、そのような情報を得ることができないからであると指摘されている。(3) おそらく、これまでの判例や学説においても、このような価値判断が潜在的に前提になっているものと推測される。

しかし、名目役員個人保証の法的効力を考えるにあたって、このような会社の運営についての情報欠如にのみ求めるだけで十分であるか疑問である。中小企業貸付保証の特質は経営責任保証にあることは前述したところである。このことからすると経営にタッチしていない名目役員について、このような経営責任保証を求めることは中小企業貸付保証の目的と齟齬することになって、名目役員個人保証の有効性を否定すべきではないかと思われる。淺生判事が、中小企業では部外者的な立場を会社の運営に参加させることが少ない現状を考慮すると、会社の代表者など直接的全面的に会社の運営に関わる役員以外の役員については、会社の運営などの情報を得ることができないのに漫然と過ごしたことによる自己責任を厳しく問うことができるかどうか疑問とされているのも、このような判断が潜んでいるものではないかと推察される(4)。

これに対して、名目役員個人保証は、主債務会社の運営等に関わる立場にないことを前提にしたものであることから、それはもっぱら債務の保証責任を前提としたものとみるべきであるとの反論が予想される。しかし、中小企業の経営に関わる貸付に際しての名目役員を包括保証人とする場合に、経営者個人保証とは異なる目的であることを明確にして、もっぱら債務の保証のみに主眼を置いているというような場合が通常あり得るかどうかである。たとえば、名目役員からの金融機関に対する積極的な支援要請があり、それに基づいての貸付に際しての保証である場合はともかくとして、通常は経営者個人保証と同様の目的で保証が徴求されているにすぎないのではないかと思われる。

もっとも、名目役員個人保証の目的はもっぱら債務の保証責任を求めるためであるという場合はないではない。しかし、そのような場合であるというためには、包括保証契約締結の時点で、名目役員に債務の保証意思の形成および債務の保証責任を負担する意思が形成されていることが必要であり、そのための説明義務が尽くされていなければならないのである。そして、そのことを前提として、会社の運営等に関与しない名目役員による債務の包括保証であるということから、これまで学説や判例が形成してきた保証責任制限法理が適用されていくことになるわけである。ここでみてきた判例は、この段階での名目役員個人保証責任制限の法理としては有用性をもつものとして位置付けることができよう。

ところで、説明義務や保証意思の確認に関しては、最高裁昭和六〇年判決は「契約当事者は約定書記載の各条項をすべて承認して契約したものと認められるのであるから、当事者の一方が相手方に対しその内容を具体的に説明しなければならないものではなく、右説明をしなかったからといって信義則違反になるわけではない」と判示し(5)、**[判例8]** は「各貸付に関し再度その保証意思の確認を個別的に行うべきであったと解するべきであり、これを全面的に怠った原告が被告に対し包括連帯保証債務の履行を請求すること自体を信義則違反とまではいえないものの、その責任を全額について認めるのは適当ではない」としている。しかし、ここで問題としている説明義務は、名目役員による債務の保証意思と債務の保証責任負担意思の形成と確認のためのものであるから、信義則違反などの問題ではなく債務保証契約の成立に関する意思の存在にかかわるものであることに留意すべきである。また、【判例3】は「主債務会社の現在又は将来負担する一切の債務を連帯保証するものであるなど具体的な内容についての説明を受け、その内容を十分認識した上で連帯保証契約を締結したものであるかどうかは明らかでないこと」を理由として包括根保証であることを否定し保証責任を制限していることからすると、十分な説明をしたか否かの立証責任を金融機関に負わせている(6)。同様に、名目役員の債務の保証意思や保証責任負担意思の存在の立証についても金融機関に負わせるのが妥当である。

さらには、名目役員個人保証は、名目的ではあるが貸付先企業の役員であるという立場から保証する場合が多くみられる。このため、仮に名目役員個人保証人に対する説明義務が尽くされており、債務の保証意思や保証責任負担意思があるかのようにみられる場合であっても、それらの意思が自由な判断に基づいたものであるかどうかが問題になる。貸付先企業の役員であることによる立場上、保証をしたにすぎない場合には、名目役員個人保証の法的効力は制限すべきである。そのための判断としては、名目役員が債務の保証責任を負担するについての客観的合理的理由が存在するかどうかが重要になろう。そして、このような客観的合理的理由の存在も金融機関において立証する責任があるのである。

なお、【判例3】の事案のように、包括根保証と根抵当権設定とが併存する事案では、根抵当権の極度額の限度においては、名目役員個人保証人が債務の保証意思と保証責任負担意思をもって保証したものとの立証は容易であろう。この場合は、保証人は一般財産をも引当にして、物的担保および人的保証の両者またはそのいずれかから極度額の範囲内の債権の回収に合意したと解するのが合理的な解釈といえる余地があるからである。ただ、このような場合、名目役員個人保証人の意思解釈としては客観的で合理的であっても、名目役員が債務の保証責任を負担するについての客観的合理的理由が存在するかどうかは重要になろう。貸付先企業の役員であることによる立場上の保証や物上保証であったにすぎないのであれば、名目役員個人保証の法的効力が否定されるだけではなく、根抵当契約についても効力が否定されることになるものと解する余地があろう。

(iv)　主債務者従業員個人保証

主債務会社の代表者とは協議離婚以来音信を絶っていた元妻で店舗開設にあたり仕入業務、在庫管理および商品選択等の仕事に従事することになった従業員が中小企業貸付に際して包括根保証をした場合である。中小企業の代表者の元妻で従業員個人保証というきわめて稀な事例といえるが、中小企業の代表者とは夫婦という身内の関係にあったこと、従業員としてではあるが事業活動に参画していたという意味で、外形はともかく、中小企業の特質を考えると実質的には名目役員よりも会社の運営等へのかかわりの近しい立場の者による個人保証としての意味を有する事例である。

かかる主債務者従業員個人保証の事案では、**[判例6]** は根抵当権設定と同時に締結された包括根保証については、(ア)その責任の範囲は、同時に設定された根抵当権の極度額と同額であると解するのが合理的であり、かつ(イ)両者は併せて極度額の範囲内で債務の支払いを保証または担保するもの（非累積）と解するのが合理的であるとして、残金一六五〇万円のうち極度額の一二〇〇万円の範囲において保証債務を負担するものと判示している。この判例は、包括根保証と同時に根抵当権が設定されていることに注目し、両者の関係につき同額・非累積と解するのが合理的意思解釈であるとするものである。この意味で、主債務者従業員個人保証であることについての特質は考慮されていない。ところで、包括根保証と同時に根抵当権が設定されている場合の包括根保証の責任制限に関しては、**[判例3]** や下級審に同旨の判例がみられ、(7)判例理論として確立しつつある。また、包括根保証の限度額ないし責任の範囲を根抵当権の極度額と同額と解する点に関しては、これまでの学説に沿う判断として、学説にも異論がない。(8)そして、**[判例6]** については、根保証人の責任制限の努力を続けてきた判例、学説の流れの一環として位置付けられるものと評している。

しかし、根抵当権設定と同時になされた包括根保証の責任の範囲を極度額の範囲内と解するのがなぜ合理的といえるのかである。本件では「いろいろな意思解釈が成り立ちうる」ように思えるからである。(9)このことに関しては、荒川教授は、「当事者の意思の合理的解釈」のためには、「事実的意思」を確定することと、評価基準に照らして「合理的な意思」（規範的意思）を確定することとを一応区別すべきである。根保証は契約自由に委ねられるべき法関係であるが「信義則に照らして合理的な範囲に制限すべきもの」などとされてきたことから、一応「事実的意思」が拘束的なものとされながらも、その「意思」の確定のプロセスまたは確定の後において、一定の規範的評価が加えられ、「規範的意思」の確定との分別がしばしば曖昧になる。「本判決は『意思解釈』は、一見『事実的意思』の確定という装いを持つが、『明らかでなければ、根保証人に有利に』・『Yの責任を限定すべし』という規範的評価を基礎に備えて、その観点から事実の軽重を評価し、あるいはその一部をネグリジブルなものとして『規範的意思』を確定したという性格を内包させている」ものであると指摘されている。[10] また、磯村教授は、「当事者の現実の意思」の問題と「その意思の拘束」の問題とを分けて考えるべきであり、本件ではYはやむなく根保証契約に応じた事実があり「当事者の現実の意思の確定という局面に限ってみれば、第二審判決の立場（注・保証責任の制限を認めなかった）がむしろより素直」であるが、「規範的評価」という観点からは、従業員にすぎないYが保証人・物上保証人となることの妥当性などを考慮して金融機関が債務者以外の者から担保提供を受けるについて負うべき注意義務という「金融機関の貸主責任」からの帰結としては支持されるとされる。[11] これら見解によると、包括根保証人の保証責任の制限の法理の一つとされている「合理的意思解釈」とは、客観的解釈による保証債務負担の「事実的意思」を確認することではなく、「規範的評価」を加えての保証債務「拘束意思」あるいは「規範的意思」を明らかにすることを意味することになる。すなわち、保証債務負担の「事実的意思」も「規範的評価」を加えてはじめて保証債務負担の「規範的意思」があったと解釈され「その意思の拘束」を受けるということになる。このことは、合意された「特約」も「客観的合理性」があるか否かによって拘束力が左右されるとする確立した法解釈の論理と異なるものではないのである。

かかる観点に立ってみるとき、主債務者従業員個人保証の事案で、**[判例6]** および本判決の結論が妥当とする多くの学説につき、若干の疑問が残る。これらの諸見解は、根抵当権と同時に締結された包括根保証である点にのみ注目しての「規範的評価」を加えた「規範的意思」として合理的であるとするにすぎない。すなわち、保証のもつ利他性・人的責任性・無償性・情義性・未必性・軽率性、とりわけ根保証での永続性・広汎性が加わることとによる保証人の責任のもつ問題性や危険性のため[12]「保証人の責任が、あまり過大にならないよう、当事者の意思を尊重しつつ合理的な範囲に限定されるべきであるとの原則[13]」による規範的評価を加えるにあたって、根抵当権と同時に締結された包括根保証の場合は包括根保証人の保証債務の責任の範囲を極度額と解するのが規範的意思と判断したにすぎないのである。

しかし、中小企業貸付保証は、前述したように、もともとは債務の保証ではなく経営責任保証であるという特質をもっていることからすると、中小企業貸付に伴う主債務者従業員個人保証の場合には、保証債務の責任範囲についての「規範的意思」を問題にする前に、企業活動から生ずる債務を包括的に負担するという「事実的意思」があったかどうか、そのような債務負担についての「規範的意思」があったものと合理的に解釈することができるかどうかを判断しなければならないからである。

包括的債務負担の「事実的意思」の確認にあたっては、包括的根保証についての説明義務が重要になろう。**[判例3]**の上告理由でも「包括保証は保証人となろうとする者にとって極めて過酷な責任を負わせる内容のものであるから、もし、本当に……詳細な説明が行われていれば、保証契約の締結を躊躇していたであろうことは容易にみてとれるところである。だからこそ、包括根保証文言を含む保証契約書を差し入れさせようとする金融機関においては、保証契約締結に当たっては契約内容の説明に入ることを極力避けて、ただ署名だけを求める傾向に走りがちなのであり、また、このような実態があるからこそ、過去において、金融機関と保証人となろうとする者との間で、双方の保証限度額に対する予測額の齟齬が生じて、包括根保証の責任制限の必要性が争われ、責任を制限する幾多の判例が出されて来たのである」と主張されている[14]。

さらに、このような説明義務が尽くされ包括根保証であることを承認したとしても、それだけでは包括的債務保証の「規範的意思」となるものではない。中小企業の従業員にすぎない者が包括根保証人になることの妥当性などを考慮した金融機関の注意義務ともいうべき「金融機関の貸主責任」という「規範的評価」を受けてはじめて包括的債務保証の「規範的意思」があったと解されることになるのである。このためには、中小企業貸付に際して、金融機関が中小企業の従業員個人保証を取ることについての客観的合理的理由のあることが立証されなければならないのである。

(1) 椿寿夫「判解」椿寿夫編「担保法の判例Ⅱ」ジュリスト増刊号一八一頁（有斐閣・一九九四年）参照。
(2) 淺生重機「包括根保証人の責任の信義則による制限」金融法務事情一六六七号七二頁。
(3) 淺生・前掲(2)七二頁。
(4) 淺生・前掲(2)七二頁。
(5) 最三判昭和六〇・七・一六金融法務事情一一〇三号四七頁。
(6) 久保淳一「包括保証人の責任」金融法務事情一五六五号五〇頁。
(7) 大阪地判平成三・一一・二八金融・商事判例九六四号二八頁。
(8) 松本恒雄「根保証の内容と効力」加藤一郎ほか編『担保法大系（第五巻）』二六八頁（金融財政事情研究会・一九八四年）、鈴木禄弥『新版根抵当法概説』八五頁（新日本法規出版・一九九三年）、吉田光碩「根抵当権の設定と同時になされた包括根保証契約の保証人の責任」判例タイムズ八七九号七二頁、道垣内弘人「判解」金融法務事情一五八一号一三五頁、松井宏興「判解」民商法雑誌一一四巻二号三四五頁、西尾信一「判例紹介」本誌五〇六号六五頁など。
なお、非累積と解したことについては、累積と解する余地のあることを指摘する見解（石井眞司「包括根保証と同時設定の根抵当極度額が右根保証の限度額となるとされた事例」判例タイムズ八七八号一一頁）もあるが、この点に関しては本稿では検討を留保する。
(9) 石井眞司＝伊藤進＝上野隆司「鼎談・金融法務を語る」本誌五〇七号三四頁（伊藤発言）。
(10) 荒川重勝「判批」私法判例リマークス一九九六年（上）四三頁・四四頁。
(11) 磯村保「判評」金融法務事情一四二八号五二頁以下。
(12) 西村信雄『継続的保証の研究』一五頁以下（有斐閣・一九五二年）、拙稿「保証人の保護」鈴木禄弥＝竹内昭夫編『金融取引法大系（第五巻）』二六六頁以下（有斐閣・一九八四年）。
(13) かかる原則についてては異論はないとされている（松本恒雄・前掲(8)二四八頁、槇悌次「根保証」遠藤浩ほか監修『現代契約法大系（第六巻）』七二頁以下（有斐閣・一九八四年）、河上正二「判解」椿寿夫編『担保法の判例Ⅱ』ジュリスト増刊号一七八頁（有斐閣・一九九四年））。

(14)　判例タイムズ八七二号一七八頁。なお、吉田教授も「離婚した元妻であり、かつ従業員に過ぎない者に保証人になってもらう場合は、多少しつこいぐらいに、保証内容の説明をしてちょうどよいぐらいに心得るべきであろう」と指摘されている（吉田・前掲(8)七四頁）。

### (2)　第三者個人保証の責任制限

#### ①　判例の状況

中小企業貸付保証にあっては、中小企業への融資に際し、主債務者である中小企業の経営組織には全く関係のない第三者を保証人とする場合、すなわち第三者個人保証がかなり見受けられる。このような場合の保証責任制限に関する判例の状況は以下のようである。

**［判例11］最判昭和四八・三・一金融商事判例六七九号三五頁**

（債権者）　信用金庫。

（主債務者との関係）　第三者。

（貸付の状況）　保証債務締結時に行われた貸付（一六〇万円）後、三年余りを経て、主債務者の経営状態が悪化した後に四五〇万円を手形貸付した。

（契約締結後の状況）　主債務会社の経営状態の悪化後、保証人の意向を打診せずに新規融資をした。

（判決結果）　保証債務の履行請求否認。

（責任制限の法理）　信義則に反し権利の濫用。

**［判例12］東京高判昭和五一・四・六金融商事判例五〇三号二九頁、金融法務事情八〇一号三四頁**

（債権者）　信用組合。

（主債務者との関係）　第三者
（貸付の状況）　貸付は継続的金融取引契約締結直後旬日の間。

（契約締結後の状況）　契約締結後の主債務者の信用、資産状態の急激な悪化などが考えられない僅かな間に貸付。

（判決結果）　保証責任の範囲を制限すべき理由はない。

（責任制限の法理）　包括根保証では特別解約の他に、保証責任の範囲を合理的に制限するのが信義則上相当であるが、主債務者の資産状態の悪化等はなかったとして制限を否定。

**［判例13］　大阪地判昭和五九・一二・一四**

（債権者）　不明。

（主債務者との関係）　Y1―主債務者の妻の兄、Y2―親戚、Y3―主債務者の兄。

（貸付の状況）　Y1は一回目の四〇〇万円借入に際して根保証契約締結したが、その後新規貸付につき保証継続を断った。Y2は二回目の六五〇万円借入に際して根保証契約を締結した。Y3は主債務者が第一回目の不渡りを出した後に、融資についての事前説明を受けて三〇〇〇万円融資の際に根保証契約を締結した。

（契約締結後の状況）　第一回目の不渡りから約三年間の間に手形貸付が継続し、残高一億四六〇〇万円で主債務者倒産。Y2との関係では、新規貸付についての保証意思の確認および主債務者の資産状態の極度の悪化などの事情変更を通知しないで貸付。

（判決内容）　Y1、Y2―主債務者が第一回の不渡りを出した以降の貸付につき責任を否定。Y3―請求全額認容。

（保証責任の制限法理）　Y1―信義則により事情変更後の解約を認容。Y2―新規貸付につき保証意思の確認を怠るなど解約権行使の機会を失わせたとして信義則により制限。Y3―新規融資のつど連絡をしていないが貸付額の増加は保証契約をした当時の予測を超えるものでないとして責任を肯定。

**［判例14］　大阪地判昭和六三・三・二四判例タイムズ六六七号一三一頁、金融法務事情一二二三号四一頁**

（債権者）　金融業者。

（主債務者と保証人の関係）　古くからの友人であるが親友、恩人ではない。

（貸付の状況）　主債務者から一五〇万円の保証人になることにつき依頼。保証契約書は、細かな活字で印刷され、継続的取引の保証に関する書類であることを認識させるに足りるものではなかった。

（契約締結後の状況）　主債務者に六〇〇万円及び二〇〇万円の追加貸付がなされていたが、保証人には連絡がなく、追加分の金銭借用書に署名捺印を求めることはしていない。

（判決結果）　連帯保証は一五〇万円についてのみ有効。

（責任制限の法理）　保証の額につき要素の錯誤があり、継続取引の保証条項を含む基本取引約定書への署名は重大な過失に該当しない。


**［判例15］平成元・二・九判例時報一三一八号一一〇頁**

（債権者）　都市銀行。

（主債務者との関係）　主債務者である販売店経営者の兄。

（貸付の状況）　根保証と同時に行った貸付三〇〇万円のほか、約二年後に三〇〇万円、その直後に本件主債務五〇〇万円を貸付。

（契約締結後の状況）　当初の貸付から二年経過してから意思確認することなく貸付。

（判決結果）　責任額は本件主債務の元本額の五割に当たる二五〇万円の限度とするのが相当。

（責任制限の法理）　包括根保証では諸事情を斟酌して、信義則に照らして、合理的な範囲に責任制限するのが当然。


**［判例16］大阪地判平成二・二・一五判例タイムズ七二七号二二五頁**

（債権者）　信用金庫。

（主債務者との関係）　第三者（会社経営者）。

（貸付の状況）　包括根保証契約締結時の主債務額が三〇〇万円であったが、約二年以降は融通手形を割り引くようになり割引残高が急激に増加し一五八〇万円余りに達した。

（契約締結後の状況）　手形の割引が四か月という短期間に集中的に行われ、通常の取引関係かち生じた債務とは言い難い貸付。

（判決内容）　保証債務の範囲を当初割引残三〇〇万円の二倍である六〇〇万円とするのが相当。

（責任制限の法理）　包括根保証であることを説明した上保証意思を確認していなかったこと、包括根保証の場合は信義則により保証責任を制限するのが相当。

**【判例17】　東京高判平成九・六・一九金融商事判例一〇三六号二九頁、判例時報六二四号九八頁**

（債権者）　信用金庫。

（主債務者との関係）　主債務者の義弟（主債務会社の経営業況を知り得る立場にあった）。

（貸付の状況）　保証契約の締結に際し、営業資金の融資であることを認識していたこと。債権者と主債務者との取引額は、カメラ店の経営資金として通常の過程における債務が累積したもので、保証人において全く予想できない事態でなかったこと。

（契約締結後の状況）　保証契約締結後、一二年間にわたり融資されているが、その都度の連絡は行われていない。ただ、本件77及び79貸付については個別保証を求めている。（判決内容）保証責任を制限にする特段の事情はないとして八八〇万円の保証債務を肯認。

（保証責任の制限法理）　包括保証人には解約権の行使が認められていることを勘案して、信義則上、責任の範囲を制限すべき特段の事情が認められるかどうかによって判断するのが妥当。

**【判例18】　大阪高判平成一〇・一・一三金融法務事情一五一六号三八頁**

（債権者）　信用金庫。

（主債務者との関係）　主債務会社代表者の実弟。

（貸付の状況）　主債務会社の代表者から三一二〇万円の借入につき保証人となることの依頼があり、既債務として五億円のあることにつき説明を受けずに包括根保証契約を締結した。

（契約締結後の状況）　保証契約後、新規貸付は行われていない。

（判決内容）　包括根保証であることにつき錯誤があったとの主張を否認。包括根保証では信義則上、合理的な範囲に制限するのが相当として保証契約後の貸付金三一二〇万円につき連帯保証責任があるとする。

（保証責任の制限法理）　包括根保証における信義則による保証責任の合理的範囲に制限。

② 第三者個人保証と中小企業貸付保証の法的効力

以上のような中小企業への貸付に際しての第三者個人保証の責任制限に関する判例の状況が中小企業貸付保証の法的効力を考えるにあたって、どのような意味をもつものであるのかにつき検討する。

(ア) 第三者個人保証の特質と責任制限　中小企業への貸付に際しての第三者個人保証人としては中小企業代表者の親族〔判例13、15、17、18〕、友人〔判例14〕、知人、親友、あるいは取引先会社経営者〔判例16〕などである場合が多い。これらの者は、基本的には主債務である中小企業の経営には関与していないのが通常である。このことからすると、第三者個人保証では代表者個人保証と異なり経営責任担保を目的とする保証でないことは明らかである。その保証の目的は、原則としては債務担保にあるといえよう。ただ、債務担保とはいえ、個人の債務を担保する場合と経営から生ずる債務を担保する場合とはおのずから異なるものがある。前者の場合は、主債務者である個人との関係でそれなりの理由があって、その者の債務を担保することを覚悟し、また担保させても合理的な理由のある場合が多い。これに対して中小企業への貸付に際しての第三者個人保証の場合は、主債務者である中小企業の経営の破綻などから生ずる債務を負担する覚悟が一般的にあるといえないであろうし、客観的にもこのような中小企業の債務を担保させるだけの客観的合理的理由があるといえない場合が通常である。また金融機関としても、そこまでの担保責任を求めるつもりはなく、有担保主義の原則から形式的に保証人を徴求しているにすぎないのが通常ではないかと思われる。

このようなことを反映してか、判例はいずれも第三者個人保証について、「信義則により保証責任を合理的範囲に制限できる」との法理を肯認した上で、責任制限を認めるもの［判例11］、［判例13］のY1とY2、［判例14、15、16、18］が多いが、中には否定するもの［判例12］、［判例13］のY3、17もみられる。ただ、これらの判例が第三者個人保証においての信義則による合理的範囲の制限法理の位置付けとして、特段の事情のある場合に限っているかのようである。これは、第三者個人保証人は債務全額につき保証責任を負わなければならないことを前提として上で、特段の事情のある場合には信義則上制限できるとする論理によるものと推測される。しかし、前述したように第三者個人保証人には、原則として主債務者である中小企業の経営上の債務を負担する覚悟や、それを負担させるだけの客観的合理的理由が存在しないという特質からすると、事実的意思としては経営上の債務担保意思があったとしても、それをもって直ちに経営上の債務全額を担保するという規範的意思があったものと解することは問題である。このことからすると、第三者個人保証の法的効力としては、原則として「信義則による保証責任の合理的範囲の制限」の法理を内包したものであり、特段の事情のある場合に限って保証責任が制限されない場合もあると構成するのが妥当ということになる。すなわち保証責任の制限が原則であり、制限されないのが例外であるわけであるから、保証責任制限の判断においては緩やかに解釈されて当然ということになろう。反対に、保証責任を制限しないとする場合の意思解釈及び客観的合理的理由の存在については厳格に判断しなければならないことになろう。このことからすると、上述の判例は、総体として厳格すぎるきらいがあるといえよう。

(イ)　解約権の存在と責任制限の関係　第三者個人保証の法的効力として「信義則による保証責任の合理的範囲の制限」法理が内包すると解することと、包括根保証であることによる通常解約権や特別解約権の肯認との関係が問題になる。すなわち、これらの解約権を行使すれば、それ以降の保証債務を免れることができるのに、漫然と行使しないでいる第三者個人保証人についてまで信義則上の責任制限法理を援用することは許されないのではないかということである。

このことのためか、［判例13］はY1との関係では解約権行使を認容することによって、Y2との関係では解約権行使の機会を失わせたとして責任を否定しあるいは制限し、解約権による責任制限に重点を置いている。また［判例17］は「解約権が認められていることを勘案したうえ、保証人の主債務の全額又は一定額を超える額につき責任を負わせるのが不相当であると認める特段の事情が存在する場合にはじめて、信義則によりその範囲を制限」するのが相当とし、解約権の存在が信義則による責任制限判断の重要なファクターと位置付けている。もっとも［判例12］は、結果としては責任制限を否定しているが、「解約申入れの方法とは別に、……保証責任の範囲を合理的なものに制限するのが信義則上相当と認められる場合のありうることを是認しないわけではない」と指摘し併存させている。このように判例では、両者の関係についての位置付けはまちまちであるが、解約権による責任制限は包括根保証の特質に内包するものであるのに対し、「信義則による保証責任の合理的範囲の制限」は中小企業貸付に伴う第三者個人保証の特質に内包するものであることからすると、両者はそれぞれ別々の責任法理であって、両者を関連づけることは妥当でないということになろう。

(ウ)　保証契約時の説明義務と責任制限の関係　上記判例をみると保証契約時の包括根保証である旨の説明義務を保証責任制限の当否を判断するための一つの要素としている。［判例16］は「包括根保証契約についてこれが根保証であることを説明したうえで保証意思の確認をしたことを認めに足りる証拠はない」として、［判例14］は「継続取引の保証に関する書類であることを認識させるに足りるものとは認められず」として責任制限理由としている。［判例18］は「現在又は将来負担する一切の取引債務を連帯根保証するものであることを十分理解できたものと推認することができ」るとしながら、包括根保証契約時に既に「五億円の貸付金のあること……の説明を一切しなかった本件の場合は……合理的な範囲に制限するのが相当」としている。これに対して、［判例13］は、Y3との関係では、主債務会社の経営悪化後の融資であることを事前に説明し、事業を再開すればその運転資金についても引き続き融資をする用意のあることの説明を受けていたとして責任制限を否定している。

しかし、第三者個人保証契約の締結に際して、その保証が現在又は将来負担する一切の取引債務を担保する旨の説明が行われず、保証人がその旨を理解しないまま署名捺印しているとすると、「事実的意思」としては包括根保証である旨の効果意思を欠いた状態で合意したことになろう。そこで、このような場合の法的効果としては、これを意思形成過程上の問題として捉えれば詐欺や強迫に類するレベルの問題として取消であり、意思表示上の問題として捉えれば錯誤無効ということになろう。そこで、［判例14］は錯誤により一部無効としているのに対して、［判例13、16、18］は保証責任制限事由として捉えているにすぎない。これをどのように理解すればよいのか、法理論的には問題になる。その説明としては、このような説明義務を怠った結果として保証人が包括根保証である旨を理解しないままの合意であっても、「規範的意思」としては包括根保証としての拘束力が認められるが、保証契約締結時におけるこのような説明義務懈怠は原則として保証責任制限事由になるということになるのであろうか。(3) いずれにしても、債権者が、包括根保証である旨の説明義務を懈怠した場合には、保証責任制限事由になるとの法理は形成された評することはできよう。(2)

(エ)　保証責任制限の判断基準　保証責任制限のための判断要素としては、上記判例を概観すると、①継続的貸付の状況、②継続的貸付の時期、③継続的貸付時における説明義務及び保証意思の確認義務、④第三者個人保証人の保護義務などに注目している。(4)

①継続的貸付の状況については、上記判例はまず、継続的貸付時における主債務者である中小企業の経営状態に注目している。［判例11］は経営状態が悪化し、担保物件も売却されたことなどの「事情を了知しうる状態にあったにもかかわらず、……金融機関としてなすべきこの点の注意を怠」ったこと、［判例13］はＹ１とＹ２に関しては不渡りを出した以降の貸付であったことに注目して責任を制限している。これに対して［判例12］は貸付は契約締結直後で「この僅かな間に主債務者の信用、資産状況が急激に悪化するなどのことも考えられない」として責任制限を否認しているが、継続的貸付時の経営状態を重視していることは変わりはない。

つぎに、保証契約時における予測の範囲内の貸付であったどうかについても注目している。［判例16］は「融通手形まで漫然と割り引くというようなことまで予想することは困難な状況」にあったこと、「当初の主債務額を基準として……営業規模に照らしてこれから通常予測しうる範囲」として責任制限を肯認しているのに対して、［判例17］は貸付金が「営業資金として使用されることは了知していた」こと、貸付は「営業資金として極端に多額なものではな」いこと、「通常の営業の過程における債務の累積によるもの」であったとして責任制限を否認している。結果において判断は分かれているが、両者に共通しているのは、継続的貸付の状況が当初保証契約締結時における通常の予測の範囲であるかどうかを判断基準としていることである。これは、第三者個人保証が債務の保証として有効に成立していることを前提とした上での、客観的合理的範囲判断の重要な要素ということになろう。

②継続的貸付の時期については、［判例11］は「契約の締結後三年余を経」ていたこと、［判例15］は「二年間の間、新たな貸付はなされておらず」「半年ほどの間に八〇〇万円も追加融資するのは、短期間に取引を拡大させた」として責任制限理由としている。これに対して［判例12］は主「債務の発生が契約締結直後旬日の間のことである」として責任制限を否認している。第三者個人保証契約締結後も、長期に渡って貸付が行われずにいるような場合にまで、主債務者である中小企業の経営上の債務を担保するさせることは合理性に欠けるわけで、保証責任制限のための客観的合理的範囲判断の要素となり得よう。

③継続的貸付時における説明義務及び保証意思の確認義務については、いずれの判例も最も重要視する要素である。［判例11］は保証人の「意向を打診することなく、漫然本件手形貸付をしたものであるという事実」関係のもとにおいて、保証債務の履行を求めるのは信義則に反し権利の濫用であって許されないとした原審判決は肯認できるとしている。［判決15］は「主債務者の営業に関与していないことは被告担当者において知っているのであるから、新たな貸付をする場合には、被告において、原告に確認するなり、個別に保証契約を新たに締結するのか望ましい」として、［判例14］は「追加貸付時に、被告に連絡したことはなく、もちろん追加分の金銭借用証書に被告の署名捺印を求めることはしていない」として責任を制限している。これに対して、［判例13］のＹ３については主債務者の経営悪化後の融資である

ことを事前に説明し、主債務者が事業を再開すればその運転資金についても引き続き融資をする用意のあることを説明し、全面的支援を要請していたとして責任制限を否認している。判例が、このような新規融資時説明義務及び保証意思確認義務懈怠を保証責任制限事由の重要な要素として捉えているのは、第三者個人保証の特質に注目したものとして妥当といえる。第三者個人保証は主債務者である中小企業の経営上の債務を継続的に担保するものであるとはいえ、多くの場合、特段の事情のない限りは、いつまでも経営上の債務保証を担保するものとして保証しているのではなく、保証契約締結時の貸付上の都合からなどの状況を前提として保証が行われているにすぎない。また、第三者個人保証人は主債務者である中小企業の経営に関与するものでもないことからその後の経営状態や融資状況を把握しているわけではない。これらのことからすると、金融機関が新規融資に当たって何らの説明も行わず、かつ保証の意思も確認しないまま漫然と融資を行い保証債務の履行を求めることは、第三者個人保証が付けられていることをよいことに、それを濫用するものとして信義に反し許されないのは当然といえるからである[5]。

③第三者個人保証人の保護義務については、［判例15］は「取引にあたっての債権者の債権確保のための注意義務の程度」が「合理的な範囲に保証人の責任を制限」するための判断要素となるとし、［判例18］は「物的担保の詳細などを十分説明」していなかったとして責任制限を肯認している。このような主債務について担保を徴求するなどの万全の債権保全措置を採るなどして保証人を保護する義務は、第三者個人保証においても最も重要視されるべき要素である。第三者個人保証のように主債務者である中小企業の経営に関与していないものに、経営上の債務を担保させることからすると、まず第一には、その債務につき債権者である金融機関自身が保全の措置をとるのは当然といえるからである[6]。

(オ) 小括　第三者個人保証の法的効力にかかわる以上のような判例の傾向は、結論的には妥当といえよう。ただ、根本的には異論が残る。それは、判例による第三者個人保証の法的効果或いは保証責任制限の理論は、判例が認定するような特段の事情が認められる場合に限るとしていることである。すなわち、第三者個人保証にあっては、前述のように原則として保証責任は制限されるものであり、その制限の範囲を判断するのに、これまで判例が認定するような諸要素が考慮されるというだけのことであって、諸要素の考慮は保証責任を制限するか否かを決めるためのものではないということを確認することが重要である。

このことを前提とした上で、第三者個人保証の法的効力についてみると、第三者個人保証が有効に成立しているものであるとしても、その後の新規融資が相当期間経過後であったり、新規融資が当初の融資時点では通常予測できないような融資であったり、主債務者である中小企業の経営悪化あるいは担保消滅後であるにもかかわらず新規融資に際して第三者個人保証人にこれらの諸事情について何ら説明をしないまま、かつ新規融資に当たっての保証意思を確認しないままに漫然と融資を行ったものであるときは、当然に保証責任の制限を受けるものと解するのが妥当ということになる。ただ、例外として【判例13】のY3についてのように諸事情の説明が行われ保証意思を確認するだけではなく、主債務者である中小企業の事業活動に不可欠である旨の要請を行い、かつ中小企業と第三者個人保証人とが、そのような要請を受けるに相当と判断することができるような関係が客観的に存在する場合においてのみ、保証責任は制限されないものということになる。

（1）包括根保証に関する判例についてではあるが、「信義則に照らして合理的な範囲に保証人の責任を限定するという考えが大勢をしめている」との指摘もある（牧山市治「判例解説」金融法務一五八一号一二四頁参照）。

（2）［判例14］については、錯誤について一部無効を採用する手法を用いたものと評されている（須田晃＝雄「判例評釈」判タ六九三号四九頁）。このように全部無効とせずに一部無効としていることから、実質的には責任制限と同じ理解に立っているともいえる。

（3）［判例14］に関連してではあるが、保証限度額欄に金額の記載のない基本取引約定書の拘束力についての解釈の問題であると指摘する見解（須田・前掲五〇頁）、「支払能力からして……保証人となる意思も能力もない」との判断によるものとする見解（松本崇「判例解説」判タ六七一号五九頁）がある。

（4）なお、実務においても、①極度額・期限の定めのないこと、②主債務会社との関係が密接でないこと、③保証契約当時に比べて取引が増大していること、④保証契約締結後長期間経過していること、⑤主債務者の資産・信用状態が悪化していること、・債権管理を怠っていることなどを判断基準として挙げている（上野淳「根保証徴求後の実務上の留意点」金融法務一一九四号四頁、牧山・

前掲一二五頁)。

(5) 同旨、牧山・一二五頁。なお、実務では、保証意思の確認を徹底して行うべきものであることはいうまでもないとされている(上野隆司「保証否認への対処と実務上の留意点」金融法務一一三四号七頁、大西武士「保証契約の成立」金融法務一一七六号五〇頁、西尾信一「判例解説」手形研究四二八号五〇頁など)。

(6) 多数の学説も、信義則に照らして合理的な範囲に保証責任を制限することについては肯認している(牧山・前掲一二五頁、上野・前掲四頁、小島浩「判例解説」判タ一〇〇五号二三頁など)。慎重説としては、後藤勇「継続的保証における保証責任の限度」判タ四四五号一五頁。

## 2 中小企業貸付保証の法的効力についての制限法理

(1) 中小企業貸付保証と保証類型　保証一般の法的効力については、民法四四六条以下で規定している。ただ、そこでは立法者は、多数当事者の債務関係の一種であるとの考えに基づいて規定したものである。しかし、今日では、かかる法形式よりも、その実質的効果に注目して、いわゆる人的担保との見地に立って論議されている。このような見地に立ってみるとき、「保証法は、債権の保全と保証人の保護との間における妥協である」[1]といわれているように、債権者と保証人の両者の利害調整を念頭に置いて、その規範的効力を考えていかなければならないという内包的宿命を担っているのである。その際、保証人の保護の問題が、保証法の根本問題であると指摘されている。[2]このようなことから、民法上の保証債務規定の解釈適用にあたっては、学説においても判例理論によっても保証人の責任制限の法理を形成してきているところである。[3]これに加えて、保証法における債権者と保証人との利害調整に注目するとき、保証の目的との関係においての保証法理形成の必要性が認識されてきている。すなわち、民法の保証規定は、保証の一種としての主債務者の債務担保のための保証(いわゆる「債務保証」)に関する規定であるにすぎないのであって、保証には債務以外の「もの」を担保する保証も存在することに注目して、その担保される「もの」の類型に応じた保証法理の形成が必要であるとするものである(その類型化の試みとしては、[4]中小企業貸付保証の法的効力を考える上においても、このような類型的保証法理によることが緊要になる)。

⑵　経営者等個人保証の法的効力についての制限法理　中小企業貸付に伴う経営者等個人保証にあっては、例えば「貸付に伴う一切の債務を保証」する旨が約定されている場合、そこでは、「事実的意思」としては「保証の意思」は明らかではあるが、「規範的意思」としては「債務保証意思」ではなく、まず「経営責任を担保」する意思があったにすぎないと解すべきである。

この「事実的意思」と「規範的意思」の関係については、「当事者の現実の意思」の問題と「その意思の拘束」の問題は分けて考えるべきであり、現実的意思を前提としながら、「根保証をした者の過当な負担を避けるという、より客観的・規範的判断」を加えてた上での「規範的意思」を確定し、かかる「規範的意思」こそが法的拘束力を根拠づける根源になるものであると指摘されている(5)。最高裁平成六年判決(6)でも、包括根保証契約と根抵当権設定契約とが同時に締結された場合に「本件保証契約の文言上保証の限度額が明示されなかったとしても、客観的には、その限度額が本件根抵当権設定契約の極度額である一二〇〇万円と同額であると解するのが合理的であ」ると判示したのも、同様の法的思考によるものと評されている(7)。さらに、このことは、合意された「特約」も「客観的合理性」があるか否かによって拘束力が左右されるとする確立した法解釈の論理と異なるものではないのである。

ところで、このような経営者等個人保証は「経営責任担保」を第一次的目的とするものであることについては、これを明確に容認する判例もみられ(8)、一般的にも異論はないであろう。そこで、このような経営責任担保にあっては、経営に対する規律付けや経営努力など経営全体についての責任を担保するものであり、法的責任ではないとの考えもあり得る。しかし、それが単なる経営責任念書としてではなく保証契約として合意されている以上は、このような経営責任の懈怠や経営の破綻によって生ずる融資金融機関の損害を担保するという法的効力を有するものと解すべきである。

ただ、問題は、経営者個人保証人において、このような経営責任の懈怠や経営の破綻によって生ずる融資金融機関の損害の担保という法的「債務」負担の規範的意思があったか否かをまず問題としなければならない。もし、このような法的「債務」負担の規範的意思が欠如する場合は、道義的、経営倫理的責任に留まるものといわなければならない。

つぎに、経営者個人保証人の責任を追及するには、経営責任担保の規範的意思があるとして、その経営責任担保のために、経営者個人保証人において一般財産の全てを引き当てにし、あるいは場合によっては一般財産でも賄いきれない法的「責任」負担の規範的意思があったかどうかが重要になる。そこでは、経営者個人保証人に当該経営責任担保として、このような法的責任を負担させることに客観的合理的理由があったかどうかの客観的・規範的判断が必要になる。もし、このような法的「責任」負担の規範的意思が欠如するとすれば、経営者等個人保証の法的効力は「責任なき債務」にすぎないと解される。

さらには、かりに法的「責任」負担の規範的意思があったとしても、その法的責任の内容と範囲が問題になる。この場合の法的責任の内容は、経営責任の懈怠や経営の破綻によって生ずる融資金融機関の損害の担保である。抽象的には、融資金融機関が主債務企業から融資金の返済を受けることができなくなったことによる損害ということになる。しかし、具体的に、経営者個人保証人が負担しなければならない損害の範囲については、当該損害の発生の原因が経営者個人保証人に一〇〇パーセント存在し、融資金融機関には何らの責任もないとするならば、融資金融機関が主債務企業に融資し回収できなかった全額について経営者個人保証人の負担ということになる。これに対して、融資金融機関にも何らかの責任がある場合には、融資金融機関が加担した範囲において、経営者個人保証人の負担を軽減するのが公平の観念に照らして当然ということになる。このような論理は、不法行為法理における過失相殺的な論理であって契約法理には妥当しないものとの反論も予想されるが、今日では表見代理や契約締結上の過失理論を始め契約法理においても契約責任の割合的負担法理形成の必要性が強調されてきていることと軌を一にするものである。それはもとを正せば、不法行為責任であれ、契約責任であれ、私法関係における損害の公平な負担の考えに根を発するものであって社会的正義として肯認されるものである。とくに、経営者個人保証では、経営者個人保証人が経営責任の懈怠ないし経営の破綻などによって生ずる融資金融機関の損害につき責任を負担するものであることからすると、仮に融資融資機関が何らかの意味で主債務企業の経営破綻を予期し、あるいは関与していたとすれば主債務企業から回収できないことによる損害の全額を経営者個人保証人に負担させることは公平に反し社会的正義として肯認できるものではないからである。かかる観点に立つとき、融資金融機関が主債務企業に経営者個人保証付融資を行うにあたっての融資金融機関による主債務企業の経営状況の把握、主債務企業の経営への関与、当該融資の目的などを勘案して、主債務企業の破綻による回収不能による損害の公平な分担を具体的に判断することが重要になる。その際、融資金融機関が主債務企業に経営者個人保証付融資を実施する場合、主債務企業の営業収益から融資金の回収が可能であるとの判断があって融資が実施されるのが通常であることからすると、その後に主債務企業の経営が破綻し融資金を回収することができなくなり損害を被る結果になったのは、特段の事情のない限り、自らの融資に当たっての判断に誤りがあったことにも起因するのが通常であるとすると、その損害の全額を経営者個人保証人に負担させるのは極めて公平を失するということになる。すなわち、融資金融機関自らの融資判断ミスを経営者個人保証人に全て肩がわりさせることは許されないのである。このことは経営者個人保証に原則的に内包する法理でもあるのである。

つぎに、経営者個人保証人に、いわゆる「債務保証」責任を求める場合は、債務保証の意思、債務保証責任負担の意思及び債務保証責任を負担させることについての客観的合理的理由の存在についてまず判断しなければならない。債務保証の意思の存在が肯認できない場合は「債務保証」不成立で無効となる。債務保証の意思があっても債務保証責任負担の意思及び債務保証責任を負担させることについての客観的合理的理由が存在しない場合は「責任なき債務」となる。ところで、仮に「債務保証」性を併存するものであるとしても、そのことによって直ちに保証人に主債務全額についての保証責任を負わすことは従来の保証法理からみて妥当でない。根保証についての保証人の責任を制限するための諸法理が一般的に承認されていることになるからである。最高裁昭和四八年判決(9)では主債務者が経営悪化状態にあるのに新たな貸付を行ったなど融資時の状況を勘案して「保証債務の履行を求めるのは、信義則に反し権利の濫用であって許されない」と判示している。また、有力学説には、債権者に「保証人の負担をなるべく重からしめないように注意する義務」のあることを肯認し、これに違背した場合には、保証人の責任を免責するなどにより保証人を保護すべきであるとの見解もみられる（西村信雄『継続的保証の研究』二一二頁）。

さらには、今日、融資債権者が金融機関である場合に、融資に伴う融資者責任（レンダー・ライアビリティ）を法的にも追及されることについては肯認されているところである。この融資者責任（レンダー・ライアビリティ）は融資先の主債務者との関係に限定されるものではなく、融資に関連して生ずる社会的不合理の責任を融資者に負わそうとするものでもあることからすると、融資に最も緊密な関係にある保証人との関係においても適用されてしかるべきであり、このような融資者責任の懈怠から生ずる損害の一端は融資者自らにおいて負担するのが当然ということになる。

(3)　第三者個人保証の法的効力についての制限法理　中小企業貸付に伴う第三者個人保証にあっては、「事実的意思」として「保証の意思」があったとしても、経営者等個人保証と異なり「経営責任」を担保するという「規範的意思」は存在しない。むしろ「規範的意思」としては「債務保証意思」が問題とされる。しかし、前述したように、通常、第三者個人保証人において、融資金融機関が主債務企業の企業展開においての貸付に伴う債務の全てを保証するような規範的意思があると解することは妥当でない。根保証契約にあたって保証債務についての予測が可能になる程度の説明義務が尽くされ、かつそれに伴って生ずる債務を担保する旨の意思確認が行われていること、その後の継続的貸付においてもその都度、同様の説明義務や確認義務が尽くされていることが必要であるだけではなく、このような第三者に主債務企業に対する融資に伴う債務を担保させるだけの客観的合理的理由が存在しない限り、「債務保証」不成立で無効と解すべきである。

## 五　中小企業貸付保証の法的効力と金融庁事務ガイドラインの関係

前述した金融庁の「中小企業貸付に伴う経営者ないし第三者保証の取扱いについて」の事務ガイドライン(10)は、保証の法理形成にあたっては、当該保証の目的や機能との関係における類型的形成の要請に対応するものと評することができる。とくに、中小企業貸付保証の実態を踏まえたての適切なガイドラインであり、実体法的にも中小企業貸付保証の法的効力を考えるにあたっての基準ともなるものといえる。

そこでの要点は、第一に契約時点等における「説明義務」のあること、第二に契約締結後における「状況提供義務」のあること、第三に保証をとることについて「客観的合理的理由」が存在することが必要であるとするものである。

第一の「説明義務」については、「保証債務負担意思」のみならず「保証責任負担意思」の形成のための説明義務であるとしている。これは単に、今日、金融商品取引に伴う商品内容についての説明義務に留まるものではなく、規範意思としての保証「意思形成」のための説明義務であり、かつ「債務負担」と「責任負担」の二重の意思形成のための説明義務ということになる。これらの説明義務懈怠としては、実体法的には前者については「保証債務」不成立で無効、後者については「責任なき債務」保証と解することになろう。

第二の「状況提供義務」は、第三者個人保証に限られているが、融資先中小企業の経営実態を把握できる立場にない第三者保証人の保証意思を常時、確認する義務につながるものでもある。このため、主債務状況を提供しないままに漫然と融資を継続していたよう場合には、その後の融資に伴う保証債務についての責任制限を受けるものと解される。

第三は保証人に保証意思がある場合であっても、経営者等個人保証や第三者個人保証を徴求する「客観的合理的理由」が存在しない場合には、保証の法的効力を否定する意図をもつものと解される。これは画期的な提言である。そこで、これを実体法的にどのように受け止めるかである。保証の法的効力を考えるにあたっては、「事実的意思」としての保証の意思がある場合であっても、保証人の過当な負担を避けるという、より客観的・規範的判断を加えた上での「規範的意思」を確定し、かかる「規範的意思」こそが法的拘束力を根拠づける根源になるものであると指摘されている[(11)]ことや、最高裁平成六年判決[(12)]も同様の操作を行ったものと指摘されていることとの関係においてみると、ここでの「客観的合理的理由」は、かかる「規範的意思」を確定する上における重要な要素と位置付けることができよう。それは、説明義務に基づいた規範的「保証意思」形成と併存して、中小企業貸付保証の債務保証としての規範的効力を根拠づける根源であると解される。このため、かかる「客観的合理的理由」が存在しない場合には、中小企業貸付保証の債務保証としての法的効力は否定されることになろう。

## おわりに――中間試案との関係

最近、法制審議会は「保証制度の見直しに関する要綱中間試案」（平成一六年五月二四日法制審議会保証制度部会決定）を発表した[13]。

そこでは、第一に、貸金債務の根保証について保証限度額を定めることと、保証期間の制限が考えられている。この考え方は、根保証のうちいわゆる包括根保証を無効とし、保証限度額と保証期間を限定した限定根保証のみを有効として、保証人がその保証債務の範囲が予め推測できるものとするものと推測される。しかし、かりに包括根保証の法的効力を否定し限定根保証化するとしても、そのことによって中小企業貸付に伴う保証人の保護を図ることができるかどうか疑問である。その状況は、本稿では検討する余裕はなかったが、商工ローン業者など金融業者の融資に伴う第三者個人限定根保証の事案[14]において知りうることからも明らかである。そして、これらの事案においては、判例は、いずれも信義則による責任制限を認めたり、公序良俗違反、心裡留保、詐欺、錯誤などの理論を駆使して保証の法的効力を否定するなどの努力を行ってきているのである。このことからすると、このような要綱中間試案では、このような状況を打破することはできないということになりかねない。それだけではなく、限定根保証であれば法的効力があることを明記することによって、限定根保証に対するこれまでの判例の責任制限のための法的理論構成を否定する根拠となる可能性もないではないであろう。

第二に、保証期間経過以外の事由による元本の確定制度を提言している。すなわち、主債務者又は保証人に強制執行の中立、破産宣告、死亡のあるとは元本が確定するとするものである。このことによって、根保証人は主債務者の信用悪化後の債務については保証責任を免れうること、包括根保証の相続性の否定につながるものである。主債務者の信用悪化後の貸付についての保証責任の制限を明示することによって金融機関が保証人を狙い撃ちにする放漫な貸付を抑制するということで評することができる。しかし、このような保証人の責任制限は、今日、判例理論としても確立したものということができ実質的にどれだけの意味があるか疑問である。

第三に、①保証期間中の主債務者の資産状態の悪化など著しい事情の変更などによる元本確定請求、②主債務の状況についての保証人への通知義務懈怠の私法上の効果付与、③第三者個人保証人の期間の経過による元本確定請求と債権者の必要な情報の通知義務懈怠による元本確定などについては、なお検討するものとしている。しかし、本稿でも検討したように、中小企業貸付に伴う第三者個人保証においては②と③は不可欠なものであり、これらについての私法的効力に関する規定が設けられないとしたら保証制度の見直しはどれほどの意味があるか疑問である。

そこでより根本的には、本稿で検討したように中小企業貸付保証の法理を探求し、その上に立っての立法化が求められよう。そのためには、金融庁による「中小企業貸付に伴う経営者ないし第三者保証の取扱いについて」の事務ガイドラインを謙虚に受け入れ、これを実体保証法としてどのように規定するかにつき検討することこそが肝要ではないかと思われる。

(1) 椿寿夫『西村信雄編・注釈民法(11)』二一一頁。
(2) 星野英一『民法論集二巻』九七頁。
(3) 伊藤進『保証・人的担保論』(私法研究著作集第六巻)一八頁以下。
(4) 伊藤進・前掲書四三頁以下参照。
(5) 同旨、磯村保「根保証契約の保証限度額が明示されてなかった場合に根抵当権の極度額と同額であるとされた事例」金融法務事情一四二八号五二頁以下、荒川重勝「極度額の定めのない併用根保証に対する根抵当極度額の影響」私法判例リマークス一九九六年上一〇頁以下。
(6) 最判平成六・一二・六判例時報一五一九号七八頁。
(7) 磯村・前掲五五頁、荒川・前掲四四頁。
(8) 東京地判（平成一二年(ワ)第一九三三八号保証債務等請求事件）平成一五・一〇・二八。
(9) 最判昭和四八・三・一金融商事判例三五八号二頁。
(10) 金融庁「新しい中小企業金融の法務に関する研究会」報告書等を踏まえての「金融監督等にあたっての留意事項について――事務ガイドライン――第一分冊・預金取扱い金融機関関係」の一部改正（平成一五年七月二九日）参照。
(11) 磯村・前掲五二頁以下、荒川・前掲一〇頁以下。
(12) 最判平成六・一二・六判例時報一五一九号七八頁。
(13) ＮＢＬ七八六号七二頁以下、金融法務事情一七〇八号一六頁以下。
(14) 東京高判平成一三・一二・一八判例時報一七八六号七一頁、大阪高判平成一三・七・一〇判例時報一七七一号九八頁、東京高判平成一三・二・二〇金融商事判例一一一一号三頁、東京地判平成一二・一・二六判例時報一七三五号九二頁など。

# 10　会社代表者個人保証の責任制限

## 一　緒　言

本稿は、保証債務等履行請求控訴事件（以下、「本件」という）に係わって、本件控訴人（被告）が被控訴人（原告）との間での保証書及びその後の差し替え保証書に係わる「私は、株式会社A（以下債務者という）が、Aプロゼェクト保留床買取資金として貴行から手形貸付の方法をもって借り受け現在負担し又は平成九年九月三〇日までに負担する債務及びこれに付帯する一切の債務につき、元本極度一一〇億円及びこれに付帯する一切の債務を限度として、債務者と連帯して保証債務を負い、その履行については、債務者が別に差し入れた銀行取引約定書の各条項のほか、本契約に従います。」旨の保証契約（以下、「本件保証」という）が、真正に成立したものであるとした場合における本件保証の規範的効力につき、原審（東京地方裁判所民事第二三部・平成一二年(ワ)第一九三三八号・保証債務等請求事件）が「保証契約締結の効果として、前記のような経営責任上の効果と法的責任とは併存しうるものであるから、本件連帯保証契約の締結に際して、興銀が主として経営責任上の効果を念頭に置いていたとしても、法的責任を免除するなどの特段の合意が認定できない以上、被告Yがその法的責任を免れることはできないと言うべきである。」（原審判決三三頁）との判断に基づき、保証債務の支払を命じたことの当否につき検討するものである。

## 二　本件保証の規範的効力を考えるにあたっての前提——保証の類型化理解の必要性

保証については、わが国では民法第三編第一章第三節第四款保証債務（民法四四六条〜四六五条）（旧規定）で規定している。そこでは、立法者は、保証債務は多数当事者の債務関係の一種であるとの考えに基づいて規定したものであるが、今日では、かかる法形式よりも、その実質的効果に注目して、いわゆる人的担保制度との見地に立って論議されていることは周知のところである。

このような見地に立ってみるとき、「保証法は、債権の保全と保証人の保護との間における妥協である」（椿寿夫『西村信雄編・注釈民法(11)』二一一頁）といわれているように、債権者と保証人の両者の利害調整を念頭に置いて、その規範的効力を考えていかなければならないという内包的宿命を担っているのである。そして、その際、「保証人は自己の全財産をもって他人の債務を担保するものであり、他人のために自己の全財産に執行を受ける危険にさらされている。……ところが、保証人が履行をする事態に立ち至ることは必ずしも予想されていないため、保証人が自己の責任が重いこと、自己に累の及ぶことが十分に意識せずに保証することが多いことによって、危険が一層増大する。この、保証の危険性に、保証法の考慮すべき問題の一が存在する」（星野英一『民法論集二巻』一九七頁）と指摘されているように保証人の保護の問題が、保証法の根本問題ともいえるのである。

このようなことから、民法上の保証債務規定の解釈適用に当たっては、西村信雄教授が、保証一般の特殊性として、保証の、利他性、人的責任性、無償性、情義性、未必性、および軽率性を挙げ、さらに継続的保証の特性として、永続性、広汎性を加え、かつ保証一般の特殊性はここで増幅するとして、とくに継続的保証では保証人の責任を制限する必要のあることを強調され、保証人の責任制限のための理論的根拠を解明されたことは周知のところであり、これが今日において一般的に承認され、学説においても判例理論によっても保証人の責任制限の法理を形成してきているところで

ある（参照、伊藤進『保証・人的担保論』（私法研究著作集第六巻）一八頁以下）。

これに加えて、保証法における債権者と保証人との利害調整に注目するとき、保証の目的との関係においての保証法理形成の必要性が認識されてきている。すなわち、民法の保証規定は、保証の一種としての主債務者の債務担保のための保証（いわゆる「債務保証」）に関する規定であるにすぎないのであって、保証には債務以外の「もの」を担保する保証も存在することに注目して、その担保される「もの」の類型に応じた保証法理の形成が必要であるとするものである（その類型化の試みとしては、伊藤進・前掲書四三頁以下参照）。判例理論でも、民法の債務保証規定の解釈的修正という形で、実質的には同様の考えによるものとみることができる状況がみられる。

このような類型的保証法理形成ともいえる代表的なものとしては、つぎのような状況がみられる。

一つは、中小企業信用保証協会の保証である。この保証については、中小企業者への融資に当たっての「信用を補完」するのが第一次的目的であって、中小企業者の債務を保証するのは副次的目的である点に注目しての保証法理の形成が展開されている。このため学説では、この保証の法的性質について「信用の保証」性に注目して「機関信用保証」説や「信用補完」説が有力に主張されている（伊藤進・前掲書一三六頁以下参照）。判例理論としては「債務の保証」であり、本質的には「民商法上の保証」と異なるところがないとの見解に立ちながらも、「信用の保証」であることの最も象徴的特徴とされる求償関係における中小企業信用保証協会の負担部分を「ゼロ」とする特約の効力を肯認する（東京高判昭和五三年一一月二五日判例時報九一九号六二頁、東京高判昭和五一年二月一六日金融法務事情八〇〇号七七頁など多数）ことによって実質的には信用の保証的処理を行っている。

二つは、履行保証である。最高裁大法廷昭和四〇年判決（最大判昭和四〇年六月三〇日民集一九巻四号一一四三頁）は、売買契約における売主の履行債務についての保証の事案で「特定物の売買における売主のための保証においては、通常、その契約から直接に生ずる売主の債務につき保証人が自ら履行の責に任ずるというよりも、むしろ、売主の債務不履行に基因して売主が買主に対し負担することあるべき債務につき責に任ずる趣旨でなされるものと解するのが相当である」として、売買契約が解除された場合の原状回復義務についての保証と解するに至っている。この判決は、売買契約上の履行保証の目的に注目しての規範的効力を判断したものであると評することができよう。

三つは、保証人となる者（保証主体）の属性に注目した保証法理形成の提言である。従来から個人による個人保証と保証機関による機関保証との違いに注目しての保証法理の形成については一般的に承認されてきているが、近時は個人保証と法人保証とに区別し、法人保証についても協会保証、銀行保証、保証会社保証及び企業保証に類型化して保証法理を形成すべきであるとの有力な提言がなされている（椿寿夫編「法人保証の現状と課題」別冊NBL六一号一頁以下参照）。

四つは、前述の保証主体の属性に注目した保証法理形成の一環として位置付けることのできる中小企業貸付に伴う経営者ないし第三者保証の取扱いについて、金融庁が事務ガイドラインを示したことである（金融庁「新しい中小企業金融の法務に関する研究会」報告書等を踏まえての「金融監督等にあたっての留意事項について―事務ガイドライン―第一分冊・預金取扱い金融機関関係」の一部改正（平成一五年七月二九日）参照）。すなわち、①契約時点等における説明として、個人保証契約については、保証債務を負担するという意思を形成するだけでなく、その保証債務が実行されることによって自らが責任を負担することを受容する意思を形成するに足る説明を行うこととして、貸付先の中小企業の経営者に個人保証を求める場合（以下「経営者個人保証」という）及び名目的役員や経営者の父母、兄弟、友人などの第三者に個人保証を求める場合（以下「第三者個人保証」という）には保証人になる者の「保証債務負担意思」のみならず「保証責任負担意思」の形成のための説明義務があること。②経営に実質的に関与していない第三者と包括根保証契約を締結する場合には、契約締結後、保証人の要請があれば、定期的かつ必要に応じて随時、債務者の借入残高・返済状況について情報を提供する義務、すなわち「第三者個人保証における主債務状況提供義務」があること。③経営に実質的に関与していない第三者に保証を求める場合には、保証人の立場、主債務者と他の保証人との関係等を踏まえ、当該保証人との間で保証契約を締結する客観的合理的理由、特に包括根保証契約については、「債権保全の観点からみて有効性に限界がある」と指摘されていることも踏まえた客観的合理的理由の説明を行う態勢の整備、すなわち「第三者個人保証における契約締結の客観的合理的理由」が存在すること。④経営者等に包括根保証を求める場合には、代表者であることをもって一律に包括根保証を求めることについて様々な批判があることを踏まえ、当該保証人と包括根保証契約を締結する客観的合理的理由の説明を行う態勢の整備、すなわち「経営者個人保証における客観的合理的理由」が存在することなどとしている。

五つは、ドイツにおいてではあるが、無資力の親族による保証について、基本法（憲法）の人権侵害にあたり無効とする判例（シュレヒトリーム／ダウン（海老原明夫訳）「一九九二〜一九九四年のドイツ債権法の発展」日独法学18（一九九四年）七頁以下参照）までみられ、保証契約の状況に応じての規範的効力の判断という考えは世界的傾向となりつつある。わが国でも消費者による保証については、早晩、消費者契約法との関係において、その規範的効力が判断される可能性のあることも予測されている。

以上、概観したように、今や、保証法は、民法上の債務保証として一元的に把握するのではなく、保証目的や保証主体などを勘案しながら、保証契約の規範的効力を定めるという方向にある。そこで、「本件保証」の規範的効力の判断に際しても、このような観点に立つことの必要性を強調しておきたい。

## 三　本件保証における「事実的意思」と「規範的意思」

本件保証では、保証書によると「元本極度一一〇億円及びこれに付帯する一切の債務」を被保証債務とする連帯根保証契約が締結されたことになる。そして、この保証書が真正に成立したものだとすると、それは「保証人の意思」によるものであったと言える。そして、保証の法的効力は保証契約当事者が、その契約締結に際してどのような意思を有していたかに依存するものであることから、本件保証は「元本極度一一〇億円及びこれに付帯する一切の債務」限定根保証としての効力を有するものであることを前提とした上で、今日、学説、判例において一般的に肯認されている根保証における責任制限法理の適用の有無を検討し保証責任の範囲を判断するという論理の展開になる。

しかし、前述の「保証人の意思」とされるものは「現実的意思」にほかならない。これが直ちに保証人の「規範的意思」とみてよいかどうか問題である。「当事者の現実の意思」の問題と「その意思の拘束」の問題は分けて考えるべきであり、現実的意思を前提としながら、「根保証をした者の過当な負担を避けるという、より客観的・規範的判断」を加えてた上での「規範的意思」を確定し、かかる「規範的意思」こそが法的拘束力を根拠づける根源になるものである（同旨、磯村保「根保証契約の保証限度額が明示されてなかった場合に根抵当権の極度額と同額であるとされた事例」金融法務事情一四二八号五二頁以下、荒川重勝「極度額の定めのない併用根保証に対する根抵当極度額の影響」私法判例リマークス一九九六年上一〇頁以下）。最高裁平成六年判決（最判平成六年一二月六日判例時報一五一九号七八頁）でも、包括根保証契約と根抵当権設定契約とが同時に締結された場合に「本件保証契約の文言上保証の限度額が明示されなかったとしても、客観的には、その限度額が本件根抵当権設定契約の極度額である一二〇〇万円と同額であると解するのが合理的であ」ると判示したのも、同様の法的思考によるものと評されている（磯村・前掲五五頁、荒川・前掲四四頁）。さらに、このことは、合意された「特約」も「客観的合理性」があるか否かによって拘束力が左右されるとする確立した法解釈の論理と異なるものではないのである。

以上のことからすると、本件保証について、保証人に本件の保証書に記載されたような内容の保証債務負担の意思があることをもって直ちに、同内容の規範的効力を認めることは妥当でないということになる。

## 四　本件保証の規範的効力

### 1　本件保証の「経営者個人保証」性とその規範的効力

そこで、本件保証の規範的効力を根拠付ける当事者の「規範的意思」についてみると、原審は「本件連帯保証の目的については、『オーナーとしての経営責任をより明確にするというようなことが趣旨』であった旨供述し」たことを認定し、「保証契約締結の効果として、前記のような経営責任上の効果と法的責任とは併存しうるものである」と判断している。すなわち、本件保証は、当事者間において、一般に言われている、いわゆる「経営者個人保証」の意思で締結されたものであるといえる。

そこで、このような経営者個人保証が直ちに民法が予定する債務の保証としての規範的効力が認められるものかどうかである。前述した保証法における保証人と債権者との利害調整の観点に立っての類型的法理形成の必要性からみて、直ちに直結させることは、今日では妥当でないことは明らかである。

ところで、経営者個人保証は「経営責任担保」を第一次的目的とするものであることについては、原審判決でも認容しているところであるし、一般的にも異論はない。このような経営責任担保にあっては、経営に対する規律付けや経営努力など経営全体についての責任を担保するものであり、法的責任ではないとの考えもあり得る。しかし、それが単なる経営責任念書としてではなく保証契約として合意されている以上は、このような経営責任の懈怠や経営の破綻によって生ずる融資債権者の損害を担保するという法的効力を有するものと解すべきである。この意味では、原審判決が法的責任も併存すると判断したことは妥当と評し得る。

ただ、問題は、経営者個人保証人において、このような経営責任の懈怠や経営の破綻によって生ずる融資債権者の損害の担保という法的「債務」負担の規範的意思があったか否かをまず問題としなければならない。もし、このような法的「債務」負担の規範的意思が欠如する場合は、道義的、経営倫理的責任に留まるものと言わなければならない。

つぎに、経営者個人保証人の責任を追及するには、経営責任担保の規範的意思があるとして、その経営責任担保のために、経営者個人保証人において一般財産の全てを引き当てにし、あるいは場合によっては一般財産でも賄いきれない法的「責任」負担の規範的意思があっかどうかが重要になる。そこでは、経営者個人保証人に当該経営責任担保として、このような法的責任を負担させることに客観的合理的理由があったかどうかの客観的・規範的判断が必要になる。かかる客観的合理的理由の存否の判断に関しては、本件保証では、主債務者であるAへの一一〇億円という高額の融資に当たって、Yが保証契約を締結するに至った諸事情を勘案することが必要である。そこで、この点についてみると、原審の認定によれば、Yは個人保証をするにつき「それなりの抵抗感を抱いていたことは十分推測されるところ」であったこと、Aの財産の差押えという事態を避けるために、Yからの融資が不可欠であり「本件連帯保証を受け入れざるを得ない事情」にあってやむなく個人保証をしたこと、Yにも「Aが滞納負担金等について差押えられることによるメインバンクとしての社会的責任を回避する動機があったことは否めなかった」こと、本件融資は、Aの取得する保留床とAグループの株式を担保として予定されていたこと、Yの資産に照らし非現実的な高額の保証であったことなどを勘案すると、Yに経営者個人保証人として一般財産の全てを引き当てにし、あるいは場合によっては一般財産でも賄いきれない法的「責任」負担の規範的意思があったといえるかどうかは疑問である。もし、このような法的「責任」負担の規範的意思が欠如するとすれば、本件保証での経営者個人保証の規範的効力は「責任なき債務」と解するのが妥当である。

さらには、かりに法的「責任」負担の規範的意思があったとしても、本件保証では、その法的責任の内容と範囲が問題になる。この場合の法的責任の内容は、経営責任の懈怠や経営の破綻によって生ずる融資債権者の損害の担保である。抽象的には、融資債権者が主債務会社から融資金の返済を受けることができなくなったことによる損害ということになる。しかし、具体的に、経営者個人保証人が負担しなければならない損害の範囲については、当該損害の発生の原因が経営者個人保証人に一〇〇パーセント存在し、融資債権者には何らの責任もないとするならば、融資債権者が主債務会社に融資し回収できなかった全額について経営者個人保証人の負担ということになる。これに対して、融資債権者にも何らかの責任がある場合には、融資債権者が加担した範囲において、経営者個人保証人の負担を軽減するのが公平の観念に照らして当然ということになる。このような論理は、不法行為法理における過失相殺的な論理であって契約法理には妥当しないものとの反論も予想されるが、今日では表見代理や契約締結上の過失理論を始め契約法理においても契約責任の割合的負担法理形成の必要性が強調されてきていることと軌を一にするものである。それはもとを正せば、不法行為責任であれ、契約責任であれ、私法関係における損害の公平な負担の考えに根を発するものであって社会的正義として肯認されるものである。とくに、経営者個人保証では、経営者個人保証人が経営責任の懈怠ないし経営の破綻などによって生ずる融資債権者の損害につき責任を負担するものであることからすると、仮に融資債権者が何らかの意味で主債務会社の経営破綻を予期し、あるいは関与していたとすれば主債務会社から回収できないことによる損害の全額を経営者個人保証人に負担させることは公平に反し社会的正義として肯認できるものではない。かかる観点に立つとき、融資債権者が主債務会社に経営者個人保証付融資を行うにあたっての融資債権者による主債務会社の経営状況の把握、主債務会社の経営への関与、当該融資の目的などを勘案して、主債務会社の破綻による回収不能による損害の公平な分担を具体的に判断することが重要になる。その際、融資債権者が主債務会社に経営者個人保証付融資を実施する場合、主債務会社の営業収益から融資金の回収が可能であるとの判断があって融資が実施されるのが通常であることからすると、その後に主債務会社の経営が破綻し融資金を回収することができなくなり損害を被る結果になったのは、特段の事情のない限り、自らの融資にあたっての判断に誤りがあったことにも起因するのが通常であるとすると、その損害の全額を経営者個人保証人に負担させるのは極めて公平を失するということになる。すなわち、融資債権者自らの融資判断ミスを経営者個人保証人に全て肩がわりさせることは許されないのである。このことは経営者個人保証に原則的に内包する法理でもあるのである。さらに本件保証についてみると、原審判決認定のように、融資債権者である興銀（X）が、平成六年から役員を株式会社Aに送り込み、Aグループはいわゆる銀行管理の状態にあったことなど「興銀とAグループは密接な関係にあったこと」、「興銀がAグループを銀行管理に置いたのちに本件融資が実行された」ことなどからすると、興銀（X）が実質的に経営を展開していく過程の中での破綻による融資金回収不能による損害であること、また前述したように本件融資は興銀（X）の「メインバンクとしての社会的責任を回避する動機」のためでもあったことからすると主債務会社であるAに本件融資を行うことによって自らの社会的責任を果たすものでもあったことの結果としての損害であることなどの事情がみられる。このような事情は、前述した融資債権者自らの融資判断ミス以上に、自らが招いた融資に伴う損害ともいえるものと評することができることからすると、Yに仮に経営者個人保証人として法的「責任」負担の規範的意思があったとしても、その責任の範囲は軽微なものであり、制限されるべきものと判断される。

以上が、経営者個人保証類型の規範的効力内容であり、このことからすると、本件保証の規範的効力としても、前述したような問題点が存在するものであることを指摘しておきたい。

## 2　本件保証と「債務保証」性

本件保証は、保証書文言によれば「元本極度一一〇億円及びこれに付帯する一切の債務を限度として、債務者と連帯して保証債務を負」う旨、定められており、「債務保証」たる性質を有するものと解される。しかし、本件保証の全趣旨からすると原審判決でも肯認しているように、いわゆる「経営者個人保証」であって経営責任担保を目的とする保証であることは前述したところである。ただ、このような「経営者個人保証」が「債務保証」としての性質を併存させることを否定する理由はない。しかしこの場合は、本件保証は本来は経営者個人保証にすぎないのであるから、それが「債務保証」たる性質をも併存するものであるとするためには、当事者間において経営責任担保に加えて、主債務会社の当該融資債務を主債務会社が履行しない場合には主債務会社に代わって履行するとの規範的意思の存在、すなわち「債務保証」意思と、自己の一般財産を引き当てとして債務保証につき責任をも負担するとの意思、すなわち「債務保証責任」負担意思の存在が確認され、さらに保証人に債務保証責任を負担させることについての「客観的合理的理由」

が存在すると判断された場合に限られることになる。

本件保証では、原審認定の事実からは、これらの諸意思を確認し、あるいは客観的合理的理由の存在を導き出すことはできない。反対に、これらの諸意思や客観的合理的理由の存在しないこと、専ら経営責任担保に限られているとも判断される。

ところで、本件保証が、仮に「債務保証」性を併存するものであるとしても、そのことによって直ちに保証人に主債務全額についての保証責任を負わすことは従来の保証法理からみて妥当でない。本件保証は包括根保証に類似する限定根保証ともいえる保証である。このような根保証については、保証人の責任を制限するための諸法理が一般的に承認されていることは周知の通りである。このことから、本件保証においても、Yの債務保証責任につき制限する必要がないのかどうかにつき検討されなければならない。最高裁昭和四八年判決（最判昭和四八年三月一日金融商事判例三五八号二頁）では主債務者が経営悪化状態にあるのに新たな貸付を行ったなど融資時の状況を勘案して「保証債務の履行を求めるのは、信義則に反し権利の濫用であって許されない」と判示している。また、有力学説には、債権者に「保証人の負担をなるべく重からしめないように注意する義務」のあることを肯認し、これに違背した場合には、保証人の責任を免責するなどにより保証人を保護すべきであるとの見解もみられる（西村信雄「継続的保証の研究」二一二頁）。さらには、今日、融資債権者が金融機関である場合に、融資に伴う融資者責任（レンダー・ライアビリティ）を法的にも追及されることについては肯認されているところである。この融資者責任（レンダー・ライアビリティ）は融資先の主債務者との関係に限定されるものではなく、融資に関連して生ずる社会的不合理の責任を融資者に負わそうとするものでもあることからすると、融資に最も緊密な関係にある保証人との関係においても適用されてしかるべきであり、このような融資者責任の懈怠から生ずる損害の一端は融資者自らにおいて負担するのが当然ということになる。このような債務保証法における保証人の保護法理の展開に鑑みるとき、本件保証における原審認定のような融資状況、融資目的、保証人と融資債権者（X）との関係などを総合すると、Yの保証債務責任は制限されてしかるべきであると判定する。ましてや、本件保証によって、Yの全財産を遥かに凌駕するがごとき高額の保証債務責任を負担させることは、Yの生存をも脅かすものであり人権侵害ともいえるべきものであって、前述したドイツにおける最高裁判所の見解と比較しても、許されるべき解釈ではないといえよう。

## 五　結　語

以上から、原審判決が、本件保証では「経営責任上の効果と法的責任とは併存しうるものである」と判示したことは妥当としても、その「法的責任」の内容と範囲を、保証書文言通りに「元本極度一一〇億円及びこれに付帯する一切の債務」についての責任と判示したことについては、本件保証における当事者の規範的意思の解釈を誤り、本件保証の規範的効力についての判断を誤ったものといわざるを得ない。

本件保証は、前述のように、第一に、経営責任を担保するための、いわゆる「経営者個人保証」としての性質を持つものとして捉えるべきである。このことから経営者個人保証人に法的責任としての経営責任を求めるにあたっては、本件保証契約の締結時の状況、Xである融資債権者の本件保証契約締結にあたっての経営上の判断、かつ融資後の主債務会社の経営への参画の状況など諸般の事情を考慮して判断しなければならないものである。かかる観点に立ってみるとき、本件保証では、経営者個人保証責任を求めることは公平の観念に反し、信義則上許されないか、その責任の範囲は制限されるべきであると判定する。

第二に、原審判決のように経営者個人保証人に、いわゆる「債務保証」責任を求める場合は、債務保証の意思、債務保証責任負担の意思及び債務保証責任を負担させることについての客観的合理的理由の存在についてまず判断しなければならない。債務保証の意思の存在が肯認できない場合は「債務保証」不成立で無効となる。債務保証の意思があっても債務保証責任負担の意思及び債務保証責任を負担させることについての客観的合理的理由が存在しない場合は、本件保証の規範的効力は「責任なき債務」となる。

第三に、仮に第二で述べた要素が全て充たされているとした場合には、今日、学説、判例共に異論なく認めているところの根保証の場合の責任制限の法理に照らしての保証責任制限の可否について検討しなければならない。その際、本件保証では融資者責任ともいえるレンダー・ライアビリティの法理との関係などを勘案して検討することが必要である。このことからすると、本件保証では、融資者であるXの状況を勘案することなく、全ての債務保証責任を経営者個人保証人に負担させることは、信義則に反して許されないものと判定する。

# 11 新借地借家法と担保権の設定・管理

## 一　はじめに

ご承知のように、新しい借地借家法は平成三年九月、一二一臨時国会で制定されました。そして、法務省の見解では、この八月一日から施行をするということになっているようです。ですから、もう一か月しますとこの法律が施行されるわけです。また聞くところによりますと、建設省ではこの法律を前提としての借地借家契約に関するモデル契約書を作成中であるということのようでございます。

そこで、そういうような契約書も見たうえで、どうなっていくだろうかということが話せればと思ったわけですが、なかなか入手することができませんでした。そこでこの法律だけを前提にして、思いつくままに勝手な喋りをさせていただこうということでございます。

## 二　新借地借家法の基本的狙い

ご承知のように今度の借地借家法は、従来の借地法、それから借家法、それから建物保護法などを一体とした法律ということで制定されたわけです。

この法律の狙いとして法案の提案理由では、次のようにいわれています。「社会経済情勢の変化に鑑み、借地及び借家関係の当事者の権利調整を合理化するため、借地権の存続期間についての規則をより適切にするとともに、確定期限で終了する借地契約及び借家契約について定め、借地契約の更新後の建物の築造について、当事者の権利調整を図る制度を新設し、併せて借地及び借家関係の終了の要件である正当事由を明確にするなどの必要性によるものである」と。このため、一部では土地の有効利用のために借地借家法を改正するのではないかと言われたのに対して、どうも法務省のほうは、「そういうことは考えていない」と、こういうことを言っております。

そういうようなことを前提としますと、キーポイントとしては、現在の特に借地法ですけれども――借家法も同じですが――借地法の場合には、貸しても戻ってこないという、こういうような状況にあるのを、今度は貸しても戻ってくるという、こういうような借地借家法を目指しているということが言えるのではないかと思うわけです。

そこで、それならば既存の借地契約、あるいは借家契約との関係はいったいどうなっていくのかということが問題になるわけですが、これは立法の段階で明確化しておりまして、既存の借地契約、借家契約には影響を及ぼさないということであります。そして、付則にはその旨、何条を適用しないという、こういうような旨の規定も設けられています。

既存の借地契約や借家契約が更新されたというような場合においても、この新しい借地借家法は適用しないという考えに立っています。このことは、法律制定の時点でも、衆参両委員会で、従来の借地契約、借家契約に影響を及ぼさないものとしろという付帯決議まで出されているものですから、一応形式的にはこの効力は及ばないと考えていいだろうと思います。

もっとも、裁判実務の段階になって、どういうふうな影響が及んでくるのかは、これはまだ未知数であるということになろうかと思います。特に更新の段階での正当事由の判断ですね。このあたりでもって影響がやはり及んでくる可能性があるのかないのかという、こんなことはこれからの将来的な問題であろうと考えております。

今日の話は、このような、借地借家法の全般についてお話しをするということではございませんで、特に借地関係にかかわる部分に焦点を合わさせていただきたいと思います。そしてそれと担保とのかかわり合いという、こういう観点から眺めてみたい。ということは、今度の借地借家法の中での、借地関係にかかわる規定部分、これがこれからの担保取引にどのような影響を与えていくのであろうかという観点から少しお話をさせていただこうと思います。ただ、その際、その前提として、今回の借地借家法の規定の内容については、概略だけを前提的に話をさせていただくという方法で進めていきたいと思います。

## 三　借地権の担保化への影響

まず第一点として問題になるのは、借地権の担保化という観点から見れば、いったんどんな影響が生ずるだろうかということです。借地権の担保化には二つあると思います。いわゆる借地権自体の担保化とのかかわり合いはどうなるだろうかということと、それから借地権付建物の担保化ということになろうかと思います。ご承知のように、現在はほとんどが借地権を担保化するという場合には、その上物に担保権を設定して、そして担保化をしているのが実情であります。こういうような現状といったい違いが出てくる可能性はあるのかどうかということが、まず問題になろうかと思うわけです。

この点については、ご承知のように要綱試案の段階では、借地権の担保化にかかわる部分がかなり入っていたわけですが、法案になった段階では、この担保化にかかわる部分は全て削除してしまっている。そういう意味で、借地関係そのものについてのみ改正をするだけであるという姿勢ですから、基本的には現在の状況とは変わらない。すなわち借地権自体の担保化を推進するということは、この法律自体は考えていないということになろうかと思います。

そうなりますと、借地権の担保化を図っていくという場合には、借地上の建物に担保権を設定をするという現在の方法が維持されていくであろうと思うわけです。しかし、ただ一つだけ注意しておかなければならないのは、実は、今回の借地借家法では、二条で定義規定を置いておいて、そして「借地権とは、建物の所有を目的とする地上権または土地の賃借権を言う」——これは今日も同じでありますけれども——地上権と賃借権であると、こういうふうに明確にしているわけです。

そこで地上権ですと、抵当権設定は可能であることから、こういう地上権設定が増えるかどうかということを、見極めていかなければならんということになろうかと思います。また賃借権の場合に質権設定は可能です。しかし登記が行われないということになると、それほど効力は持たないということになりますから、従前のままであるということになれば、恐らく賃借権自体の担保化というのは増えてこないということになりそうです。

ただ、ご承知のように、あとで問題にしますけれども、定期借地権と言われる借地権が今度新しく設けられたわけです。一定の期間がきたならば、その時点で更新されることなく、借地権は消滅するという借地権を設けたわけです。このような借地権は、どちらかと言えば、貸主側には有利であるという性格を持っているだろうと思います。そうだとしますと、その借地権は定期借地権であるのだということを明確にしておくということのほうが、やはりあとのトラブルを避けるという意味においては、ベターであろうと思われます。そこで「明確にする」ということは何かと言うと、借地権の登記をしておくということです。こういうような可能性は多くなってくるということも、予測し得ないわけではないわけです。そうだとすると、これに質権を設定するという状況も、従来と違ってやはり様変わりしてくるのではないかと、私なりに勝手な推測をしているわけです。

しかし、いずれにしても今後の動向がどういう方向に展開をしていくか、これからの問題です。現状のままいくとしますと、借地上の建物への抵当権設定ということで借地権の担保化が図られていく。そうしますと、ご承知のように敷地利用権にも及ぶかどうかという議論が起こってきて、そして最高裁は昭和四〇年五月四日でもって、「借地権は抵当建物の従たる権利であるから、抵当権の効力は及ぶ」ということを明確にするとともに、建物抵当権について「登記があれば、敷地利用権についても対抗できる」という判決が、昭和四四年三月二三日に出ているわけですから、こういう手法もやはり残っていく。というよりも、当面はやはりこの手法でいくのではないかと思われるわけです。

## 四 借地権自体の担保化に伴う問題

つぎに、今度の改正で、借地権自体の担保化が増える可能性があるとしますと、一方では、借地上の建物に対して抵当権を設定して、従たる権利理論によって効力を及ぼしていくということになり、両者が競合し得る可能性も出てこないわけではないということになるわけです。例えば、借地上の建物に抵当権を設定した、このちに借地権自体に質権を設定するということが行われることになると、どっちの担保権の効力を優先させるのかという問題が起こってくるだろうと思います。もっとも、その点は現在でも実際は理論的にはないわけではありませんが、賃借権自体があまり登記されていませんから、質権設定もほとんどないようです。そこでこのような現状を前提としますと、そういうことが問題になる可能性があるだろうと思います。

この点について、どのように考えていったらいいかということです。実は、先ほど紹介しました最高裁の敷地利用権にも抵当権の効力が及ぶと言っている、この従たる権利理論の射程路離をいったいどこに置くかということに関しては、現在も見解が分かれている部分がございます。これとのかかわり合いが一つ問題になろうかと思うわけです。それは、登記されている借地権があるというような場合にも、この従たる権利理論が適用されて、それで抵当権の効力が及ぶと考えるのか。それとも従たる権利理論が使えるのは、登記されていない敷地利用権についてだけで、この場合に限って抵当権の効力は及ぶというふうに考えるべきであるのかということについて、見解が今も分かれているわけです。

そして、香川前最高裁判事は、「登記されているところの借地権には、——先ほど紹介した最高裁の——従たる権利理論は適用されないのだ」というような見解を示しておられるのです。もしこのような見解に立つとしますと、賃借権が登記されてそして質権が設定されたということになると、建物抵当権の効力はそれには及ばないということになってくるわけですから、そこで自ずと優劣の決着がついてきます。

これに対して、「登記されているか否かにかかわらず、やはり従たる権利理論は適用される」とする柚木教授であるとか我妻教授の見解、今日これが学説の主流ではないかと思うわけでありますけれども、このような考えに立つと、ここには両効力が抵触し合うという問題が出てくるわけで、するといったいその優劣を何によって決するかということを考えなければならん問題が出てくるだろうと思うのです。しかし、これはどうも担保の種類は違うということではありますけれども、その優劣を決するにあたっては、やはり設定の順序と言いますか、これが優劣を決するということにならざるを得ないのではないかというふうに考えております。

このことは、建物に抵当権を設定しておいて、そしてこの建物が火災保険に入っている。こういうような場合で建物が焼けたという場合に火災保険金請求権が発生する。この火災保険金請求権に質権を設定してあるという場合、抵当権によるところの物上代位の効力と、この火災保険金請求権に対する質権の効力、どっちが優先するかという問題と似通った議論であろうと思うわけです。それについては設定の順序というのが今日の考え方のようでありますから、先ほどのような問題についてもそのように考えてもよろしいかと思っているわけです。

## 五　普通借地権付建物への抵当権設定

つぎは、普通借地権付の建物に抵当権を設定する場合の問題です。まず先ほど申し上げましたように、この借地借家法では、借地権を大別して二種類に分けております。従来と同じような借地権、これを「普通借地権」とこういうふうに呼んでいます。そしてもう一つ、今度新しい形の借地権として制定されたのが、「定期借地権」と言われているものであるわけです。

そこで、まずここでは「普通借地権」のほうから見ていきたいと思います。この普通借地権は、従来と全く同じかというとそうではございません。やはり違っている点がございます。借地借家法三条で「借地権の存続期間を三〇年とする」と決めております。現在は堅固な建物と、非堅固な建物に分けて、それぞれの期間を区別しているわけですが、今回はそれを建物の種類によって区別しないで、全て三〇年にしているわけです。それともう一つは、この三〇年は最短期間を定めたという意味を持つとともに、これは法定存続期間でもあるというふうに両方の期間を兼ねているという点に特色が見られるわけです。

堅固な建物と非堅固な建物を区別しなかった理由につきましては、堅固な建物も非堅固な建物も、今日においては耐用年数においてはそう変わりはないのではないかというような意見があったとか。あるいは投下資本においても、それほど変わりはないのではないかという意見があったというようなことを立法者は説明しております。いずれにしても三〇年あれば、一応その建物所有による土地の利用関係としては安定しているであろうという考えのようです。

そのあと、更新の問題につきましては五条で、それから更新拒絶の要件――これはあとで少し問題にさせていただきますが――は六条で、それから、終了の時点におけるところの建物買取請求権については一三条で規定しています。全体の仕組みと言いますか、構造としては変わりはないということです。

このように見てきますと、普通借地権付の建物を担保に取るという場合においては、従前の借地権付建物の場合とはほぼ変わりはないとみていいのではないかというのが、多くの人たちの見解です。ただそうは申しましても、当初の存続期間だけに注目をしますと、これはほぼ問題はないだろうと思うわけですが、更新の問題を考慮に入れますと、若干異なる要素が出てくるわけです。

四条では、更新後の期間について規定を設けて、第一回目の更新後の期間は二〇年、二回目以後の更新期間は一〇年としているわけです。このように、一回目が二〇年で二回目からは一〇年ずつであるというのは、基本的には、期間をなるべく短くして、そしてその更新期間の時点ごとに、その更新事由があるかどうかを判断して、そして継続させるかどうかということを考えていこうというのが、基本的発想であるわけです。そういうことになりますと、もう三回目更新以後というのは、更新の事由というのがだんだん薄くなってくるというような発想でもって、あと継続することを認めないというような発想が、やはりここに含まれているのではないかという気がするわけです。そうだとしますと、特に更新後の普通借地権付の場合ということになりますと、やはり現行の場合とは大きく異なった考え方に立たなければならない。いわゆる借地権が更新されない可能性が大きくなってきているという考え方のもとで、対応していかなければならないのではないかと考えているわけです。

つぎに、抵当建物が滅失をしたような場合どう扱うかということとの関係でみますと、今回の改正案では、建物の滅失ということに関しては、これは従来の朽廃、これも入るということであります。それから取り壊しも入る。それからその他の消滅ですね、これらを全部含めて「滅失」として扱うということです。

そして当初期間中に建物が滅失した場合の再築については、借地権設定者の承諾を得たら、そのときから二〇年、存続を認めようということです。借地権設定者の承諾のない場合は、残存期間です。そしてこの残存期間経過した時点においては、建物買取請求は可能であるけれども、一三条で、それが今言ったような状況によって、再築されたものであるということを考慮して、借地権設定者の請求によって、代金の全部、または一部の支払いにつき、裁判所に相当期間の許与を申し出た場合には、裁判所は相当期間の許与を認めることができるという扱いをしているわけです。

そこで、このようにして借地上の建物が滅失しますと、抵当権はどうなるかという問題が起こってくるわけです。これは抵当権の目的である建物が滅失したわけですから、そのことによって抵当権が消滅することになるのは、今までと変わりはない。ただ、金融機関の人と話しておりますと、その後再築された場合、再築された時点において新たに抵当権の設定をするということが仮に承諾を得られるとすれば、やはり違う点が一つ出てくるのではないかというようなことの指摘をしております。というのは、従来は朽廃による建物の消滅の場合は、それだけでもって借地権は終了して消滅したわけです。ただ、今度は朽廃による場合もそれだけでは借地権は消滅しません。このため、朽廃の場合でも存在していますが、それに基づいて建物を再築をして、新たに抵当権を設定すると借地権に対して効力を及ぼしていくことが可能であるということになります。この点でも若干異なる面があるという指摘が行われています。ただそういうことは理論的な問題であって、どれだけの意味を持つのかということになりますと、これは疑問であろうと私は思っているわけです。

それから次に、更新にかかわっての問題ですが、六条で更新拒絶のための要件を今度は明記しているわけです。これによりますと、まず土地の使用を必要とする事情のほか、借地に関する従前の経過及び土地の利用状況並びに借地権設定者が土地の明け渡しの条件として、または土地の明け渡しと引換に、借地権者に対して財産上の給付をする旨の申し出をした場合におけるその申し出を考慮して、正当事由があると認められる場合でなければ更新拒絶はできないという趣旨の規定をおいているわけです。立法者は、このような「幾つか掲げているところの更新拒絶のための正当の判断をするための事由は、現在、裁判上で行われている事情を、列挙したまでである」と、こういうふうに説明をしていまして、何も新しい事情を付け加えたわけではないということです。ですから、現在と更新拒絶事由については変わりはないのだという説明をしています。それからもう一つ、六条で幾つかの事情を列挙しているわけですが、この列挙されている事情というのは、これは絶対的事由列挙ではない。だから、これらの事情が全部満たされたからと言って、正当事由があるというわけではない。これは考慮要素を列挙したまでであると。だから正当事由を判断するのにこういう点を考慮しなさい。その考慮すべき事情だけを列挙したものであると。ですからそれらの事情を総合して、正当事由の判断を行えばよろしい。だから、基本的には現行と何ら変わりがないということのようです。恐らくこれは、本当に変わりなく運用されるのかどうかというのは、これからの裁判所の運用のあり方であろうと思うのです。

ただここで一つ注目されるのは、財産上の給付をする旨を申し出た場合、これを考慮に入れていいということを明確にしたという点です。しかし、これも今日ではもうご承知のように、立退料を支払うということが、正当事由考慮の判断の一つの考慮事由になっているということからすると、何も目新しいことではないということになろうかと思うのですが、ただこういうふうに法律の規定の中で、立退料の申し出をすれば一つの正当事由判断の考慮事由になり得るのだというふうに明確化してきたということになりますと、では、この立退料に対して、建物の抵当権者は効力を及ぼしていくことができると考えていいのかどうかという、こういうような問題の生ずる可能性があるのではないかと思うわけです。

現行でも、立退料が正当事由判断の考慮事由になっておりますから、建物抵当権者は、借地権に対して効力を及ぼしていくことが考えられます。借地権を消滅させるのに、立退料を支払うとこういうことになるわけですから、じゃあ抵当権者はその借地権を消滅させる代わりに、立退料に対してかかっていくという主張も可能ではないかと思われるからです。そしてこのことは益々明確化してきたというふうに考えていいのではないかと思うわけです。

そこで、こういう立退料を、どのようなものと見るのかとのかかわり合いも問題になってくるだろうということです。立法者が、ここで言っている財産上の給付――これは立退料を意味するわけですが――は、借地権の消滅によって、借地権設定者は借地権価格に相当する利益を取得する。一方借地権者はこれを失うという経済的均衡をなくすために立退料というものを考えたようです。そうするとこの立退料というのは、借地権消滅に伴う経済的補償とでも言いますか、こういうような要素を持っているわけです。

そこで、では従来この立退料についてはどういうものと見ていたのかということを少し見ますと、鈴木禄弥教授は、従来の立退料というのは、一つの移転費用という要素を持っている。それから、今まで借地権者が持っていた事実上の利益、これを失うことによるところの補償、塡補という意味を持っている。それからもう一つは、この利用権の消滅に対する補償という意味を持っているのだと説明されています。

そうしますと、移転費用だということになると、どうも抵当権者がそれにかかっていくというわけにはいかない要素が出てくるわけです。ところが、借地権者で持っていた事実上の利益の塡補であるとか、あるいは借地権の消滅による損失の塡補であるということになりますと、借地権に変わる価値であるという要素がかなり強くなってまいります。このような点を考えていけば、建物抵当権者はこれにかかわっていくという余地もあり得るということになりそうです。

あるいはもう少し見てまいりますと、沢野弁護士が、——鑑定士も兼ねておられますけれども——立退料というのは、移転の実質、それから借地権の消滅に伴う補償という要素を持っている。それから、建物の買取価格的な要素も若干踏まれているし、あるいは営業の補償や立退くことによるところの慰謝料的な要素も含まれる場合もあり、さらには立退いたあと開発をするということによって生ずるところの開発利益の分配ということもあり得るのだと言っておられるわけです。そうなってくると、その中の借地権消滅に伴う補償なのだという部分については、抵当権者はかかわっていけそうですが、慰謝料であるとか移転の実費の要素があるという面を強調していきますと、抵当権者はそれにかかっていくということが言えるのかどうかという問題が出てくるように思われるわけです。

そこで、立退料は借地権消滅に伴う補償金的性質を持っているものであることを強調すれば、建物抵当権者が、これに物上代位をしていくことの可能性を見出し得るであろうと思うわけです。金融機関の人たちと話していますと、「これはもう当然だ」というふうに言っておられるわけです。しかし、そういう先ほどのような移転実費であるとか慰謝料であるとか、営業補償であるとかという要素が強いのだというような面を強調してまいりますと、どうも抵当権者がそれにかかわっていくということが困難な要素が見出されるというので、この点をどのように考えるかということは、今後も問題になってくるだろうと思います。

私自身は、確かにいろいろな要素はあるけれども、やはり基本的には借地権消滅に伴うところの補償としての要素が中心である。それであるからこそ、正当事由判断の一考慮事由になり得るのだろうと思っておりますから、その段階では可能性があるとみていいだろうと思うわけです。ただ、実は私は、『手形研究』という雑誌がございまして、そこで一九九二年の一月号と二月号に続けて、『借地借家法の改正と銀行取引』というので書かしていただいたわけですが、ここでは、立退料については物上代位していくことは困難であろうということを、言っているわけです。それはなぜ困難なのかということですが、このような立退料の発生の根拠から見ていきますと、これは借地契約終了を前提として、あるいは終了させるために、このような立退料というものが発生してくることにはなるわけです。ですから、それがはたして借地権消滅そのものを原因として、当然に発生するところの代替価値であるのかどうかということになると、やはり若干疑わしい面があるのではないか。経済的に見ると私は代替価値なんだろうと思うわけですが、はたしてそれを法律的な面から理論的に見ると、それが代替価値と言えるのかどうかということについて、若干の疑問があるということから、若干困難な点があるのではないかというふうに書いたこともあるわけです。このため実を申し上げますと、現在では迷っているというのが実情です。

それからもう一つは、理論的に見てまいりますともう一つ問題があるわけです。立退料を支払うという場合に、設定者に立退料支払義務というようなもの、反対に言いますと、借地権者に立退料支払請求権というようなものがあって、それらの権利や義務、これに基づいて支払われていくのかどうかです。もしこのような立退料請求権というものが発生するんだということになると、この権利に対して差押えて物上代位をしていくという理論構成の可能性はあるわけです。ところが従来の理論の中に、そういう立退料を支払うという申出だけでもって、立退料支払義務とか、あるいは立退料請求権とかというような権利は発生するはずがない。立退料が支払われると賃貸借契約終了という効果が生ずるだけであるということになると、仮に物上代位をしていくことができるとしても、いったいどの時点でどのような方法で物上代位をしていいのか、物上代位の前提として、差押えをすることになるわけですが、いったい何を対象に押さえていけばいいのかという問題が出てきそうな気がします。そういう意味で立退料支払義務がある、あるいは請求権があるという構成をとれば、これは理論的にも可能であろうということです。

それから次に、こういうふうに明確に立退料というようなものが借地権消滅の補償として位置づけられるということになると、今度は逆に立退料だけを担保目的物として質権を設定するということになるかもしれません。こういうことが行われる可能性が出てくるのです。すると今度は、これも先ほどと同じように、建物抵当権者が物上代位によって立退料に対して効力を及ぼしていくのと、この立退料自体に担保権を設定している担保権者の効力との優劣関係というようなものも出てくるであろうと思います。これもやはり設定の順序と言わざるを得ないということになるのかどうかです。一応、現時点では、私は設定の順序というふうに考えていますが、実務的に考えて、そういうような判断が可能であるかどうかということは、やはり問題になると思います。

## 六　普通借地権の定期借地権への変更

それから次は、普通借地権付の建物であったが、借地権者と設定者との合意に基づいて定期借地権に変更されたところいうような場合、抵当権者とのかかわり合いにおいて、いったいどうなるかという問題があります。これは恐らく抵当権者の権利は害されることはないという意味においては、抵当権者との関係では、そのような変更の合意は対抗することはできないと解すべきであろうと思います。

## 七　自己借地権との関係

次に、少し厄介なのは、自己借地権という制度が設けられたわけですが、これとの関係が問題になります。これは一五条で借地権を設定する場合においては、他のものと共に有することとなるときに限り、借地権設定者が自らその借地権を有することを妨げないとこういうことです。Aが持っている所有地に、A自身が借地権を取得するということを認めよう。ただしこれには制限がありまして、その借地権をB、Cなどと準共有をするというこういうような場合に限っては、Aもまた自己所有地に借地権を持つことを認めようというのが、今回の自己借地権であるわけです。

改正案ではこういう制限なしに、自己借地権なるものを無条件で認めていたんです。そうすると法定地上権の厄介な問題はここで解消されるということで、かなり担保の問題に配慮していたわけですが、それはそういう無条件ではなしに、必要な範囲においてということでございます。なぜそういう準共有の場合についてだけそれを認めるのか、あるいはその必要があるのかということでありますが、これは、Ａは自己の所有地に分譲マンションを建てて分譲をするというような場合に、借地権付きでマンションを分譲をするという場合ですね、自己借地権が認められればその借地権を付けて分譲することができるという、こういう途を設けてやろうということのようです。あるいはA所有地に、Ｂと共同ビルを作る。こういうような場合に、そこにＡ、Ｂが借地権者となって利用権を設定するということでもって、敷地利用権を確保するという、こういうことのために準共有の形態をとるのであれば、自己借地権は認めてよろしいということです。

ただこの自己借地権は、実は建物がなくても、借地権の準共有という形をとりさえすれば、これは自己借地権として認めるというのが立法者の主張ですから、こういう状態にあるかどうかということを調べなければならんというような問題も起こってくるだろうと思うわけです。

そこで、それならばこういう自己借地権の対抗要件を、そのような場合いったいどうするのかという問題が起こります。改正要綱の時点では、自己借地権は、これは必ず登記をしろということになっていたのです。ところがこの法律の段階は、これは登記を必要としないで、自己借地権の設定ができるとしています。そこで対抗要件をどうするのかというこという問題が出てくるわけですが、これは普通借地権の対抗要件あるいは定期借地権に認められている対抗要件、こういう対抗要件でいいという考えによっているわけです。ですから、自己借地権であるから特別の対抗要件を備えるというわけではないということになります。

それから次に、その自己借地権は、普通借地権としての自己借地権なのか、それとも定期借地権としての自己借地権なのかです。これは限定をしていませんから、これも明確にしていかなければならないということです。ですから、自己借地権には普通借地権である場合と、定期借地権である場合とがあるわけです。そしてこの普通借地権であるということになるとどのようにして対抗するのかということですが、恐らく私の推測では、自己借地権の場合には、これは以後の混乱を避けるために、登記を行うことによって明確化するのが普通ではないかと思われるわけですけれども、もし登記がないというような場合には、これは普通借地権の対抗要件規定、いわゆる一〇条ですけども、この一〇条によって対抗力がつくということになります。

この一〇条は、基本的には今日の建物保護法一条と同じことになるわけです。すると、その借地上の建物についての保存登記があるというと対抗力がつくということになります。ただここで一つ厄介な問題が起こってくるのは、自己借地権の場合には、借地上の建物の場合については、多くの場合にはこれは共有状態にあることを前提としていると思うのです。すると、その保存登記は共有状態にあるような形での保存登記が行われているわけですから、それをもって自己借地権があるのだということを明確に公示されるのかどうかという問題も起こってくるのではないかと思います。そういう意味においては、自己借地権をそのような現行の建物保護法一条のような方法で対抗するというような場合については明確さを欠くという面が出てくる気がしています。そういう意味においては、やはり、登記に流れ込むということになるのではないかと思うわけです。

そこで次に、このような自己借地権付の建物に抵当権を設定したというような場合に、この自己借地権に対しても抵当権の効力が及ぶかどうかという問題があるわけです。これは、先ほどの従たる権利理論を修正する必要性も、理由もどこにもないと思いますので、これは及ぶと考えていいだろうと思っています。ただそこで、それならば建物抵当権が実行されたという段階になった場合、買受人がその建物と自己借地権を取得するとこういうことになるわけですが、この場合は、自己借地権ではなくなってしまうということになるのかどうかという問題が残ります。それと、その自己借地権が普通借地権であるならば、単なる普通借地権として取得する。あるいは定期借地権であれば、単なる定期借地権として取得するということになるということになりそうなのですが、その場合は、自己借地権が自己借地権でなくなったという場合、これは権利の内容において変更があったとみるのか、それとも権利の内容においては変更がないとみるのかという問題も出てきそうな気がするわけです。

ということは、権利の内容において変更があったのだと見ますと、どうも買受人が取得できるだろうか、自己借地権としてそのまま取得するのであれば問題はないけれども、しかし自己借地権でない、単なる借地権であるということで買受人が取得するというようなことが、その時点でできるのかどうかということが、理論的には問題がありそうな気がします。私は、権利の内容においては変動はないのだと考えるべきではないかという気がします。

それから次に問題のあるのは、今のこととも関連するわけですが、借地権付の建物が、これが建物抵当権が実行されて、そして買受人が建物を取得したというような場合に、この借地権を取得するのか、それともこの時点で法定地上権を取得するというのか。だから自己借地権ですから、このような自己借地権は取得できない。その代わりに、買受人は法定地上権、三八八条の法定地上権を取得するという、こういう関係になっていくとは考えられないのかという問題があると思うわけです。

このような問題に関しては、一部の実務家の中では、その借地権が地上権である場合は、決定地上権を取得すると考えるべきである。しかしその借地権が賃借権である場合には、これは約定賃借権を取得すると考えるべきであって、法定地上権を取得すると考えるべきではないという見解がみられます。ただそれはどういう理由に基づくのかということになると、説明をしてくれていません。私もなぜそのような区別がなされるのかという点については、よく理解できないというのが現状です。

自己借地権は本来は法定地上権の制度に変わり得る制度である。だから、自己借地権そのものが活動しますと、実は法定地上権というようなものはいらない、こういうことになるわけです。要綱試案の段階でも、自己借地権を認めるのであれば民法三八八条を削除すべきではないかというような意見も一部には出ていたわけです。

ところが、自己借地権を全面的に認めない。条件付きでのみ認めるだけであるにすぎないという立場に変わってからは、今の問題は全部ネグられてしまったわけです。そこで、解釈上は、限定された範囲ではあるけれども問題化していくという可能性が出てきたというふうに見ることができるのではないかと思うわけです。

それから、今度は逆に、自己借地権の設定されているところの、底地に担保権を設定する場合は、いったいどういうことになるだろうか。いわゆるそのような底地の担保権の効力は、自己借地権にも及ぼしていくことができるのかどうかという問題が、今度は逆の面から起こってくるということです。これはどうも、従たる権利理論では及ぼしていくことはできないということになる。ただし、その土地とそれからその土地上の自己借地権とは、これは自己借地権であるという意味においては、どうも連結性を持っているものですから、土地に抵当権を設定したというと、その土地上の自己借地権にも、一体として当然に土地の抵当権の効力が及ぶという、こんな考え方も成り立たないわけではないだろうと思うわけですが。この点はやはり立法段階では若干の議論はあったようです。ただし、その自己借地権は全部削除してしまったものですから、もう手当てのなされないままきているということで、立法では明確ではないという問題を残しているのです。

しかし理論的に考えていくと、自己借地権というのは、これは抵当土地の負担でもあるわけです。こういう負担も一緒に、抵当土地の抵当権者が効力を及ぼすと考えるのは、やはり若干困難な点があるだろうと私は思っております。そういう意味においては、自己借地権の設定されている土地の底地に抵当権を設定したような場合には、そういう自己借地権の負担のある土地、いわゆる借地権の設定されている土地として、やはり扱っていくことになるのではないかと思います。そうすると、かなり担保評価は違ってくるということになるわけです。

## 八　定期借地権と担保の関係

次に、定期借地権のほうに移らせていただきます。定期借地権を設けた理由については、これは一定の期間が経過すると、その時点で、更新なくして、あるいは期間延長なくして借地権を消滅させる、これが定期借地権の基本的な狙いであるわけです。これは貸しても必ず返ってくるということを保証しているところの借地権であるわけですから、その狙いというのは、これは貸しやすくする、あるいは別の面では借りやすくなったんだとこういうふうに言っているわけです。なぜ借りやすくなったのかということに関しては、恐らく敷金や権利金がそのような場合は減額されるというのが普通であろうと言われています。

しかし、実際上そういうふうにうまくいくのかどうかです。貸しやすくなったということは言えるのかもしれませんが、借りやすくなるかどうかです。いわゆる、わずかな投下資本で借りれるという、こういう状態になっていくかどうかは、今後の趨勢をみなければ言えないだろうと思うわけですが、理論的にはそういう面が出てきたということであろうかと思うわけです。

ただ一つ問題は、このような定期借地権が出てくることによって、普通借地権がなくなっていくという傾向にならないのかどうかということです。これは、私のところの大学でも、要綱試案について共同研究をやっておりまして、その段階でも、〝悪貨は良貨を駆逐する〟というのではありませんが、定期借地権を悪貨とは言いませんけども、やはり、そういう期間がくれば必ず返るのだというような借地権が設けられれば、普通借地権、すなわち更新があって、更新拒絶が面倒であるというような借地権は、将来的には退化していくのが必然ではないかという意見が強かったわけです。

これに対しては、立法者は、普通借地権だと、当初の敷金や権利金の投下資本が高くなるだろう。ところが、定期借地権となるとそれが安くなるので、どっちを選ぶかというのは、貸主の選択によるのであるから、必ずしも退化していくということにはつながらないであろうと説明をしているわけです。しかし、この点についてはやはり若干の疑問が残ります。このような定期借地権の活用が今後増えていくことになれば、ますます担保の設定との関係においては、従来と変わった様相が提示されてくるという可能性があるわけです。

そこで、この定期借地権を見ますと、三つの形態の定期借地権を用意しているわけです。一つは、一般定期借地権と言われるものです。これが二二条で定められているものです。この一般定期借地権というのは、存続期間が五〇年以上ということを前提にしています。そして、そのことを前提として一般に〝三種の神器〟と言われているもので、更新をしないという特約、期間延長しないという特約、それから、建物買取を排除するという特約の三つの特約が付いているというのが、一般定期借地権であると考えているわけです。

そしてこういう一般定期借地権の設定にあたっては、書面で行わなければならないということです。この書面を誰が作成するかということについては限定をしていません。公正証書などによる書面と言ってるだけであって、特に限定をしていませんが、やはり、そういうような特約が明確に行われたのだということを担保できるような書面であることが望ましいというものですから、公証人によるものであるか、あるいは弁護士によるものであるかということが、最も望ましいという説明が行われています。

また、これについての登記も要件とはなっていないわけです。登記は要件となっていませんから、対抗は先ほどご説明した今日の建物保護法一条に該当するあの規定に基づいて対抗するということになるわけです。ただ、この点は前に申し上げたように、定期借地権であるということを明確にしておけば、これはその期間がくると必ず返還を受けられるということになるわけですから、地主に有利ではありますから、恐らく貸主のほうは登記をして、明確にするということになろうかと思うのです。

そしてこの登記にあたっては、更新排除の特約を登記事項として記載できると言っておりますから、ますます設定者、貸主としては、登記で確保しておくということに導かれていくということになりそうです。そういう意味で、どうも立法者の意図は、借地権の対抗については登記とは基本的には絡ませてはいないけれども、登記をするほうが有利であるぞということで、そういう方向に持っていって、そして借地権登記をさせよう、どうも全般的に見ていますとこのような意図が背後に潜んでいるような気がするわけです。

そこで、このような一般定期借地権が設定されると、今度は建物がそれに基づいて築造される。そこでこの定期借地権者がその建物を、これを所有するのであれば、これはまあそれ以上の問題は展開してきませんが、ところがその定期借地権上に建てた建物を賃貸するという場合、この建物の賃借人との関係はいったいどうなるかという、こういう手当てをしておかなければならないという問題が起こってくることになる。そこで、これについてもやはり法律は手当てをしていまして、定期借地権の満了時点でもって建物賃貸借も終了するという特約をして、建物の賃貸借いわゆる借家契約を行うことが可能であるという、制度を設けたわけです。これが三九条です。三九条では、一定期間を経過したのちに建物を取り壊すことが明らかな場合において建物の賃貸借をする場合には、建物を取り壊すこととなるときに、賃貸借が終了する旨を定めることができると、こういう表現しか使っておりませんけれども、これは五〇年たつと建物買取もありませんから、建物は取り壊されることになる。そこでその時点で建物の賃貸借も終了するという、こういうふうに三九条で決めて貸すことができるという、いわゆる期限付きの建物賃貸借ということとセットにしたわけです。

そこで、もし建物の賃貸借の場合に、このような三九条の特約しなかったらどうするのかという問題が起こってくるわけです。これについては、三五条で処理をするのだというふうに立法者は考えているようです。これによると、借地権の目的である土地の上の建物について賃貸借がなされている場合で、借地権の存続期間の満了によって、建物の賃借人が土地を明け渡すべきときは、建物の賃借人が借地権の存続期間が満了することをその一年前までに知らなかった場合に限って、裁判所は建物の賃借人の請求によって、建物の賃借人がこれを知った日から一年を超えない範囲において土地の明け渡しにつき相当の期間を許与することができると言っているわけです。ですから、こういう特約がなかったというと、五〇年なら五〇年の期間満了で借地権は消滅するということになりますが、その借地上の建物の賃借人はその許与の申立てをしますと、一年未満においては許与されるという扱いをしようということです。

そこで、こういう状態にあるところの一般定期借地権付建物を担保に取るというようなことになると、いったいどういうことになってくるだろうか。これは期間が経過すれば経過するほど、借地権の存続期間がなくなるわけですから、定められた期間が到達すれば借地権はそこでゼロになっていく、こういう借地権についてみれば、これは期間経過ごとに価値は逓減するということが明らかであるということになります。だから、どれくらいの期間が経過した時点における設定であるかということによって、かなり慎重にならざるを得ないということになります。それから建物の買取がないとこういうことですから、これも建物価値もゼロになってしまう。このため担保価値は定められた期間の時点ではゼロであるということを前提として担保権を設定していかなければならないということになるわけです。

そこで、では設定当初の価値というのはどういうことになるだろうかということです。先ほどの沢野弁護士、不動産鑑定士もやっておられる方は、設定当時は五〇年以上と言ってるものですから、やはり五〇年という期間があるという以上は、普通借地権と担保評価は変わりはないのではないかと言っておられるわけで、この点は私は自信はございません。

それから、今度はその逆が言えるわけで、こういう一般定期借地権が設定されている底地を担保に取るというような場合は、何年か後には必ず更地になって返ってくると考えていいということになるわけです。そこで、底地を担保に取る場合は、非常に取りやすくなったということになるだろうと思います。

そこで先ほどの〝三種の神器〟に戻りますが、更新しない、期間延長しない、それから建物買取排除という、この三つが特約されておれば、これは一般定期借地権になるということは明確なのですが、では、これのうちの建物買取をしないという特約を抜かしたら、あるいはわざと建物買取はするものとするということにしたら、一般定期借地権になるのか、それとも普通借地権になるのか、いったいどちらであるのかという問題が出てくるわけです。

このことについては、いろいろ書いてあるのを見ても、そのあたりの説明がなされていないのです。それで、立法当時の担当参事官に聞きましたら、「それは意思解釈の問題」と考えているようです。更新をしない、それから延長しないというところまであれば、これはその期間が終われば借地権は消滅させるという意思であるとみれば、建物買取しないという、これが仮に抜けていたとしても、一般定期借地権である。こういうふうに意思解釈できるのではないかというようなことです。また一つの判断は、そういう意思解釈によって判断するという手もありますよ、ということを示唆しておられました。意思解釈上そうなるかどうかは、これは今後の一つ残された問題ということになりそうです。

これがいちばん大きな影響をもってくるのは、こういう底地を担保に取るときです。定期借地権だというと更新がありませんからそこで終わるわけですが、普通借地権になってしまうのだということになると、これは更新の可能性があるわけですから、戻ってこないという、こういうことになるわけで、底地を担保に取るという場合は、そういう意思解釈でいけるかどうかということについて若干配慮しておかなければならんという問題が残りそうです。

## 九　建物譲渡特約付借地権との関係

それからもう一つの類型は、建物譲渡特約付借地権と言われているものです。これは二三条で定められているもので、「借地権を設定する場合において、九条の規定にかかわらず、借地権を消滅させるため、その設定後三〇年以上を経過した日に、借地権の目的である土地の上の建物を借地権設定者に相当の対価で譲渡する旨を定めることができる」とされているものです。だから期間は三〇年以上であること。この三〇年たった時点で借地上の建物を、設定者、いわゆる土地所有者が買い取るという特約をすること。これが建物譲渡特約付借地権と言われているものです。

そこで、これですと、では、「なぜその期間がきたら借地権が消滅してしまうということになるのか」ということが問題になるわけです。これは仮に期間三〇年と定めて、その年の時点で借地上の建物を設定者が買い取るという特約をしてあるとします。三〇年が来ますと、そこで建物買取という効果が生ずることになります。すると、この土地の所有者と建物の所有者が同一人に帰することになるわけです。すると、この建物の存在を前提としたところの敷地の利用権、建物の取得によって土地所有者が取得するということになって、ここで、土地所有権とその土地の利用権が同一人に帰して、混同によって消滅する。そして借地権者のほうは、更新請求はその時点でできなくなるのはなぜかという点については、今度の新しい法では、明確に「建物が存続する限りにおいて更新請求を認める」としているのだから、建物が存続しなくなったというと、更新請求はできないということになります。すると、借地権者が設定者に建物を譲渡してしまったというと、借地権者には建物がなくなってしまいますから、そのことによって更新請求ができなくなるということです。だから一方は混同によって消滅する。一方は更新請求ができないということによって三〇年たったら、その時点で借地権は消滅するという効果が生ずるのが、この建物譲渡特約付借地権である。だから定期借地権だと言われているわけです。

そこで、この場合に問題になるのは、では、そのような建物譲渡付借地権の上に建物が築造されて、そしてこの建物が賃貸された場合にはどう扱うかという問題が出てくるわけです。これも手当てをしておりまして、三〇年たったというこの時点で設定者が建物を取得する。この設定者が建物を取得した時点で、建物を取得した設定者と建物の賃借人との間に、建物賃貸契約が設定されたものとみるということです。こういう効果を与えているわけです。このように、建物についての法定借家権の発生を認めることによって、建物利用権者の不利益にならないように取り扱おうということです。

そこで、このような建物譲渡特約付借地権の付いた建物に担保権を設定するという場合は、いったいどういうことになるだろうかという問題が起こります。まず、このような建物譲渡をするという、こういうことに用いられる契約形態というのは、どのような契約形態でもいいのかです。例えば売買予約でもいいとか、あるいは、期限付売買契約でもいいとか、あるいは代物弁済予約でもいいとしているわけでありますけれども、いずれにしても、これらの契約形式に応じて、そして建物が買取られるということになるわけです。

この買取人に対して、相当の価格と言ってますから、恐らくこの相当の価額というのは、普通借地権が終了した時点における建物買取請求に基づくところの建物買取と同等の価格とみていいと考えているようです。すると、沢野弁護士の見解によると、今の建物買取請求に基づく買取価格というは、建物の価格のほかに場所的利益と言いますか、敷地的利益、これも若干考慮されているということであるわけです。すると、建物譲渡付の場合の買取もやはり同じように、建物自体の価格に場所的な利益も考慮された価格ということになるわけです。そこで担保権者は、この買取代金に対してかかっていくということが可能になるということだと思うのです。

もっとも、今日も抵当不動産が譲渡された場合の売買代金に対して物上代位は認めるのか認めないのかということについて議論のあるところであるわけですけれども、そういうものに対しては物上代位は認めない。いわゆる抵当権には追及効があるから、それにくっついていくのであるから物上代位は認めないのだという考えに仮に立ったとしますと、この場合の買取代金にも物上代位は認められないというふうに、ストレートになるかどうかという問題が起こってきます。と言うのは、恐らくこのような建物譲渡特約付借地権が設定されると、設定者はその時点で建物所有権取得について仮登記をやるだろうと思うのです。この仮登記をやりませんと、あとの建物に対する権利者に負けてしまいますから、恐らく仮登記を行うということになるのではないかと思います。そこで、仮登記をやってありますと、その後にそのような借地権付の抵当権を設定して登記をやっても、仮にその建物に対して抵当権の効力が及ぶとしても、それ以前にある仮登記が本登記に直ってしまいますと、設定者のほうが優先をするということになるわけで、このことによって、建物自体にはどうもくっついていくという可能性は考えられないということになりそうです。だから、建物自体に対する追及効は遮断されてしまうということになるのです。こういうような場合に、買取代金に対して物上代位をするということが仮に認められるのならば、抵当権者とすればそれを担保評価をして、そして担保権設定を行うことができるということになるわけです。

この点が難しいところであって、一つ厄介な問題を残しているのではないかと思うのです。すでに、建物所有権取得については、設定者の仮登記が行われている。確定的に設定者が所有権を取得できる。この時点ではまだ抵当権は設定されていない。そのあとで抵当権を設定する。こういうような場合に、設定者が建物を取得して本登記に直しますと、抵当権設定登記は劣後にありますから、これはもう排除される可能性が出てくる。そういう状態でも、なお買取代金には物上代位できるとまで言えるのかどうかです。こういうような問題がありそうですが、もしそれも駄目であるということになると、このような建物譲渡特約付賃借権も一般定期借地権と同じように、建物代金は入ってこないということを前提にして考えていかなければならないということになりそうですが。しかし、建物買取代金には、これは追求していくことができると考えるべきではないかという見解が、私の見ている範囲ではどうも多いようです。現段階ではそれほど多くの人が言ってるわけではないのですが、そう考えている人が多いようです。ですから、その建物買取価格を考慮して担保権設定は可能であろうというふうな説明が行われているわけです。

## 一〇　事業用借地権との関係

最後ですけれども、事業用借地権ですね。これも二四条で定期借地権の一種類として認めています。これはもっぱら事業の用に供する建物（居住の用に供するものを除く）、の所有を目的として、存続期間を一〇年以上二〇年以下として借地権を設定することを認めるという借地権を事業用借地権としているわけです。ここでは一〇年以上二〇年以下という長期の限定をしているというのが一つの特色です。そして、その借地権に基づいて築造される建物の所有は、もっぱら事業用であること。そして、居住用には使わないということを前提としているのです。

このような借地権の設定にあたっては、これは公正証書によるとしています。ここで公正証書によるということにした理由づけとしては、いわゆる二四条に定められている目的がきちんと契約されているかどうかということを、公証人によって確認させるためであると言われています。

そこで、このような事業用借地権が設定されているというような場合に、その上にある建物を担保に取るということになるとどうなるかということになるわけです。これも所定期間がきますと、そこで借地権は消滅をしていくということになるわけですから、借地権価値というのは、これはもう逓減をしていくことは必然だということになります。

そういう意味においては、このような事業用借地権付建物を担保に取るというような場合には、それ自体を目的とするということではなしに、そのような借地を利用することによって発生する収益から弁済が得られるような手当てをしておくという必要性があるということになりそうです。

ところが、今度は逆にもう一つ厄介な問題になってくるのは、事業用借地権であるとして設定をされた底地を担保に取ると、こういうような場合はどうなるかということです。これは一〇年から二〇年の間、定められた期限がくると土地は返ってきますから、これはそれで底地の担保は非常に容易であるとこういうことになってくるわけです。ただその際に、問題は事業用借地権というのはこれは居住用として利用しないものと、こういうふうになっているのです。ところが、事業用借地権として設定されたのち、その建物は居住用として利用されているというような場合に、これは当初どおりに事業用借地権であり得るのか、それとも普通借地権になってしまったということになるのかという問題が起こってきます。そして、底地を担保に取ったということうになると、事業用借地権ならその期間がくると返ってくるということになりますが、普通借地権になっていくと、更新がありますから、これは非常に重要な意味が出てくるということになるわけです。この点について、立法者は、事業用借地権として設定して、それに基づいて建てられた建物について、事実上、居住用として需要されていても、それだけでは普通借地権に転化しないと説明をしているわけですが、はたしてこのような解釈が今後成り立っていくのかどうかという問題があります。

もっとも、勝手に用途を変えたということになると、これは解除原因になっていくということになるわけでしょうけれども、解除しないということになりますと、普通借地権として存続してしまうのか、あるいは定期借地権にとどまるのかという問題は起こります。

それから、設定者がそういう住居用として使用することについて承諾をしたとか、あるいは住居用として使用されていることを知りながら放置しているというような場合でも転化しないのかです。こういうような場合には、借地権設定にあたっての使用目的の変更があったと見られないわけではありません。すると、そういうような承諾をしたとか放置してあるということになると、普通借地権に転化するということを承諾したという問題が出てくる可能性があります。この点は、立法者は、承諾したとか放置してあるという問題があり得るということを指摘しています。すると、設定者がそれをやると担保権者は不利益を被ることになるわけですから、そのような設定者の承諾とか、放置による普通借地権への転化が抵当権者に対抗できるかどうかということを考えていかなければならないという問題が起こりそうです。

以上、かなりレジュメから抜かした点もございますが、時間を若干オーバーし、質問を受ける時間まで取ってしまいましたけれども、一応、私の思いつくままの問題点指摘を前提としてのお話を終わらせていただきたいと思います。

# 12 担保保存義務免除特約の効力

## 一　問題の所在

民法五〇四条は、債権者が、自分の物的ないし人的担保を故意や懈怠によって喪失ないし減少させた場合には、そのことによって保証人や物上保証人、第三取得者などの法定代位権者（民五〇〇条）が求償の満足が得られなくなった限度で、法定代位権者が負担する債務の全部又は一部を免れ、あるいは所有物が負担している責任の全部又は一部が消滅するとしている。このような債権者に対する拘束を「債権者の担保保存義務」と呼び、この担保保存義務に違反することによって法定代位権者が免責されるものとして、法定代位権者の求償の期待を保証している。

しかし、このような債権者に対する拘束の結果として、金融機関としては、担保の差し換えや放棄が困難になり、長期的な信用供与における状況に応じた対応ができなくなる。そこで、このような不合理を是正するために、金融機関は保証人や物上保証人との間で、金融機関がその都合によって他の担保若しくは保証を変更、解除しても免責を主張しませんとの、いわゆる担保保存義務免除の特約を行って対処している。そこでまず、このような担保保存義務免責の特約は無条件で有効であるのかどうか問題になる。

更には、このような免責特約は特約の有効性が認められるとしても、その人的範囲が特約当事者である保証人や物上保証人に限られ、特約当事者でない第三取得者などの法定代位権者には主張できないとするならば、物上保証人がこのような免責特約をした後に担保目的物を第三者に譲渡することによって、このような特約を容易に無意味なものとすることができることになる。そこで、このような免責特約を第三取得者などとの関係でどのように考えればよいのかも問題になる。

## 二　担保保存義務免除特約の効力とその限界

### 1　免除特約の効力の意味

債権者と保証人ないし物上保証人間での債権者の担保保存義務免除特約の有効性については、判例はこれを一般的に承認している（大判昭一二・五・一五新聞四一三三・一六、最判昭四八・三・一金判三五八・二、最判平二・四・一二金法一二五五・六、最判平七・六・二三民集四九・六・一七三七）。学説にもほぼ異論はない。その根拠としては、民法五〇四条は任意規定であること、金融取引において円滑な経済活動を行う上で必要であり合理的必要性の存在することが挙げられている（鈴木正和「銀行取引と担保保存義務」判タ五七八号二二頁、塚原朋一「判例研究」金法一二六四号二二頁）。そして、この特約によって、民法五〇四条による法定代位権者が享受すべき代位利益をあらかじめ放棄するものであると解している。ただ、それが実質的には何を意味するものであるかについては見解が分かれる。民法五〇四条の担保保存義務の趣旨を債権者に通常の直接義務を課したものではなく保存を怠ると免責という効果を生じさせることによって保存を促進する間接義務が課されているにすぎないとの立場（通説）に立てば、このような担保保存の間接義務の免除としての性質を持つことになるし、債権者に保証人などの責任が過大にならないよう配慮すべき一般的注意義務を課したものであるとの立場（有力説）に立てば、このような一般的注意義務の免責としての性質を持つことになる。なお、この他に、特約は、債権者の注意義務の免除又は軽減を目的とした条項ではなく、金融取引の実情に適合しない民法五〇四条を合理的なものに修正し、円滑な与信を行い、かつ、債権の確実な回収を図ることを目的とした条項であると意味づける見解がある（塚原・前掲二六頁）。最高裁判例はこの点を明らかにしていないが、大審院判例（大判大六・七・五民録二三・一一九七、大判大一一・三・六民集一・三・八五）は、民法五〇四条は間接義務を課したものと解していることからすると、これを踏襲し、間接義務の免除としての性質を有すると解しているものと推測される。この意味から、特約は、法的にはそれほど強くない義務を免除するものであることを前提として考えればよいことになる。

## 2　免除特約の効力の制限

次に特約の有効性を無制限に主張できるかどうかである。前掲最判昭四八・三・一は、本件の事実関係のもとでは特約を援用することを妨げるものではないとして、特約制限の可能性を示唆している。そして、最高裁判決（前掲最判平二・四・一二、最判平七・六・二三）は「特約の効力を主張することが信義則に反しあるいは権利の濫用に該当するとして許されない場合はある」として特約の制限されることを明言している。学説も一様に、特約は担保保存の注意義務を軽減する趣旨にすぎないとか（西村信雄『継続的保証の研究』有斐閣　二五〇頁）、債権者の行為の信義則違反や権利濫用の可能性を審理する必要があるとか（後掲文献①五一五頁）、特約の全面的許容という筋をチェックする理論として一般条項というスペードのエースを使用すべきであるとか（石田喜久夫『注釈民法⑿』有斐閣、三六七頁）、債権者に保証人を害する意図又は過失ある場合若しくは客観的合目性の存在しない場合には民法五〇四条の効果が生ずるとか（鈴木録弥『注釈民法⒄』有斐閣、三三一頁）、通常要求される程度の注意を欠いた場合には全面的有効性を主張できなくなるとか（中井美雄「担保保存義務と銀行取引」『銀行取引法講座（下）』金融財政、四七一頁）、一般取引上要求される注意義務を怠った過失により担保差換えをするについて合理的必要がないのにあるものと誤認したときは条項の効力を主張できないとか（塚原・前掲二六頁）として特約の制限される場合のあることを承認している。たしかに、特約の効力を無制限に認めることは、保証人の代位利益をいかなる場合であっても全面的に奪うことになる。このようなことは、いかに特約がなされているからといって契約正義に反するものであり、許されない。このことから、特約の主張が信義則違反ないし権利濫用になって許されない場合のあることは当然である。

ところで、この特約の主張の許されない場合の判断基準としては、学説では、かつては、およそ三つに分かれていた。①信義則違反ないし権利濫用や一般条項違反によるもの、②債権者の故意、過失あるいは注意義務違反によるもの、③客観的合目性ないし合理的必要性の欠如によるものである。そして、②と③を並列させるものと、重畳させているものがある。これらは、恐らく結果としてはそれほどの差異は生じないものと推測されるが、理論的には意味あいが異なる。①は特約効力否定の一般法理によるものであり、②は担保保存義務の存在を前提とした理論であり、③は特約の合理的目的による限界づけによる理論によるものである。判例理論としては、下級審では学説と同様の見解もみられたが、最高裁平成二年判決は、担保が減少して代位の利益を害する結果となることにつき故意又は重大な過失その他特段の事情の有無を挙げているのに対して、最高裁平成七年判決は、担保を喪失又は減少させる行為が金融取引上の通念からみて合理性を有し代位の期待を奪うものとはいえないときかどうかその他特段の事情の有無を挙げている。このような判例の動向は、最高裁平成二年判決以後の学説では、「一般取引上要求される注意義務を怠った過失（重過失ではなく軽過失でもよいことになろう）により、担保の差換えについて合理的必要がないのに、これがあるものと誤認して、担保の差換えをしたこと」（塚原・前掲二六頁）、「民法五〇四条適用排除特約の目的に照らして合理性を欠いているかどうか、またそのことについての故意、重過失があるかどうか」である（椿寿夫ほか「最近の担保判例とその評価」法時六三巻七号二三頁〔鎌田薫発言〕）とかの見解にみられるように、合理性という客観的な評価が必要であることが強調されてきたことを受けたものと推測される。私見でも最高裁平成二年判決に関連して「特約の制限の理論については、特約の有効性の承認とその意味との関係で捉えなければならない。特約の有効性の承認は金融取引における円滑な与信という合理的目的が存在することによるものであり、かかる有効性の承認によって担保保存義務を免除ないし軽減するものであるとするならば、特約の効力を主張させることが、担保保存義務が免除、軽減されているとしても、特約によって免除、軽減された注意義務以上の注意義務違反が存在し、かかる合理的目的に違背するというような場合には、特約の効力は制限されるものと解するのが妥当ではないかと思われる。そうだとすると、特約によって免除、軽減された注意義務以上の注意義務違反とは、債権者の故意、重過失による担保価値減少行為であって、特約の合理的目的に違反するという場合と解すべきである」と主張したことがある（後掲文献④二三九頁）。最高裁平成七年判決の見解が、前述の調査官解説を前提とするものであるならば、このような学説の傾向を受け入れたものと評することができる。そして、最高裁平成七年判決後の学説の多数は、これを一応承認するに至ったものといえる（石田喜久夫「判批」判評四四四号三七頁、後掲文献③七頁、松岡久和「評釈」私法判例リマークス一九九六年〈下〉四八頁など）。そこで、今後は、合理性と故意・重過失が基準となって判断されることになろう。その際、この両者の関係が問題になる。調査官解説では、平成二年判決は合理性基準を否定するものではなく、むしろそれを当然の前提とした上で、更にこれについて故意、重過失があることを要するとしたものであると説明している（近藤崇晴「解説」曹時四七巻一二号二六〇頁）。このことからすると、合理性と故意・重過失は両者共に判断の要素をなすことになる。そしてその関係は、かつて主張したように合理性は判断要素の客観的側面であり、故意・重過失は主観的側面としてみることができよう。調査官解説も私見に近い理解と評されている（松岡・前掲四七頁）。なお、このような見解に疑問を呈する見解もみられる（後掲文献②（下）龍谷二八巻三号四〇頁、松岡・前掲四七頁）。ところでこのような二元的構成の結果として、重過失があっても客観的側面で担保差換えについての合理性があれば特約の効力の制限を受けないし（後掲文献④二四四頁）、金融取引上の合理性があるとはいえなくても、合理性が欠けることについて債権者に故意・重過失がなければ同様と判断されることになる（近藤・前掲二六二頁）。なお、ここでの合理性については、最高裁平成七年判決は①金融取引上の通念から見て合理性を有し、②保証人等の代位の期待を奪うものとはいえないことと判示している。そこで、判例は「代位への期待」を取り込み「取引通念からみた合理性」という基準を設定するもので、金融機関の立場のみの考慮へ赴く危険性を避けて、双方当事者に配慮した基準を立てており推奨されるが、回収の合理性の事例群と代位の正当な期待の事例群を相関させた事例群の構築という作業は、云は易く実現することは至難であろうと指摘する見解が見られる（石田・前掲一八三頁）。この見解では実務側の「合理性」のみを基準とすることに強い警戒感から（松岡・前掲四七頁参照）、それと対置するものとしての「代位への期待」を位置づけて、その調和を求めるものと推測される。しかし、調査官解説によれば、①と②とは「かつ」で結ばれているわけではなく、同じことを金融機関の側からと保証人等の側からという表と裏から表現したもので、金融取引上の合理性があるかどうかについては、保証人等の正当な代位の期待をも考慮して判断すべきことを明らかにしたものであると説明されている（近藤・前掲二六二頁）。これによると、「合理性」の判断の基本はあくまでも金融取引上の理念からみて判断することになるが、その際に「代位への期待」をも考慮すべきであるとするものであって、当然のことを述べているにすぎないことになる。「代位への期待」は対置されるべき基準ではないのである。

また、特約の効力制限を債権者の故意、重過失にかかわらせることは、債権者に故意、重過失があるときに限り保証人は免責されることを意味する。このことは、民法五〇四条が債権者の「故意又ハ懈怠」による場合には免責されると規定していることとの関係で、特約の存在はどのような意味をもつものなのか問題となろう。ここでの懈怠は、軽過失も含むと解するのが一般的であることからすると、特約が有効である場合には、軽過失による担保価値減少のときは免責されないことになるとの意味があるだけであるのかどうかである。また、債権者の懈怠の認定について信義則違反になることを理由としている見解のあることからすると特約の有無はせいぜい信義則違反の程度の差にすぎないとする見解（野田宏「判例研究」金法一一四五号二二頁）や、民法五〇四条の故意、懈怠は担保の喪失減少についての故意、過失であるのに対して、特約では担保の喪失滅失の結果求償が不能になり害するに至ることについての故意、過失が免責の要件となるとの見解（野田宏「保証と法定代位」遠藤浩ほか監修『現代契約法大系第6巻』有斐閣一一〇頁）がみられるが、果たしてその程度であるのかどうかである。しかしこれでは、特約により民法五〇四条の適用を排除した意味が薄れてしまう。そこで、特約の効力制限で問題とされている故意、過失すなわち注意義務違反は特約のもつ合理的目的遂行義務を故意、重過失で懈怠したことを意味するものといえる。それは、民法五〇四条適用の場合は、担保価値喪失減少につき債権者に故意、懈怠のあることだけが問題となるが、特約が存在する場合には、担保価値喪失減少があり、それが特約の金融取引円滑化目的に違背していて、そのことにつき債権者に故意、重過失のあることを必要とする点でも異なる。

## 三　担保保存義務免除特約の第三取得者に対する効力

担保保存義務免除特約と第三取得者の関係については、「担保保存義務免除特約の場合には、第三取得者は、民法五〇四条によって保護されるべき法定代位権者である以上、本人の与り知らぬ特約によって、その保護を剥奪されるいわれはない」（高橋眞「金融機関の担保保存義務と同免除特約の効力――大阪高判平六・五・二〇をめぐって――」金法一四〇三号九頁）とする見解がみられる。これでは、保証人や物上保証人との間で特約をしても担保目的物が第三者に譲渡されると、その特約は全く意味のないものとなる。また、担保保存義務免除特約をこのような債権関係における特約と同様の法理で考えてよいものであるかどうか問題である。

### 1　債権者による担保の喪失、減少後の第三取得者との関係

最高裁平成七年判決は「担保保存義務免除の特約があるため、債権者が担保を喪失し、又は減少させた時に、右特約の効力により民法五〇四条による免責の効果が生じなかった場合は、担保物件の第三取得者への譲渡によって改めて免責の効果が生ずることはないから、第三取得者は、免責の効果が生じていない状態の担保の負担がある物件を取得したことになり、債権者に対し、民法五〇四条による免責の効果を主張することはできない」と判示している。学説には、前述のように特約は当事者以外には及ばないとする見解もあるが（宮川種一郎「担保保存義務について」金法六六五号七頁、鈴木重信「債権者の担保保存義務免除の特約」金法一〇〇〇号一三五頁）、これを肯定する見解が多い（松本崇「共同根低当権を一部放棄した場合の第三取得者の免責と担保保存義務免除特約」金法一三二七号五頁、西尾信一「共同根低当権の一部

放棄とその後の他の抵当不動産の第三取得者の免責および特約の効力」判タ七八九号五七頁、石井眞司「債権者の担保保存義務、同免除特約の最近判例の考え方と実際的見地からの検討」判タ七九五号五一頁など）。その理由としては、第三取得者が担保物件を取得することによって担保義務を承継するのに伴い、その担保設定契約上の担保保存義務免除特約の効力も承継するとする見解（小林亘「評釈」金法一三五三号二一頁）や、特約の存在が公知の事実であると考えられる場合には、第三取得者に対する効力を認めることができないだろうかとの見解（角紀代恵「担保保存義務免除特約の内容と物上保証人所有不動産に対する同特約の効力」金法一四二八号三八頁）や、特約による免責効が当然かつ確定的に生ずるような担保権の負担付き不動産の第三取得者は免除効は受けられないことになるからであるとの見解（佐久間弘道「抵当不動産の第三取得者に前主の担保保存義務免除特約の効力が及ぶか」手研四七一号九頁、石井眞司＝伊藤進＝上野隆司「鼎談・金融法務を語る19」手研四七三号四八頁（伊藤発言））などがみられる。

ところで、第三取得者による民法五〇四条の免責の主張に関しては、債権者の担保の喪失、減少前の第三取得者には当然に免責の主張が認められるとするのが通説である。そして、債権者の担保の喪失、減少後の第三取得者については、最高裁平成三年判決（最判平三・九・三民集四五・七・一一二一）は民法五〇四条の免責の効果を主張することができるのが原則であるとしている。この見解の基礎には、民法五〇四条の免責の効果は担保物権に属性的なものであり物権的に生ずるものであるとの考えによるものと思われる。そうだとすると、この免責の効果を排除する特約は、この属性的で物権的に生ずる効果を排除することを内容としたものであり、単に特約当事者間における効力に止まるものではないと解される。すなわち、原則としては民法五〇四条の免責負担付きの担保物権が設定されることになるが、設定契約において特約することによって、このような民法五〇四条の免責負担という属性の伴わない担保物権が設定された状態になると解すべきである（同旨、石井眞司＝伊藤進＝上野隆司「鼎談・金融法務を語る44」銀行法務21五〇九号三四頁（伊藤発言））。

## 2　債権者による担保の喪失、減少前の第三取得者との関係

最高裁平成七年判決は、最高裁平成三年判決の立場に依拠して、免除特約により免責の効果が当然かつ確定的に生じなかったが故に、その後の第三取得者も免責の効果を受ける余地はないとしていることからすると、債権者による担保の喪失、減少前の第三取得者との関係では、免除特約があっても第三取得者は免責の効果を主張することができることになるとの見解がみられる（吉田光碩「担保保存義務免除特約と抵当不動産の第三取得者」判タ八五六号七三頁、高橋・前掲二六八頁）。もしそうだとすると、第三取得者との担保物件の取得の時期によって債権者の担保保存義務の内容が異なることになり、衡平を失することになる。そこで、「民法五〇四条によっていったんは確定的に消滅した責任が、同特約によって、復活したという具合に分析的に解すれば、この復活について対抗要件は具備されない以上、債権者は、第三取得者に対して、責任の復活を主張できないと解することもできる」（角・前掲三八頁）として、担保の喪失、減少前の第三取得者にも免除特約の効力を及ぼそうとする見解がみられる。たしかに、最高裁平成七年判決の文言からすると、担保の喪失、減少後の第三取得者は「免責の効果が当然かつ確定的に生じなかった」状態の担保負担を承継することを前提としていることから、いまだ、そのような状態にない担保の喪失、減少前の第三取得者との関係では、第三取得者は民法五〇四条の免責を主張することが可能であり、免除特約があっても第三者効の認められない以上は、債権者はこれを主張できないことになると解しうる余地はありそうである。しかし、債権者による担保の喪失、減失によって「免責の効果が当然かつ確定的に生じなかった」状態になるのは、免除特約付きで担保権を設定した場合には、民法五〇四条の免責負担という属性の伴わない担保物権が設定された状態になることの結果であって、それが免除特約当事者である保証人や物上保証人との関係に限定されて生ずるわけではないのである。このため、第三取得者が登場する前に債権者による担保の喪失、滅失が生じて、免除特約に基づき「免責の効果が当然かつ確定的に生じなかった」状態が顕在化した場合と、債権者による担保の喪失、滅失が生じた場合でも、免除特約に基づき「免責の効果が当然かつ確定的に生じなくなる」状態が潜在的に存在している状態で第三取得者が担保物件を取得して担保を負担する場合とで差異を設け

ることは妥当ではない。この意味から、債権者による担保の喪失、減少前の第三取得者との関係においても、免除特約の有効性が認められる限りにおいては、債権者は免責されるものと解すべきである。

## 四　実務の指針

担保保存義務免除特約の有効性は確認されているが、それを主張できるかどうかは担保の変更、放棄、差替えの合理性の確保が必要である。その合理性に欠ける場合は免除特約があっても物上代位権者に対して免責を主張することができないことになる。そのため、金融機関側の恣意的な担保の変更、放棄、差替えは、当然のことながら許されないのである。

なお、第三取得者との関係においても、私見としては最高裁平成三年判決や平成七年判決から推論すると第三取得者の登場の時期に関係なく免除特約に基づいて免責を主張できるものと解される。しかし、債権者による担保の喪失や減少前に担保物件を取得した第三取得者との関係での最高裁判例が出ていないことから、実務としては、この場合には慎重を期することが必要である。それは、困難なことではないかと思われるが第三取得者が登場した時点で、第三取得者から免除特約の存在について念書を取り付ける努力をするしかないであろう。

## 五　むすび――今後の課題

民法五〇四条の債権者の担保保存義務違反による法定代位権者の免責規定は、特に長期的に繰り返し行われる状態での金融取引にとっては、不合理なものである。このため、金融機関は免除特約で対応することになるわけではあるが、それよりも基本的には民法五〇四条の合理的解釈化への努力が必要ではないかと思われる。すなわち、民法五〇四条の解釈に当たって、債権者による担保の変更、放棄、差替えが合理的と評価される限りにおいては、担保の喪失ないし減少が生じても、債権者に法定代位権者を害する意図や重大な過失のない限り、免責を受けることがないと考える方向で対応すべきではないと思われる（同旨、高橋・前掲一一頁）。このことによって第三取得者との関係も自ずから解消されよう。

〈主要参考文献〉

① 椿寿夫「債権者の担保保存義務」『民法研究Ⅱ』第一法規出版、一四三頁以下
② 高橋眞「債権者の担保保存義務に関する一考察（上・下）」龍谷二七巻三号五二頁以下、二八巻三号一頁以下
③ 高橋眞「担保保存義務免除特約の効力」銀行法務21五一三号四頁以下
④ 伊藤進「担保差換えと担保保存義務免除特約の効力」『物的担保論』信山社、一三三頁以下

# 13 譲渡担保権設定者の受戻権放棄と清算金支払請求

最高裁第二小法廷平成八年一一月二二日判決
［民集五〇巻一〇号二七〇二頁、判時一五九二号六一頁、金判一〇一四号三頁、金法一四七七号四〇頁］

## 一 事案

Y（上告人）は、昭和五九年三月末ごろ、亡訴外Aに対し一億八〇〇〇万円を貸し渡し、その担保として、A所有の土地について帰属清算型の譲渡担保権の設定を受け、譲渡担保を原因とするAからYへの所有権移転登記が経由された。その後、Aは死亡し、その相続財産法人であるX（被上告人）の相続財産管理人は、Yが清算金の支払又は提供をせず、清算金がない旨の通知もしない間に、Yに対し、本件土地の受戻権を放棄する旨を通知して、本件土地の評価額から、YがAの死後、本件土地を使用して駐車場を経営し、右受戻権放棄の通知までの間に収益を得た一三二〇万円と右貸金債務を対等額で相殺した後の貸金債務を控除した金額に相当する清算金の支払を請求した。

第一審判決は、Xの右請求の時点の目的物件の時価と残債権総額との差額を基礎として計算した清算金の支払を命じた。原審判決も、これを是認した。

そこで、Yは、このような譲渡担保の受戻についての解釈は従来の最高裁判決を逸脱し、法解釈並びに法適用共に違法であるなどを主張して上告した。

## 二　判旨

「譲渡担保権設定者は、譲渡担保権者が清算金の支払又は提供をせず、清算金がない旨の通知もしない間に譲渡担保の目的物の受戻権を放棄しても、譲渡担保権者に対して清算金の支払を請求することはできないものと解すべきである。けだし、譲渡担保権設定者の清算金支払請求権は、譲渡担保権者が譲渡担保権の実行として目的物を自己に帰属させ又は換価処分する場合において、その価額から被担保債権額を控除した残額の支払を請求する権利であり、他方、譲渡担保権設定者の受戻権は、譲渡担保権者において譲渡担保権の実行を完結するまでの間に、弁済等によって被担保債務を消滅させることにより譲渡担保の目的物の所有権等を回復する権利であって、両者はその発生原因を異にする別個の権利であるから、譲渡担保権設定者において受戻権を放棄したとしても、その効果は受戻権が放棄されたという状況を現出するにとどまり、右受戻権の放棄により譲渡担保権設定者が清算金支払請求権を取得することとなると解することはできないからである。また、このように解さないと、譲渡担保権設定者が、受戻権を放棄することにより、本来譲渡担保権者が有している譲渡担保権の実行の時期を自ら決定する自由を制約し得ることとなり、相当でないことは明らかである。」

## 三　先例・学説

本判決は、譲渡担保権の私的実行プロセスにおける受戻権と清算金請求権の関係のうち、譲渡担保権者による私的実行の通知前における両者の関係につき判示するものである。

このような問題につき判示した先例としては、本判決の第一審判決（大阪地判平四・三・三〇判時一四二六号七四頁）

及び原審判決（大阪高判平六・三・一七）がみられるだけであり、本判決はリーディングケースとしての意義を有するものである。ところで、第一審判決は、受戻権の消滅時期と清算金算定の基準時に関する最判昭和六二年判決（最判昭六二・二・一二民集四一巻一号六七頁）を援用して、「譲渡担保権設定者は、債務の履行遅滞に陥った後は、受戻権行使の利益を自ら放棄することができるのであるから、譲渡担保権者が清算金の提供も清算金がない旨の通知もしない場合に、譲渡担保権者に対し、自ら受戻権行使の利益を放棄して、清算金支払の請求をすることができる」と積極に解し、原審も同様の見解を示した。これら下級審判例は、①帰属清算型の譲渡担保の場合は、受戻権が終局的に失われる時期と清算金の有無及び額が確定する時期が同時であること、②受戻権は譲渡担保権設定者の利益のために認められたものであるから放棄は自由であること、③両者の命題の帰結として、受戻権を自由に放棄して終局的に失われると清算金の請求ができるとの論理に依拠している。これに対して、本判決は、消極に解して、受戻権を放棄しても清算金請求権を行使できる関係にはないとする。その理由とするところは、①法理論的にみて、受戻権の発生原因と清算金請求権の発生原因は異なること、②実質的には譲渡担保権者の譲渡担保権実行の時期の決定の自由を制限することになることを挙げている。

また、学説も、この問題については、宇佐見教授による最判昭和六二年判決の判例研究での言及を除いては、第一審判決を支持する評釈が散見されるだけであったが、本判決後は諸見解がみられるようになった。

宇佐見見解（宇佐見大司「判例研究」法時六〇巻一号一〇四頁〈一九八八年〉）は「仮登記担保法によっても譲渡担保に関するこの判例の見解によっても、清算金額の算出の基準時は、……債権者のイニシアティブで決められることになる。一方、債務者の側で早期に清算金を確定し支払ってもらいたいと考える場合もなくはない。債務者に弁済の資力がなく、かつ比較的利息が高い場合などにそういうことがありえよう。そういう場合に、例えば債務者の側から清算の請求をし、その時点で清算金算出の基準時が決まるとする考え方はとりえないであろうか。しかし、債務者は本来債務を負っているのであり、弁済することが本来債務者としてなすべきことである。そしてその弁済をなしたときは、債務者に受戻権を保障しようとしている。……清算金請求権を債務者に認める必要はまったくないという見解もまたありうる。この点についてはなお留保したい。」として、譲渡担保権設定者からの実行の必要性という実質的見地から問題提起されている。第一審判決を支持する評釈として、荒川見解は、「設定者に被担保債権を弁済する資力がないために受戻権を行使できず、しかも諸般の事情から早急に法律関係を確定させる必要があるといった場合」には、「譲渡担保権の実行をまたずに設定者の側から清算金請求をすることもできると解するのが妥当」との実質的根拠を挙げ、ただ、法的根拠が問題であるとされる（荒川重勝「判例研究」椿寿夫＝伊藤進＝大西武士＝秦光昭＝堀龍児編『担保法の判例Ⅱ』四三頁〈一九九四年〉）。そして、その法的根拠としては、受戻権と清算金についての法的性質の諸見解の検討を前提として両者の関係づけを丹念に検討した上で、「いずれの見解においても、受戻権行使の利益の放棄があったことと、設定者の側から担保権者に対して能動的に清算金請求権を行使できることとは、論理的には必ずしも結びつかない」（荒川重勝「譲渡担保設定者の『受戻権』と清算金請求権」立命一九九三年五＝六号一二一一頁）とされる。この点では、第一審判決及び原審判決の法的根拠づけの妥当でないことを指摘され、むしろ本判決と同旨の立場に立っておられる。そのうえで、仮登記担保契約法二条の類推適用を前提とする民法四〇八条の類推適用により根拠づけられる。すなわち、譲渡担保権設定者は、担保権者からの実行通知があった時から二カ月の「清算期間」を経過した後は、被担保債務を弁済して「受戻す」途と、清算金請求権を行使する途との選択権を有する。そこで、担保権者が実行通知をしないまま放置しているときは、まだ清算期間そのものが進行していないことになるが、このような場合には、民法四〇八条を類推適用し、設定者の側から相当の期間を定めて催告し、担保権者がその期間内に適法な実行通知をしないときは、設定者から清算金支払の請求が可能になると解すべきであり、この見解によれば受戻権行使の利益の放棄の有無を問う必要もないと主張される（荒川・前掲（立命）一二二六頁、同・前掲（担保法の判例Ⅱ）四三頁）。また生熊見解は、法理論的には受戻権行使の利益を放棄できるのは当然に認められるとしてもそのことから直ちに清算金請求権が発生するとはいえないが、譲渡担保権者が実行をしない場合には、譲渡担保権設定者は目的物を第三者に売却して弁済することは事実上できないこと、民法三七四条の制限のないことから高利の遅延損害金を目的不動産によって担保させられるという抵当権の場合以上の不利益の生ずるという実質的理由からみて第一審判決は妥当であるとされる（生態長幸「判批」判時一四四五号一九九頁以下〈一九九三年〉。なお、他に、田中淳子「譲渡担保権設定者の受戻権放棄とその効果」愛知大大学院法研会論集一一巻一号一八七頁以下〈一九九三年〉も肯定的である）。

本判決後にこれを支持する見解として、長沢調査官解説では、被担保債権を消滅させないまま譲渡担保権者に清算金支払義務を負わせる理論的根拠が見出せないことは、実質的に譲渡担保権設定者の側で譲渡担保権実行の時期を決定できることになり抵当権の場合と比較して妥当性に欠けるとして支持する（長沢幸男「判解」ジュリ一一一一号一九九頁〈一九九七年〉）。秦見解は、結論としては妥当であるがその理由づけに疑問があるとされる。そして、本判決の理論的理由づけは形式論にすぎず、実質的問題としては、受戻権の放棄は意味がなく、受戻権の放棄という形で設定者に目的物を代物弁済として提供する権利が認められるかであるが、債権者としては債務の弁済を受けることが第一次的な目的であり、目的物を代物弁済として受けることは第二次的なものにすぎないから譲渡担保権設定者にそのような権利を認めることができないことの結果であるとしながら、譲渡担保権者が実行を引き延ばしているような場合の対処として抵当権の場合に準じててき除制度の類推を主張される（秦光昭「判例紹介」金法一四七七号五頁〈一九九七年〉）。加藤見解は、秦見解が受戻権の放棄は法的には意味がなく、債務者に代物弁済することを許容するような権利を認めることは困難であるとしているのは実質論その一であり、譲渡担保権設定者が実行の時期を決定できることは譲渡担保権者に酷になるのが実質論その二であるとして支持される（加藤新太郎「判例研究」NBL六二二号七四頁〈一九九七年〉）。ただ、譲渡担保権者が実行通知をしないまま放置している場合については検討の余地はあるとする（加藤・前掲七五頁）。

本判決に反対する見解として、生態見解は、本判決の理論的理解は正当であるが、譲渡担保権設定者の受戻権の放棄による清算金請求の趣旨は、譲渡担保権者に対する譲渡担保権の実行を請求しているものと捉え、これが許されるかの問題であるとし、抵当権と同様にその実行を担保権者の判断にのみ委ね、これが許されないときは、抵当権の場合と比較して譲渡担保権設定者にとっては著しい不利益が生ずるが、譲渡担保権者にとって酷であるとはいえないとして批判される（生態長幸「判批」判時一六〇三号一七五頁以下〈一九九七年〉）。鳥谷部見解は、債権者は債権回収のための負担付所有権を取得している以上、弁済期後は清算金を支払うか、処分清算するかの責任を負うと解することができ、債権者が弁済期後の実行時期を恣意的に決定する自由まで認める必要はないとして、本判決の実質的理由を批判する（鳥谷部茂「判解」法教二〇〇号一四三頁〈一九九七年〉）。吉田見解は、受戻権の放棄だけが有効と扱われ、債務者がまったく無保護の状態になるのに比べて、担保権実行の時期の決定権を奪われるという債権者の不利益は一段と小さいことから、本判決の妥当性については疑問であるとして、否定することによる譲渡担保権設定者と譲渡担保権者の利益の比較考量の見地から批判される（吉田光碩「判例紹介」金法一四八三号五頁〈一九九七年〉）。この他、副田見解は、譲渡担保権の実行について担保権者の主導から設定者の関与を許容する方向に進むのかどうかについては、本判決自体は否定したが、こうした論議の端緒となるものであると指摘している（副田隆重「判例レビュー」判タ九四〇号七一頁〈一九九七年〉）。

## 四　評　論

一　ここで問題になるのは、譲渡担保権の私的実行のプロセスのなかで、弁済期到来後に譲渡担保権者が私的実行を行わない場合の譲渡担保権設定者の受戻権と清算金請求権の関係をどのように理論的に捉えるかの問題と、このような場合に譲渡担保権実行の主導権を設定者にも認めるかという実質的問題である。そして、これまでの、判例や学説について みると、概して、本判決を中心とする消極説は、理論的には筋が通っているのに対して、実質的には積極説から投げかけられている問題に答えていない。また、消極説は、実質的根拠づけに専念しながら、法理論的根拠については説得力ある理論を展開していないように思われる。このような基本的対立のあることを認識しながら、いずれが妥当かにつき若干の考察を加えることにする。

二　理論的根拠づけについてみると、まず、本判決の判示する譲渡担保権設定者が受戻権を放棄しても清算金請求権の行使は認められないとする点については、これまでの受戻権ないし清算金請求権の法的性質に関するいずれの見解に立っても、正当なものである。この点の分析は、荒川教授によってすでに的確に行われ指摘されているところである（荒川・前掲（担保法の判例Ⅱ）四一頁以下参照）。とくに、第一審判決の援用する最高裁昭和六二年判決を前提として積極を展開したことは、それまで判例が形成してきた私的実行のプロセスにおける受戻権と清算金請求権の関係につき十分な検討を加えることなく、判決文言上の論理的推論に依拠したものといえる。また、この点に関する本判決の見解は形式論にすぎないとする批判もみられるが、それは単なる形式論ではなく、その背景には、これまでの私的実行のプロセスにおける受戻権及び清算金請求権の法的性質づけ、ひいては譲渡担保法理の形成の帰結から論理的に導き出されたものであり、これを軽視しては、これまで形成してきた譲渡担保法理自体が崩壊する可能性のあることを留意すべきである。

そこで仮に、譲渡担保権者による私的実行の通知前に、譲渡担保権設定者による清算金請求権の行使を認めるのが妥当とするのであれば、その法的理論構成をどうするかを検討しなければならない。荒川見解は、仮登記担保法二条を類推適用すると、設定者は、被担保債権を弁済して「受戻す」か、清算金請求権を行使するかの選択は可能になり、後者を選択して清算金の請求ができることになることを前提とする。ここで前提とする仮登記担保法二条を譲渡担保に類推適用することについては、譲渡担保権の私的実行の法理が独自に確立しつつあることから、譲渡担保を仮登記担保に近づけて捉える発想には問題があると思われるが、この点はここでは留保するとしても、仮登記担保法二条により、このような選択可能の状態の生ずるのは、債権者から実行通知があって二カ月の清算期間を経過した後であることに留意しなければならない。それは、仮登記担保においても担保権者による実行通知を前提としているということである。そうだとすると、譲渡担保の場合でも、譲渡担保権者が実行通知をした後、清算金が支払われていないときは、設定者は、弁済して「受戻す」か、清算金請求権を行使するかの選択可能の状態が生じ、設定者が清算金請求権の行使を選択し、清算金を請求できるものと解することができ、この場合には仮登記担保法二条を類推するまでもないのではないかと思われる。そこで、荒川見解は、譲渡担保権者の実行通知前に選択可能の状態を作りだすために、民法四〇八条を類推適用される。しかしこの規定は、選択可能の状態にあることを前提として、選択権者が選択しない場合において選択権を移転させるものであるにすぎず、選択可能の状態を作りだす規定ではないと解されることから、これを類推適用しても、譲渡担保権者による実行通知前に設定者によって選択可能の状態を作り、清算金請求権の行使を選択できるということにはならないのではないかと思われる。また、秦見解は、設定者が、価額および買主を指定して目的物の売却を請求したときは、譲渡担保権者に原則としてこれに応ずることを義務づけ、その価額が被担保債権額より小さいときはこれを拒絶することができるが、その場合は、その金額以上でみずから買い取ることを義務づけるべきであるとしてでき除理論の類推によることを提唱されている。しかし、抵当権の場合、債務者はてき除をすることができないとされている（民法三七九条）こととの関係において、たやすく類推することが許されるかどうか疑問である。

三　実質的根拠づけとしては、消極説に立つ本判決は、譲渡担保権者が有している譲渡担保権の実行の時期を自ら決定する自由を制約することになるからだとしている。これに加えて消極学説は、譲渡担保権設定者に目的物により代弁済をする権利を認めることになり、債務の弁済を受けることを第一次的な目的とする債権者の意図に反することになるとする（秦・前掲五頁、加藤・前掲七四頁）。この消極説の実質的理由づけのうち、最も重要な、譲渡担保権者が私的実行の主導権をもつとするのは、恐らく抵当権との比較においてであると思われるが（長沢・前掲二〇〇頁）、これだけでは十分に説得力あるものといえないであろう。

これに対し、積極説に立つ鳥谷部見解は、弁済期後、所有権を取得したままの債権者には、債務者に対する被担保債権全額の請求を認めるべきではなく、目的物からの回収を優先させ、債権者が弁済期後の実行時期を恣意的に決定する自由まで認める必要はないとして（鳥谷部・前掲一四三頁）、譲渡担保権者の私的実行の主導権をも否定する。また、吉田見解は、受戻権を放棄した債務者に無保護状態の生ずることとの比較において、譲渡担保権者の実行時期決定権を奪うべきではないかとされる（吉田・前掲五頁）。たしかに、譲渡担保では、弁済期後は、譲渡担保権者に目的物の所有権は確定的に帰属するかあるいは処分できる状態が生ずるわけであるが、しかし、この時点以後、担保としての機能が失われるのではない。私的実行の完了までは、担保性は依然存続する。これがために、設定者も被担保債権を弁済して、目的物を受け戻すことができるのである。また、そのような法的構成への努力がなされてきたのである。このことからすると、弁済期後も、譲渡担保権者としては第一次的には債務者から債務の弁済を受けることを目的とし、目的物による回収は第二次的なものであると解すべきである。このためには、譲渡担保権者として、債務者からの債務の弁済を待つことの自由は確保しておくべきである。そのことは、それが抵当権であれ、仮登記担保権であれ、担保権としての本質から導き出されるものである。

ついで、積極説に立つ生態見解は、弁済期後、譲渡担保権者が私的実行に着手しないで放置しているような場合には、譲渡担保権設定者は、抵当権者に比して著しく不利益な状態に陥ることを、実質的根拠として挙げている。その差異の指摘は妥当である。しかし、そのことのために、譲渡担保権設定者に私的実行の主導権を与えてよいかどうかは疑問である。本件事案のような不動産を担保目的物とする担保としては、譲渡担保のほかに、抵当権や仮登記担保や不動産質などの態様がある。そして、それぞれに特質をもっている。どのような特質をもった担保を選択するかは、その経済的利益状況に応じて選択できる余地を残しておくのでなければ、数種の態様の担保を用意する必要はないことになる。この意味において、譲渡担保は、実行の段階においては、譲渡担保権設定者にとって、生態見解で指摘されているように抵当権の場合よりも実質的な不利益の生ずる可能性をもった担保としての特質をもつものとして存在するものであるとして、割り切るべきではないかと思われる。もっとも、その不利益が著しく担保の本質に反するような場合には、その部分について修正すべきであることはいうまでもないが、譲渡担保権設定者に私的実行の主導権を与えるという方向での修正は行き過ぎではないかと思われる。本件のような事案で最も問題になるは、譲渡担保権設定者に弁済の資力のない場合に、弁済期後も譲渡担保権者が長期間、譲渡担保権を実行しないで、利息ないし遅延利息稼ぎをする可能性があることである。それが高利であれば、ますますその弊害は増大する。このことには歯止めをかけるべきであるが、第三者との関係では優先弁済力の範囲を制限するという意味で民法三七四条の類推も考えられるが、設定者との関係では、これを制限するための有効な理論はない。この点は、担保制度一般に問題となるところであるが、譲渡担保では、弁済期後は、譲渡担保権者に目的物の所有権が確定的に生ずるか処分権を持つことになって、私的実行のワンステップが開始したという状態の放置である点に注目するとき、信義則ないし権利濫用などの一般条項による制限の可能性があるのではないかと思われるがこの点の検討は後日に留保する。

**四**　なお、受戻権の放棄の可否については、第一審及び原審判決は放棄は自由であるとし、本判決もこれを肯認することを前提としている。これに対して、受戻権の放棄は法的に意味がないとする見解がみられる。その放棄を認めても弁済の義務が免除されるわけではないからだといわれている（秦・前掲五頁、加藤・前掲七四頁）。また、受戻権の放棄を有効とすると債務者は無保護の状態におかれるから均衡を失するとする見解もある（吉田・前掲五頁）。本当に無意味あるいは有害なのか。このことについては本判決は本件事案の解決のためには必要でないことからあえて傍論を展開することを避けたもので今後の判例の動向が注目されると解説されている（長沢・前掲二〇〇頁）。

そこで、まず、譲渡担保権者の実行通知以前の受戻権放棄の可否についてみると、もし仮に、そのことによって清算金請求権を行使できることになるとすると、これは譲渡担保権者の私的実行の主導権を奪うことになるわけであるから、受戻権は譲渡担保権設定者の権利であるからということによって自由に放棄を認めるわけにはいかないのではないかと思われる。受戻権の放棄は、清算金請求権の行使と連動しないことによって可能となるのである。なお、譲渡担保権者が私的実行の通知をした後に、設定者が清算金を請求することによって受戻ができないことになるが、これは弁済による受戻権の行使と清算金請求権の行使のいずれかを選択することの結果であって、受戻権の放棄とは異なるものであることに留意すべきである。

ついで、受戻権放棄の法律関係については、一応は、設定者からは債務を弁済して目的物を受け戻すことができないことになると説明することはできる。ただ、譲渡担保権者から弁済請求があった場合に、これを正当に拒絶する効力まで生ずるわけではなく、また任意に弁済をしたときは受戻は可能になると解する必要のあることから、清算金請求権の行使と連動しないとの立場に立つと、実際上、放棄の行われることは考えにくいであろう。

最後に、受戻権の放棄と清算金請求権行使の関係についての思考として、もともと受戻権は、譲渡担保権の私的実行が確定的に終了するまでは、設定者において、目的物の取り戻しの余地を与えるための法的構成の過程のなかで形成された法理であるわけで、このような法理を目的物の取り戻しをあきらめるかわりに清算金請求権行使のための道具に利用するということは、法思考的にも疑問の残るところである。

# 14　金融機関の信用供与債権と年金等の振込を源資とする預金債権との相殺

## 一　問題の所在

年金等の受給権は、年金等受給者の生計維持を考えて、国民年金法二四条、厚生年金保険法四一条一項および労働者災害補償保険法一二条の五第二項などで差押等禁止債権とされている。この年金等の受給方法としては、受給者が年金取扱金融機関に開設している預金口座への振込払の方法が用いられることが多い。そこで、金融機関は、金融取引上当然のこととして、受給者に対する貸付などの信用供与に伴う債権がある場合に、その回収のために、一般の預金債権と同様に年金等が振り込まれて形成された受給者の預金債権を受働債権として相殺することを念頭に置いているものと思われる。しかし、この場合、その受働債権となる預金債権の源資が差押等禁止債権の支払によるものであることから、差押等禁止に違反した相殺ではないかという問題が生ずる。このことについては、最高裁平成一〇年判決[1]は、かかる預金債権を受働債権としてする法定相殺は許されるとしたことにより金融取引秩序が保たれることになった。しかし、その反面、年金等受給者の生計維持をどのようにして保障していくかの問題が残されることになった。この金融取引秩序と年金等受給者の生計維持という両者の調和をどこに求めるのか、年金生活者が四人に一人という高齢化社会を迎えるにあたっての社会的な問題であるし、年金振込による顧客の獲得を目指す金融機関としても真剣に考えなければならない問題ではないかと思われる。

## 二　最高裁判決への経緯の概要

本件事案は次のようである。

Xは、平成三年六月、$Y_1$信用金庫に普通預金口座を開設した。そして当該預金口座は、Xは、$Y_2$国から、国民年金および労災保険金の支給を受け、その受給方法として預金口座への振込払の方法を選択し、その振込口座として利用し、そのほか、他の金融機関や生命保険会社からの入金、Xによる預入れ、キャッシュカードによる引出し、保険料の支払などにも利用していた。一方、Xは、$Y_1$信用金庫との間で、訴外Aの$Y_1$信用金庫に対する貸金債務について、連帯保証契約を締結していた。その後、Xから、平成五年四月一日到達の書面で、Xは債務の支払を行なうことができない状況にある旨の通知があったことから、$Y_1$信用金庫は、Aとの間で締結した信用金庫取引契約で定められた期限の利益喪失事由に該当するとして、同月二日付けの書面で、Xに対し、貸金債務の残額を一括して弁済するように催告し、同月九日に、信用金庫取引契約で定められた差引計算の規定に基づき、保証債務履行請求権（一八万〇六六八円）と、Xの$Y_1$信用金庫に対する預金債権（三六万〇五七〇円）を対当額で相殺する旨の処理をし、その旨を通知した。なお、四月一日到達の通知前後の状況としては、それまではかなりの預金残高があったのに、前日にはほとんどが引き落とされて、残高が三六万円余りになっているという事情がみられる。

これに対して、Xは、$Y_1$信用金庫による相殺は年金等の差押禁止の強行規定に反し違法ないし信義に反するとして、相殺に関わる金額を不当利得として返還を求めるとともに、$Y_1$信用金庫の行為は相殺が無効であることを知りながら行なったもので不法行為に該当し、また$Y_2$国も違法無効となる相殺をしないよう指揮監督する義務を怠った不法行為があるとして、慰謝料等につき各人一一〇万円の損害賠償を求めた。

第一審判決(2)は、$Y_1$信用金庫による相殺処理は有効な約定相殺とはいえないが法定相殺としては有効であるとし、その理由として、①本件における受働債権は年金等の受給権そのものではなく、それらが転化したところの預金債権とみるべきであるから差押禁止の規定に直ちに違反するものではないこと、②年金等は預金口座に振り込まれると受給者の一般財産に混入し、年金等としては識別できなくなるといわざるをえず、このようなものについてまで差押えを禁止することとなると取引秩序に大きな混乱を招く結果となることから、差押等禁止債権の振込によって生じた預金債権は、原則として、差押等禁止債権としての属性を承継しないことをあげている。原審判決でも、(3)「控訴人に支払われる国民年金及び労災保険金が本件預金口座に振り込まれて、控訴人の被控訴人金庫に対する預金債権に転化し、控訴人の一般財産になったこと、右債権は差押等禁止債権としての属性を承継しているものではないこと、したがって、同被控訴人がした本件の相殺が禁止されるものではない」として被控訴人による相殺を肯認した。

そこで、Xは、$Y_2$（国）は年金等の受給につき法律に従った権利を保障すべきであるから、金融機関に対し年金の取扱いに際して法律上の制約を遵守するようにせねばならない義務があり、高齢化社会の到来を間近に控えて自由に相殺ができるとすると高齢者の生存権を脅かすものであると同時に差押禁止の趣旨に違反すること、金融機関は年金を運用資産として膨大な利益を得ることができることや、長期間にわたり給与から天引きされて掛け金を掛けてきた結果、受給できる年金等が預金口座に振り込まれた途端に一般の預金債権と化して受給権者の権利がまったく保護されなくなること、年金等の振込による預金と一般の金員との区別は可能であることから、原審判決を取り消すのでなければ、年金制度は金融機関の無責任な経営によって崩壊し、高齢化社会における高齢者の生活基盤が揺るがせになることは明らかであるとして上告した。

最高裁は、原審の適法に確定した事実関係のもとにおいては、所論の点に関する原審の判決は正当として是認でき、論旨は独自の見解に立つものとして例文により上告を棄却した。すなわち、年金等は預金口座に振り込まれて預金債権に転化し、一般財産化した預金債権は差押等禁止の属性を承継しているものではないから、法定相殺しても、年金等差押禁止の趣旨には違反しないことを判示したものである。本件事案との関係および現行法上の解釈としては妥当としても、上告理由でも強調している高齢者の生活基盤の確保との関係においては、この最高裁判決を前提としながら考えなければならない問題が残されたといえよう。

## 三　本件預金債権との相殺の可否

本件預金債権は、主たる源資は差押等禁止債権の支払のために振り込まれた年金等の振込により形成されたもののようであるが、それ以外の振込もあり、かつもっぱら年金等の受取りのための預金口座としてではなくクレジットなどの支払のためなど一般財産の管理のために利用されていた預金残高の返還請求を内容とするものである。そして、このような預金債権との法定相殺は適法であるとしたわけである。これを適法とする論拠として、①年金等が預金口座に振込まれ預金債権に転化すること、②一般財産になったこと、③このように一般財産になった預金債権は差押等禁止債権としての属性を承継するものではないことをあげていることは前述したところである。

### 1　預金債権への転化

①については、まず年金等の支払方法の性質からみて、本件のような振込払の方法による場合は、国の預金口座への振込は年金等受給権についての履行であり、それにより年金受給権は消滅し、預金債権に転化するものといえる。年金等の支払方法の主な種類として⑴小切手払（会計法一五条）、⑵郵便局払（同法二一条、予算決算及び会計令四八条の二）、⑶金融機関払（同法二一条、予算決算及び会計令四八条の二）、⑷振込払（同法二一条、予算決算及び会計令四八条の二）がある。このうち、本件事案に直接に関わる⑶と⑷についてみると次のような差異がある。

⑶の方法による場合は、年金等受給者が振込払を希望しない場合などに、年金等受給者に最も近い金融機関（銀行、信用金庫等）を指定した国庫金送金通知書が発送され、年金等受給者はその通知書を当該金融機関に呈示して現金の支

払を受けることになる。この場合には、年金取扱金融機関は国に代わって履行するという要素がみられる。このことから履行補助者的要素がないではない。しかし(4)の方法による場合は、年金等受給者が指定した金融機関の本人名義の預貯金口座に直接振り込み、年金等受給者に対して、事前に振込通知書が発送される。この場合には、年金取扱金融機関が国に代わって履行するという要素は存在しない。むしろ年金取扱金融機関は年金等受給者に代わって受領するという要素を持つことになる。債権者の指定した第三者に対する弁済、ないし債権者から受領権限を授与された者への弁済としての性質を有するものと解される。また、国と年金取扱金融機関との間には、年金等の振込事務の取扱いに関わる委任ないし準委任の関係のあることは確かであるが、その代行事務の性質は一様ではない。(3)の場合には履行補助者的要素はないではないが、本件事案の(4)の場合には年金取扱金融機関が国に代わって履行するという要素は存在しない。むしろ年金取扱金融機関は年金等受給者に代わって受領するという要素を持つことになる。このことから、年金取扱金融機関の受領と同時に年金等受給者の預金となり、年金等受給者は当該金融機関に対して預金債権を持つと解される。以上のことから、(4)の振込払の場合には、国が年金等を受給者の指定した金融機関に振り込むことによって、当該金融機関に対する受給者の預金債権に転化したといえるわけである。そこで、(3)金融機関払の場合には、本件判決は妥当しないことは明らかである。

なお、これまでの判例でも年金等の預金口座への振込による預金債権への転化は一般に承認するところである(4)。学説(5)も、給与等の預金口座への振込に関してではあるが、給与等の振込により預金債権に転化すること(6)、給与等の振込により給与等債権は消滅すること(7)、さらには給与等債権と預金債権には同一性がないと解することにつき異論はないようである(8)。この点では、本件判決は、これら判例、学説に沿ったものであって、妥当な見解といえる。

## 2　差押禁止等債権の属性の承継

③については、民事執行法制定以前において「法律の規定による差押禁止は、その差押禁止の債権が銀行に振り込ま

れた場合にもそのまま妥当する」として属性の承継を肯定する見解があった。[9]また近時においても、年金等の受給権につき差押え等が禁止されているのは、年金受給者の生活維持の保護のためであることから、預金債権に変わった後も、この生活保障的制限は維持されなければならことから振込によって生じた預金債権は差押等禁止債権としての属性を承継するとの見解がみられる。[10]しかし、判例は一様に否定的である。[11]多数の学説は「法律が差押禁止を定めているのは、そこに掲げられた債権そのものについてであって、その債権の支払によって得られた金銭について原則的に差押禁止が及ばない……これに対比して考えれば……金銭が債務者の銀行預金口座や郵便貯蓄口座に振込まれた場合における預貯金債権も、差押禁止の対象とならないものと解すべきである」との見解に立っていた。[12]民事執行法制定後は、「一五二条一項の給料などであっても、銀行に振り込まれると、債務者の銀行預金債権の内容となり、全額差押えが可能となってしまう」[13]、「一五二条一項にあたる債権であっても預貯金払い戻し債権に形を変えるため、それは形式的には全額差押えが可能である」[14]、「債権の法的性質を形式的に考える限りでは、銀行預金は元の給料債権や失業給付受給権とは明らかに異なるから、元の債権の差押禁止は預金債権には及ばないと解する他はない」[15]、「預金債権が当初から差押禁止債権となっており、したがって、その部分に対する差押命令が違法になると解するのではなく、預金債権の差押えは適法である」[16]、「給与等が銀行等の預金に振り込まれた後は、債権の同一性が失われるから全額差押可能」[17]、「立案者は、預金債権となった以上全額差押えが可能であるが、債務者が一五三条の申立てをし、振り込まれた給料等であることが証明すれば差押禁止範囲は取り消されると説明、特に異論はない」[18]、「給料の銀行振込の場合です。これはいま盛んに行われているわけです。給料自体は法一五二条なのですが、銀行振込をしますと、預金の払戻債権というのは、同一性がありませんから、振り込まれますと全額差押可能になってしまうわけです」[19]などの見解にみられるように、差押禁止の効力は預金債権には及ばないと解するのが学説の一致した見解である。とくに、民事執行法制定段階で、第一次試案第一四〇はこの点を検討事項に掲げ、第二次試案第二一七（4）は「その預金債権のうち差押えの日から次期の給料等の支払の日までの日数に応じて計算した金額に相当するものは差押えることができないものとすること」としていたが、かかる特別の規定は設けられず、立案者は、預金債権となった以上全額差押えが可能であるとの考えに立って立法されていることは一般に承認されているところである。[20] 本判決もまた、これらの判例、学説に沿ったものである。

### 3　一般財産化

②が独立の論拠づけになるかどうか本判決の理解において今後、争われることになろう。私見としては、年金等の振込により預金債権に転化し、この預金債権が差押等禁止債権の属性を承継しないのは、形式的論理としては年金等債権と預金債権との間に同一性がないことの結果であるとしても、実質的には、その預金債権が一般財産化し債務者の責任財産になったことを重視したことによるものであることはすでに指摘したところである。[21] このことは、多くの学説が預金債権との相殺を認めることにつき、「預貯金債権は、手許に現金をもっている場合と区別すべき実質的理由がないからである」[22] とか、「生活費に充てるべき金銭が現金の代わりに預金債権として所持されているにすぎないから」[23] などの見解と共通するものである。なお、本判決において、上告人が高齢者の生活基盤の維持を強調しているにもかかわらず、相殺を適法としたのも単に形式的論理に依拠しただけではなく、このような実質的判断が加わった結果ではないかと推測される。もし仮に年金等の振込により預金債権化していたとしても、その実質において年金等の性質を維持している場合には、民法五一〇条を直接適用することは困難であるとしても、相殺権の濫用ないし信義則を理由として相殺は許されないものと判示することは可能であったとも思われるにもかかわらず、このような手法を用いなかったのは、本件預金債権の一般財産化を重視した結果ではないかとも推測される。

## 四　今後の対応

年金等の振込による預金債権を受働債権とする相殺の問題につき、本件判決の結果としての金融取引秩序優先の考え方が判例理論としても、あるいは法律問題としても一般的に定着していくものではないであろう。金融機関としても、また一般的法律問題としても、その対応を考える必要があるものと思われる。

### 1　民事執行法一五三条一項の申立てとの関係

民事執行法一五三条一項では、差押えが禁止されている債権が預金口座に振り込まれた場合、その預金債権は差し押さえることができるとしても、その差押えに際しては一五三条一項で生計の維持が図られることになっている。(24)そこで、このような規定の趣旨を、預金債権との相殺に際しても援用することによって対応できないかどうか問題になる。このことに関しては、差押えよりも相殺による場合のほうが債務者に生ずる不利益が大きいこと、相殺においては事前の抑制措置もないことから、年金等が転化した預金債権全額を受働債権として相殺することは無効と解すべきであるとの見解もみられる。(25)しかし判例は、立法論としてはともかく、現行の民事執行法一五二条一項、民法五一〇条の解釈からは、右差押禁止の趣旨を尊重し、実質的に差押禁止債権に当たるか否かを判断するということはできないとして相殺を認めている。(26)学説にも、民事執行法一五三条一項により取消しの対象となる債権の種類、内容には制限がないから、(27)もしこれを積極に解する場合は相殺制限の範囲が不明確となり、取引の安全を害するなどを理由に消極に解する見解が多い。(28)ところで、法定相殺に、民事執行法一五三条一項を適用ないし類推適用することは解釈論としては無理であるし、その期限に制限のないことからすると一般財産化した後も、いつまででも相殺禁止の状態が存続することになり、取引の安全が害されるだけではなく、年金受給者への信用供与も閉ざされることにもなろう。(29)

### 2　金融機関の説明義務

金融機関にあっては、年金等の預金口座への振込への勧誘が積極的に展開されているようである。このことによって金融機関は、年金資金を運用し利益を得ることになる。他方、年金等の預金口座への振込を前提として、受給者への信用供与が行なわれ、生活をエンジョイできることも事実である。ただ、その場合には、金融機関としては、信用供与に伴う債権の引当てとして年金等の振込による預金債権を眼目に置いているわけであるが、受給者にとっては、この預金が生活維持の唯一の財産になる可能性もあるわけであるから、与信供与の時はもとより、振込勧誘の時点においても、その預金債権の持つ担保としての役割や本件判決が肯認した相殺の可能性につき十分な説明をしておくことが重要ではないかと思われる。そして、受給者には金融機関払の方法による利用との選択の余地を与えることが必要である。もし仮に相殺の可能性につき十分な説明をしないまま勧誘したときは、金融機関の社会的責任も融資者責任が強調されつつあることから、預金の状況によっては相殺権の濫用ないし信義則違反とされる可能性は皆無とはいえないであろう。

### 3　相殺の時期

前述のように、最高裁判決が、本件事案において預金債権が一般財産化したことを重視したものである点に注目すると、相殺の時期が重要になる。すなわち年金等の振込による預金債権が一般財産化した時以降の相殺は適法とされるが、受給者の日常生活資金として生存維持の実質を保っている時期における相殺、たとえば年金等の振り込まれるのを待ちかねて直ちに相殺を行なうなどは、相殺権行使の濫用あるいは信義則に反するものとして許されないと解される可能性はないわけではないであろう。もっとも、預金債権が一般財産化したか否かの判断は、単に、形式的に、預金口座がもっぱら年金等の振込にのみ利用されているとか、年金等の振込としての区別が可能な場合であるかどうかによるものではない。これらの場合であっても、振込から相当期間が経過（たとえば次期の年金等が振り込まれた後）したとか、預入れや引落しが頻繁に繰り返されているとかの事情のもとで生計維持のための日常生活資金としての性質よりも、日常の財産管理としての利用の性質がみられるとか預貯金としての財産形成に転化しているような場合には、その預金債権は一般財産化したものとして相殺は許されると解してよいであろう。反対に、日常の財産管理のために開設された預金口座への年金等の振込であっても、振り込まれることによって、一般財産に混在したとか、直ちに一般財産化したとみるべきではない。そのような預金においても、年金等の振込分であることを区別しておくことは容易であると思われるからである。問題は、それが、その後に、前述のように一般財産化したかどうかによって、相殺の可否が判断されるのである。

### 4　相殺禁止期間設定の立法化の促進

最高裁判決による年金等の振込による預金債権を受働債権とする相殺適法の是認に対する揺り戻しとして、年金等受給者の生計資金維持の保障の強調が展開されよう。このような生計資金維持の保障は、もともとは年金等受給金債権を差押等禁止債権とすることによって行なわれてきたものであることはいうまでもない。相殺適法の是認は、これを実質的に崩壊させる要素を包含しているわけであるから、それをくい止めるための努力が要請されることは当然のことである。そのための方策として、金融機関の勧誘時における説明義務違反や相殺の時期による相殺権行使の濫用理論の援用の可能性と、それに対する対応をみたわけであるが、その判断基準は明確でないのが実情である。

そこで、年金等受給者の生存資金維持を実質的に保障するとともに、金融取引秩序を保つためには、年金等の振込による預金債権については、当該年金等の振込後、所定期間を経過するまでは相殺を禁止する旨の立法化を図ることが最適ではないかと思われる。ドイツの一九七五年社会法五五条一項では、社会保険および社会福祉に関する法律に基づき差押えが禁止されている給料が口座振込とされた場合には、振込後七日の間は当該銀行預金口座の差押えを禁止されている。[30] わが国でも立法化はされなかったが、民事執行法制定段階で、第二次試案第二一七（4）で「その預金債権のうち差押えの日から次期の給料等の支払の日までの日数に応じて計算した金額に相当するものは差押えることができないものとすること」とし、給料等の振込による預金債権のうち所定期間の金額につき差押を禁止することが検討されている。[31] これらの基本的な趣旨は、それは生計維持の目的においてのみ差押えを禁止するが、所定期間が過ぎると、一般財産化したものとみて、その時点以降はその保護の必要はないとの考えに基づくものと推測される。このような立法化は、年金受給者の生計維持の保障のみではなく、金融機関としての金融取引秩序の適正化にも繋がるものであることから、積極的に対応することが望まれよう。もっとも、その所定期間として何日が適当であるかは、議論しなければならない。ドイツ社会法のような七日間というのはいかにも短すぎる感じがないではないが、基準としては年金等が振り込まれて一般財産化したとみることができるような期間ということになろう。

## 五　おわりに

最高裁判決が、年金等の振込による預金債権を受働債権とする相殺を適法と是認したことの意義は大きい。そのことによって、このような振込のあることを前提として信用を供与してきた金融機関のこれまでの金融取引秩序が保たれることになったからである。そして、最高裁判決自体が限定しているわけではないが、本件事案のように一般財産化した年金等の振込による預金債権との相殺につき、今後も、このような法理は維持されるものと思われる。

しかし、その一方で、このことの結果として、年金等受給者の生計維持が困難になる可能性が生ずる。これに対しては、当面は、最高裁判決を前提としながら考慮していかなければならない。それは金融機関の自浄に負うところが大きいわけである。ただ、それにも限界があるし、金融機関としても不安定な基準のもとで対応しなければならないことを考えると早急に所定期間の相殺禁止期間を定めた立法化が望ましいのではないかと思われる。このことによって金融機関が拘束を受けるようにも思われるが、高齢化社会においての金融機関の社会的責任を果たすため、また金融取引秩序のためにも促進に努力すべきではないかと思われる。なお、このような相殺禁止期間の立法化は、給料の振込による預金債権についても同様に扱うべきか否かについてはさらに検討の余地があろう。

（1）　最三小判平一〇・二・一〇（金融法務事情一五三五号六四頁）。

（2）釧路地裁北見支判平八・七・一九（金融法務事情一四七〇号四一頁）。
（3）札幌高判平九・五・二五（金融法務事情一五三五号六七頁）。
（4）東京高決平四・二・五（金融法務事情一三三四号三三頁・判例タイムズ七八八号二七〇頁）、東京高判昭六三・一・二五〔上告審判決〕（判例時報一二七六号四九頁）、同旨、新潟地判昭六〇・一・二九（判例時報一二七六号五二頁）。
（5）詳細は、拙稿「年金等の振込口座による相殺の有効性」金融法務事情一四七〇号一四頁以下参照。
（6）小島武司「差押禁止財産と債務者保護」ジュリスト八七六号一〇三頁、浦野雄幸編『新版民事執行法〔基本法コンメンタール〕』四〇九頁〔林屋礼二〕、鈴木忠一＝三ケ月章編『注解民事執行法（4）』五一三頁〔五十部豊久〕など。
（7）中野貞一郎『民事執行法〔第二版〕』五二四頁。
（8）鈴木忠一＝三ケ月章＝宮脇幸彦編『注解強制執行法』四二三頁〔戸根住夫〕、宇佐見隆男ほか『民事執行セミナー〔ジュリスト臨時増刊〕』二八六頁〔浦野雄幸〕、泰光昭「差押禁止債権の支払が銀行口座に振り込まれた後の銀行預金債権の差押え」金融法務事情一三六四号六七頁。
（9）宮脇幸彦『強制執行法〔各論〕』一〇四頁。
（10）長尾治助「高齢者保護とレンダー・ライアビリティー（上）」ＮＢＬ五七一号一〇頁。
（11）東京高決平四・二・五（金融法務事情一三三四号三三頁・判例タイムズ七八八号二七〇頁）、大阪地裁岸和田支判昭五五・七・一五（判例時報九九三号七七頁）、前掲新潟地判昭六〇・一・二九。
（12）鈴木＝三ケ月＝宮脇編・前掲注（8）四二三頁〔戸根〕。
（13）浦野編・前掲注（6）四〇九頁〔林屋〕
（14）小島・前掲注（6）一〇三頁。
（15）上原敏夫「債権差押命令と転付命令」三ケ月章＝中野貞一郎＝竹下守夫編『新版・民事訴訟法演習2』二六九頁。
（16）竹下守夫『民事執行法の論点』二二九頁。
（17）秦・前掲注（8）六七頁。
（18）鈴木＝三ケ月編・前掲注（6）五一三頁〔五十部〕。
（19）宇佐見ほか・前掲注（8）二八六頁〔浦野〕。
（20）鈴木＝三ケ章編・前掲注（6）五一三頁〔五十部〕。
（21）拙稿・前掲注（5）一七頁参照。

(22)　鈴木＝三ケ月＝宮脇編・前掲注(8)四二三頁〔戸根〕。
(23)　竹下・前掲注(16)二二八頁、二二九頁。
(24)　中野・前掲注(7)五二四頁、上原・前掲注(15)二七〇頁、鈴木＝三ケ月編・前掲注(6)五一三頁〔五十部〕、宇佐見ほか・前掲注(8)二八六頁〔浦野〕。
(25)　長尾・前掲注(10)一〇頁。
(26)　前掲札幌地判平六・七・一八。
(27)　秦・前掲注(8)六九頁。
(28)　上原・前掲注(15)二七〇頁。
(29)　拙稿・前掲注(5)一九頁。
(30)　上原・前掲注(15)二七〇頁参照。
(31)　宇佐見ほか・前掲注(8)二八六頁〔浦野〕。

# 15 年金等の振込口座による相殺の有効性

——釧路地裁北見支部平成八・七・一六判決をめぐって——

## 一 問題の所在

年金等の受給方法として、受給者が年金取扱金融機関に開設している預金口座への振込払の方法が用いられることが多い。このような場合に、金融機関は、受給者に対する貸付などの信用供与にともなう債権の回収のために、年金等が振り込まれて形成された受給者の預金債権と相殺することができるかどうかが問題になる。

年金等の受給権は、国民年金法二四条、厚生年金保険法四一条一項および労災補償保険法一二条の五第二項で差押等禁止債権とされていることから、さきの相殺はこれらの規定に違反するのではないかとの疑いが生ずるからである。

理論的な問題としては、まず相殺の対象となった受働債権は、これらの規定で差押禁止債権とされている受給権なのか、それとも預金債権なのかである。前者だとすると、差押禁止債権と相殺することは原則として認められないことから、違法ということになる。

ついで、後者の預金債権だとした場合に、差押禁止債権にかかる支払金の振込によって形成された預金債権も差押禁止の対象になるのかどうか。年金受給権の差押禁止の属性が、このような預金債権にも承継されるのかどうかである。

さらには、このような相殺が有効であるとすると、年金等の支払方法として口座振込が原則化している今日では、年金受給者の生計維持を目的とした前述の差押禁止規定が空洞化してしまう危険はないのかどうかである。

## 二　事案と判旨

(1)　本件の事案　原告Xは、被告$Y_1$信用金庫に普通預金口座を開設していた。また、Xは、被告$Y_2$国から、国民年金および労災保険金の支給を受け、その受給方法として、$Y_1$信用金庫に開設している普通預金口座への振込払の方法を選択していたため、支給金は当該預金口座に振り込まれていた。一方、Xは、$Y_1$信用金庫との間で、訴外Aの$Y_1$信用金庫に対する貸金債務について、連帯保証契約を締結していた。その後、Xから、平成五年四月一日到達の書面で、Xは債務の支払を行うことができない状況にある旨の通知があったことから、$Y_1$信用金庫は、Aとの間で締結した信用金庫取引契約で定められた期限の利益喪失事由に該当するとして、同月二日付けの書面で、Xに対し、貸金債務の残額を一括して弁済するように催告し、同月九日に、信用金庫取引契約で定められた差引計算の規定に基づき、保証債務履行請求権（一八万〇六六八円）と、Xの$Y_1$信用金庫に対する預金債権（三六万〇五七〇円）を対等額で相殺する旨の処理をし、その旨を通知した。

これに対して、Xは、$Y_1$信用金庫による相殺は年金等の差押禁止の強行規定に反し違法ないし信義に反するとして、相殺にかかわる金額を不当利得として返還を求めるとともに、$Y_1$信用金庫の行為は相殺が無効であることを知りながら行ったもので不法行為に該当し、また$Y_2$国も違法無効となる相殺をしないよう指揮監督する義務を怠った不法行為があるとして、慰謝料等の損害賠償を訴求した。

(2)　判旨　要約するとつぎのようであり、その請求を棄却している。

**1**　$Y_1$信用金庫の主張する約定相殺については、「差引計算の定めは信用金庫取引約定書に記載された条項としていわゆる普通契約約款であって、附合契約たる信用金庫取引契約の当事者であれば右条項をいちいち具体的に確認しなくてもこれをすべて承認したものと認められると解しうるところではある」。しかしながら、Xは「当事者ではないのであり、かつ、信用取引約定書の前記差引計算の条項を具体的に認識していたあるいは認識し得たとはいえないというべく、前記差引計算の条項に依るとの意思をもって保証契約を締結したとすることはできない」ことから、有効な約定相殺とはいえない。しかし、$Y_1$信用金庫による相殺処理は法定相殺として有効要件を具備するものと解される。

**2** 法定相殺の対象となった受働債権の法的性質についてみると、年金等の受取について「振込払の方式が選択された場合にあっては、年金取扱金融機関は、国に代わって年金等の支払いを行うものとみるべきではなく、むしろ、受給者に代わって年金等を受領するものというべきである。そして、指定預金口座に振込まれることによって年金等の受給権は消滅し、同時に預金口座に預金が形成され、口座開設者たる年金等受給者は年金取扱金融機関に対して預貯金の払戻請求権を有することとなると解するのが相当である。本件における受働債権は年金等の受給権そのものではなく、それらが転化したところの預金債権とみるべきであって、これらを相殺に供することがただちに差押禁止の規定に違反することにはならないというべきである。」

**3** 年金等の振り込みによる預金債権も差押等禁止の対象にならないかについてみると「それらが受給者の預金口座に振り込まれた場合においても、受給者の生活保持の見地から右差押禁止の趣旨は十分に尊重されてしかるべきではある。しかしながら、一般的には預金口座には差押等禁止債権についての振込み以外の振込みや預入れも存在するのであって、年金等は預金口座に振込まれると受給者の一般財産に混入し、年金等としては識別できなくなるといわざるを得ず、このようなものについてまで差押を禁止することとなると取引秩序に大きな混乱を招く結果となるというべきである。したがって、差押等禁止債権の振り込みによって生じた預金債権は、原則として、差押等禁止債権としての属性を承継しないと解するのが相当である。」

## 三 相殺の対象となる受働債権

まず、相殺の対象となる受働債権は、年金受給権なのか預金債権なのかが問題になる。それが年金受給権である場合は、差押禁止債権につき相殺を禁止している民法五一〇条との関係で相殺は無効になるからである。この点、本判決は、それは預金債権であると解し、このことから、年金受給権の差押を禁止した前述の諸規定には直接違反するものではないとしている。

このように年金等の預金口座への振込による預金債権への転化は、判例および学説が一般的に承認するところである。判例は「年金などの給付が銀行口座に振り込まれた場合は、その法的性質は年金受給者の当該銀行に対する預金債権に変わる(1)」とか、「本件口座に振り込まれた年金は預金に転化し、上告人の一般財産と混同する(2)」と解している。学説も、民事執行法一五二条一項で差押が禁止されている給料等の預金口座への振込みに関してではあるが「一五二条一項にあたる債権であっても預貯金払い戻し債権に形を変える(3)」、「一五二条一項の給料などであっても、銀行に振り込まれると、債務者の銀行預金債権の内容とな(4)る」、「給料等の銀行口座振込みは今日広汎に行われているが、口座振込みによって債務者の雇主に対する給料債権は銀行等に対する預貯金払戻債権に形を変えることになる(5)」などの見解がみられ、いずれも預金債権に転化するものと解している。

このことに関して、まず問題になるのは、年金取扱金融機関の法的地位である。その法的地位が国の履行補助者であるとすると、国の預金口座への振込があっても年金受給権は消滅しないことになり、これが受働債権になっているのではないかとの疑問が生ずるからである。ところで、年金等の主要な支払方法としては、小切手払、郵便局払、金融機関払、振込払がある。このうち、金融機関が関与するのか、後二者である。そして、金融機関払の場合は、年金受給者に最も近い金融機関を指定した国庫金送金通知書が発送され、年金受給者はその通知書を当該金融機関に提示して現金の支払を受けることから、年金取扱金融機関は国に代わって履行するという要素がみられることから、履行補助者的要素はないではない。これに対して、振込払の場合は、年金受給者が指定した金融機関の預金口座に直接振り込まれ、年金受給者には、事前に振込通知書が発送される。この場合には、年金取扱金融機関は国に代わって履行するというよりも、年金受給者に代わって受領するという要素を持つことになる。それは債権者の指定した第三者に対する弁済、ないしは債権者から受領権限を授与された者への弁済としての性質を有すると解される。このことから、年金取扱金融機関の受領と同時に年金受給権は消滅することになる。

ついで、預金口座への振込の法的性質についてであるが、債務者が債権者の指定した預金口座に振り込むことによって、履行が完了すると解するのが一般である。年金等の振込についても、このような通常の振込の法的性質と別異に解する理由はない。このため、年金等の振込によって年金受給権は消滅する。その一方で、その受領した金銭は年金受給者の預金となり、年金受給者が金融機関に対して預金債権をもつことになる。本判決はこのような論理を前提としたものであり、かつ判例理論や通説に沿ったものであって、この点では妥当な見解といえる。

## 四　年金等の振込による預金債権と差押禁止の対象

ついで、年金等の振込により預金債権に転化した場合でも、前述の差押禁止規定の対象になるかどうか問題になる。本判決は、差押禁止債権の振込によって生じた預金債権は、原則として差押禁止債権としての属性を承継しないと判示している。その理由としては、一般的には預金口座には差押禁止債権についての振込以外の振込や預け入れが存在し、年金等は預金口座に振り込まれると受給者の一般財産に混入し、これについて差押を禁止すると取引秩序に大きな混乱が招くからであるとする。そして、本件事案でも預金口座がXの日常の財産管理のためにのものであったことを認定して、相殺禁止規定に反するものではないとする。

このことに関しては、年金等の受給権につき差押等が禁止されているのは、年金受給者の生活維持の保護のためであることから、預金債権に変わって後も、この生活保障的制限は維持されなければならないとして、差押禁止債権の振込によって生じた預金債権は差押禁止債権としての属性を承継するため、相殺も禁止されるとか、また後述のように差押の場合における民事執行法一五三条との関係からみてこのような預金債権の全部について相殺は禁止されるべきである（長尾治助「高齢者保護とレンダー・ライアビリテイー（上）」NBL五七一号一〇頁）との見解がみられる。しかし、これまでの判例は一様に否定的である。年金等「差押えの禁止されている給付であっても、いったんそれらが受給者の預金口座に振り込まれた場合は、その全額を差し押さえることは何ら違法となるものではない(6)」とか、退職年金等が振り込まれた預金を受給者の妻が婚姻費用分担金債権を請求債権として差し押さえた事案で、その差押は有効(7)として、差押禁止の属性は承継されないことを明らかにしている。また、「自賠法一八条は、交通事故の被害者等の保険会社に対する請求権について差押禁止を定めているが、その差押禁止の範囲は被害者等の保険会社に対する請求権そのものについてであり、その請求権の支払により得られた金銭についてまで差押禁止は及ばないものと解するのが相当であ(8)」とか、老齢年金給付者が貸付債務の弁済資金として老齢年金給付金を充てることは自由に行いうるものというべきである(9)」とか、預金契約の解約告知後に、振込指定の変更又は取消をしなかったがために元の預金口座に送金され年金を受領する権限がないのに受領したことは法律上の原因のない受領であり不当利得返還請求権を有することになるとした上で、この「不当利得返還請求権は、老齢年金の支払がなされた結果の金員についてのものであるから、被控訴人がこれを受働債権として相殺に供したことは、特段の事情のない限り禁止されるものではなく、また公序良俗に反するものではない(10)」とする判例とか、民事執行法一五二条一項により差押の禁止されている給料が預金口座に振り込まれた後に、この預金債権を受働債権としてなされた相殺について「差押えの禁止が定められている給料であっても、いったん受給者の預金口座に振り込まれた場合は、その法的性質は受給者の銀行に対する預金債権に変わるのであるから、本件預金債権を受働債権とする相殺について、民事執行法一五二条一項、民法五一〇条違反の違法をいうことはできない。」[11]とする判例なども、差押禁止債権の支払が預金口座に振り込まれ他の債権に転化するか、支払によって得た金銭などには差押禁止の属性は承継されないものと解しているといえる。

学説では、民事執行法制定前の見解として「法律の規定による差押禁止は、その差押禁止の債権が銀行に振り込まれた場合にもそのまま妥当するものであって、特に近時多く行われるに至った給料の銀行振込において重要な機能を発揮する（給料については、その現金払いの場合でも、一定額が差押禁止とされていること（旧民訴法五七〇条一項六号）にかんがみ、この点はきわめて明かである。……）。」として、その属性を承継するとする見解がみられた。[12]しかし、多数の見解は、預金債権は差押禁止の対象にはならないと解していた。[13]民事執行法制定段階では、第一次試案第一四〇はこの点を検討事項に掲げ、第二次試案第二一七（4）は「その預金債権のうち差押えの日から時期の給料等の支払の日までの日数に応じて計算した金額に相当するものは差押えることができないものとすること」としていたが、このような特別の規定は設けられずに、立案者は、預金債権となった以上は全額差押が可能であるとの考えに立って立法されたといれている。[14]そして、民事執行法制定後の今日における学説では、民事執行法一五二条一項にあたる債権の差押禁止の効力は預金債権には及ばないと解する点では一致しているようであり、[15]制定以前における少数見解は今日では維持されていないようである。

ところで、判例や通説が、年金受給権の履行としての振込みによる預金債権が差押の対象にならないと解しているのは、つぎの二つの理由による。一つは、年金受給権と預金債権とは同一性が存在しないからである。年金受給権は国に対して年金等の支払を請求できる権利であり、預金債権は金融機関に対して預金の払戻を請求できる権利であって、預金債権は年金受給権の給付目的の同一性を承継したものではないからである。二つは、年金等の預金口座への振込によって、年金受給者の一般財産となるからである。本判決も、一般財産に混入するので差押を禁止することになると取引秩序が混乱するとして、同旨の見解に立っている。すなわち、一般財産は債務者の責任財産となるものであり、それに注目してその者との取引が行われ、信用が供与され、社会的評価が得られるものであることから、年金受給者の一般財産となった財産についてまで一般的に差押や相殺を禁止することになると取引秩序が維持されないことになるとの考えにもとづくものであろう。この限りでは妥当な見解といえる。

ただ、本判決は、本件預金口座が年金受給者の日常の財産管理のために利用されていたこと、年金等が預金口座に振り込まれて一般財産に混入し、識別ができなくなっていることを強調し、具体的に認定している。このことにこだわると、本判決を前提としても、預金口座が専ら年金等の振込みにのみ利用されていたにすぎない場合には、その預金債権は差押禁止の属性を承継するものと解し得る余地があるようにも理解できよう。しかし、預金口座が日常の財産管理のために利用されていたのかどうか、また一般財産に混入したのかどうかが重要なのではなくて、年金受給者の預金口座に振り込まれると年金受給者の一般財産となること自体を根拠とすべきである。すなわち、預金口座に振り込まれることによる一般財産化に注目すべきなのである。本判決が預金口座の利用状況や一般財産への混入状況を執拗に認定しているのは、一般財産化されたかどうかの認定と結び付くものとしては妥当といえる。しかし、このような認定の前提が、預金債権への差押禁止の属性の承継を判断するための基準とする趣旨であったとするならは、適切ではないといえる。

それは、差押が禁止されている債権の履行として預金口座に振り込まれた場合には、年金受給者が現金を受け取って手元に現金をもっている場合と同様であり[16]、これに対する差押なり相殺が一般的には禁止されていないのと同様に解すべきであるからである。また金融取引においても、年金等受給者の生活資金の融資にあたっては、年金等の預金口座への振込を最終的償還資金と考えて融資されるのが普通であると思われるが[17]、もしこのような状況が認定されない場合には、年金等の振込による預金債権について相殺することができないとなると年金等を前提とした信用供与は行われないことにもなりかねないであろう[18]。

## 五　差押禁止債権の振込による預金債権を受働債権とする相殺と信義則

差押禁止債権の振込による預金債権を受働債権とする相殺が直接、差押または相殺禁止規定に違反するものではないとしても、これを認めると年金受給権を差押禁止債権として、年金受給者による生活維持の保護に欠けることにならないか問題となる。そして、そのような結果の生ずる場合には、相殺は信義則に反して認められないか、あるいは相殺権の濫用として相殺の効力を否定することも考えられよう。学説のなかには、原則的には預金債権に転化した以上は相殺の効力に影響を及ぼすことはないと思われるが、「このような受給権は受給権者の生活に直結したものですから、銀行自身としても、どこから振り込まれたということはおおよそ想像がつくわけですし、受給権そのものが差押禁止だということは銀行も知っているということを前提にすると、具体的な場合においては、銀行の相殺権の行使が相殺権の濫用になるという場合がありうるかもしれないと思っているのです。」との見解もみられる。[19] このような思考は、妥当なものといえる。問題は、どのような場合が、それに当たるかである。

本判決は、預金口座開設は年金等の受給のみを目的としてなされたものではないから、相殺は信義則に反するとはいえないと判示している。このことから、年金受給者に対する信用供与に際し、年金等の預金口座への振込を最終的償還資金と考えて、預金口座を開設させた場合には、その相殺は信義則に反することになる可能性があるようにも理解できる。しかしこのような預金口座が年金等の受給のみを目的として開設されたか否かを基準として、判断するのは妥当ではない。年金等の受給のみを目的として開設された預金口座に振り込まれた場合であっても、それが年金受給者の一般財産と化した場合には、その相殺は信義則に反することもないし、濫用になることもないと解すべきである。ドイツの一九七五年社会法五五条一項では、社会保険および社会福祉に関する法律に基づき差押えが禁止されている給料が口座振込とされた場合には、振込後七日の間は当該銀行預金口座の差押は禁止されている。[20] また、わが国でも前述のように民事執行法制定段階で立法化はされていないが、給料等の振込による預金債権のうち所定期間の金額につき差押を禁止することが検討されている。これらの基本的な趣旨は、それは生計維持の目的においてのみ差押を禁止するが、所定期間が過ぎると、一般財産化したものとみて、その時点以降はその保護の必要はないとの考えに基づくものと推測される。年金受給者の生計維持を考えた場合には、このような禁止期間規定を立法化することは望ましいことである。そこで解釈論としても、このような趣旨を考慮に入れて、一般財産化する以前で生計維持に必要な状況にある時点で行われ相殺であるかをどうかを基準として判断するのが妥当ではないかと思われる。本判決の事案では、そのような状況にはなかったわけであるから、相殺が信義則に反するものではないとした判旨は妥当といえる。

なお、受働債権とされる預金債権の原資が年金等差押禁止債権の振込によるものであることを金融機関が知っている場合も、それだけでは相殺は信義則に反したものと解することは妥当でない。このような場合には、一般財産化する以前で生計維持に必要な状況にある時点で行われ相殺であるかどうかを判断するにあたっての重要な要素にはなるが、それだけで判断されるものではないからである。そのような原資にもとづく預金債権であっても、本判決も認定しているようにその預金口座が受給者の一般財産の管理に用いられているとか、一般財産に混入したとか、相当期間が経過して一般財産化したと見られるような状況になった場合には、相殺は自由に認めるべきだからであるからである。

このことに関しては、金融機関は、預金口座がもっぱら年金振込みに利用されているとか、一般債権と混同が生ずる場合であっても年金額は他の入金と識別されるように記帳されていることからこれらを特別に保管することは無理を強いることにはならない。そこで、金融機関は、これを生計資金として保管すべきであり、相殺を認めることは、最低限度の経済生活を維持できる利益を剥奪するものであって許されないとの見解がみられる(21)。たしかに、今日、金融機関においては資金移動がコンピューター管理されていることから、振り込まれた年金だけを識別して特別保管することは可能である。しかし、このような特別管理をいつまで継続させるかである。いつまでもそれが継続させるべきであるとすると、年金受給者の一般財産を形成しないことになるわけで、この結果は、逆に年金受給者への信用供与の途を閉ざしかねないのではないかと思われる。かりにそのような特別保管を認めるとしても、その保管されている預金が一般財産化するまでに限定すべきであり、その後の相殺は認められてしかるべきである。しかし、現行法上は困難であり、その趣旨は、相殺の信義則違反性ないし相殺権の濫用の判断において展開するのが妥当ではないかと思われる。

## 六　民事執行法一五三条一項の申立との関係

民事執行法一五三条一項は、差押の禁止されている給付について、受給者の預金口座に振り込まれた場合でも、預金債権に対する差押えにつき、受給者の生活保持の見地から差押禁止の趣旨を尊重して、執行裁判所は、債務者から申立がなされた場合に、債務者及び債権者の生活の状況その他の事情を考慮して、差押命令の全部または一部の取り消しを行うことができるとしている。このため、民事執行法一五二条一項で差押が禁止されている債権が預金口座に振り込まれた場合、その預金債権は差し押さえることができるとしても、その差押に際しては一五三条一項で生計の維持が図られることになっている。(22)

そこで、このような規定の趣旨を、差押禁止債権の振込による預金債権との相殺に際しても援用することができないのかどうか問題になる。本判決は、年金等の振込による場合であって事案の異なることから、このことに関しては何ら判示していない。しかし、民事執行法一五三条一項により差押が取り消された場合に、その取消部分にかかわる預金が民法五一〇条の準用ないし類推適用によって相殺禁止の対象と解される余地がないかが一応問題となるとして問題提起をする見解や、(23)差押によるよりも相殺による場合の方が債務者の上に生ずる不利益が大きいこと、相殺においては事前の抑制措置もないことから、年金額が転化した預金債権全額につき、受働債権として相殺することは無効と解すべきであるとの見解もみられる。(24)

しかし、判例は、民事執行法一五三条一項による差押禁止債権についてさえ、預金債権の大部分が使用者から「支払を受ける給与を振り込んだものであることを知っていたことを前提としても、立法論としてはともかく、現行の民事執行法一五二条一項、民法五一〇条の解釈からは、右差押禁止の趣旨を尊重し、実質的に差押禁止債権にあたるか否かを判断するということはできないといわざるをえないから」、相殺は民事執行法一五二条一項、民法五一〇条違反の違法はないとしている。(25)また、民事執行法一五三条一項により取消しの対象となる債権の種類、内容には制限がないから、もしこれを積極に解する場合は相殺制度の範囲が不明確となり、取消しの対象となる債権の種類、内容には制限がないから、さらに、その適用にあたっても取引の安全を害することになるとの消極説もみられる。(26)さらに、その適用にあたっても「生計維持という目的からしても、振込み後相当期間経過してもなお預金が残っている場合には、差押を認めても債務者の生活上差支えがないと思われる」として差押えの制限を必要最小限にとどめるべきとの主張もみられる。(27) このような消極見解は妥当といえる。本件事案のような法定相殺に、民事執行法一五三条一項を適用ないし類推適用することは解釈論としては無理である。また、その趣旨を尊重するとしても、執行裁判所のような判断を誰が行うのか、そしてその期限に制限のないことからすると一般財産化した後も、いつまでも相殺禁止の状態が存続することになり、取引の安全が害されるだけではなく、年金受給者への信用供与も閉ざされることにもなる。民事執行法一五三条一項の趣旨は、やはり相殺の信義則違反ないし濫用の判断において汲み取るのが妥当な解釈ではないかと思われる。

## 七　本判決の射程距離

本判決の前提としている相殺は、法定相殺についてである。判旨でみたように、Xは連帯保証人であることから、信用金庫取引約定書のいわゆる約定相殺条項については合意が存在していないことを前提としているのである。このことは、約款の効力の問題としては重要な判断を示したことになる。従来の見解によれば、連帯保証人であっても、その連帯保証契約に際しては、取引約款は附合したものとして契約をしているものと解すべきではないかと思われるが、これと異なる見解に立っているわけであって、このこと自体が検討されなければならない問題であるが、ここではその検討は留保する。このため、Xが直接に融資を受けているような場合には、信用金庫取引約定書のいわゆる約定相殺条項が適用されることになるが、その場合にも同様に解してよいかどうかである。約定相殺の場合につては、担保的性格の加わることから脱法行為性が問題となる余地はないではないが、本判決の前提とする法定相殺の場合と同様に解してよいものと思われる。

また、度々強調しているように、本判決は、口座預金開設の目的や機能や一般財産への混入に注目していることから、年金受給者の融資依頼にともあって年金等の振込口座を開設させた場合や、預金口座が専ら年金等の振込みにのみ利用されていた場合にも、預金債権との相殺が認められるといえるかどうかについては、本判決を前提とする限り、若干の疑問が残る。しかし、そのような場合でなっても、その融資が年金受給者の生活資金としての融資であるような場合には、預金債権との相殺は認められると解すべきであることは前述の通りである。

## 八　今後の課題・実務上の留意点

この問題は基本的には、金融取引秩序との関係で年金受給者の生計維持の保障をどこまで認めるかの問題である。その際に、年金受給者に対する信用供与の途を閉ざしてはならないということでもある。この意味から、本判決も、差押禁止債権の振込みよる預金債権を受働債権としての相殺を、全面的に有効として認めたものではないと思われる余地がある。そして、解釈論としては、相殺権の濫用や信義則違反とされる場合のあることも考慮に入れなければならない。ただ、その判断基準は未だ確立していない。このため、今後の課題としては、前述のように所定期間内における預金債権の差押ないし相殺を禁止する旨を立法化することによって対応することが最も望ましいものと思われる。

ただ、このような立法化がなされるまでは、実務上は差押禁止債権の振込による預金債権であることに留意して、相殺処理を行うことが重要である。そのための判断基準としては、年金受給者に対する適正な信用供与を前提としたものであるかどうか、振り込まれた預金は年金受給者の一般債権化した時点以降であるかどうかではないかと思われる。

(1) 東京高決平成四・二・五銀行実務一三三四号三三頁。
(2) 東京高判昭和六三・一・二五判時一二七六号四九頁。
(3) 小島武司「差押禁止財産と債務者保護」ジュリ八七六号一〇三頁。
(4) 浦野雄幸編・新版民事執行法(基本法コンメンタール)四〇九頁〔林屋礼二〕。
(5) 鈴木忠一=三ケ月章編・注解民事執行法4五一三頁〔五十部豊久〕。
(6) 東京高決平成四・二・五銀行実務一三三四号三三頁。
(7) 東京高判平成二・一・二二銀行実務一二五七号四〇頁。
(8) 大阪地岸和田支判昭和五五・七・二五判時九九三号七七頁。
(9) 新潟地判昭和六〇・一・二九判時一二七六号五二頁。
(10) 前掲、新潟地判昭和六〇・一・二九。
(11) 札幌地判平成六・七・一八銀行実務一四四六号四五頁。
(12) 宮脇幸彦・強制執行法(各論)一〇四頁。
(13) 鈴木忠一=三ケ月章=宮脇幸彦編・注解強制執行法四二三頁〔利根住夫〕。
(14) 鈴木忠一=三ケ月章編・前掲書五一三頁〔五十部〕。
(15) 浦野編・前掲書四〇九頁〔林屋〕、小島・前掲一〇三頁、上原敏夫「債権差押命令と転付命令」三ケ月章=中野貞一郎=竹下守夫編・新版・民事訴訟法演習2二六九頁、竹下守夫・民事執行法の論点二二九頁、秦光昭「差押禁止債権の支払が銀行口座に振り込まれた後の銀行預金債権の差押え」銀行実務一三六四号六七頁。
(16) 鈴木忠一=三ケ月章=宮脇幸彦編・前掲書四二三頁〔利根住夫〕、竹下守夫・前掲書二二八頁、二二九頁。
(17) 石井真司=伊藤進=上野隆司「鼎談・年金受給権等の差押禁止債権が預金口座に振り込まれた後の差押および相殺の効力」銀行法務21五〇四号三九頁〔石井発言〕。
(18) 石井=伊藤=上野・前掲四〇頁〔石井・伊藤発言〕。

(19) 石井＝伊藤＝上野・前掲四〇頁〔上野発言〕。
(20) 上原・前掲二七〇頁参照。
(21) 長尾・前掲(下)ＮＢＬ五七六号三三頁以下。
(22) 中野・前掲書五二四頁、上原・前掲二七〇頁、鈴木＝三ケ月編・前掲書五一三頁〔五十部〕、宇佐見隆男ほか・前掲書二八六頁〔浦野〕。
(23) 秦・前掲六九頁。
(24) 長尾・前掲(上)一〇頁。
(25) 前掲、札幌地判平成六・七・一八。
(26) 秦・前掲六九頁。
(27) 上原・前掲二七〇頁。

# 16 順相殺と受働債権の転付債権者からの逆相殺の優劣

最高裁昭和五四年七月一〇日
民集三三巻五号五三三頁、金法九〇八号四六頁、金判五八二号三頁、判時九四二号四二頁、判タ三九九号一三二頁

## 一 事実の概要

X信用金庫（原告・控訴人・被上告人）は、訴外A社に対して手形貸付一三七〇万円、証書貸付三九一二万円、手形割引一九七四万円、代理貸付五五二万円の合計八八〇八万円の債権を有している。一方、訴外A社はX信用金庫に定期預金八五四万円、定期積金二四〇万円、別段預金一五万円の合計一一〇九万円を有していた。ところが、訴外A社は倒産した。このためY会社（被告・被控訴人・上告人）は、訴外A社に対する手形債権一〇五二万円を被担保債権として、訴外A社のX信用金庫に対する定期預金と定期積金の合計一〇九四万円について、仮差押えをし、ついで差押・転付命令をとり、昭和五一年五月一四日にX信用金庫に送達した。そして、Yは、同年六月一四日に、この転付命令で取得した債権を自働債権とし、X信用金庫がYに対して有している六一六万円の約束手形金債権を受働債権として相殺する旨を主張した。

一方、X信用金庫は、Yの仮差押え後、直ちに、訴外A社に対し、手形貸付債権を自働債権とし、預金債権を受働債

権とする相殺を通知していたが、これらは到達するに至らない状態にあったところ、Yから相殺の主張を受けたので、あらためてYに対し相殺通知をし、昭和五一年六月二一日に到達した。このことから、X信用金庫は、Yの主張にかかる自働債権は相殺により消滅しているのでYの相殺は無効であるとして争った。

第一審は、Yの相殺の意思表示は先になされているとしてYの相殺が優先するとした。原審は、相殺適状が先に生じたX信用金庫の相殺が優先するとした。そこで、Yは、相殺適状の先後で優劣を決めるのは民法五〇五条・五〇六条の解釈適用を誤ったものであり、転付債権者の保護に欠けるとして上告した。

## 二　判旨の内容

「相殺適状は、原則として、相殺の意思表示がされたときに現存することを要するのであるから、いったん相殺適状が生じていたとしても、相殺の意思表示がされる前に一方の債権が弁済、代物弁済、更改、相殺等の事由によって消滅していた場合には相殺は許されない（民法五〇八条はその例外規定である。）、と解するのが相当である。また、債権が差し押さえられた場合において第三債務者が債務者に対して反対債権を有していたときは、その債権が差押後に取得されたものでない限り、右債権及び被差押債権の弁済期の前後を問わず、両者が相殺適状になりさえすれば、第三債務者は、差押後においても右反対債権を自働債権とし被差押債権を受働債権として相殺することができるわけであるけれども、そのことによって、第三債務者が右の相殺の意思表示をするまでは、転付債権者が転付命令によって委付された債権を自働債権とし、第三債務者に対して負担する債務を受働債権として相殺する権能が妨げられるべきいわれはない。」

## 三　学説と判例

一　(1)　本判決は、転付債権者からの金融機関に対するいわゆる逆相殺がなされたのちに、金融機関が取引先である債務者に対して順相殺をした場合の効力関係を問題とするものである。金融機関と取引先である債務者の二当事者間での逆相殺に対する順相殺の効力問題ではなく、転付債権者が加わった三当事者間での逆相殺に対する順相殺の効力問題である。このことから、金融機関の相殺の期待的利益が新たに加わった第三者（転付債権者）に奪われてよいか（篠田・末尾④六二二頁）、逆に第三者が債権の転付を受けることによって新たに相殺期待利益をもつことになるわけであるが、この相殺期待利益をどこまで保護するか（拙稿・末尾⑥八三頁）であり、相殺期待利益の存在競合の場合の優劣問題として捉えることもできる。このようにみてくると、この問題は、従来から論議されている差押えと相殺との関係についての発展的問題として捉えることができる。差押えと相殺の論議は、当事者間で相殺の可能性を前提として取引が継続しているのに、その途中で第三者が「差押え」ということで介入して、その前提を乱すことはたやすく認めるべきでないとしてきた見解（その代表的判例は、最高裁昭和四五年大法廷判決（最大判昭和四五・六・二四民集二四巻六号五八七頁））に対して、本件事案は、第三者が差押えにとどまらず、転付命令により債権を取得しそれをもって「相殺」するという方法で介入してきた場合はどうするかの問題へと展開させたものである（拙稿・末尾⑥八二頁）。

これらの問題に対して、本判決は、第一に、一方の債権が相殺等により消滅した後の相殺は許されないとの理論的根拠づけに基づいて、転付債権者からと第三債務者からの双方から相殺の意思表示がなされたときはその意思表示の先後によって相殺の優劣が決まる（意思表示先後説）として、転付債権者による「相殺」による介入の優位性が認められる場合のあることを明らかにし、第二に、さきの最高裁昭和四五年大法廷判決があるからといって転付債権者による相殺権能まで排除するものでなく、転付債権者が自由に「相殺」で介入することが認められるとした。このことにより最高裁昭和四五年大法廷判決の相殺の担保的機能重視の思考にも制限のあることを明らかにしたものといえる。

⑵　ところで、本判決が理論的根拠づけとする意思表示先後説は、債権譲受人と第三債務者間における逆相殺に対する順相殺の効力問題の処理のために用いられた理論である。すなわち、大審院大正四年判決（大判大正四・四・一民録二一輯四一八頁）は「債権ノ譲受人ガ譲受債権ヲ以テ債務者ノ有スル反対債権ト適法ニ相殺ヲ為シタル後ニ於テハ縦令債務者ガ債権譲渡ノ通知ヲ受クル前譲渡人ニ対シテ相殺ニ適スル債権ヲ有シタリトスルモ之ヲ以テ譲受人ニ対抗スルコトヲ得ザルノモノトス」として先に意思表示のされた相殺が優先すると解していたのと同旨である。このことによって、判例理論としては、その相殺の意思表示先後説に一応確定したものといえるし（堀内・末尾⑩六頁）、裁判官全員一致であることからすると、相当長期間支配するであろうと指摘されている（奈良・末尾⑭一〇頁）。

学説の多くも、大審院大正四年判決の意思表示先後説を支持してきた（暐道文芸・京都法学雑誌一二巻六号八四九頁、石坂音四郎・日本民法債権法総論（下）一六二二頁、松坂佐一・民法提要債権総論〈第三版〉二六六頁、於保不二雄・債権総論〈新版〉四二三頁、柚木馨＝高木多喜男・判例債権法総論〈増補版〉五一七頁、林良平＝石田喜久夫＝高木多喜男・債権総論三二四頁、拙稿・末尾①二〇三頁など）が、鳩山博士は、①相殺適状にあった債権を自働債権とすることは民法四六八条の趣旨からして抗弁権の付着した債権の場合と同様に扱い、相殺に適さないものとすべきであること、②譲受人が譲受債権の弁済を請求した場合、第三債務者は弁済を相殺して弁済を拒絶できるのであるから、相殺に対しても異議を述べ自ら相殺できるものと解すべきこと、③譲受人の相殺を認めると、譲渡人が無資力で譲受人が資力を有する場合には、債務者は債権譲渡及び譲受人の相殺のためには無資力な譲渡人に対して先ず自己の債務を弁済したのと同一の不利益を蒙るに至ることになり、民法四六八条二項の債務者保護の趣旨は達せられないこと（明石教授は、この③を理由に反対される。西村信雄編・注釈民法⑾三九八頁〔明石三郎〕）を理由に反対される（鳩山秀夫・増補改訂日本債権法総論三五九頁）。我妻教授は、相殺適状にある債権を譲渡することによって、第三債務者の相殺権を奪うことはできないし、一方が相殺すれば、他方は重ねて相殺しえないとすることは誤りであることを理由に反対される（我妻栄・新訂債権総論三五一頁。同旨、磯村哲編・注釈民法⑫三九一頁（中井美雄））。これらはいずれも、相殺適状先後説に依拠するものであり、これらの理論によると第三債務者の相殺が常に優先することになる。

そこで、これらの支持や批判が、本件事案のような転付命令により債権が委付された者との関係でも、承継されるものかどうかである。転付命令の場合あるいは債権譲渡の場合のいずれの場合も、債権が移転する点で共通することからパラレルに考えることができる。多くの学説は、このような立場で論議しているといえよう（島谷・末尾⑪七六頁、福永・末尾⑦六七〇頁）。これに対して、第三債務者の執行債務者に対して有する反対債権をもってする相殺をより広く制限するとの見解（好美清光「銀行預金の差押と相殺（下）」判タ二五六号二六頁以下）、第三債務者の相殺が常に優先するとなると執行免脱財産がつくられるので、転付命令に対しては第三債務者の期待権も一定の制限を受けるとすることも十分可能との見解（能見・末尾⑧一六七九頁）などもみられる。転付債権者による介入の場合と譲受債権者による介入の場合とでは異なる（この点の検討はここでは留保する）ものであるとの見解に立つならば、前述のような批判は、本判決との関係ではストレートに受け止める必要はない。また、同様であるとしても、その批判は、民法四六八条二項の趣旨に依拠する面が強いことから、転付債権者との関係においてもいえるかどうかの問題が残されよう。

⑶　ところで、本判決に対する直接の評価は、つぎのようである。本判決を妥当として意思表示先後説による見解（拙稿・末尾⑥八三頁、能見・末尾⑧一六八〇頁、前田・末尾⑬一七頁など）、相殺適状先後説の立場から反対する見解（大西・末尾⑫一七頁、島谷・末尾⑪七六頁、堀内・末尾⑩六頁など）、債権対立時と差押命令の前後によりその優劣を判断する債権対立時説の立場から反対する見解（鈴木・末尾②四〇頁）、債権対立時説によりながら債務者・第三債務者間の債権・債務に密接な牽連性がある場合にのみ第三債務者の相殺権を保護すれば足りるとする債権対立時説プラス制限説Ⅱ説の立場から反対する見解（福永・末尾⑦六七五頁）、法定相殺の場合には支持できるが、相殺予約のある場合には反対との見解（高木・末尾⑨一六一頁）、賛否を決することはできない・積極的に反対すべき事由がないとの見解（奈良・末尾⑭八頁、一〇頁）などがみられる。これを、総じてみると、本判決に反対する意見が強いといえよう。

二 (1) 本判決に対しては賛否のわかれるところであることは前述したことで明らかであろう。そこで、それらの諸見解の根拠と本判決の理由づけとの関係につき若干検討することにする。

本判決理由の第一は、転付債権者の相殺による債権消滅後の第三債務者による相殺は許されないとするものである。相殺適状にあった場合でも、一方の債権が弁済されて消滅したときは、その後に相殺を認めることの妥当でないことはいうまでもない。しかし、債権消滅後の相殺の可否に関しては、民法五〇八条で時効消滅後の相殺が認められていることから、債権消滅後であるというだけで、その後の相殺を直ちに否定するわけにはいかない。高木教授は、自然相殺(法上当然の相殺)の思想は、現行相殺制度に民法五〇六条但書・五〇八条に存続し、民法起草者である梅博士(梅謙次郎・民法要議巻之三債権編三二九頁)も取り込もうとしたことは事実であることからすると、先になされた相殺が論理必然的に有効とする本判決には疑問とされる(高木・末尾⑨一六一頁)。そして、相殺適状先後説は、まさにこのような考えを前提とするものといえよう。さらには、相殺は、弁済、代物弁済、更改などのように債務者の意思にもとづかない債権消滅原因であることからすると、弁済等とは同視することはできず、相殺後の相殺も認めてよいともいえよう。しかし、自然相殺はフランス民法の採用するところであり、わが旧民法もこれにならっていたとしても、現行民法は、ドイツ民法にならって一方的意思表示による相殺制度を採用しているのである(篠田・末尾④六二一頁)から、解釈論として原則的に援用することは適切ではない。相殺後の相殺を認めるかどうかは基本的には立法政策の問題であり、これを認めていない現行民法では、これを根拠にすることは無理ではないかと思われる(拙稿・末尾⑥八三頁)。この意味では、本判決は文理解釈上・形式論理的には、素直な解釈といえる(奈良・末尾⑭一〇頁)。また、高木教授は、相殺予約のある場合には、金融機関が、預金債権から、融資債権を第三者に優先して回収するという意図の下で契約しているのであるから、一種の担保権設定行為とみることによって、質権付債権を自働債権として、相殺することは、第三者の質権を消滅させる行為として許されないのと同様に、転付債権者による相殺は許すべきではない(高木・末尾⑨一六一頁)とされる。しかし、相殺予約だけで相殺を許さない債権をつくることができるのかどうか疑問である。そこまで望むのであれば質権を設定すべきではないだろうか。

さらに、意思表示先後説によると、相殺の意思表示を早くしたものが勝つことになる。そこで、早い者勝ち論に対し批判がある。すなわち、金融機関（第三債務者）としても、債権回収の確実を期するために、相殺の意思表示を可能な限り早期にすることになり、早期の倒産につながり、取引の当事者である債務者にとって望ましいことかどうか疑問であるとするものである（堀内・末尾⑩七頁、奈良・末尾⑭一一頁、井田・末尾③一四頁）。この批判は甘受せざるを得ない。しかし、そのことによって理論的問題は左右されるものか疑問である（拙稿・末尾⑥八三頁）。

(2)　本判決理由の第二は、差押えと相殺の関係について、最高裁昭和四五年大法廷判決のような理論があるからといって、転付債権者が転付命令により委付された債権を自働債権として相殺することまで妨げるものではない。すなわち、転付債権者による相殺による介入は認められるとするものである。このような判断の基礎は明確ではない。意思表示先後説からくる帰結なのか、両者の相殺期待利益の比較考量からする帰結なのか不明である。ところで、相殺期待利益の比較考慮の観点からみるとき、本判決は、さきに最高裁昭和四五年大法廷判決で示した、金融機関の相殺期待利益の保護の考えを制限するものである。相殺適状状態への第三者の差押えによる介入にとどまらず、相殺による介入による場合は、金融機関の相殺期待利益が損なわれる場合のあることを承認するものであるからである。現に、反対説は、この点を強調する。すなわち、第三債務者の期待利益は保護すべきである（堀内・末尾⑩六頁）とか、差押えと相殺に関しての戦前の判例の考え方に逆戻りしての判断は疑問（鈴木・末尾②四〇頁）とか、最高裁昭和四五年判決は画餅にすぎず趣旨が没却されることになる（島谷・末尾⑪七六頁）とか、取引の途中で第三者が介入して来たのであるから、その第三者の利益を保護すべきか、相殺を期待していた者の利益を保護すべきかというと最高裁昭和四五年判決からすると後者を保護すべきということになる（大西・末尾⑫一七頁）とか、相殺予約の行われているときは、金融機関の相殺期待権を担保権と構成するにふみきれないとしても、法的判断としては、金融機関の相殺権を保障すべきである（高木・末尾⑨一六一頁）とか、転付債権者は、第三債務者が相殺権を有するときは、自己の第三債務者に対する債務と転付債権とを相殺して双方を消滅させうるという期待を持つべきではなく、その期待は合理的でない（福永・末尾⑦六七五頁）などの諸見解によって明らかである。これらの価値判断の基礎には、最高裁昭和四五年判決の価値判断の延長で捉える限りにおいては、あるいは継続的取引にある者と偶然的関係にある者との間においては前者を保護すべきであるとの考えがあるものといえる。また、転付債権者が弁済の請求をしたときは、金融機関は相殺をもって対抗できるのであるから、このような状況にある場合において、転付債権者の相殺を認めるのは妥当でないとの価値判断もあろう。これに対して、転付債権者は、最高裁昭和四五年判決を前提とすれば債権の委付を受けただけでは第三債務者から相殺を主張されることを覚悟すべきであるが、たまたま転付債権者が第三債務者に債務を負っている場合は、相殺ができるとしても、それが偶然的な利益であるというだけで保護を否定する根拠にならない（能見・末尾⑧一六七九頁）とか、転付債権者についての相殺期待利益の創設という側面を加味して考えるべきである（拙稿・末尾⑥八三頁）とかの見解もみられ、その価値判断については優劣はつきかねる。

## 四　学理上の問題点

本判決は、相殺の期待関係にある状態に第三者が介入してきた場合、相殺期待者と第三者の利益調整をどうするかの問題の一事例である。最高裁昭和四五年判決は、第三者が差押えにより介入してきたのに対しては、相殺の期待的利益を全面的に保護したわけであるが、このような考え方が、第三者の介入の場合に常に貫徹すべきかである。私見としては、その第三者の介入の態様によって差異があってよいものと思われる。差押えや債権譲受、転付委付程度の介入の場合は、相殺期待利益を発揮できる余地があるものと解するのが妥当と思われるが、相殺介入の場合まで相殺期待利益を保護する必要はないものと思われる。とくに、最高裁昭和四五年判決の相殺期待利益を無制限に保護した見解に対しては、今日、学説においても異論の強いこと、判例でもそれを制限するために、相殺権の濫用により調整していること

（拙稿「相殺権の濫用についての一考察」民事研修三四六号一六頁以下、三四七号二二頁以下参照）などからすると、妥当な思考といえよう。

## 五　実務上の留意点

一　判例理論としては意思表示先後説が確立した理論であることからすると、実務においては、これとの対応を考えることが必要になる。まず、転付債権者から逆相殺を受けた場合の対応であるが、民事執行法では、転付命令が送達されてから一週間を経過しなければ転付の効力が生じないことから、第三債務者は送達直後に相殺をすれば、これが優先することになる。

二　ついで、銀行取引約定書ひな型九条の二第三項の充当指定替特約で対応できるか問題になる。転付債権者による相殺の場合も、取引先が相殺をする場合と同じ制限・拘束のもとに相殺しうるにすぎないとの前提のもとに、転付債権者の相殺に際しても指定替で対抗できるとの見解もあるが（前田・末尾⑬一九頁）、その第三者効は問題（篠田・末尾④六二八頁）とか、銀行とその取引先との間に複数の債権があるために相殺充当が問題となる場合の規定であるにすぎない（能見・末尾⑧一六八一頁）との消極見解がある。また、「みなし送達」条項との関係については、特約当事者以外の第三者にもその効力が主張できるとする立場から、転付債権者からの相殺の前に、取引先に対して相殺の意思表示をし、取引先不明で到達しなかった場合でも優先するとの見解がみられる（前田・末尾⑬一九頁）。しかし、第三者に対しては認めるべきではないとの見解（能見・末尾⑧一六八一頁）もあり、取引先が先にしたとしても、必ずしも優先する保障はない。

**〈参考解説・評釈〉**

① 拙稿「預金者からの相殺」判例先例金融取引法〈新訂版〉三九五頁（昭六三）
② 鈴木正和「逆相殺後の順相殺の効力」手研二七三号三六頁（昭五三）
③ 井田友吉「判例批評」金法八八四号一〇頁（昭五三）
④ 篠田省二「判例解説」曹時三五巻三号六一三頁（昭五八）
⑤ 同「判例解説」ジュリ七〇七号二二八頁（昭五五）
⑥ 拙稿「判例解説」昭和五四年度重判解（ジュリ七一八号）八一頁（昭五五）
⑦ 福永有利「判例批評」民商八二巻五号六六二頁（昭五五）
⑧ 能見善久「判例研究」法協九七巻一一号一六七三頁（昭五五）
⑨ 高木多喜男「判例評釈」判評二六〇号二一頁（判時九七二号一五九頁）（昭五五）
⑩ 堀内仁「最高裁昭和五四年七月一〇日判決と実務上の留意点」金法九一一号四頁（昭五四）
⑪ 島谷六郎「判例解説」判タ四一一号七四頁（昭五五）
⑫ 大西武士「判例研究」手研二九八号一二頁（昭五五）
⑬ 前田庸「判例コメント」手研二九八号一七頁（昭五五）
⑭ 奈良次郎「判例研究」金法九二八号四頁（昭五五）
⑮ 同「判例解説」民法判例百選Ⅱ債権〈第二版〉（別冊ジュリ七八号）九四頁（昭五七）

# 17 担保・保証概観

## 一　共　通

担保権設定など不動産の処分が無権代理人により行なわれることが多い。この場合、その後に、本人と無権代理人間に相続が生じたとき、その処分の効力はどうなるか。判例は、無権代理人が本人を単独で相続する無権代理人相続型の事案では資格融合説あるいは信義則説に立って当然有効と解し、本人が無権代理人を相続する本人相続型では当然有効とはならないとし、無権代理人を本人とともに相続した者がその後さらに本人を相続した順次相続型では資格融合説と信義則説に立って当然有効と解している。ただ、無権代理人が本人を共同相続した共同相続型については、上級審判例はなく学説が分かれていた。①最一小判平五・一・二一金法一三六一号一二七頁・判タ八一五号一二一頁・金判九二〇号三頁と、②最一小判平五・一・二一民集四七巻一号二六五頁・金法一三八八号三二頁・判時一四七八号一〇七頁・判タ八三三号一三一頁・金判九三七号三頁（潮見佳男「判批」平成五年度重要判例解説・ジュリ一〇四六号七〇頁（平六）、村田利喜弥「判批」手研四九〇号一六頁（平五））は、信義則説に立って、共同相続人全員が共同して無権代理行為を追認しない限り、無権代理人の相続分に相当する部分においても、無権代理行為が当然に有効となるものではないと判示した。これに対し「無権代理人が相手方からその相続分に相当する限度で無権代理行為の効果を主張された場合には、追認がないことを理由として、これを否定することはできない」との少数意見が付されている。これら①・②判例は信義則説に立つ限りにおいては妥当といえるが、資格融合説に立つときは、相続分に相当する限度において当然有効との考えも成り立ちえよう。

原債権と求償権との関係については、いろいろ問題がある。その一つに時効の関係がある。その一例として、原債権が破産債権として届出されて時効中断がなされた場合に、求償権自体につき時効中断の効果が生ずるかの事案につき、「代位弁済者が原債権の承継を破産裁判所に届け出た場合は、求償権自体について直接時効中断手続を講じていなくても、求償権もまたその時効中断の効力を受ける」とし、その時効中断の範囲として「求償権の元本及び損害金に及ぶ」とした名古屋地判平四・三・一四判時一四七六号一三九頁・金判九一五号一九頁が出された。原債権と求償権が別異の債権であることからすると、求償権自体につき直接中断の手続を採らない限り時効中断の効力が生じないわけであるが、両債権につき付随的性質ないし手段的関係に注目したことの帰結である。従来の学説（林良平「弁済による代位における求償権と原債権」金法一一〇〇号五七頁）からみても妥当な帰結といえる。

## 二　抵当権

抵当権の目的物に関するものとして、主従の区別のない甲建物と乙建物が合棟して一棟の丙建物になった場合の両建物上の抵当権の帰趨について、両抵当権はそれぞれ「丙建物のうちの甲建物又は乙建物の価格の割合に応じた持分を目的とするものとして存続する」とする最三小判平六・一・二五民集四八巻一号一八頁・金法一三八九号二八頁がある。上告理由でも主張されているように、このような考え方は理論的には一物一権主義に反しないか問題となる。しかし、このような合棟は、不動産と不動産の附合であり、合棟前の各建物に主従の区別のないことから民法二四四条を類推適用し、合棟前の各建物の所有者は附合の当時における各建物の価格の割合に応じて合棟の結果生じた一個の建物を共有し、合棟前の建物を目的とする抵当権は、これら共有持分権上に存続すると解することができることから、問題はない。

そして、平成五年の不動産登記法の一部改正においても、このような考えに基づいての登記手続上の整備が行なわれた（藤下健「不動産登記法一部改正法摘要」登記先例解説集三八二号一〇頁（平五）、同「不動産登記法の一部を改正する法律の解説」登記研究五四八号一七頁（平五））。本判決は、これを実体法的に確認するものであり、このことによって、抵当権者の不知の間に合棟または合体させてそれによる登記を行ない、かつ他の第三者のために新たな抵当権を設定するという方法により抵当権者を害するという問題を防止することができ、妥当な解釈といえる。

法定地上権の成否に関して、同一所有者に属する土地・建物に共同抵当権が設定された後に建物が再築された場合、当該再築建物につき法定地上権が成立するかの問題については、かつては積極説が主流であったが、東京地裁執行処分平四・六・八金法一三二四号三六頁で詳細な理由を付して消極に解する見解が出されて以来、下級審判例の見解が分かれている。この傾向は今日も続いているようである。①東京地決平五・一・一八金法一三五二号七七頁・判時一四五一号一三三頁（山野目章夫「判批」私法判例リマークス八号三二頁（平六）、片岡宏一郎「判批」手研四八三号二四頁（平六））は消極に解し、このことによって生ずる建物の取壊しという問題を回避するために、新建物について土地との一括競売を認めている。②大阪高判平五・六・一一金法一三六七号一三五頁・判時一四六五号九一頁・判タ八二八号二六八頁・金判九二九号三頁（鎌田薫「判批」私法判例リマークス九号二六頁（平六）、栗田隆「判批」判時一四八五号一八二頁（平六））も消極に解し、土地との一括競売を認めている。①決定と②判決は結果として同じであるが、その理由とするところが異なる。①決定は先の東京地裁平成四年執行処分の全体価値考慮説を踏襲するものであるのに対し、②判決は建物を取り壊し土地を更地とすることが当事者間で約定され、土地のみを評価して融資額を定めたという事情が考慮された結果であるにすぎない。これらの判例に対し、③東京地判平五・一〇・二七金法一三七八号一三七頁は、積極説に立ちながら土地を廉価で競落する目的で賃借権の設定を受けて新建物を建築し、これによって抵当権者に著しい損害を及ぼすことを熟知していた新建物の所有者が法定地上権を主張することは信義則に反し許されないとする。④東京地判平四・一二・一四金法一三六二号四二頁・判タ八三三号二六一頁（拙稿「再築建物に対する土地・建物共同抵当権と国税債権との優先関係」ＮＢＬ五四六号一五頁（平六））は再築建物について新たに抵当権が設定された事案で、再築建物についての抵当権の設定前に国税の法定納期限が到来しているときは、国税債権は再築建物の抵当権に優先するとしたうえで、その国税債権は法定地上権付きの再築建物に及ぶとしている。また⑤東京高判平五・八・二五（判例集未登載）は④判決を支持する。③判決が積極に解する根拠が個別価値考慮説によるものであるかどうか明らかではないが、積極説によることの結果としての抵当権の妨害現象につき権利濫用、信義則で対処している点が注目される。④・⑤判決については、①決定のように全体価値考慮説に立ち消極に解する場合でも、再築建物に旧抵当権者が新たに抵当権を設定したときは法定地上権を肯定するものであるから、これを積極に解したことについては異論はない。ただ、国税債権の及ぶ範囲につき法定地上権付再築建物としているのは、①決定の立場からは導くことはできないのではないかと思われる。それは、かつての主流とされた積極説を前提とするものといえよう。なお、①決定は東京地裁執行部の立場であり、③判決は大阪地裁執行部の立場であるといわれている。いずれにしても法定地上権の成立を制限する傾向にあるといえるが、この問題は帰一するところがない。上級審の判断の待たれるところであるが、その際には、学説の多くは消極的であること、また土地・建物という経済価値一体型の共同抵当に関する事案であることに十分な考慮の払われることを期待したい。

共有不動産について抵当権が設定された後、共有持分の一部にのみ後順位抵当権が設定され、その持分のみが競売された場合に、民法三九二条二項後段の適用があるかどうかについて、東京高判平五・一〇・二一金判九三二号三頁は、これを積極に解している。不動産の共有持分自体、独立して担保の対象になることからすると、この場合も共同抵当の規定を適用することには問題はないであろう。

## 三　譲渡担保など非典型担保

譲渡担保の目的物である建物についての被保険利益が誰にあるかにつき最二小判平五・二・二六民集四七巻二号一六

五三頁・金法一三六〇号三三頁・判時一四五九号一二四頁・判タ八一七号一七〇頁・金判九二一号三頁（安永正昭「判批」判時一四八二号一九三頁（平六））は、「譲渡担保権者及び譲渡担保設定者は、共に、譲渡担保の目的不動産につき保険事故が発生することによる経済上の損害を受けるべき関係にあ」るとして、いずれにも認めている。そして、その理由とするところは、譲渡担保権者への所有権移転は債権担保に必要な範囲内であり、一方設定者は受戻権を有しているからだとする。所有権構成を前提としながら担保的性質を重視するこれまでの最高裁判例の帰結といえる。

代理受領の受任者が、その対象となっている債権上に譲渡担保権を設定したことが、詐害行為に当たるかにつき、福岡高判平三・三・一四金法一三六九号七七頁は、新規貸付に伴う部分については否定し、既存債務の部分については肯定している。詐害行為に関する判断部分はこれまでの判例・学説によるものであり、問題はない。ただ、受任者が代理受領の対象となっている債権に優先的地位を有しているものとすると既存債務部分についても否定されることになるが、この点、「受任者が他の一般債権者に対する関係で当該債権につき優先的地位を主張できるものではない」と解した結果といえる。最高裁判例（最二小判昭二九・四・二民集八巻四号七四五頁）を踏襲したものである。

## 四　保　証

保証契約が、貸金業規制法に違反する貸付債務につき行なわれた場合の私法上の効力につき判示する東京地判平四・六・二五金法一三八〇号三五頁は、同法一七条に違反して書面を交付しないで締結された貸付の保証契約でも、同法一七条、四三条等の規定の趣旨に照らして無効ということはできないとする。ただ、一七条の書面が交付されていないために、四三条の規定の適用を受けることはできず、利息制限法の制限利息を超えて利息を収受することは許されないとする。貸金業規制法による取締規定に違反する貸付の私法上の効力につきこれを肯定するもので注目される。本件事案のような状況で保証する場合の多いことが予測されることから、実務上、注目されよう。

保証債務と主債務の関係の一つの問題として時効の問題がある。それにはさまざまなケースがあるが、大阪高判平五・一〇・四判タ八三二号二一五頁は、保証人が主債務につき消滅時効が完成した後に保証債務を承認した場合でも、改めて主債務の消滅時効を援用できるとする。保証債務と主債務とは独立した債務であることから、保証債務について承認による時効中断が行なわれた以上、主債務につき消滅時効が完成しても影響がないとも考えられるが、「本来保証人としてはその保証債務を履行した場合主債務者に対して求償することができるのに、主債務の時効が完成し主債務者がこれを援用してその債務を免れた場合には求償の途を絶たれることになり、保証債務は主債務が消滅した場合これに附従して消滅する性質の債務である」ことに反するとの理由によるものである。これまで見られなかった新しいケースとして注目される。

# 18　米国統一商事法典におけるリース規定と公示制度

## はじめに

アメリカにおける動産取引に関する統一法典である「米国統一商事法典（略称ＵＣＣ）」の中にリース（LEASE）に関する規定が設けられている（米国統一商事法典リース規定につき紹介したものとしては、松田安正「米国統一商事法典リース法案」（リース一九八八・一一）、同「米国統一商事法典リース法案について」（法律時報六〇巻九号）、拙稿「米国統一商事法典リース規定の特徴（上・下）」（リース一九巻三号、四号）などがあり、本稿はこれに基づくことが多い）。米国統一商事法典は、第一編総則、第二編売買、第三編商業証券、第四編銀行預金と取立、第五編信用状、第六編財産包括譲渡、第七編倉荷証券・運送証券等、第八編投資証券、第九編担保取引の九編から構成されていたが、一八九七年一〇月一日に、第二編売買（ARTICLE 2 SEARE）の次に第二A編リース（ARTICLE 2A LEASES）としてリース規定が追加されたものである。

このように、リース規定が追加されたのは、アメリカでは賃貸借はコモン・ローによって処理してきた。しかしそこでは主として不動産の賃貸借が念頭におかれ、動産の賃貸借の法理は確立していなかった。ところが、第二次世界大戦後、動産のリースが激増したことから、動産の賃貸借に関する法理の整備が必要とされた。一九八〇年頃にアメリカ法曹協会（American Bar Association）が検討を開始し、その後、統一州法委員会全国会議（National Conference of Commissioners on Uniform State Laws）が引き継ぎ、一九八五年八月に単独法典として統一動産賃貸借法（Uniform Personal

Property Leasing Act）を公表した。この公表を受けて、これを米国統一商事法典に組み込むのが適切であるとの意見が強まり、一九八六年八月に米国統一商事法典中のリース規定として草案が発表され、一九八七年三月に統一商事法典常置委員会（Permanent Editional Broad for the Uniform commercial Code）がオフィシャルコメントをも含めて承認し、一九八七年八月にリース規定の最終テキストが承認された（リース規定の仮訳と逐条解説については、伊藤進・岡部眞純・森住祐治編・リース取引実務全書四〇四一の五一頁以下参照）。このように、リース規定は、日本的に言えば動産賃貸借規定ともいえるものであるが、本稿では、ファイナンスリースとこのようなリース規定との関係、および担保目的を持っている動産取引全体に適用される米国統一商事法典第九編「担保取引」との関係につき概観するものである。

## 一　リース規定の特徴とファイナンスリース

### (1)　リース規定の包括規定性

リース規定は、あらゆるリース取引に適用されるものである（第二A―一〇二条）。そのリースとは、「約因の見返りとして、ある期間中物品の占有利用権を移転することをいうが、商品点検条件付売買、残品取引条件付売買をも含む売買、または担保権の保持もしくは設定はリースではない。前後の関係からみて明確に異なった解釈を要求されない限り、本用語はサブリースを含む」（第二A―一〇三条(j)）と定義され、「物品の占有利用権を移転すること」を目的とした取引の全てに適用されることになる。このことから、わが国では、「リース」というとファイナンスリースという観念に置き換えられがちであるが、リース規定はファイナンスリースに限定されるものではなく、二、三時間の間、対価を取って道具を貸すといった簡単な賃貸借から、複雑な仕組みで産業機器を長期間にわたって多国籍企業に貸すようなレバレッジド・リースに至るまで広く適用されることになる。

## (2) リース規定とファイナンスリースの関係

リース規定は、「物品の占有利用権移転」を目的とする全てのリース取引に適用されるものであることは前述したところであるが、リース規定はその適用にあたりリース取引のうちのファイナンスリースについては特有の規定を置いている。

まず、ファイナンスリースとは、「(i)レッサーは、物品の選択、製造、または供給を行なわず、(ii)レッサーが、当該リースとの関係で物品または占有利用権を取得し、かつ(iii)レッサーが物品を購入したことを証する契約書のコピーを、レッシーがリース契約に署名した時点以前に受けとっているか、または、レッサーが物品を購入したことを証する契約書をレッシーが承認することがリース契約の効力発生の条件となっているようなリースをいう」（第二A—一〇三条(g)）と規定されている。このような定義づけは、私法統一国際協会（UNIDOIT）における「国際ファイナンスリースに関する条約」でのファイナンスリースの特徴づけと共通性がみられる。条約一条二項では、この条約でのファイナンスリース取引とはレッサーがレッシーに特定した仕様及び承認した条件に基づきリース物件を取得する供給契約をサプライヤーと締結し、リース料の支払と引換えにレッシーに対しリース物件の使用権を与えるリース契約であり、「(a)レッシーが、主としてレッサーの技術及び判断に依存することなく、リース物件を特定し、サプライヤーを選択すること。(b)レッサーが、レッシーとの間で締結した、又は締結するリース契約で、サプライヤーが知っているものに関連して、リース物件を取得すること。(c)リース契約に基づき支払うべきリース料が、特にリース物件の原価の全部又は大部分の償却が考慮されて、算定されること。」の三つの特徴を含む取引であるとしている（原「私法統一国際協会（UNIDOIT）が採択した『国際ファイナンス・リースに関する条約草案（最終案）』の概要と問題点」NBL三九八号二三頁）のと比べると、供給契約とリース契約との間に関連性のあること、この関連性を承認するために供給契約につきレッシーが承認していることを要件としている点に共通の特徴がみられるからである。さらに、ファイナンスリースについては、レッシー・レッサー・サプライヤーの三面的法律関係として捉え、これに対応して規定するという基本的方向性において、共通性がみられる。すなわち、条約では「ファイナンスリース取引については、従来、伝統的な契約類型、特に賃貸借契約の枠組みのなかでとらえるというのが各国における一般的傾向であったが、この法的取扱いの不十分さがファイナンスリース取引の発展の阻害になっていたという問題意識に基づき、既存の契約概念から離れて、ファイナンスリース取引によって形成される三面的法律関係を規律するのにふさわしい独自の法的枠組みを設ける必要があるとして」統一規則の作成が合意されたものであると指摘されている（原・前掲八頁）。その一例は、条約九条一項にみられる。これによると「サプライヤーは、あたかも、レッシーが供給契約の当事者であり、リース物件がレッシーに対し直接供給されたかのように、供給契約上の義務をレッシーに対しても負う」（原・前掲二四頁）と規定していることである。これに対して、リース規定では、二A—一〇九条のファイナンスリースにおけるレッシーの地位についての規定では、「サプライヤーとレッシーの間の供給契約に基づく利益、明示的ないし黙示的保証の利益はレッシーにも及ぶ」とし「その際、当該契約から生ずるサプライヤーの抗弁や権利はレッシーに行使できる」とするとともに、「レッシーは、当該供給契約に基づくいかなる責任や義務を負うものではない」として、三当事者間の法律関係として処理しようとする考えを前提にしたものといえるからである。このように、リース規定は、「国際ファイナンスリースに関する条約」の制定をにらみながら、規定されたものであり、条約制定作業にも多大の影響を及ぼしたものであったといわれている（松田・前掲（リース）三頁）。

なお、リース規定とファイナンスリースの関係を具体的にみると、ファイナンスリース特有の問題に関しては、当該箇所でリース規定の適用を排除したり、修正ないし補正したりしている。例えば、前述した二A—一〇九条ではサプライヤー・レッシー・レッサー間の関係につき特別の規定を設けていること、二A—二一一条では権利妨害または権利侵害を受けないワランティーに関して「但し、ファイナンスリースの場合は除外する」としていること、二A—二一二条は商品性の黙示のワランティーすなわち瑕疵担保責任規定であるが、これについてもファイナンスリースの場合は適用しないものとしていること、特定の目的整合性の黙示のワランティー規定も適用しないことなどの除外規定が置かれていることなどである。この結果、リース規定中のファイナンスリースに関する規定だけを拾い上げてみるのでなければ、リース規定におけるファイナンスリース像は浮かび上がってことないことになる点に留意してリース規定の適用を考えることが必要である。

### (3) リース規定と消費者リースの関係

消費者リースについても、ファイナンスリースと同様の手法が用いられている。すなわち、消費者リースとは「継続的にリース事業または販売事業に従事するレッサーが、主として個人、家族、または家事目的のために、団体以外のレッシーを対象として行なうリースであって、更新または購入の選択権に対する支払額を除いた、リース契約の支払総額が二五、〇〇〇ドルを超えないリースをいう」と定義して、特別の規定を設けている。例えば、二A—一〇六条では消費者リースに適用される法律や裁判管轄に関する特有の規定が置かれていること、二A—一〇八条の非良心性に関する規定では、非良心的条項いわゆる不当条項の適用を制限しているだけではなく、非良心的行動によって勧誘されたと認定した場合に裁判所は適切な救済方法を与えること（二A—一〇八条(2)）、レッシーが消費者リースに関して非良心性を主張する訴訟では、弁護士費用を与えなくてはならないこと（二A—一〇八条(4)）、二A—一〇九条では期限の利益喪失条項の行使が誠実であったことの挙証責任は、それを行使した当事者にあるとしていることなどの修正がみられる。さらには、消費者リースについては、統一消費者信用法も全面的に適用される旨が明記されている（二A—一〇四条(1)(d)）。

## 二　リース規定によるファイナンスリースの特徴

ファイナンスリースにつき、リース規定は、どのように規定しているか概観すると以下のような特徴がみられる。

### (1) ファイナンスリース約定の優先適用

リース規定では、ファイナンスリースについては、契約自由の原則、すなわちファイナンスリース約定が優先するものであることを前提としている（松田・前掲三頁）。これは、米国統一商事法典全体について、第一編の一―一〇二条三項で、法律に別段の定めがあって強行規定とされていない限りは、当事者は、合意により法律の定めに変更を加えることができることを原則としているが、この原則を踏襲するものである。ファイナンスリースにかかわる法律関係を処理するにあたって、リース規定では適合しないというような規定が存在する場合であっても、それを排除したり、補完する規定の置かれていない場合が多くみられるが、それはファイナンスリース約定に委ねることを前提としているからであるとオフィシャルコメントでは説明されている。例えば、不履行にかかわる規定は、ファイナンスリース特有の問題を生じさせるところであるが、特別扱いする旨の規定は見当たらない。ファイナンスリース約定での処理を予定したものといえる。このため、ファイナンスリースについては、単に契約自由の原則に服するというだけではなく、もともとからファイナンスリースに関する特別の約定の存在を前提として規定しているものということができよう。

もっとも、約定が全て有効になるわけではない。米国統一商事法典全体にかかわる第一編の一〇二条三項による不誠実条項に該当する場合、二A―一〇八条の非良心的条項いわゆる不当条項である場合には無効とされている。

### (2) ファイナンスリースに関する主要な規定

(i) 契約成立の方式

ファイナンスリース契約成立の方式は原則として諾成契約である（二A―二〇四条一項）。これは契約一般の原則によるものである。このため、口頭、書面、その他どのような方式によってもファイナンスリース契約は成立する。

(ii) 契約の相手方に対する強行

ファイナンスリース契約は、その支払総額が一〇〇〇ドル以上の場合は、原則として、一定の書面がない限り強行できない（二A―二〇一条一項）。これは詐欺防止法との関係での規定である。しかし、ファイナンスリースについては、この要件を充足していない場合でも、「物品がレッシーのために特別に製造または取得された」などの場合（二A―二〇一条四項ⓐ）には、強行できるとして例外規定を設けている。

(iii)　レッシーの供給契約上の受益者としての地位の取得

ファイナンスリースの場合のレッシーの立場については、サプライヤーとレッサーとの供給契約においてなされたサプライヤーのレッサーに対する約束から生ずる利益や明示または黙示の保証などを受ける地位にあるものとしている（二A―二〇九条一項）。これは、前述の三面関係を明確にした規定によるものである。このため、レッサーはサプライヤーに対して直接権利を行使することができるのである。また反対に、当該供給契約から生ずるサプライヤーの抗弁権や権利はレッシーに行使できる（二A―二〇九条二項）。そして、レッサーは、供給契約上のいかなる義務、責任を負わないとして位置づけられている。

わが国でも、ファイナンスリースを三面的な契約関係として処理すべきであり、サプライヤーとレッシーとの間には契約関係はないけれども、なんらかの効力関係を認めるということの努力が解釈等によって行なっている見解が見られるが、このリース規定では、明確にその考えを取り入れたものといえる。

(iv)　物品の引渡とその効力

ファイナンスリースでの物品の引渡については特に規定していない。ただ、ファイナンスリースでは、レッシーが物品を受領したときはファイナンスリース契約におけるレッシーの約束、約定は撤回できず独立のものとなると特則している（二A―四〇七条）。このことによって、レッサーの地位は確実なものとなる。仮に受領した物件に瑕疵があってもリース料の支払義務は免れることはできず、サプライヤーに対してのみ瑕疵担保責任を求めることができるだけである。また、ファイナンスリースの場合には、物品が不適合であると分かっていたが追完されるものと思って受領したときは、物品の受領の撤回ができないとして制限している（二A—五一七条）。これは、物品を一旦受領し仮受書が交付されることによってリース契約の効力が確定的に発効し強行できることになった後に、物品の受領の撤回が行われてリース契約の効力が失われることになるのは適切ではないとの考えによるものである。

(v) レッサーの不履行の場合のレッシーの救済方法

レッシーの救済方法については二A—五〇八条から二A—五二一条で規定している。そして、そこでは、ファイナンスリースについては、特別の扱いをするという規定は置かれていない。このため、規定上はファイナンスリースにもこれが適用されることになる。

しかし、オフィシャルコメントは、ファイナンスリースにつき特別の規定を置かなかったのは、①大多数のファイナンスリースの場合は、レッサーのレッシーに対する義務は最小限のものであるに過ぎないこと、②物件受領後は、レッシーはレッサーに対して何らの権利も救済方法も有しないこと、③レッシーは履行につきサプライヤーに対して請求できること、④不履行規定は任意規定であるために、レッサーの不履行の生ずる要件を厳格にしたり、緩和したり、あるいは不履行からの救済の方法を自由に決めることによるとしている。このため、ファイナンスリースの場合にはほとんど適用されることのないことが予定されているといえる。

(vi) レッサーの保証責任（ワランティー）

リース規定の原則規定としては、明示の保証（二A—二一〇条）、権利侵害を受けない保証（二A—二一一条）、商品性の黙示の保証すなわちわが国における瑕疵担保責任（二A—二一二条）、特定の目的整合性の黙示の保証（二A—二一三条）については、レッサーが負担するとしている。しかし、ファイナンスリースについては、権利侵害を受けない保証の一部と、商品性の黙示の保証＝瑕疵担保責任と、特定の目的整合性の黙示の保証の規定の適用が排除されているのである。このため、レッサーは明示の保証を行った場合だけ保証責任を負うにすぎない。そして、わが国で最も問題とされている商品性の黙示の保証＝瑕疵担保責任についてはレッシーはサプライヤーに対して追及するものとされている

（二Ａ―二〇九条）。

(vii)　危険負担の関係

危険負担に関しては、ファイナンスリースの場合は、レッシーが物品を受け取ったとき（二Ａ―二一九条二項）から、レッシーに移転する（二Ａ―二一九条一項）とされている。これも、ファイナンスリース取引の実情に従ったものであるといわれている（オフィシャルコメント、松田・前掲（リース）六頁）。

また、不履行と危険負担との関係について、物品の提供または引渡がリース契約に適合しないためにレッシーが受領を拒絶できる場合は危険負担はサプライヤーにあり、レッシーが特定し、適合している物品の受領を拒絶している場合はサプライヤーが保険で塡補されない限りレッシーが危険を負うと特則している（二Ａ―二二〇条一項、二項）。

(viii)　物品に対する被保険利益

この被保険利益は、前述のように危険負担の問題と密接に結び付いているわけであるが、レッシーがリース物件について被保険利益を取得するとしている（二Ａ―二一八条）。このため、ファイナンスリースの場合には、権原がレッサーに有ることを要素としながらも、すなわちレッシーには権原がないにもかかわらず経済的支配があるとみてレッシーに被保険利益が認められることになる。

ところで、日本のファイナンスリース契約ではリース会社が保険を掛けるものとしているのが普通である。これは物件の所有権はリース会社にあるとの考えを前提としたものと思われるが、リース規定のような考えに立つならばその必要はないことになる。

(ix)　レッシーの不履行に対するレッサーの権利

レッシーに不履行があったかどうかの判断は、二Ａ―五〇一条、二Ａ―五〇二条で規定し、レッサーの救済方法の原則については、二Ａ―五〇三条、二Ａ―五〇四条で規定し、レッサーの具体的救済方法については二Ａ―五二三条から五三一条で規定している。しかし、レッシーの不履行の場合のレッサーの権利についても、ファイナンスリース特有の規定はない。それは、ほとんど契約によって定められるものであることを前提としているからである。このため、具体的には契約の内容に従うことになる。

(x) レッサーの厳格責任

リース物品によって事故が生じた場合には、とくに不法行為上の厳格責任ないし製造物責任が問題となる。不法行為上の厳格責任を含めた製造物責任に関する法理には変更を加えるものではないと規定されている（二A―二一六条四項）。そうだとすると、従来の法理によりレッサーに責任があるかどうかが決められることになる。そこで、従来の法理によれば、ファイナンスリースではレッサーには厳格責任または製造物責任はないとするのが一般的であるといわれている（松田・前掲（判時）一一三頁）から、これに従うことになる。

## 三　真正リースと担保目的リース

### (1)　真正リースと担保目的リースの区別

「米国統一商事法典（略称UCC）」第二A編「リース（ARTICLE 2A LEASES）」の規定は、リース取引について包括的に規定するとともに、ファイナンスリース及び消費者リースに関する特別の規定を置いている。しかし、UCCでは、リース取引につき、これらの区別の他に、真正リース（true lease）と担保目的リース（lease for security）に分けている。すなわち、真正リースについては、第二A編の規定のみが適用されるのに対して、担保目的リースでは第二A編の規定の他に、第九編「担保付取引：勘定債権および動産抵当証券の売買（ARTICLE 9 SECURED TRANSACTIONS; SALES OF ACCOUNTS CHATTEL PAPER)」の規定の適用を受けるものとして区別されている。

このため、ファイナンスリースについてみても、理論的には、真正リースとして第二A編のみが適用されるものと、担保目的リースとして第二A編と共に第九編が適用されるものとがあることになる（三林宏「アメリカにおけるリース取引法」加藤一郎＝椿寿夫編・リース取引法講座（上）五三六頁参照）。もっとも、実務上は、担保目的リースはファイナンスリースと呼ばれているとの指摘もある（庄政志・リースの実務的知識三八頁、二三九頁、永田雅也・アメリカの動産担保権二〇〇頁）。

### (2) 真正リースと担保目的リースの区別の基準

真正リースと担保目的リースの区別の基準となるのはＵＣＣ第一編総則第二章一般的定義および解釈原則で規定している一―二〇一条㊲号である。本条㊲は、第二Ａ編（リース編）が追加規定されるのに対応して、改正され、リース編と同時に公布されている。リースに関する規定を法典化するに至った理由の一つは、「何がリースか」の問題を解決するするためであったが、その原因は、改正前の一九七八年のオフィシャル・テキストでは、リースを仮装した担保権、すなわち担保として意図されたリースは、担保付取引に関する第九編が規整するとしながら、担保権の定義が曖昧であり、時代遅れなものであって、リースとの区別につき裁判所の判断が混乱したことによる。またこのことはさらに、リース当事者の権利および救済方法のみならず、第三者の権利および救済方法にも影響を及ぼすことになった。担保目的リースではなく、真正リースである場合には、物品に対するレッシーの権利は賃借権に限定され、物品の残余権はレッサーに帰属し、レッシーの債権者にとっては重要な利害をもつことなど（オフィシャルコメント）から、リースを明確化するとともに担保権とを区別することのために、リース編の制定と本条㊲の改正が密接に結びつけられていたわけである。

ところで、本条㊲の改正の基本的視点は、改正前の規定では、リースか担保権かを判定するのに当事者の意思を基準としていたわけであるが、これを全廃し、客観的な状況により判定するという視点に立っていることにある（オフィシャルコメント）。

本条㊲は、まず「担保権（security interes）」について、一般的に定義している。このことを前提として、真正リースと担保目的リースの判定基準を具体的に定めている。すなわち以下のように規定されている（条文訳は、伊藤進＝岡部眞純＝森住祐治編・リース取引実務全書上四〇四一の五一頁による）。

(イ)　担保目的リースになるのは以下の場合である。

「取引が、リースを創設するか担保権を創設するかは、各場合の事実によって決せられる：ただし、レッシーが物品の占有・使用権の対価としてレッサーに支払うべき約因が、レッシーにより終了させることのできないリース期間中の債務であって、以下の場合には、取引は、担保権を創設する」。すなわち、その債務がレッシーにより終了させられず、かつ以下の四つの基準のうちの一つを満たした場合に、レッシーが、リース期間中継続して約因を支払う債務を負っているときは、その取引は担保目的リースになる。

「(a)当初のリース期間が、物品の経済的残存耐用期間と等しいか、またはこれを超えている場合」。一つは、当初のリース期間が、物品の残存耐用期間と等しいか、この期間を超えるときである。

「(b)レッシーが物品の経済的残存耐用期間の間リースを更新する義務を負い、または当該物品の所有者となる義務を負う場合、」。二つは、レッシーが、物品の残存耐用期間中にリースを更新することを義務づけられているか、物品の所有者となることを義務づけられているときである。

「(c)レッシーが、物品の経済的残存耐用期間中にリースの合意に従い追加的約因を支払うことなく、または名目的な追加的約因を支払ってリースを更新する選択権を有している場合」。三つは、レッシーが、物品の残存耐用期間中、追加的約因ないし名目的追加的約因を支払って、リースを更新する選択権を有しているか否かである。

「(d)レッシーが、リースの合意に従い追加的約因を支払うことなく、または名目的な追加的約因を支払って物品の所有者になる選択権を有している場合」。四つは、追加的約因ないし名目的約因を支払って、物品の所有者とある選択権を有するか否かである。

(ロ)　担保目的リースにならないのは以下の場合である。

「取引は、以下のことを規定しているのみでは、担保権を創設しない」。すなわち、担保目的リースにならない場合を、五つ挙げている。

「(a)レッシーが、物品の占有・使用権の対価としてレッサーに支払義務を負う約因の現在価値が、リース［契約］が締結された時点における物品の公正な市場価格と等しいか、またはこれを超えること」。一つは、フルペイアウトリースは、それ自体、担保目的リースとなるものではない。

「(b)レッシーが物品の損失の危険を負担していること、または物品に関する租税、保険料、登録料、記録の費用もしくは登記の費用、もしくはサービス料もしくはメンテナンス料を支払うとの合意があること」。二つは、典型的な純粋リースの規定に関すると同一のものを規定したものである。

「(c)レッシーが、リースを更新しまたは物品の所有者となる選択権を有していること」。三つは、選択権は、買い取りのこともあれば更新のこともあることを明らかにして、拡張している。

「(d)レッシーが、選択権が行使されるべき時点における更新期間中の物品の使用の対価として合理的に予測された公正な市場リース料と等しいか、またはこれを超える定額のリース料を支払ってリースを更新する選択権を有すること」または、

「(e)レッシーが、選択権が行使されるべき時点における合理的に予測された公正な市場価格と等しいか、またはこれを超える定額の価格を支払って物品の所有者となる選択権を有すること」。四と五は、定額の選択権を問題にしている、公正な市場価格は取引の時点で決定されるべきであるとしている。

### (3)　真正リースと担保目的リースの区別の具体例

区別の具体例については、オフィシャルコメントでは、明確でない。しかし、上記の区別の基準からみて、以下のように判定することができよう。

ファイナンスリースについては、リース期間が問題であり、耐用年数を超えないものは真正リースとされ、耐用年数を超えるリース期間を定めると担保目的リースとみなされることになろう。

フルペイアウトリースも、そのことだけでは担保目的リースにみなされないが、ファイナンスリースと同様に、耐用年数を超えないリース期間を定めている場合は真正リースであり、耐用年数を超えるリース期間を定めると担保目的リースとみなされることになろう。

ネットリースもそれだけでは担保目的リースにならないという可能性がある。

購入選択権付リースも購入時の価格が市場価額かそれに等しいという場合は真正リースとして扱われることになろう。また、レッシーが税金その他の費用を負担するような場合には、従来は、所有権に関する利益をレッシーが受けてしまっているという要素が出てくることから担保目的リースと認定されやすかったが、改正後の基準からすると必ずしも担保目的リースとなるのではないといえる。それどころか、レッシーに税金などを負担させることを認める趣旨の条項がみられることから担保目的リースになる可能性が少なくなったともいえよう。

## (4) 真正リースと担保目的リースとの基本的差異

真正リースについては、リース規定のみが適用されるのに対して、担保目的リースは「リース＋担保」という実質を有する取引が外形上リースという法形式でなされていることから、リースの側面は第二A編（リース）が適用され、担保の側面は第九編（担保付取引）が適用されることになる（三林・前掲五四一頁参照）。

このことから、両者の基本的な違いは以下の三つの点にみられる。

第一は、「真正リース」の場合には第九編の担保権登録をすることなく第三者にリース契約の効力を主張できる（二A―三〇一条）のに対して、「担保目的リース」の場合には、第九編で定めるファイナンシング・ステイトメントの登録をしておかないと第三者に対してそのリース契約を対抗できないとされていることである。すなわち、二A―三〇一条では「本編において別段の定めがある場合を除き、リース契約は、物品の任意取得者および当事者の債権者に対し、当事者間の当該条項どおりの効力を有し、強行可能である」と規定している。これは、リース規定の適用されるリースの場合には、特別の登録がなくても、当事者および第三者すなわちリース物件の取得者やレッサー、レッシーの債権者に対してリース契約の内容どおりの権利を主張することを認めるとするものである。

ところで、従来は、リース契約を第三者に対抗するための手段として、実務上、この担保登録が重視されてきた。ただ、その場合に、このような登録をすると、その登録されたリース取引は全て担保目的リースになってしまうのではないかとの問題が生じた。このことから、登録に予備登録を認め、真正リースであるけれども、場合によっては担保目的リースと見做されるかも知れない時に備えてきた。しかし、リース規定制定後は、真正リースと担保目的リースの区別も明確になったことや、真正リースは登録なしに強行できることが明規されたことから、このような心配は少なくなったといえよう。

第二は、レッサーの救済方法について差異があることである。担保目的リースの場合には、物品の占有を取戻すこと（九—五〇三条）、目的物の使用を禁じ処分すること（九—五〇三条）、売却代金につき残余があれば清算し、不足があれば不足額の請求ができること（九—五〇四条⑵）、レッシーは、レッサーが目的物を処分しまたは代物弁済により債権が消滅するまでは被担保債権額と担保権実行費用を払って目的物を受け戻すことができること（九—五〇六条）などの方法によることになる。真正リースの場合には、二A—五二三条以下の規定によって救済されるが、レッサーに権原すなわち所有権のあることが前提とされていることから、物品の取り戻しであるとか、清算の問題は生じないのである（三林・前掲五四三頁）。

第三は、担保目的リースの場合は公金利規制に関する制定法が適用されるが、真正リースの場合には金利規制を受けないことである（三林・前掲五四一頁）。

# 四　担保目的リース及びリース債権担保の公示方法

## (1) リース取引における担保と公示

(i) 担保目的リースと公示

リース取引が担保目的として用いられる場合（一―二〇一(37)）には、真正リースとは区別した担保目的リースになることについては前述した。この場合、第九編「担保付取引：勘定債権および動産抵当証券の売買」で定める対抗要件を備えなければ、第三者に対して、そのリース契約を対抗できない。担保目的リースの担保財産が「物品」であるときは「取引の通常の過程において他人に売却・リースする目的」で保持するものとして「棚卸資産（inventory）とされ（九―一〇九(4)）」、ファイナンシング・ステイトメントの登録（filing）か占有のいずれかの方法により公示するものとされている。

(ii) リース債権の担保化と公示

リース債権は、リースされた物品に対する支払請求権であることから「受取勘定債権」に該当する（九―一〇六）。そこで、このような受取勘定債権を担保とする場合は、ファイナンシング・ステイトメントの登録が公示方法とされている。もっとも、受取勘定債権については、それが「売買」の場合であっても、登録が公示方法とされている。受取勘定債権については、商業金融では、担保の形式ではなく、売買の形式をとって行なわれることもあり、「担保のための移転」と「売買」を区別することが困難であるからだといわれている（角紀代恵「債権流動化と債権譲渡の対抗要件(3)NBL五九八号五四頁）。このため、リース債権のみを担保とする場合、あるいは売買する場合でも、ファイナンシング・ステイトメントの登録が公示方法となる。

(iii) リース債権・リース物件の担保化と公示

リース債権・リース物件の担保化としては、リース債権とリース物件の両者を動産抵当証書（chattel paper）に一本化して担保の目的財産とし、証券方式を用いて流通化を図っている。リース債権・リース物件の担保化としては、このような動産抵当証書によるのが通常のようである。

すなわち、リース会社のユーザーに対する債権の存在を証する書面（通常は約束手形）と、リース会社がリース物件に対して有する権利の存在を証する書面とを一体化した動産抵当証書を作成する。この動産抵当証書の内容は、担保目的リースの場合はリース会社がユーザーに対して有する債権（外見上はリース債権）と、リース会社が売却した物件に対して取得している「売買担保権」（九―一〇七参照）である。この場合には、リース会社が売却物件に対して売買担保権を取得することから、リース会社についてもファイナンシング・ステイトメントの登録による対抗要件の具備の問題が生ずる。真正リースの場合はリース会社のユーザーに対する債権と、リース会社のリース物件に対して有する「所有権」である。この場合には、リース会社による対抗要件具備の問題は生じない（三林宏「アメリカにおけるリース取引法」加藤＝椿編・リース取引法講座（上）五五二頁）。

なお、金融機関は、このような動産抵当証書に担保権を設定し、あるいは売買によって取得し融資を行なう場合には、ファイナンシング・ステイトメントの登録か占有がなければ対抗できない。

## (2)　リース取引における担保とファイナンシング・ステイトメントの登録

### (i)　ＵＣＣ第九編の担保制度の概要

第九編の担保制度は、「人的財産（personal property）」対象とする担保のこれまでの法形式にとらわれずに統一的「担保権」概念を採用した。この結果、人的財産を対象とする担保権の法形式としては「担保権」一種類とした（三林宏「動産・債権・権利の担保化と対抗要件制度（序論）」早稲田法学六九巻四号二七四頁）。このため、担保目的リースによる棚卸資産としての担保も、リース債権の担保化による受取勘定債権としての担保も、さらにはリース債権とリース物件を一体化した動産抵当証書としての担保も、原則として同一の規定が適用され、その上に立って、担保財産の種類に応じた特別規定が適用されることになる。

(ii)　人的財産上の「担保権」

第九編で規定している「担保権」を概観すると、被担保債権については極度額を限定しない根担保も認めている。担保財産については、担保権者は、担保契約設定時に存在する担保財産のほか、将来取得する財産についても担保権の効力が及ぶ旨の約定、すなわち「爾後取得財産条項」を定めている場合は、現存する担保財産のみならず将来の財産に対してもその効力を及ぼすことができるとしている（九—二〇四(1)）。棚卸資産金融や受取勘定債権担保のように現存するものだけではなく、将来取得する財産も一括して担保目的物とすることを可能にしている。爾後取得財産条項は、原則として明示的にあるいは明確に示す必要があるが、判例は棚卸資産担保の場合、その性質上目的物が日々変わることから、当事者もそのように意図していたものと推定されるとしている（三林・前掲（早稲田法学）二七八頁参照）。リース債権担保やリース債権・リース物件を一体化した動産担保証書担保についても、爾後取得財産条項を定めることによって将来のリース債権を担保目的財産とすることができる。

一方、債務者も、担保権者との合意によって、担保財産に使用し、処分することができ、あるいは取立てができる（九—二〇五）。さらに、このような処分の合意により、あるいは「営業の通常の過程にいる買主」の出現により追求効が遮断されない限り、製造・加工・組立の結果できる製品も担保財産として追求効がある（九—三一五）。なお、売買その他の処分により「担保財産が金銭その他のもの」に転化した場合でも、価値変形物や代償物にも効力を及ぼすことができる（九—三〇六）。この場合、価値変形物・代償物の対抗要件を具備することが必要であるが、「特定しうる現金的価値変形物」については、本来の担保財産についての対抗要件を具備していれば、自動的に対抗要件を具備したものとして扱われる（九—三〇六(3)(b)）。リース取引における担保の場合の価値変形物は現金的価値変形物であることがほとんどであるから、改めて対抗要件を備える必要はほとんどないであろう。

(iii)　ファイナンシング・ステイトメントの登録制度の概要

リース取引に関連して問題になる担保目的リースも、リース債権担保も、動産抵当証書担保も、ファイナンシング・ステイトメントの登録が対抗要件となるという点では共通している。

ファイナンシング・ステイトメントの登録は、「公示登録制度」あるいは「警告登録制度」(notice filing system)を採用している。UCC以前の登録制度として担保契約書自体を登録する取引登録制度もあったが、UCCはこれに代わって公示登録制度を採用した。取引登録制度では、担保目的物を具体的に記載した書類を登録する必要があるため、登録後の債務者の爾後取得財産上の担保権を対抗するためには、その都度、登録する必要がある。そこで、棚卸資産金融や受取勘定債権担保金融などの流動資産を目的とする担保方法に適するよう公示登録制度が採用されたのである(角・前掲五三〜五四頁)。

このため、ファイナンシング・ステイトメントの登録は、債務者と取引をしようとする第三者に対して、当該債務者は、すでに担保取引中であるかもしれないという警告を与え、かつ、どこにいったら、この担保取引についての情報を得ることができるかの手掛かりを与えるものであるにすぎない(角・前掲五四頁、三林・前掲(早稲田法学二九〇頁))。

この結果、債務者と取引を行なおうとする第三者は、当該債務者に対する被担保債権がどれだけの額であるか、ファイナンシング・ステイトメントに登録されている種類、品目の担保財産のうち具体的にどの範囲が、担保権の効力の及ぶ目的物の範囲であるのかを具体的に調査しなければならいことになる。この具体的調査で、担保権者が特定できても、担保権者は第三者の質問に応答すべき法律上の義務はないとされている。これは、当事者間のプライバシーを保護し、先行する担保権者のために、競争相手となる可能性のある者に担保取引情報を開示されないようにするためであるといわれている(三林・前掲(早稲田法学二九五頁))。ただ、債務者だけは、担保権者に対し、債務金額を示す計算書および担保財産のリストを請求する権利がある(九—二〇八)ことから、第三者は、債務者を経由して調査を行なわなければならないことになる。

このため、このような登録制度の機能の成否は、第三者がどれだけ円滑に信用情報を収集できるかに係わることになる。それは、アメリカのような私的な信用情報組織が発展している国であってこそ、採用されたという背景は見逃せないとの指摘もみられる（角・前掲五七頁）。

(iv) ファイナンシング・ステイトメントの登録時期と登録の効果

ファイナンシング・ステイトメントの登録時期としては、与信前の担保権成立以前でも可能である。登録内容は、第三者に担保権の存在の可能性を知らせる警告の制度であることから、①債務者の名前と郵便の住所、②担保権者の名前と住所、③担保財産の種類または品目の記載、④債務者の署名の四つの記載がある書面であればよい（九―四〇二(1)）。通常は、登録所にある簡易なファイナンシング・ステイトメントの書式に所定事項を記入するだけで登録されている。記載の程度については、「合理的に考えれば表示されたものの同一性を明確にするものである場合には、特定的表示であるか否かを問わず十分である」とされ（九―一一〇）、「著しい誤解を招かないような軽微な瑕疵」が含まれていても有効であるとされている。

登録の効力は、ファイナンシング・ステイトメントの登録申請および登録申請料の納付またはファイナンシング・ステイトメントの受理の時点で発生する（九―四〇三(1)）。発生時から五年間は有効であり（九―四〇三(2)）、期間満了時に消滅するが、消滅する時点より六月以内に継続公示書の登録届出をするとさらに五年間は延長され、何度も繰り返すことができる（九―四〇三(3)）。登録申請がなされると、ファイナンシング・ステイトメントに、受付の年月日および時間、「登録番号」が付けられ、これをファイナンシング・ステイトメントの中に整理すると共に、債務者の名前の索引化が行なわれる。

このため、ファイナンシング・ステイトメントの調査を行なうには、「債務者の名前」で索引し、登録番号でファイナンシング・ステイトメントに辿り着き担保財産と担保権者を特定し、複数の担保権者があるときは日時により優先順位を知ることになる（三林・前掲（早稲田法学）二九五頁）。

ファイナンシング・ステイトメントの登録によって対抗力を具備する時期は、「担保権が成立し、かつ対抗力を具備するために必要とされる一切の措置がとられた時」である（九―三〇三⑴）。

そこで、同一の担保財産に対抗力を具備した担保権が競合する場合の優劣は、「ファースト・イン・タイム、ファースト・イン・ライト」の原則により決定される。すなわち、登録によって対抗力を具備している場合には、一番最初に登録された担保権が優先する。ただ、担保権成立前に登録されている場合には、その後に対抗力を具備した担保権に対しても、担保権の成立などにより対抗力を具備するに至ったとき（九―三〇三⑴）は、対抗力の具備が後であっても優先することになる。このため、必ずしも、先に対抗力を具備した担保権が優先するわけではない（角・前掲五六頁）。

担保目的リースやリース債権・リース物件を一体化した動産抵当証書担保の場合には、対抗要件の具備方法としては占有も認められている。そこで、登録により対抗力を具備している担保権と占有による場合との競合の生ずる場合もありうる。この場合の優劣は、「登録または対抗要件を先に具備した者が勝つというルール」によるものとされている（九―三一二⑸）。

## おわりに

本稿では、米国統一商事法典におけるリース取引に関係する規定につき、概観した。リース取引は真正リースと担保目的リースに大別されて秩序づけられていること、またリースに関する担保取引としては担保目的リース、リース債権担保、リース債権・リース物件を一体化した動産抵当証書担保があるが、第九編の規定する「担保権」として統一に取り扱われ、ファイナンシング・ステイトメントの登録により対抗要件を具備できる点で共通している。ただ、このファイナンシング・ステイトメントの登録制度は、わが国の登記制度にみられるように、その登録のみによって担保財産上の権利関係を確認することはできず、「担保取引の存在可能性を警告」しているにすぎないという特徴をもつものである点に留意しなければならないのである。

# 19 リース料等債務不存在確認請求事件

## 一　緒　言

本稿は、訴外株式会社ジャパンサイエンス（以下「本件サプライヤー」という）が歯科医師用または獣医師用コンピューター機器（ソフトおよびハード）である「サクセスコール24」及び歯科医師用コンピューター機器である「診ナビ」（以下、「本件リース物件」という）の販売を目的として購入を勧誘し、その購入を決意した歯科医師または獣医師が、本件サプライヤーと関係のあるリース会社との間でリース契約（以下、「本件リース契約」という）を締結したが、本件サプライヤーから本件リース物件の引渡がなされなかったり、稼働不可能ないし説明どおりの性能を有しないことにより不十分な状態であった（以下、「本件リース物件の瑕疵等」という）ことを理由として、平成一四年七月二日に、歯科医師、獣医ないし医師の総勢三八名（連帯保証人も入れると総勢七三名）（以下、「原告ら」という）がジーイーキャピタルリーシング株式会社（以下「被告Aリース会社」という）、三洋電気クレジット株式会社（以下「被告Bリース会社」という）、ダイヤモンドリース株式会社（以下「被告Cリース会社」という）、セントラルリース株式会社（以下「被告Dリース会社」という）、日立キャピタル株式会社（以下「被告Eリース会社」という）（以下、本件被告リース会社全体を「本件被告リース会社ら」という）に対して、残リース料相当額の債務不存在確認訴訟を提訴した事案（その後、原告一名が被告Eリース会社とは和解、かつ各被告リース会社毎に弁論が分離されている）に関する原告らの主張が認められるか否かにつき検討するものである。

## 二　ファイナンスリースとリース物件の瑕疵等に係わる責任免除特約の効力

本件被告リース会社らは、原告との取引はファイナンスリースであり、本件被告リース会社らと原告らとの間では、いわゆる瑕疵担保責任等免除特約が約定されている（被告Aリース会社＝リース契約書第一〇条、被告Bリース会社＝リース契約約款六条、被告Cリース会社＝契約条項四条、被告Dリース会社＝契約条項七条）ことから、リース物件の瑕疵などを理由とするリース料等債務の不存在の主張には理由がないと主張する。

そこでまず、本件被告リース会社らの、上記のような主張が認められるか否かにつき検討する。

ファイナンスリースといえども、法形式的には物件をリース（賃貸）することを内容とした契約であることについては異論はない。この点に注目すると、有償でのリース（賃貸）の場合、民法五五九条により売買に関する規定が準用されることになる。その結果、リース物件に瑕疵のあるときは、民法五七〇条によりリース会社は瑕疵担保責任を負うことになる。またリース物件につき引渡のないときは原則として同時履行の抗弁権（民法五三三条）を主張できる。かかる法形式上の原則に対して、ファイナンスリースにおいては、リース会社は瑕疵担保責任等を免責されると解するのが通説、判例とされている。ところで、通説、判例が、上記のような原則的処理に対して例外を認めるのは以下のような理由による。（詳細は、伊藤進『リース・賃貸契約論』（私法研究著作集第八巻）九二頁以下参照）。①ファイナンスリース自体の金融的性質性、②瑕疵担保規定の任意法規性、③ユーザーのサプライヤーに対する担保責任追求の可能性、④ユーザーの物件選択責任、⑤リース会社の物件に対する知識、情報、対処能力の欠如、⑥リース料の算定との関係、⑦企業間取引性、⑧リース契約のリース会社・サプライヤー間の売買契約に対する独立性などを理由として、瑕疵担保責任等免責の特約には合理性が認められることから、その特約を有効とし免責を認めるのである。私見では、さらに特約の有効性の問題ではなく、リース会社が瑕疵担保責任等を負わないのはファイナンスリースの金融的性質に基づく本質的内容として承認すべきであるとの見解を示したことがある（拙稿・前掲書九四頁）。そこで、これらの論拠についてみると、実質的論拠としては第一は金融的性質（上記理由①④⑤⑧と私見の論拠）であり、第二はユーザーのサプライヤーに対する担保責任追求の可能性（上記理由③）ということになる。すなわち、ファイナンスリースとしてリース会社が物件の瑕疵担保責任等を免れることのできるリース取引は、この二点の要素をもったものでなければならないということになる。

そこで、かかる観点に立って、本件リース契約についてみると以下のような状況にある。

第一に、本件リース契約については、金融的性質については疑問なしとしない。すなわち、ファイナンスリースが金融的性質性を有するが故に、リース会社がリース物件についての瑕疵担保責任等が免責されるのは何故かに関してみると、典型的なファイナンスリースの過程では、まずユーザーとサプライヤー間で物件の選定および物件についての取引条件が協議され、この時点では、リース会社は形式的にも実質的にもリース物件には全く認識もしていないし関与もしていないという状態から始まる。つぎにユーザーからリース会社に対して、その物件についてのリース契約の申込が行われリース会社の承諾によってリース契約が締結される。この時点になって初めて、リース会社は、リース契約の目的とされるリース物件がどのようなものであるかにつき認識することになる。その後、リース会社はサプライヤーに対してリース契約に基づく物件についての購入の注文書を渡し、サプライヤーから注文請書を受け取る。しかしリース会社としては、リース物件との係わりについてはなお慎重である。すなわち、リース会社は、リース契約締結後は、直ちにサプライヤーに物件購入の発注をするが直ちには売買代金は支払わない。売買契約後に、サプライヤーがユーザーに直接物件を納入したことを確認するとともに、かつユーザーが物件を確認し、ユーザーが物件借受証（検収書、受領書）をリース会社に交付し、リース会社がこれを受け取って始めてサプライヤーに売買代金を支払うというものである。以上のようにファイナンスリースではリース会社は、その過程においては、当該ファイナンスリースの対象になる物件につき全く認識あるいは関知していないこと、物件の選定についても関与していないこと、物件の受け渡しさらには品質等についても確認することなく、ただリースという方式により物件購入資金を融資するのみであるという特徴に注目されている。このことは、ファイナンスリースの利用の予定されている物件は、通常、汎用性のない営業用の物件であることから、やむを得ないこととして肯認されているのである。このようにリース会社とリース物件との関係が切断されていることの故に、ファイナンスリースは金融的性質を有するのであり、リース会社はリース物件の瑕疵等の責任につき免責されることに対する合理的理由があるとされているのである。ところで、本件リース契約では、そのリース物件は汎用性のあるものであり、リース会社は、どのような物件がリースの目的物となるのかについては予め認識することが可能な状態にある。

またリース契約に際しては、通常のファイナンスリースに比べて簡易な三連あるいは四連式申込方式が用いられている。すなわち、形式的には、上述のようなファイナンスリースの仕組みにはなっているようにみえるが、実質的にはファイナンスリースの過程は確保されていない。このようなことから、本件リース契約に、通常のファイナンスリースのようにリース物件と切り離し、単なる金融的性質をもつものであることを前提とした法理を適用することは問題である。

すなわち、本件リース契約では金融的性質が欠如しているものとして特約の有効性を認める論拠がなく、あるいはファイナンスリースとしての本質的要素を欠くものとしてリース物件の瑕疵担保責任等は免れ得ないということになる。

なおさらに、ファイナンスリースの金融的性質を補強するものとして、通常のファイナンスリースでは、ユーザーからリース会社に物件借受証が交付されるのが普通である。リース標準契約書第二条第二項では「瑕疵のないことを確認したとき、借受日を記載した物件借受証を甲（リース会社）に発行するもの」と定められている。この物件借受証には、通常「貴社と当社との間で締結した上記契約に基づき、下記物件の検査の結果、上記契約に適合し、かつ、瑕疵がないことを確認しましたので、上記借受日をもってその引渡しを受けました。なお、上記借受日から上記契約に基づき下記物件を使用します。」（標準物件借受証）旨が記載されている。このことによりリース会社は、リース物件については関知するものではなく、リース物件に関してはサプライヤーとユーザー間での選定に委ねているだけではなく、リース物件に係わってはユーザーの責任において処理すべきことを確認しているのである。このことから、ユーザーからの物件借受証の交付は、リース会社のリース物件の瑕疵等の責任から免責されるための重要な要件事実となる。

しかし、被告Aリース会社のリース契約書では、特約欄に「甲は、本日、物件を乙に引渡し、乙はこれを受領しました。乙は第二条の物件受領証の交付の規定に拘らず、これを交付しません。」と印字されている。これは形式的にはユーザーの便宜のための特約とみることができないことはない。しかし、物件借受証の交付が物件の瑕疵などについてのユーザーの自己責任の確認の意味をもち、そのことがリース会社の物件瑕疵担保責任等免責にとっての重要な要件事実であると考えられていることからすると、通常のファイナンスリースの場合と同様に免責を認めてよいかどうかは疑問である。これに対して、被告Aリース会社の第二準備書面では、リース会社のユーザーへの電話確認により代替している旨、主張されている。しかし、仮に被告主張のように電話確認が行われているとしても、そのことにより物件の受領については確認できるが、かかる確認をもって物件借受証にあるように「瑕疵がないことを確認しました」とまで確認したと判断することができるかどうか疑問である。被告Cリース会社契約条項第四条では「物件について借主はその検査を完了し、完全な状態で売主からその引渡しを受けたことを確認します。」と約定し、被告Dリース会社契約条項第七条でも「甲（ユーザー）は、物件を検査し、瑕疵のないことを確認の上、引渡しを受けたことを認めます。」と約定されている。しかし、物件借受証はリース契約締結後、リース物件が引き渡された後に交付するのが通常であることからすると、かかる条項をもって物件借受証に代えることはできない。このようなことからすると、これらリース会社のリース契約については、より以上に金融的性質を認めることはできず、かつユーザーの自己責任を主張することもできない。

第二に、ユーザーのサプライヤーに対する責任追及の可能性についても保証していない本件被告リース会社がある。

リース会社が瑕疵担保責任につき免責されるとしても、ユーザーが直接サプライヤーに責任を求めることができるならば、ユーザーには特別の不利益は生じないという理由もリース会社のリース物件の瑕疵等の責任を免責するにあたっての重要な論拠である。そこで、リース標準契約書では、第一五条第三項で、物件の瑕疵等の場合「乙（ユーザー）は売主（サプライヤー）に対し直接請求を行い、売主との間で解決するものとします。」とするだけではなく、「甲（リース会社）が譲渡可能であると認めてこれを承諾するときは、甲の売主に対する請求権を乙に譲渡する手続をとるなどにより、甲は、乙の売主への直接請求に協力するものとします。」と約定し、第四項では、乙がリース料の全部などの一切の債務を履行したときは「甲は売主に対する買主の地位を譲渡する手続をとるものとします。」と約定して、ユーザーのサプライヤーに対する物件の瑕疵等の直接請求の途を約定しているのである。

これに対して、被告Aリース会社のリース契約では、第一〇条第一項後文で「乙は、直接売主に損害賠償請求等を行うことができます。」、第二項では、乙が一切の債務を支払ったときは「乙は、直接売主に売買契約の解除の請求（売買代金返還請求権を含む）ができます。」と規定するのみである。また、被告Dリース会社の契約条項第七条第二項では「甲（ユーザー）と売主との間でその解決を図るものとします。」と規定するのみである。すなわち、リース標準契約書では、ユーザーがサプライヤーに対して物件の瑕疵などの責任を直接請求する法的根拠づけにつき、リース会社のサプライヤーに対する買主としての諸請求権を移転させるなどの協力義務が明記されているのに対して、これらのリース契約では、そのようなリース会社の協力義務がリース契約の内容とはなっていない。かつこれらのリース契約では、ユーザーはサプライヤーに直接請求できる旨の約定や、直接解決する旨の約定がみられるが、このような約定によって、法律上、ユーザーがサプライヤーに法的責任を請求する根拠づけになるか疑問である。リース会社とユーザーとの約定の効果は、当然にはサプライヤーには及ばないのが原則である。このことのために、リース標準契約書はリース会社のサプライヤーに対する請求権をユーザーに譲渡する旨を約定しているわけで、これらのリース契約では、そのような条項がみられないという極めて本質的な差異の存することにつき注目すべきである。すなわち、これらのリース契約では、リース会社のリース物件の瑕疵等についての免責を根拠づける上記理由③が存在しないということである。もっとも、これらのリース契約に関連して、リース会社とサプライヤー間の契約内容がどのようなものであるかについては未確認であるが、標準契約書のように、これらのリース契約においても、かりにリース会社とサプライヤー間で「売主（サプライヤー）が借主（ユーザー）に対して直接その責任を負います。」（売買条件第五条第一項）と約定されているとしても、上記理由③が充たされているとみることはできない。このような約定により、ユーザーが当然にサプライヤーに対して売主と同様の物件の瑕疵などに対する請求を求める請求権を持つことになると解することはできないからである。一歩譲って、かかる約定をもって第三者（ユーザー）のためにする契約（民法五三七条）に該当すると解しても、第三者（ユーザー）が受益の意思表示をしない限り当然には帰属しないし、このような受益の意思表示は強制されるものではないからである。

以上のようなことから、本件リース契約においては、素直に金融的性質を有するファイナンスリースであったといえるかどうかにつき抜本的な疑問がある。なお、本件についてみるとサプライヤーが民事再生手続を申し立て、物件の瑕疵等についての責任を十分に果たすことのできない状態にあることをも勘案するとき、ファイナンスリースの形式を用いていることのみをもって免責を認めるのはリーガルマインドとしても妥当といえないであろう。

## 三　コンピューターリースとリース物件の瑕疵等に係わる責任免除特約の効力

本件リース契約の対象とするリース物件は、「サクセスコース24」及び「診ナビ」と呼ばれるハードとソフトからなるコンピューター機器である。そして、本件は、特に、ソフト面での不具合による瑕疵に係わる問題である。

このような、いわゆるコンピューターリースにあっては、ソフトウエアであるリース物件の瑕疵につき、通常のファイナンスリースの場合と同様に、リース会社の免責を認めてよいかどうか問題である。すなわち、ファイナンスリースにおけるリース会社の瑕疵担保責任免責の認められる論拠としては、ユーザーによる物件借受証の交付に依拠するところが大きい。その物件借受証には、上述のように「瑕疵のないことを確認しました」との文言が入っており、自己責任によることが確認されているからである。しかし、ソフトウエアの不具合による瑕疵の場合に、ユーザーが物件借受証を交付する時点において、その瑕疵を予測することが可能といえるかどうかである。ソフトウエアの不具合は、相当期間稼働させてみなければ判明することができないのが通常であることからすると、ユーザーが前述のような内容の物件借受証を交付したからといって、その時点では予測不可能な瑕疵についての責任をユーザーに転嫁してよいかどうかである。かかる見地から、「リース物件の瑕疵は借受証を交付する時点では予測不可能の瑕疵であり、その他債務の履行も充分でない状況等をも考慮すると、現状でこのリスクを全て被告（ユーザー）らに負担させるのは衡平の理念に反するので、……原告（リース会社）が瑕疵担保免責特約の効力を主張するのは信義則に反し許されないものと解するのが相当である。」とする裁判例がみられる（名古屋簡判平成一〇・七・三平九(ハ)第三一六七号）。ましてや、被告Aリース会社や被告Cリース会社さらには被告Dリース会社では、物件借受証の交付を省略していることからすると、上記裁判例以上に信義則に反するものとして瑕疵担保責任等免責の効力の主張は許されるべきではないということになる。

## 四　消費者リース性とリース物件の瑕疵等に係わる責任免除特約の効力

消費者リースについては、アメリカでは消費者リース法（Consumer Leasing Act of 1976）で、イギリスではイギリス消費者信用法（Consumer Credit Act 1974）で、ドイツでも割賦弁済法の特別の保護規定が適用されるとして、特別の法理によっている。わが国でも、以前から、加賀山教授は立替払契約におけるのとほぼ同様の解釈によるべきであり、割賦販売法や訪問販売法（現行、特定商品販売法）を脱法する目的があり、両法の適用を認めるべきであると主張され（加賀山茂「消費者リースの現状と課題」月刊消費者信用一九八五年三月七五頁、一九八五年六月五七頁）、島川弁護士は割賦購入あっせんと同様にサプライヤーに対する抗弁をリース会社にも主張できるとすべきであると主張され（島川勝「消費者リースの特質」加藤一郎＝椿寿夫編・リース取引法講座（上）三二〇頁以下）、今日では、学説として一般的に承認されている。

すなわち、事業リースの特徴は、ユーザーがサプライヤーから物件を購入することを決定するが、自ら購入せずに、リース会社に購入を依頼する。この限度でリース会社はサプライヤーから物件を購入するがユーザーのためにするもので、物件をめぐる実質関係は、ユーザーの責任と計算で処理されるべきものである。それは、リース会社がユーザーに対して、物件の購入資金を融資して、リース料という形式で貸金の回収を図るものである。このため、法形式上は賃貸借でありながら、経済的実質は金融であるといわれている。そこではリース契約は、リース会社のユーザーへの金融に係わる契約としての性格を色濃くとどめている。これに対して消費者リースでは、金融的性質はないわけではないが、もっぱらサプライヤーのユーザーに対する商品販売における信用供与の手段としてリース契約が組み込まれ、かかる性質のほうが色濃い契約であるという点において、相違がみられるからである。リース契約締結の過程をみても、いわゆるクイックリースなどと呼ばれる方法で、小額の汎用性のある物件を対象とし商品の納入先（ユーザー）の信用状況を直接確かめる手数を省いて、いっさいを販売店（サプライヤー）に任せ、物件さえも先に納入させてしまうという方法が用いられている。また、リース契約書も、サプライヤーにおいて処理できるよう三連ないし四連式の契約申込方式を用いていることなどである。これらを総じてみると、リース契約はサプライヤーの主導のもとで行われることが前提になっており、サプライヤーの商品販売の手段に使われるものであるとの実態を知ることができる。そこで、このような消費者リースの金融的性質の減退、商品販売手段的性質、消費者信用取引契約性などに加えて、物件に対するリース会社の免責条項を合理化している物件受領証の交付やリース会社のサプライヤーに対する権利譲渡などを採用していないリース契約であるような場合には、ユーザーのリース会社に対する瑕疵担保の抗弁を認めるのが妥当ということになる。

ところで、本件リース契約についてみると、ユーザーは消費者契約法による「消費者」の定義には当てはまらない。

しかし消費者契約法での消費者の定義は全てにおいて通用するものではない。本件で重要なことは、もっぱら金融的性質をもち、ユーザー主導のもとでリースが組まれることを前提とする事業者リースにおいて形成してきた法理を、本件リース契約において援用することが許されるか否かの観点から検討すべきである。それを消費者リースと呼ぶか否かはさほど重要なことではない。

かかる観点に立って本件リース契約をみるとき、本件リース契約はサプライヤー主導でリースが組まれていること、リース契約の締結に当たって三連あるいは四連方式が用いられていることなどまさに消費者リースの特徴とされる特徴と全く同様である。なおかつ、被告Aリース会社や被告Cリース会社あるいは被告Dリース会社においては、契約内容についても簡略化され消費者リースとしての特徴が顕著にみられる。そうであるとするならば、本件リース契約についても、消費者リースと同様に扱うべきである。すなわち、本件契約当事者である歯科医の属性としては自営業者であり、リース物件は歯科営業用として使用されるものであり、消費者契約法的発想からすると消費者リースとはいえない面がないではないが、リース契約自体の仕組み、内容、特質において消費者リースと異なるところがなく、かつ事業者としての法人との契約でないことからすると、消費者リースと同様に扱うことにつき躊躇すべき理由は見当たらない。

## 五　提携リース性とリース物件の瑕疵等に係わる責任免除特約の効力

販売店（サプライヤー）が汎用性のある商品を多量に販売する手段としてリース会社による信用の供与をセットするために提携リースが用いられる。このことによって、ユーザーとしてもその物件の調達にあたっては、リース会社から信用の供与が得られ、資金調達を心配する必要がなくなる。とくに、リース会社から個別に信用の供与を得るのが困難なユーザーの場合には、サプライヤーの信用力を利用できるという利点がある。サプライヤーとしてもその物件の販売は容易になるし、リース会社としてもリース契約量が増大し、リース料という形で利益を得ることができる。この場合、リースは、サプライヤー主導で組み立てられるという特徴があるとともに、リース会社はこのことを承認している点を見逃してはならない。このことから、この場合のリースは、サプライヤーの商品の販売の手段としての利用であり、当該商品の販売の一端を担うという特質が生ずることになる。この点で、単に商品購入のために資金を貸し付けるのと同様の金融的性質を主とするファイナンスリースとは異なることになる。そこで、このような場合には、現実に、当該商品につき何ら関与していない場合であっても、そのことの故に当該商品に係わる法的責任につき何ら関知するものではないと開き直ることが法的に許されるものではない。当該商品を販売するサプライヤーと同様に、その法的責任を問われてもやむを得ない。すなわち、そのリースが提携リース性を持つときは、リース会社は単なる物件調達のための資金を提供するにすぎないと開き直ることは許されないのである。販売される物件自体についても責任が生ずることになると解するのが妥当ということになる。このような提携性のあるリースでは、物件販売の一端を担っているという意味において、とくに物件の瑕疵などに関しては、リース会社にもその責任を求めることができると解するのが妥当ということになる。そこで、私見でも、かってユーザーのリース会社に対する瑕疵担保の抗弁を認めるべきであると主張している（拙稿・前掲書一七七頁）。このことについては、学説でも、一般的に承認するところと思われる。

なお、かりに、リース会社には、直接の商品販売業者と同様の瑕疵担保責任等を負うことはないとしても、もともと法形式上、賃貸人としての瑕疵担保責任等を負担していること、ただファイナンスリースである場合は、そのことの故に特約により瑕疵担保責任等が免責されているにすぎないという原点に立ち返ってみるとき、このような提携性のあるリースでは金融的性質は減退し、物件販売のための代金の立替払い的な要素が強いことから、かかる免責特約の主張を認めるべきではないというだけのことになる。賃貸人としての本来の瑕疵担保責任等を負担すべきであるというだけのことであって、特別な法理を展開する必要はないともいえる。すなわち、リース会社とサプライヤー間に経済的一体性があるからだとか、リース会社とサプライヤー間の提携の故にユーザーのサプライヤーに対する抗弁がリース会社に対しても主張できるとする、いわゆる抗弁接続の理論を用いる必要はないのである。リース会社としての賃貸借契約上の本来の瑕疵担保責任等が問われるのであって、通常のファイナンスリースのように実質は金融であるとしての修正を受けることはないというだけのことである。

そこで、提携性のあるリースであるか否かについても、以上のような観点から認定すべきことになる。リース会社が本来ならば負うことのない瑕疵担保責任等を、本来の瑕疵担保等責任者であるサプライヤーとの関係において「提携」があることの故に、経済的一体性あるいは抗弁接続の法理によりリース会社にも請求できるとの見解によるときは、その「提携」はかなり強固なものであることが必要であろう。しかし、前述のような観点に立つときは、制度的に物件の販売と一体化されていること、リース会社はそれを承認していることで十分であるということである。

本件リース契約においては、本件被告リース会社らとサプライヤー間で業務提携契約が締結されているかどうかまでは確認されていない。このため、ここでは、最も強い提携関係にあるとまではいえないことを前提としてみることにする（なおもし、このような業務提携契約が暗黙のうちにも存在するときは、経済的一体性あるいは抗弁接続の法理をも援用できるものであることを付言しておく）。

ところで、本件リース契約の提携リース性についてみると、被告Aリース会社の第三準備書面では「サプライヤーは、リース会社に対し、自社製品を販売する手段のひとつとして、リースを利用したい旨の申込をなす。これを受けてリース会社は、サプライヤーの信用調査をし、調査の結果問題なしと判断されれば、サプライヤー宛てにリース契約書を預ける」「サプライヤーはユーザーが記入したリース契約書をリース会社に返送する」という限度で「一定の関係」が認められると述べている。汎用性のある小額物件のリースでは、これが常態であると推察されることから他の本件被告リース会社らについても大差はないものと思われる。そこで、かかる一定の関係にあることを前提として推測されることとは、一般に（拙稿・前掲書一七一頁（日野氏作成による表参照））リース会社とサプライヤーの単純な提携関係にある場合の要素とされている①友好関係にあること、②サプライヤーがユーザーをリース会社に斡旋すること、③サプライヤー・リース会社間でリース物件について継続販売が行われることの諸要素が備わっていること、さらにこれに加えてより強い提携関係にある場合の要素とされる④サプライヤーがリース会社との間で定めた一定の要件の範囲内でユーザーを選択できること、⑤サプライヤーがリース会社所定のリース契約書に所定の事実を記入し、ユーザー記名捺印を受領し、これをリース会社に引き渡すことの要素までも備えている関係にあるということである。かかる推測が事実によって認定されるとすると、通常は提携リースと呼ばれ、通常のファイナンスリースの法理の援用にあたって修正を受ける対象となるリース契約ということになる。

なお、さらに提携性のあるリースでは、サプライヤーがリース契約の締結に際して主導的役割を果たす点に特質がみられる。それとともに、三連あるいは四連式の簡易なリース契約書が用いられ、リース契約は専らサプライヤーとユーザー間のみで進行する点でも特色がみられる（拙稿・前掲書一七三頁）。この点は、本件リース契約においても同様である。そこで、このような場合のサプライヤーの法的地位については、使者であるとする判例（東京地判五六・六・二三昭和五四(ワ)七〇四三号）、リース会社の紹介斡旋の媒介行為（松田安正「リースの理論と実務」九三頁、九四頁）と位置付けてサプライヤーの甘言や虚偽説明による場合であってもリース契約の効力には影響するものではないとする見解がみられる一方で、リース契約の締結の一切をサプライヤーに代行させリース会社がユーザーと直接交渉したこともないような場合には代理権を授与したものと解する判例（東京地判昭和五五・四・二昭和五二(ワ)五四〇八号）がみられ、学説でも代理人と解するのが有力である（拙稿・前掲書一七四頁）。

さらに、通常のファイナンスリース契約締結の過程をみると、①ユーザーとサプライヤー間で物件の選定及び物件についての取引条件を協議した上で、②ユーザーがリース会社にリース契約の申し込みを行い、③これに対してリース会社がユーザーの信用調査を行い、④リース会社がユーザーに承諾の意思表示をし、このことによってリース契約は成立する。その後、⑤直ちに、リース会社はサプライヤーと物件の売買契約を締結し、⑥サプライヤーがユーザーに物件を納入し、⑦ユーザーが物件借受証を交付するとリース契約は発効し、物件借受証交付日から起算され、リース料支払義務が生ずると解されている。すなわち、リース契約は、④の時点で成立し、⑦の時点で発効する点に特質がある。このことは、リース契約は②ユーザーの申込の意思表示に対して④リース会社のユーザーに対する承諾の意思表示により成立し、⑦物件借受証の交付後に発効することを意味するものである。それでは、本件リースにおいてリース契約の成立に必要な④リース会社のユーザーに対する承諾の意思表示は、誰によって、どのようにして行われているのであろうか。この点で、被告Aリース会社の第三準備書面では、「リース会社がユーザーの信用調査をなし、問題なしと判断されればリース契約が成立する。」と主張する。本件リース契約の成立につき、このような条件付き約定が行われていて、ユーザーに対する承諾の意思表示なしに契約は成立するものとするということであろうか。やや強引、擬制にすぎよう。ユーザーにそのことが明確に説明されていない限り、そのように解することは許されるべきではないであろう。そうだとすると、サプライヤーは単なる契約締結手続の使者あるいは代行をするにすぎず、リース契約はリース会社から改めて承諾の意思表示のあったときに成立するとの説明のない限り、本件リース契約の締結におけるサプライヤーの役割としては、リース契約の締結について、黙示に代理権も授与されているものと解するのが自然ではないかと思われる。本件リース契約における三連ないし四連式契約申込書を使用してのサプライヤーによる契約締結は、このことを裏付けるものと評することができよう。

もし、このように本件リース契約においてサプライヤーがリース会社の代理人としてリース契約を締結しているとすると、サプライヤーによる物件についての虚偽の説明によりリース契約自体の効力を詐欺、錯誤などを理由として否定することも認められることになる。

なおさらに一歩譲って、本件リース契約におけるサプライヤーは代理人ではなく代行であるとか、一部判例のように使者であるとか、一部学説のように媒介行為者にすぎないと解したとしても、物件の瑕疵等についての責任免責を考えるにあたって、本質的な差異が生ずるものではない。リース契約の効力の有効・無効が問題とされる場合には、意思表示を行った者はだれかが重要であるといえるが、リース契約の成立を前提としてのリース物件の瑕疵等の責任を請求することとの関係においては、さほど差異はないものと思われるからである。何度も繰り返しになるが、リース会社はリース物件の瑕疵等については責任を負うのが原則であり、かかる原則に修正を加えて免責を認めようとする場合に、当該物件の販売手段としてリースを利用することにつき承諾が与えられており、当該物件を販売する立場にありかつ当該物件の瑕疵などにつき売主としての担保責任等を負わなければならない立場にあるサプライヤーに、リース会社が当該物件のリース契約締結の代行、使者、媒介行為を委託しているというような場合に、リース会社の瑕疵担保責任等の免責の主張を認めることは信義にも反することになると思われるからである。このようなことから、要は、提携性のあるリースにあっては、とくにリース物件に係わって、ファイナンスリースと同様に理解することができないということになるわけである。

なお、被告Aリース会社の第二準備書面では、本件物件の販売にあたっては「必ずしもリースを選択しなければならないというわけではなかった」とか「数社のリース会社がかかわって」いたことを理由に提携リースではないと主張する。しかし、提携性があるかどうかについては、専属的提携関係にある必要はないのであって、サプライヤーが「自社製品を販売する手段のひとつとして、リースを利用したい旨の申込」を受けて、リース会社が「リース契約書を預ける」だけで十分である。さらになお、本件におけるサプライヤーとユーザー間では、約旨第三条で「リース会社・・との契約は、原則として提携しているリース会社・・中から、甲、乙協議の上決定する」旨が約定されており、すくなくともサプライヤー側は提携リースであるとの認識に基づいて業務を行っており、このことを裏付けるものである。このことからみても、本件リース契約は提携性のあるリースとみてリース会社の瑕疵担保責任などの免責の主張は認めるべきではないと帰結される。

## 六　本件リースの商品販売手段性

本件リース契約は、サプライヤーによる汎用性のある特定商品の販売の手段であることについては争いはないようである。サプライヤーとユーザー間の契約においても、その代金の支払いとして、割賦払いの方法、提携ローンの方法および本件提携リースによる方法が選択できるものとされている。そして、これらの支払い方法は、いずれも信用供与としての性質を持ち、商品の販売の手段となっていることから、実質的には単なる金融であると理解しないのが一般である。すなわち、商品の販売に係わる法律関係とを切り離して処理をするのではなく、商品の販売との関連づけで法律関係を考えるというのが一般的である。その典型が、割賦販売法三〇条の四に明記している、個品割賦購入あっせんにおける抗弁の接続の規定である。

本件リース契約が、このような商品販売の手段となっていることからすると、割賦販売や提携ローンさらには個品割賦購入あっせんにおいて展開されているのと同様の法理により法的処理をするということが私法の領域における基本的姿勢ということになる。

この意味では、個品割賦購入あっせんと遜色はないものとして直截的に割賦販売法三〇条の四を適用ないし類推適用しユーザーがリース会社に対して、ユーザーのサプライヤーに対する抗弁を対抗できると解すること、あるいは解釈により信義則上同様の対抗を認めることも考えられる。ここでは、かかる主張の可能性につきこれ以上に言及することを留保するが、要は、本件リース契約は、商品の販売とは切り離され実質的には金融であるとさせれるファイナンスリースと同視すべきではないということを強調するものである。

## 七　結　語

以上みてきたように、本件リース契約は、形式的にはファイナンスリースの形式を用いているが、第一に通常のファイナンスリースのように金融的性質を有すると解することができないこと、特にリース物件の瑕疵担保責任等免除特約の有効性を認める論拠とされる条項につき抜本的な相違があること、第二に消費者リース性を有すること、第三に提携リース性を有すること、第四に商品販売と切り離しては捉えることができないリースであることなどを勘案するとき、通常のファイナンスリースと同様に、本件被告リース会社らにおいてリース物件の瑕疵担保責任等の免責を主張することを法的に認めることができない。

以上の帰結として、原告らの本件被告リース会社らに対する本件リース物件の瑕疵等を理由とするリース料等債務不存在の主張は理由あるものと解される。

# 20 リース物件を使用できない場合のリース料支払義務

平成五年一一月二五日最高裁第一小法廷判決（平成三年(オ)第一四九五号　損害賠償請求本訴、不当利得返還請求反訴事件）――破棄差戻

## 一　要　旨

ファイナンス・リース契約において、ユーザーによるリース物件の使用が不可能になったとしても、これがリース業者の責めに帰すべき事由によるものでないときは、ユーザーにおいて月々のリース料の支払を免れることはできない。

**〔事実の概要〕**

被告Y繊維会社（控訴人、被上告人）は、訴外A販売会社から手作りソフト付きの本件コンピューターを導入するにつき、昭和五九年九月一九日、原告Xリース業者（被控訴人、上告人）との間でリース契約を締結した。なお、本件リース契約の締結にあたっては、Yが従来リース契約によって導入していたコンピューターと織物機械のリース契約の解約手続を、Aが代行し、その解約手続に伴う諸費用等を加算した合計額を六九〇万円と見積り、右金額をXからリースするリース料として支払うものとしており、このことはXは知らなかったという事情がある。ところで、Yは、そのころ、右ソフトが未完成であって、本件コンピューターが納入されずに、Aの事務所に置かれたままであるにもかかわらず、Aの資金繰りに協力するため、これが納入されたように装って、その引渡しを受けた旨の受領書をXに交付した。

そこで、Xは、Aに対して本件コンピューターの売買代金を支払った。また、Yも、Aから本件コンピューターの引渡を受けないまま、Xに対し、昭和五九年九月分以降同六一年九月分までの月々のリース料三六七万五〇〇〇円を支払っていた。

ところが、その後、本件コンピューターはAに置かれていることを知ったXは、昭和六一年九月三〇日頃、Aが経営不振にあることから物件保全のために、Yには無断で、本件コンピューターを引き揚げ、これを保管するに至った。そこで、Yは、同年一〇月分以降のリース料については、リース物件の引渡を受けていないことを理由にその支払を拒絶した。これに対し、Xは、リース料の不払いを理由に本件リース契約を解除した。

そこで、Xは、Yに対し、本件リース契約の解除を理由に残リース料に相当する五一四万五〇〇〇円の約定損害金及び遅延損害金の支払を求めて本訴を提起した。そこで、Yは、リース物件の引渡を受けていないことを理由にリース料支払義務はないとして、本訴請求を拒絶するとともに、既払いリース料の三六七万五〇〇〇円を不当利得を理由として返還を求める反訴を提起した。

第一審は、Yが本件リース物件受領書を交付したことにより、リース物件の引渡は完了したとして、Xの本訴請求を認容し、Yの反訴を棄却した。そこで、Yが控訴し、原審は、XのリースYの解除の意思表示は、YがXの本件リース物件の一方的引き揚げによって、使用できない状態を作出したものであるから、Yとしては同年一〇月分以降のリース料の支払を拒絶できるとして、Xの本訴請求は理由がないとし、既払いリース料の返還については本件リース契約に基づく義務であって不当利得にはならないと判示した。

これに対し、Xは、原審は、リース物件引揚げに至る事情、その後の交渉経過等について審理を尽くすべきであり、本件の場合は第三者のもとにあるリース物件を顧客に引き渡すために第三者から占有の移転を受けたものであること、

Yはリース契約上のリース物件保管義務を怠ったものでYの債務不履行が先行していることなどを理由に上告。

## 二　判決理由

ファイナンス・リース契約の「実体はユーザーに対する金融上の便宜を付与するものであるから、リース料の支払債務は契約の締結と同時にその全額について発生し、ユーザーに対して月々のリース料の支払という方式により期限の利益を与えるものにすぎず、また、リース物件の使用とリース料の支払とは対価関係に立つものではないというべきである。したがって、ユーザーによるリース物件の使用が不可能になったとしても、これがリース業者の責めに帰すべき事由によるものでないときは、ユーザーにおける月々のリース料の支払を免れるものではないと解すべきである。」「前示事実関係によると、被上告会社は訴外会社から手作りソフト付きコンピューターの引渡しを受けた旨の受領書を上告人に交付したものの、実際には右引渡しを受けていないというのであるから、被上告人は、少なくとも上告人との関係においては、自ら本件コンピューターを占有使用することなく、あえて訴外会社に保管させたものとして、自らこれを占有すべき本件リース契約上の義務に違反したものとみられてもやむを得ない立場にあるとみることができる。そして、本件コンピューターが訴外会社の下にあることを知った上告人が訴外会社の経営不振を理由にこれを引き揚げたことには、無理からぬものがあるということができるから、その後、被上告会社において積極的にその引渡しを求めたのに、上告人がこれを拒絶したような事情でもあれば格別、そうでなければ、右引揚げの結果生じた被上告会社の本件コンピューターの使用不能の状態は、むしろ被上告会社の前記本件リース契約上の義務違反に起因するものであって、上告人の責めに帰すべきものということはできない。」「そうだとすると、上告人が訴外会社の下から本件コンピューターを引き揚げたことのみから、上告人が被上告会社においてこれを使用できない状態が作出したとしても、被上告会社に昭和六一年一〇月分以降のリース料の支払義務はないとした原審の判断は、リース契約に関する法令の解釈適用を誤り、ひいては審理不尽、理由不備の違法がある」。

裁判官全員一致の意見で破棄差戻（大堀誠一、味村一、小野幹雄、三好達、大白勝）。

〔参照条文〕民法六〇一条

## 三　分　析

本判決の中心論点は、リース会社によってリース物件が引き揚げられ、ユーザーがリース物件を使用することができなくなった場合でも、その後のリース料支払義務があるがどうかである。本判決はそれに応えるために、①ファイナンス・リースの法的性質をユーザーに対する実質的金融と解し、②このことを前提として、リース物件の使用とリース料の支払は対価関係にないことから、リース物件の使用が不可能になってもリース料支払義務のあるのが原則であること、③ただし、リース会社による物件引揚げの場合には、リース物件の使用不可能がリース会社の責めに帰すべき理由があるか否かによって、この原則を修正する余地がある、との論理構成をとっている。

①の法的性質については、学説、判例において種々の見解が見られる。この点はここでは言及しないが（学説、判例の諸見解の概要については、伊藤＝岡部＝森住編・リース取引実務全書九一五頁以下参照）、本判決が実質金融説に立つことを明らかにしたことは、最高裁昭和五七年判決（最判昭和五七・一〇・一九判時一〇六一号二九頁）と同旨であり、踏襲したものである。

②の対価関係については、ファイナンス・リースの実質金融的性質から、直ちに、結論づけていることは注目される。従来の学説、判例も、リース物件の使用とリース料の支払義務との関係については否定するのが多数であったが、その多くは、ユーザーがリース物件借受書（受領書）を交付したことを前提に信義則を媒介させていた（池田真朗「判例研究」ＮＢＬ五五九号六一頁）のとは異なる。このことについては、リース料債権の既発生を前提としての表現であり、

特に信義則を媒介させる理論構成を不要とするものではないであろうとする見解がある（池田・前掲六二頁）が、実質金融説に立つならば、本判決のような理論でよいといえよう。ただ、この点は、本判決の基本的論点ではないことから、判例理論として確認されたものといえるかどうか問題が残る。

③のリース会社が物件を引き揚げたことによるリース物件使用不可能の場合については、本判決の中心論点である。下級審判例には、リース会社がユーザーの下にあるリース物件を、リース料不払を理由に引き揚げてリース料全額の即時弁済を請求することは権利濫用にならないとする判例（名古屋地判昭和五四・六・二七リース取引実務全書二一一八頁）、ユーザーが不渡手形を出し事実上倒産したので引き揚げ、リース料不払を理由とする解除を有効とした判例（東京高判昭和六一・一〇・三〇金判七六八号二六頁）がある一方で、ユーザーが不渡手形を出したので引き揚げ、リース料不払いを理由する解除を無効とした判例（東京地判昭和六一・二一・一九金判七五七号四〇頁）がある。本判決の事案は、サプライヤーの下にあるリース物件をサプライヤーの倒産の危険に備えて引き揚げた場合である点では、上記三判例と異なる。そこで、このような場合でも、リース会社によるリース物件の引き揚げが正当視できるかどうか問題になる。本判決は、ユーザーの物件保管義務違反に起因することと、サプライヤーの経営不振状態を理由として「無理からぬものがある」としている。前者の理由については明瞭であるが、後者の理由についてはやや不明瞭である。ユーザーからリース料の支払を受けられる限りにおいてはリース物件を引き揚げる理由にならないとも考えられるからである。しかし、リース物件を実質担保物件とみるときは、担保物件の保全のための引き揚げとみることができるし、ましてやユーザーが保有する義務を怠っていたとなると、その必要は大きいといえよう。これが「無理からぬ」ということであろうか。なお、本判決に解して、コンピューターリースの場合にはソフトウエアー作成整備以前のコンピューター本体納入時点で借受証（受領書）を交付することから生じる問題を解決する視点の欠けていることを指摘する見解がある（池田・前掲六四頁）。しかし本判決は、③に論点があるのであるから、指摘される視点の欠落も止むを得なかったのではないかと思われる。また、その法的性質を物権的使用権売買説に求め、リース会社が物件を引き揚げた場合には同時履行の抗弁権で

リース料支払を拒否できるとして原審に賛成する見解（大西武士「判例研究」判タ八五九号六三頁）がある。物権的使用権概念を登場させることは物権法定主義に反しないのか疑問である。なお、リース会社の物件引渡確認を問題にする見解が見られる（池田・前掲六五頁参照）。しかし、ユーザーの交付した物件借受証（受領書）の形式的確認でよいとの立場に立つ、これまでの判例（札幌高判昭和五八・二・二三判タ四九六号一一六頁など）による限りでは、この点を考慮する必要はない。

# 21 担保的予約の総括的検討
## ——「担保型予約」構成の試み

## 一 はじめに

本稿は、予約論のうち、従来からいわゆる担保的予約といわれてきた現象につき、総合的に検討するものである。担保的予約については、椿寿夫博士は、ひところまでは予約といえば担保的な話が多かった。担保の領域では売買予約・再売買予約・代物弁済予約などは昭和四二年最高裁判決以来の学界や実務界の愛好テーマとされてきたし、このほか、相殺予約や、最高裁平成元年判決で排除力が否定されたが賃借権設定予約＋仮登記、あるいは近時、時折裁判例にみられる譲渡担保予約や、集合流動債権の譲渡担保に関連する債権譲渡予約などがみられると指摘されている(1)。また、倉田元判事は、予約の果たす最も主要な機能は、それが金銭債権を担保する目的に奉仕する場合であるとまで断言されている(2)。

ところで、予約は、もともとは、このような担保としてではない取引において、将来、本契約を締結することにつきあらかじめ約束をしておくという場合を想定していたものといえる。民法五五六条の売買一方の予約や、五八九条の消費貸借の予約などは、その典型である（このような手続を椿博士は「真正手続」と呼ばれているが(3)、本稿では「本来型予約」と呼ぶことにする）。しかし、今日では、このような典型とされる本来型予約を凌駕して、担保的予約が予約の主流を占め、その関心が担保的予約に集中するに至っているが、担保的予約といわれるものについての内容は不明確なままである。

そこで、椿博士は、担保的予約を論ずるためのさしあたりの入口までの検討を試みたうえで、「担保的予約は、それ自身の内容の確定と並んで、真正予約との対比も必要な状況にある。順次解明しなければならない」こと[4]、および担保的予約の総括的評価の必要を指摘されている[5]。本稿は、これを受けて、担保的予約は、本来型予約と共通するものであるのかどうか。また、担保的予約という概念は整理概念にすぎないのか法規範概念として位置づけることができるのかなどを解明したうえで、担保的予約を法規範概念としても「本来型予約」と対比されるところの「担保型予約」構成を試みるものである。

## 二　担保的予約現象の理論状況概観

まず、担保的予約とされている現象についての理論状況を概観する[6]。

［A］ **売買予約**　売買予約は、不動産について、債務者が履行期に弁済しないときは、債権者が予約完結権を行使し、目的不動産の所有権を移転せしめることを予約し、その旨を仮登記することにより、債権の満足を図るもので、予約完結権の行使は形式的には売買の発効であっても、実質的には担保権の実行と同視すべきものとして認められてきている。この売買予約は、真正の売買一方の予約と異なり、所有権の取得に伴い清算義務が課され仮登記に基づく本登記の際に清算金の支払と引換えに承諾義務の履行の請求が認められ、第三者が目的物に対して法定換価手続をすれば被担保債権の優先弁済を受けることができるだけで、本登記請求は許されない[7]。

このような売買予約では、債権者は目的不動産の所有権を取得するという方法で債権を担保することになる。売買予約は、民法が予定する担保価値支配担保と異なる権利移転予約型担保を作り上げるということを狙いとするものである。

売買予約は、昭和四〇年代に代物弁済予約に次いで担保的機能が重視されて承認されてきた。その後、仮登記担保契約法が制定され、売買予約＋仮登記の形式の担保も仮登記担保とされ、丸取りのうまみ消滅、根代物弁済予約の無力化、担保権実行手続の複雑化、契約書の表現に困ることなどから[8]、抑圧、激減、消滅の傾向が生じ、衰退の運命をたどっているとみられている。椿博士は、いまや少なくとも丹念な検討を加えるべき価値がなくなった担保的予約の一つに数えられている[9]。

[B] **代物弁済予約**　代物弁済の予約は、債権担保の目的で、債務者が債務を履行しない場合に、特定の不動産の所有権を債権者に移転することをあらかじめ約束するものである。この代物弁済予約については、一種の独立した担保契約であると解されるに至っている[10]。

このような代物弁済予約も、売買予約の場合と同様に、民法が予定する担保価値支配担保と異なる権利移転予約型担保を作り上げるということを狙いとしたものである。

代物弁済予約は、最高裁昭和四二年判決[11]に始まり、その後の最高裁昭和四四年判決[12]など同一路線の多数の判例が輩出し、最高裁昭和四九年大法廷判決[13]で集大成され判例法理として確立された。その後、昭和五三年には仮登記担保契約法が制定され、権利移転予約型担保が立法により法制度化されるに至っている。この意味では、権利移転予約を目的とする担保的予約が権利移転予約型担保という法制度を作り出し、立法によってそれがオーソライズされるに至ったものと評することができる。しかし皮肉にも、仮登記担保契約法制定後は売買予約と同様の運命をたどるに至っており、衰退の一途をたどっているのが現状である。椿博士は、売買予約同様に丹念な検討を加える価値のない担保的予約であると指摘されている[14]。

[C] **再売買予約**　再売買予約とは、金銭債権を担保するため目的物の所有権をいったん買主（債権者）へ移転するけれども、将来、債務が弁済される場合には、それを買主（債権者）から売主（債務者）へ再び売却する旨を予約するものである。真正の再売買の予約とは、清算義務などが課されるなどの違いがある。売買予約とは、売買予約の場合

の予約権利者は債権者であるのに対して、再売買予約では債務者あるいは債務者側（物上保証人）である点で異なる。また買戻とは、買戻は解除権の留保である点で異なるし、買戻とは酷似するが買戻における登記時期、買戻期間、買戻時の代金提供、買戻代金等の制約を回避できる点で異なるとされている。(15)

このような再売買予約については、最も古い形の担保的予約である、(16)売渡担保の一種である、(17)財産権移転と再移転からなる担保制度であるなど担保的予約であるとすることにつき異論はない。(18)そして、再売買予約は、移転させた権利の再移転予約型担保としては、売買予約や代物弁済予約と共通する面があるが、移転させた不動産の所有権の再移転の制度として予定している買戻の制約回避を狙いとした担保的予約という面が強い。

この再売買予約については、債権担保の作用をもつ予約としては最も古いものであるが、担保的予約の構成肢としての意義および機能は喪失し、担保的予約としても非主流どころか葬送の曲で葬られていると指摘されている。(19)また、実務でも、所有権移転登記の必要、納税関係の処理の煩わしさ、地価変動の激しさなどのために、近時はほとんど利用されない状況にあり、それが機能する時代は終わったと指摘されている。(20)そして、再売買予約の多くは譲渡担保に吸収され、(21)丹念な検討を加える価値のない担保的予約であるとされている。(22)

［D］**譲渡担保予約**　動産譲渡担保予約も、不動産譲渡担保予約も、債権者が予約上の権利者として成立し、債権者が予約完結権を行使し、予約完結の意思表示をした時点において、はじめて動産譲渡担保や不動産譲渡担保本来の効力が生ずる。譲渡担保につきどのような法的構成をとるにしても、予約が成立した段階から予約完結権が行使されるまでの段階では、目的物の所有権は、予約上の債務者のもとにとどまり、予約上の債権者には移転しないと解するのが一般的のようである。(23)そして、不動産譲渡担保での登記留保や、債権譲渡担保での通知留保とも区別され、そのような場合は譲渡担保予約ではないとする見解、不動産譲渡担保予約＋仮登記は仮登記担保と一類型とみられる可能性はあるが、代物弁済予約や停止条件付代物弁済は予約完結権行使や条件成就の時点で最終目的が達成されるのに対して、予約完結権行使により不動産譲渡担保が成立し、その実行時まで最終目的は先送りされる点で大きな差異があるとする見解、(24)集

合動産譲渡担保予約と集合動産譲渡担保では個々の動産に対する効力の段階で差異が生じ、集合動産譲渡担保では設定により個々の動産にも効力が及ぶとする見解の場合は集合動産譲渡担保予約では個々の動産にはいまだ効力が及んでいない点に差異があるとする見解[25]などがみられる。

これに対して、不動産譲渡担保予約＋仮登記と不動産譲渡担保では公示面や不動産取得税や登録免許税に差異があるので違いはあるが、不動産譲渡担保と仮登記担保との対比では理論上は明確に区別されるが、実際上の機能や利用価値面ではそれほど違いはなく、予約の役割は非常に小さいものであって仮登記担保の一類型にすぎないとみる見解[26]、集合動産譲渡担保での価値枠論や債権的効果説に立つならば、個々の動産になんら物権的効力が及んでいないことを前提としているため、目的物を確定させる手続を予約完結権の行使手続とみれば同様に説明でき、予約と同じことになるとの見解[27]などがみられる。なお、仮登記担保契約法の適用との関係では、仮登記担保契約法の適用は認めるべきではないが、予約完結権行使と同時に私的実行される場合には仮登記担保と同様の機能を営むために例外的に準用ないし類推適用されるとの見解がある。

このように、譲渡担保予約をどのように捉えるかにつき議論のあるところではあるが、先の一般的な見解を前提として考えると、譲渡担保との違いは予約完結権を行使しないと譲渡担保権が設定されたことにならないという点にあることになる。譲渡担保予約がそのようなものであるとすると、権利移転型担保契約を成立させるためのあらかじめの約束にすぎないことになる。それは本来型予約と異なるところはない。そこで、譲渡担保予約をこのように解するとすると、担保的であるという特質がどこにあるのかの疑問が生ずる。これに対し、特に不動産譲渡担保予約のように仮登記担保的に解する見解によれば、権利移転型担保＋予約により、権利移転予約型担保の形成を狙いとするものとして担保的予約である特徴を見出すことができよう。

このような譲渡担保予約の状況としては、特定動産譲渡担保予約では非占有担保化が可能ということになるが、占有改定で対抗要件を取得するとの立場に立つと予約形式を利用する理由はないとか[28]、集合動産譲渡担保予約では個々の動産にはいまだ効力が及んでいないため、処分自由や不当廉売への対応が困難であって、債権回収を困難にするため予約方式はきわめてまれである[29]、などが指摘されている。このことからすると、譲渡担保予約も、不動産譲渡担保予約＋仮登記の形式により、権利移転予約型担保と解するとの見解に立つかぎりにおいて、かつその範囲においてのみ存続の意義があるということになる。

［E］ **債権譲渡予約**　債権譲渡予約は債務者の一切の債務の弁済を担保するために、債務者の特定の第三債務者に対する現在および将来の債権を譲渡することを約し、債権者はいつでも任意の債権を選択して一方的意思表示で予約を完結させ、そのことによって債権譲渡が成立すると、債権者は債務者からあらかじめ預託されている譲渡通知書に債権者が適宜補充して第三債務者に送達する方法によるものである。

将来債権の担保的譲渡の態様としては、①本契約型＝債権譲渡契約時に、債務者が将来取得する債権が、確定的に債務者に担保として譲渡されるとする確定的譲渡契約型と、②予約型＝担保目的のために債務者の取得する将来債権の譲渡予約をする譲渡予約契約型と、③停止条件付債権譲渡契約型＝債務者において破産申立等一般に期限の利益喪失条項に盛り込まれるような事由が発生することを停止条件として、債権を譲渡する方法によるものとがある[30]。このうち、①と②の違いとして、有効性では、契約締結時に債権を発生させる法律関係が確定的に生じているかどうか、対抗要件では契約締結時における包括的通知と通知時点で成立している債権を対象とする個別通知によっていること、明示または黙示の特約のもとに債務者による債権の回収の承認と債権者による一方的意思表示がないかぎり債権は譲渡されないから債務者に当然に取立権があること、一般債権者による差押えとの関係では包括的通知の出されることはほとんどないから個別通知と差押えの先後で決まるので実質には同じであることなどにみられる[31]。ただ、予約であることを明言しているものは少ないが、ほとんどの場合は債権譲渡予約と解されるともいわれている。なお、単なる通知留保は、債権譲渡予約ではないと解するのが一般的である。

このため、実務では、債務者の債務不履行、信用不安等が生じたときに、担保権者は予約完結権を行使し、同時に、あらかじめ債務者より交付を受けていた債権譲渡通知書を第三債務者に発送するために利用するようである。[32]このような債権譲渡予約を利用する本来の狙いは、対抗要件具備要件の回避と、本契約型では危機時に通知をすると対抗要件否認、危機時に本契約をすると故意否認、危機否認で否認されるのに対して、安全な時期に予約を先行させて、危機時に予約を完結し本契約を成立させ、譲渡通知をして対抗要件を具備すると否認をクリアーできる[33]と考えられていた点にあるようである。このかぎりでは、債権譲渡予約は対抗要件具備および否認回避として用いられているにすぎないことになる。

この債権譲渡予約の法的効果については、債務者が自己の債務を弁済できない場合に、債権者による一方的意思表示により債務者の第三債務者に対する債権を債権者に譲渡することにより弁済することを内容とする契約で「代物弁済の予約」に類似するものであると解されている。[34]その際、債権者の一方的意思表示により債権を取得することになるだけであると解するときは、権利移転型担保契約を成立させるための予約にすぎないことになる。しかし、第三債務者に対する債権そのものの取得を目的とするものではなく、譲渡された債権によって現実に債務が全額弁済されてはじめて債務が消滅し、不足額があれば債務者に弁済責任があり、超過額については債務者に返還することを目的としたものであるとすると、権利移転＋支払予約型担保を作るための担保的予約ということになろう。

ところで、債権譲渡予約の対抗要件回避についてみると、債権譲渡特例法二条で第三者対抗要件については「債権譲渡登記ファイルに譲渡の登記がされたときには、当該債権の債務者以外の第三者については民法四六七条の規定による確定日付のある証書による通知があったものとみなす」と規定している。また将来債権譲渡の登記は、債務者の決まっているものについて始期と終期を定め見積債権額を記載するという形にして、告示に従った記載方式に則ってなせば、登記申請は受理されることになっている。第三債務者への対抗は「債務者への通知があると民法五六八条二項の規定が適用されて、債務者は通知を受けるまでは譲渡人に対して生じた事由を譲受人にも対抗できる」ものとし債務者への通知によるとしている。[35]このようなことからすると、将来債権譲渡の対抗要件具備は容易であり、債権譲渡予約を用いる必要はなくなったということになる。また、否認回避についてみると、停止条件付集合債権譲渡については判例は否認を認める傾向にあると指摘されており、(36)危機否認および故意否認より対抗要件否認と構成するほうが適切であるとされている。(37)このことから、債権譲渡予約が否認回避との関係においても有効性を発揮するかどうか未定の状態にある。そうだとすると、このかぎりにおいては、債権譲渡予約は有用性を維持できないということになろう。

**［F］併用賃借権設定予約**　併用賃借権設定予約は抵当権と併用された賃借権設定予約契約とその仮登記により、抵当不動産上に短期賃借権が設定されるのを阻止するために用いられてきた。この意味では、併用賃借権設定予約は、一面では短期賃借権制度を排除し民法の予定している抵当権と用益物権との調和の法理を回避することによって、他面では抵当権の効力を強化するものであった。

しかし、このような併用賃借権設定予約については、最高裁判決は、抵当不動産の用益を目的とする真正な賃借権ということができず、単に賃借権の仮登記という外形を具備することにより第三者の短期賃借権の出現を事実上防止しようとの意図のもとになされたものにすぎないから、その予約完結権を行使して賃借権の本登記を経由しても、賃借権としての実体を有するものでない以上、対抗要件を具備した後順位短期賃借権を排除する効力を認める余地はない(38)として完全に排除した。学説でも、債務不履行を条件として賃貸借契約の予約をしているが、債務不履行後目的物を用益しようとするものではないことは、抵当権を実行していることからも明らかであるし、本来の賃借権としての実体を有しないのになにゆえに実体法上有効な賃借権を排除できるのか疑問であることから、併用賃借権の優先的効力を考える必要はないとされている。そして、これに代えて濫用的短期賃借権の有効性を問題にするだけでよいとされている。(39)このように、今日では、濫用的短期賃借権排除のために実務が編みだした併用賃借権設定予約は実用的価値がなくなったことから、これも丹念な検討を加える価値のない担保的予約であるとされている。(40)なおさらに、民法三九五条が削除され、短期賃借権保護の制度がなくなった現在、過去のものとしてほうむり去られたといえる。

**［G］保証予約**　保証予約は、次の三形態があるとされている。①保証の本契約を締結する権利を有する者（一方

＝片務予約・双方＝双務予約）が申込をした場合に、相手方が承諾義務を負い、任意に承諾しない場合は、承諾の履行を求める訴えを提起し、その確定判決により本契約たる保証契約が成立する「本契約締結義務形式」態様のもの、②保証の本契約を締結する権利を有する者（一方の予約・双方の予約）が、相手方に対して本契約を締結させる旨の意思表示（予約完結の意思表示）をすれば、相手方の承諾その他の行為をまたず保証の本契約が成立する「形成権形式」態様で、実務上、双方の予約の形式を用いられていても、債権者だけに意味があるにすぎないもの、③一定の事実が発生した場合に当然に保証債務を負担する契約で停止条件付保証契約の形態で、保証予約義務者の預金の差押え後の保証債権との相殺についての疑義の回避のために用いられるものである。(41) いずれも、将来、保証の本契約を成立させることを内容とした契約である点で共通することから、ここではこれらを包括して保証予約と呼ぶことにする。なお、これらに加えて、公共財産等の入札の場合に金融機関等が入札希望者のために落札の際の代金支払を保証する入札保証も保証予約の一種であるとか、(42)「将来、要求があれば保証書を差し出す」旨を約する場合も含めるべきであるとの見解もある。(43) なお、保証協会が協会保証で包括的な特約に基づいて融資を実行してから、保証協会の保証を求める追認保証は停止条件付保証契約あるいは包括的な保証予約に該当するといわれている。(44)

このような保証予約が用いられる理由としては、以下のようなことが指摘されている。第一は、保証人側の財務政策上の要請として、保証残高を少なくして負債総額を減少させて財務内容をよくみせる目的（貸借対照表の負債の部への計上回避、商法上や証券取引法上の「偶発債務」の注記回避）のためである。第二は、五億円以上の債務保証は取締役会の付議事項としていること等からこの取締役会の承認回避のためである。第三は、親子会社を系列会社のような場合において保証料徴求を免除するためである。第四は、主債務者の信用悪化と保証予約者の信用悪化に対応するためである。この場合、前者については、主債務者の信用が悪化しても保証予約の効力には影響が生じないことに注目されている。たとえば、詐害行為取消権（民法四二四条）や否認権（破産法七二条、会社更生法八六条）の対象となる主債務者の法律行為は存在しないこと、破産手続、会社更生手続での主債務者の負担の免除・変更があっても保証債務の内容に影響がない（破産法三二六条二項・三六六条ノ一三、会社更生法二〇三条二項）こと、事前求償（四六〇条）の適用ないし類推適用が可能となること、保証予約者の破産手続への参加が認められることなどである。後者に関しては、保証予約者の預金の差押えと保証予約段階での相殺が可能と解されること、保証予約者の破産、支払停止などの法的整理と予約完結権を行使しての保証債権による相殺が肯定されることなどである。このように保証予約が用いられるのはいずれも保証債務の場合に生ずる制約を回避する目的であることは明らかである。いわゆる本契約についての制約等の回避が目的であるということになる。

ところで、このような保証予約の回避目的との関係でみると、第一に関しては金融監督庁や公認会計士協会では計上・注記を必須としていること、第二に関しては融資額が資本金に占める割合が相当の程度に達していること、五億円以上の債務保証は取締役会の付議事項としていること等の事情からみて一〇億円の保証予約は商法二六〇条二項二号所定の「多額ノ借財」に当たり、取締役会の議決が必要とする判例[45]がみられること、第四に関しては信用悪化への対応のための解釈が認められるかどうかについてはさらに検討する必要のあることからすると、第三の親子会社の保証に際して保証料を徴求しないために保証予約を利用する程度のような状況にあるといえる。

なお、保証予約の法的効果については、その意味は不明であるが通常の契約理論での予約とニュアンスは一致しないとの指摘[46]、銀行の一方的な意思表示（予約完結権の行使）によってただちに保証の本契約が成立するため実質的には保証しているのと変わりはないとの指摘[47]、既発生債務まで形成権を行使すると保証の効力を発生させるものなら保証とほとんど同じとの指摘[48]などがみられる。これらの指摘から推論すると、保証予約は予約→完結権行使・条件成就など→保証契約成立→保証債務履行の法形式を用いているが、実質的には保証予約＝保証債務発生を想定しているものといえる。ここに、保証予約の担保的予約性がみられる。

［H］　**相殺予約**　相殺予約とは、将来一定の事由が生じたときに、当事者間の対立する債権について、相殺をすることができる旨ないし当然に相殺の効果が生ずる旨をあらかじめ約している場合の総称である。相殺予約には相殺適状

を作出するための予約と、相殺の意思表示なくして相殺の効果を発生させるための契約とがある。(49)前者は《方》型一方予約であり、後者は停止条件付相殺契約である。いずれの場合も、請求あるいは条件成就によって相殺適状を作出することを前提とし、自働債権と受働債権とが対当額で消滅するとの法形式を用いている。

ただ、このような相殺予約が担保的効力を有することになるかどうかは、それを第三者に対抗できるかにかかっている。特に受働債権が第三者によって差し押さえられている場合でも、この差押債権者に対抗できるかどうかである。(50)このことに関しては、最高裁昭和四五年大法廷判決は、銀行取引においては相殺予約の行われていることは周知の事実であるとして第三者効を肯認した。(51)このことによって、相殺予約は担保的予約として認知されることになった。このような相殺予約は、法定相殺なら否定される効力の防衛を図るという機能をもつことになる。しかし、学説では、銀行取引のような周知性の認められるかぎりにおいては肯認できるとしても、(52)事業者間においては公知性がないので第三者効を認めるのは疑問との見解がみられる。(53)さらに、事業者間においては交互計算（商法五二九条～五三四条）が用いられ、これは相殺を簡易化したものであるから、事業者間では相殺予約は無縁とも指摘されている。(54)このような見解に立つときは、法定相殺否定効力防衛機能は金融機関のみが利用できるにすぎないという限られた範囲のものになろう。

なお、相殺予約の法的効力については、正面から独自の担保手段としてとらえ「代物弁済予約類似の担保手段」(56)と説くほうがいいとする見解、(55)公知性を備えた約定＝代物弁済予約類似の制度とみるほうがよいとする見解、機能的には法定相殺の担保的機能を合意によって強化するところの「非典型的約定担保」とみる見解、(57)代物弁済予約にきわめて類似しているから譲渡担保、所有権留保などの非典型担保の一種とみる見解、(58)二当事者間相殺予約は債権質の設定に比肩すべき特殊な担保取引、いわば慣習法上の担保（一種の非典型担保）として独自性が認められるとする見解、(59)さらには「一種の債権質」の設定であるとか、(60)「動産質」の設定など典型担保と解する見解もみられる。(61)

［Ⅰ］**非典型相殺予約**　典型相殺予約では対応しきれない相殺のための予約の総称である。すなわち、本来、民法規定では相殺をするだけの条件を満たさない場合に利用されている。いわゆる多数当事者間相殺予約と代物弁済的相殺

予約が典型である。

前者は、本来、相殺者間では債権を持ち合ってはいないが債権を持ち合っているものとして相殺をするものである。親会社が取引先から仕入れを続ける間は、子会社の取引先に対する売掛金債権は親会社の買掛金によって担保するために三面的な相殺予約が行われる。また、AB間でAが手形の不渡りなどの信用不安状態に陥った場合には、BはBのAに対する債権と、Bの親会社たるYのAに対する債務を相殺する旨の相殺予約の対外効を最大判昭和四五年判決を引用して肯認した判例(62)がみられるし、最高裁平成七年判決は、本件相殺予約の趣旨は必ずしも明確ではないが、その法的性質を一義的に決することには問題がなくもないが、右相殺予約に基づきAのした相殺が、実質的にはYに対する債権譲渡といえることをも考慮すると、YはAがXの差押え後にした右相殺の意思表示をもってYに対抗することはできないとした原審の判断は是認できるとしている。(63)このような、多数当事者間相殺予約は、本来の相殺では当事者がねらう意図の実現が困難であることから利用されていることになる。

この多数当事者間相殺予約については、二当事者間における相殺予約による実質的担保取引という機能を転用した非典型担保であり、AがBに融資をするにあたって乙債権に債権質を設定しないで予約をするようなものであるから、債権質に準じて要件を設定すべきであり、民法四七四条二項の要件は無視してよい。その実質は、債権質、債権の譲渡担保ないし代物弁済の予約のうち、債権の代物弁済の予約が一番近いとする見解がある。(64)このほか、債権質または債権譲渡担保と同様であり、対抗要件を充たせば対外的効力を認めてもよいとする見解、(65)乙債権につき代物弁済の予約をしたと同じ実質をもち、第三者に対する対抗要件は必要とする見解、(66)実質上一体であるから二者間相殺に還元して第三者効を肯定する見解、(67)担保物権ではないから公示方法の具備を要件とすべきではなく、三者の合意による相殺の期待利益が存すれば足りるとする見解(68)などがみられる。

後者については外貨債権と円債権など異種通貨間の相殺予約が典型である。インパクトローンと円預金の相殺予約、金融デリバティブズに関する相殺予約、パーティシペーションに関する相殺予約、一括支払システムに関する相殺予約、代理貸付の回金義務に関する相殺予約、貸付有価証券に関する相殺予約なども類似のものとされている。[69] これらはいずれも、本来の相殺では実現が困難とされることから利用されているものである。異種債権間相殺予約については判例の見解は明らかでない。学説に委ねられている状態である。ただ、異種債権間相殺予約のうち、異種通貨間相殺予約で外貨債権と円債権は債権の内容としては同じであると解する見解に立てば、本来の相殺予約と異なるところはない。債権の内容が異なるものとすると相殺適状を作り出す予約ということになる。

しかし、このような異種債権間相殺についての担保的効力内容としては、本来の相殺予約と本質的には異なるものではないといえよう。

## 三 「担保的予約」現象と予約類型上の特徴

椿博士は、予約の効力の観点から、①法的効力欠落合意、②義務型予約、③完結権型予約、④条件付契約に区分し、この四分論そのものはさらに細分化されることが考えられると指摘される。[70] ②型予約の場合は、予約が行われると当事者の一方（予約権利者）が、将来、本契約の申込をすれば、他方（予約義務者）は予約で定められた内容の本契約について承諾しなければならない義務を負担し、この承諾をまってはじめて本契約が成立することになる。この場合には、承諾をしない相手方に対し承諾を求める訴えを提起して判決を得なければ本契約は成立しないことになる（民法四一四条二項但書）。なお、本契約締結の申込に対して承諾すべき義務を負うものが双方のときが双務予約、一方のみのときが片務予約である。[71] 椿博士はまた《務》型予約とも呼び[72]、倉田元判事は債権的予約と呼んでいる。[73] ③型予約の場合は、予約が行われると当事者の一方が、将来、本契約完結の意思表示をすれば、他方の承諾を待つことなく、当然に本契約が成立することになる。双方が完結の意思表示のできるときが双方予約、一方のみのときが一方予約である。[74] これを椿博士は《方》予約と呼び[75]、倉田元判事は形成権的予約と呼んでいる。[76]

**表1**

| 予約の類型 | A | B | C | D | E | F | G | H | I |
|---|---|---|---|---|---|---|---|---|---|
| 法的効力欠落合意 | | | | | | | | | |
| 《務》型予約・義務型予約 | | | | | ? | | * ? | | |
| 《方》方予約・完結権型予約 | * | * | * | * | * | * | * | * | * |
| 停止条件付契約 | | * | | | * | | * | * | |

前述の担保的予約現象についての理論状況を、このような予約の四分論に対応させてみたのが、**表1**である。

これによると、保証予約には請求によって保証書を出しますというような《務》型もあり、債権譲渡予約の予約型にも《務》型は理念としては考えられないものではない。しかし、これらは実際にはどのように使われているのか相手方の承諾を得るとすることにつき疑問である。このようなことから、実際は、担保的予約は《方》型一方予約・完結権型一方予約と停止条件付契約のみか、あるいは集中しているということがいえよう。このことは、本来型予約との関係からみて担保的予約の特徴といいきることができるかどうかは、これだけでは判断できない。我妻博士も、《務》型予約では相手方型の承諾を得なければ本契約上の履行請求ができないのは迂遠な回り道になるから、予約は《方》型予約によることになると指摘され[77]、椿博士も、予約といえば《務》型は存在意義が減少し、《務》型でも《方》型を前提として本契約の履行請求を認めるべきであるとする見地からみると担保的予約も同じであると指摘される[78]。このような見地からみると担保的予約の特徴とのみいいきることはできないことになる。しかし、本来型予約では《務》型は残りうる余地はあるが、担保的予約では《務》型はなくなる。その原因は、担保的効力の強化にある。《務》型では担保的効力は望みえないからである。担保的予約では本契約同様の担保力をとどめたいということの結果である。さらに担保的予約では《方》型と停止条件契約型との併存が多くみられる。このことは、本契約化への意識の現われとみることができよう。このことからさらには、予約と称しながら実は本契約であるもの[79]、すなわち「予約という名前の本契約[80]」であるとみられるものとして、保証予約・再売買予約・代物弁済予約・売買予約・相殺予約・債権譲渡予約などを挙げる見解もみられる(81)。このようにして、担保的予約では本契約化を内包しているというのが特徴ということができる。ただ、担保的予約の本契約化といわれる場合の本契約的効果内容について、それが予約の時点で予定されている本契約の効力内容、すなわち予約されている本契約上の履行請求権を発生させるものであるかどうかは疑問である。このような担保的予約では、その予約によって本契約としての担保的効力を生じさせることを意味するにすぎないのであって、本契約上の履行請求権まで発生させるものではない点に留意すべきではないかと思われる。それとともに、予約完結の時点においても本契約の内容となっている利益享受にあたって修正を受けるのが常である点についても留意すべきであろう。

## 四 「担保的予約」現象と予約の効果メカニズム上の特徴

本来型予約の効果メカニズムについてみると、理念型としての予約では、《務》型の場合は、予約が成立すると、なす債務=本契約成立義務が発生し、それに基づいて義務履行を請求して、承諾があると本契約が成立するかあるいは承諾のない場合は本契約の成立を求める訴えを提起し判決代用訴訟を求める。このことにより本契約の内容となっている利益享受のための履行請求が行われることになるし、不承諾に帰責理由があれば損害賠償もできる。もっともこれに対して、《務》型でも契約内容の確定性の強い場合は判決代用訴訟で履行を請求できる場合もあるとの見解もある。《方》型の場合は、予約完結権を行使すると本契約が成立し、本契約の内容となっている利益享受の履行を求めることができる。この場合に、予約完結による本契約成立という要素は入るが機会的に本契約上の効果に流れ込んでいくわけで、実質的には本契約上の履行請求になる。停止条件付契約では、条件成就すると本契約が成立し、ただちに本契約の内容となっている利益享受の履行を請求できることになる。

このような理念型としての予約の効果メカニズムを表にしたのが**表2**である。

**表2**

| 予約締結 | 非法的行為 | 予約上の効果 | 本契約上の効果 |
|---|---|---|---|
| 《務》型予約 | → | ・「なす債務」＝本契約成立協力義務＝本契約の成立を求める訴え＝判決代用<br>・協力拒否（＋帰責事由）＝予約不履行＝金銭賠償 | →本契約成立＝履行請求権　強制履行<br>・履行拒否、不能（＋帰責理由）＝本契約不履行＝損害賠償 |
| 《務》型予約 確定生が高い場合（椿見解） | → | 判決代用訴訟　否定 | 履行請求・強制履行 |
| | → | 判決代用訴訟 | 履行請求・強制履行？ |
| 《方》型予約 | → | ・予約完結権行使<br>・本契約の成立を求める訴え不要との見解＝実質本契約履行請求 | →本契約上の履行を求める訴え・強制履行 |
| 停止条件付契約 | → | ・条件成就 | 本契約成立＝履行請求権　強制履行<br>・履行拒否、不能（＋帰責理由）＝本契約不履行＝損害賠償 |

担保的予約現象についての先の理論状況に基づいて、かかる理念型予約の効果メカニズムと比較する意味で、表示したのが**表3**である。

**表3**

| | 非法的行為 | 予約上の効果 | 本契約上の効果 |
|---|---|---|---|
| [A]売買予約<br>売買＋予約<br>《方》型予約 | 〈法形式上の効果メカニズム〉 | ・所有権移転義務<br>・所有権未移転<br>・買主・予約完結権行使 | ・売買成立＝所有権移転＝本登記 |
| | 〈担保効果メカニズム〉 | ・債権存在<br>・債権者・予約完結権行使<br>＊実質担保権実行 | 所有権移転<br>・仮登記から本登記<br>・債権弁済＝消滅<br>・清算関係<br>・優先権対抗<br>＊売買契約成立と履行が同時・履行内容が売買契約と異なる＝仮登記担保 |
| [B]代物弁済予約<br>代物弁済＋予約<br>《方》型予約 | 〈法形式〉 | ・所有権移転義務<br>・所有権未移転<br>・債権者・予約完結権行使 | ・代物弁済成立＝債務消滅＝本登記 |
| | 〈担保効果〉 | ・債権存在<br>・債権者・予約完結権行使<br>＊実質担保権実行 | ・所有権移転により弁済＝債権消滅<br>・仮登記から本登記<br>・清算関係<br>・優先権対抗<br>＊ただちに代物弁済の効果発生・効果内容が異なる＝仮登記担保 |

| 予約の類型 | 区分 | 要件 | 効果 |
|---|---|---|---|
| 停止条件付代物弁済予約 | 〈法形式〉 | ・条件成就<br>・所有権未移転 | ・代物弁済成立＝所有権移転＝債務消滅 |
| | 〈担保効果〉 | ・条件成就 | ・所有権移転により弁済＝債権消滅<br>・清算関係<br>・優先権対抗<br>＊《方》型予約と同じ |
| [C]再売買予約<br>売買＋再売買＋予約＋仮登記<br>《方》型予約 | 〈法形式〉 | | ・売買・所有権移転＝代金支払 |
| | | ・所有権再移転義務 | |
| | | ・売主・予約完結権行使 | ・再売買成立＝所有権取得<br>・約定代金支払 |
| | | ・売主・予約完結権不行使 | ・所有権確定的帰属 |
| | 〈担保効果〉 | ・債権不存在<br>・債務者・予約完結権行使 | ・所有権再移転<br>・再売買代金支払＝実質債務弁済<br>・最初の売買代金額＋利息相当額？ |
| | | ・債権不存在<br>・債務者・予約完結権不行使<br>＊実質担保権実行 | ・再売買代金不払い<br>・所有権確定的帰属<br>・実質債務消滅<br>＊再売買関係と異なる効果＝売渡担保 |
| [D]譲渡担保予約<br>動産譲渡担保予約 | | ・動産譲渡担保契約成立義務 | ・担保契約成立＝動産所有権移転 |

| | 〈法形式〉 | 〈担保効果〉 |
|---|---|---|
| 担保契約＋予約<br>《方》型予約 | ・債権存在<br>・動産所有権未移転<br>・債権者・予約完結権行使 | ・債権存在<br>・債権者・予約完結権行使<br>＊実質担保権実行 |
| ↓ | ・占有改定＝対抗要件具備<br>・譲渡担保権実行＝動産所有権帰属<br>・清算義務<br>・優先権対抗 | ・動産所有権帰属<br>・動産引渡請求<br>・債権消滅<br>・清算義務<br>＊担保契約成立と実行が同時＝動産譲渡担保と異ならない（吉田） |
| 不動産譲渡担保予約<br>担保契約＋予約＋仮登記<br>《方》型予約 | ・不動産譲渡担保契約成立義務<br>・債権存在<br>・不動産所有権未移転<br>・債権者・予約完結権行使 | ・債権存在<br>・債権者・予約完結権行使<br>＊実質担保権実行 |
| ↓ | ・担保契約成立＝不動産所有権移転<br>・譲渡担保権実行＝不動産所有権帰属<br>・仮登記の本登記<br>・不動産引渡請求<br>・清算義務<br>・受戻し<br>・優先権対抗 | ・不動産所有権帰属<br>・仮登記の本登記<br>・不動産引渡請求<br>・清算義務<br>・受戻し<br>＊担保契約成立と実行が同時・効果内容は同じ＝仮登記担保の一類型との見解（吉田） |

| | | | |
|---|---|---|---|
| 集合動産譲渡担保予約<br>担保契約＋予約<br>《方》型予約 | 〈法形式〉 | ・集合動産担保契約成立義務<br>・集合動産上の担保権不存在<br>・個別動産上への権利不存在<br>・債権存在<br>・債権者・予約完結権行使 | ＊完結権行使により不動産譲渡担保が成立するが実行時まで最終目的は先送り（吉田）・疑問<br>・担保契約成立＝集合動産上に担保権存在＝個別動産上にも及ぶ<br>・占有改定で対抗<br>・譲渡担保権実行＝個別動産帰属<br>・動産引渡請求<br>・清算義務<br>・受戻し<br>・優先権対抗 |
| | 〈担保効果〉 | ・債権存在<br>・債権者・予約完結権行使<br>＊実質担保権実行 | ・集合動産譲渡担保成立・個別動産帰属<br>・占有改定で対抗<br>・動産引渡請求<br>・清算義務<br>・受戻し<br>・優先権対抗<br>＊担保契約成立と同時に実行・ただちに個別動産に実行・効果内容は同じ＝価値枠説や債権的効果説と同様（吉田）・疑問 |
| [E]将来債権譲渡予約<br>将来債権譲渡契約＋予約＋通知書留保 | 〈法形式〉 | ・債権譲渡担保契約成立義務<br>・譲渡債権未発生・未移転 | ・債権譲渡契約成立＝譲渡債権移転<br>・通知 |

《方》型予約

・通知留保
・債権存在
・譲受人・予約完結権行使

・優先権対抗

〈担保効果〉

・債権存在
・債権者・予約完結権行使
＊実質担保権実行

・譲渡債権により弁済＝譲渡債権消滅
・通知により対抗
・優先権対抗
・超過額返還
・不足額・債務残存
＊債権取得が目的ではなく、譲渡された債権により現実に債権が弁済される＝代物弁済の予約に類似（宮廻）
＊債権譲渡契約成立と同時に債権消滅

停止条件付債権譲渡契約

〈法形式〉

・条件成就
・譲渡債権未移転
・通知留保？

・債権譲渡契約成立
・譲渡債権移転
・通知

〈担保効果〉

・条件成就

・譲渡債権により弁済＝債権消滅
・通知により対抗
・優先権対抗
・超過額返還
・不足額・債務残存
＊《方》型予約と同じ

［F］併用賃貸借予約
賃貸借＋予約＋仮登

・賃貸借契約締結義務

・賃貸借契約成立

| | | | |
|---|---|---|---|
| 記<br>《方》型予約 | 〈法形式〉 | ・債権存在 | ・賃借権設定<br>・優先権対抗 |
| | 〈担保効果〉 | ・債権存在<br>・抵当権者・予約完結権行使<br>・実質妨害除去請求 | ・賃借権取得<br>・第三者賃借権排除請求<br>・優先権対抗<br>＊本来の賃借権取得が目的ではない<br>＊短期賃借権排除手段＝担保価値確保 |
| [G]保証予約<br>保証契約＋予約<br>《務》型予約 | 〈法形式〉 | ・保証契約締結義務<br>・申込＝承諾<br>・承諾不履行＝判決代行<br>・保証債務不存在<br>・債権存在 | ・保証契約成立<br>・保証債務履行請求<br>・弁済＝主債務消滅 |
| | 〈担保効果〉 | ・申込＝承諾<br>・承諾不履行＝判決代行<br>・債権存在<br>・実質担保権実行？ | ・保証債務履行請求<br>・弁済＝主債務消滅<br>＊保証契約成立と同時に保証債務履行請求？＝相手方の承諾が要件 |
| 保証契約＋予約<br>《方》型予約 | 〈法形式〉 | ・保証契約締結義務<br>・債権存在<br>・保証債務不存在<br>・債権者・予約完結権行使 | ・保証債務成立<br>・保証債務履行請求<br>・弁済＝主債務消滅 |
| | 〈担保効果〉 | ・債権存在<br>・債権者・予約完結権行使 | ・保証債務履行請求・弁済＝主債務消滅<br>＊保証契約成立と同時に保証債務履行請求＝保証契約実行と同じ |

**停止条件付保証契約**

*実質担保権実行

・保証債務不存在
・債権存在
・条件成就

・保証契約成立＝保証債務発生
・保証債務履行請求
・保証債務履行＝主債務消滅
・保証債務履行請求・弁済＝主債務消滅
*《方》型予約と同じ

---

**[H]相殺予約**
相殺契約＋予約
《方》型予約

〈法形式〉
・相殺適状作出合意
・自働債権者・予約完結権行使
・債権存在

・相殺適状作出
・相殺権行使
・債権消滅
・相殺適状＝相殺効果発生＝債権消滅

〈担保効果〉
・債権者・予約完結権行使

・第三者効承認
*完結権行使により相殺適状＝相殺効発生＝債権消滅が同時・実質優先権確保＝相殺と同じ

**停止条件付相殺**

・条件成就

・相殺適状作出
・相殺権行使
・債権消滅
・相殺適状＝相殺効果発生＝債権消滅
・第三者効承認
*《方》型予約と同じ

---

**[I]非典型相殺予約**
《方》型予約

〈法形式〉
・異種債権・異当事者間債権相殺合意
・自働債権者・予約完結権行使

・異種債権・異当事者間債権相殺適状
・相殺権行使

| | | |
|---|---|---|
| 〈担保効果〉 | ・債権者・予約完結権行使 | ・債権消滅<br>・異種債権・異当事者間債権相殺適状＝相殺効果発生＝債権消滅<br>・第三者効主張<br>＊相殺要件の修正＝典型相殺で対応できない相殺 |

以上の表をながめてみる。担保的予約の効果メカニズムについてみると、その形式上による効果メカニズムと、担保的効果に注目した効果メカニズムの二様に構成することが可能である。椿博士も、ある予約は真正予約（＝本来型予約と呼ぶ）と担保的予約のいずれにもなりうる場合が多いと指摘されている[82]。ここでは、担保的効果メカニズムに焦点をあてながら**表3**を分析してみると以下のようなことが指摘できよう。

本来型予約の効果メカニズムは「↓・⬇」型であるのに対して、担保的予約では法形式上の効果メカニズムは同様であるが、担保的効果メカニズムは「⬇か「⬇」型である点に特徴がみられる。もっとも、このことは典型予約でも「⬇」型があり、これに対応する要素もあるが、本来型予約の「⬇」型では本契約の内容となっている利益享受の履行請求の効果を生じさせるのに対し、担保的予約では必ずしも本契約上の担保的効果が生ずるものではない点で異なっている。このことから、本来型予約では予約成立↓完結権行使↓本契約成立↓履行請求↓目的達成のメカニズムをたどるのと異なり、担保的予約では予約成立↓完結権行使・条件成就＝担保的効果発生＝目的達成のメカニズムになっていることがわかる。そこで担保的予約では、完結権行使あるいは条件成就が実質担保権行使の実体をもっていることから、予約状態の時点で担保的契約が成立しているのと同様の状態にあるとみることができる。なお、この意味で「⬇」型と「┃」型の異同、すなわち《方》型予約と停止条件付契約型とでは、完結権行使を必要とするか否かで差異はあるが、完結権行使ないし条件成就後には、差異はみられないことから、実質は同一の担保的契約とみることができよう。すなわち、いずれの型でも実質は、条件の成就を待つだけという効果メカニズムを担っているといえる。担保的効果メカニズムは予約＝本契約であり、予約⇩本契約へではないという特徴がみられるのである。このため、担保的予約では、本契約の効果がはじめから予定されているということになるが、その場合の本契約の効果内容が本来的予約と異なるものであるのも特徴である。たとえば、代物弁済予約についてみると、本来型予約では予約完結権行使ないし条件成就→所有権帰属→債権消滅という代物弁済としての効果であるのに対して、担保的予約では予約完結権行使→帰属清算あるいは処分清算→債権消滅という効果である点で異なっているのである。

なお、担保的予約では第三者との関係において、対抗ないし優先主張することができるという効果が内包している点も特徴的である。このことから、担保的予約では、予約についての対抗ないし優先主張の根拠づけ、あるいは公示などが常にセットされて問題とされることになる。

以上のことから、担保的予約の効果メカニズムに注目して分類をしてみると、①予約されている本来の担保的契約上の効果を発生させる担保的予約＝実質は本契約としての担保的契約と異ならない担保的予約（D・E・G・H）、②予約されている本来の契約で予定されている履行請求と異なる効果の生ずる担保的予約＝実質、担保的契約に転化した担保的予約（A・B・C・I）、③従来の担保的契約で対応しきれない担保的契約作出のための担保的予約（I）の三類型に分けることができよう。ただ、これらの三類型に、担保効果としての違いがあるかどうかは疑問である。

## 五　「担保的予約」現象と予約の機能上の特徴

### 1　本来型予約の機能

予約の機能についていては、要約すると次のような指摘がみられる。(83)

①法律上または事実上の理由から事態が熟していない場合＝事態未成熟時利用予約、②経済的成果を直接・終局的に

生じさせる意図がない場合＝経済的成果保留予約、③本契約なら否定される効力の防衛を図る＝本契約効力防衛予約、④本契約では法的支障があるために回避のために使う＝法的支障回避予約、⑤本契約では当事者が狙う意図の実現が困難な場合に使う＝別効果実現予約、⑥本契約成立へのプレッシャーによる締約促進ないし強制のために使う＝締約促進予約、⑦契約からの離脱の容易さの確保＝契約離脱予約、⑧対第三者効の確保＝第三者効確保予約などである。

## 2 担保的予約の機能面の特徴

そこで、前述した担保的予約現象について、これらの本来型予約の機能と対比させてみると、どのような特徴がみられるかである。

(1) 権利移転担保予約＝権利移転ないし権利移転予約としての効果内容を狙いとする担保的予約

売買予約、代物弁済予約、再売買予約がその典型である。また、譲渡担保予約あるいは債権譲渡予約を仮登記担保の一種と解する見解によれば、この種の機能をもった予約ということになる。このような権利移転担保予約は、たとえば売買契約上の履行請求権、代物弁済上の履行請求権の発生を狙いとしたものではない。本来的予約と異なり、本契約上の履行請求を狙いとするものではなく、権利移転の予約を用いての被担保債権の弁済確保が目的である。このことから、担保価値支配構成を採る典型担保と異なる権利移転型担保制度の創設を狙いとするものである。この意味では、本来型予約の機能としてはみられない特徴をもつ予約である。担保的予約としては、特に重要視されるものである。ただ、このような予約の典型とされる売買予約や代物弁済予約については、仮登記担保契約法の制定により法理論としては承認を得ることになるが、このため予約の法理からは放出されることになった。他方、法律により承認はされたけれども、そのことが逆にそこで狙いとした担保としての機能を損なうことになったことから、譲渡担保への吸収という流れが生じ[84]、皮肉にもその存続が脅かされているのが現状である。

(2) 本契約制限回避予約＝本契約での制限や法的障害を回避することを狙いとした担保的予約

売買予約、代物弁済予約は担保価値支配構成の担保しか認めていない民法上の担保制度を回避するものとみることができるし、再売買予約は買戻しの制約回避、債権譲渡予約は危機否認や対抗要件否認を回避、保証予約は取締役会承認回避、非典型相殺予約（三者間相殺予約）は相殺要件回避を狙いとするものである。この意味では、本来型予約の④機能の域をでるものではない。このような担保的予約では、本契約上の履行請求権の確保は放棄されていないが、本契約上のさまざまな制約を回避することを狙いとしていることから脱法的な要素を払拭しきれない。このことから、担保価値支配構成回避を狙いとする売買予約や代物弁済予約については、一応は立法で承認しながら、本来の狙いとした経済的機能を奪いとり機能不全を生じさせていることは前述したところである。また、債権譲渡予約、保証予約、非典型相殺予約についても、それによって回避しようとした狙いについては、判例はいずれも否定的である。このことからすると、本契約制限回避のための担保的予約は、有用性を発揮するに至っていないといえる。

⑶　本担保契約予約＝本担保契約の締結を予約する担保的予約

譲渡担保予約は本契約である譲渡担保の締結を予約すると解する見解、保証予約は本契約である保証契約の締結を予約すると解する見解に立つときは、これらの予約は本担保契約予約ということになる。このような担保的予約は、本来型予約機能の①機能あるいは、特に②⑥機能に対応するものであろう。しかし、このような担保的予約については、実質は譲渡担保あるいは保証と異なるところはないとする見解がみられる。さらに、保証予約をこのような担保的予約と解することについては実際上の意味があるとの指摘もあるが、担保としての効果確保として法的には何の意味もないのではないだろうか。それは、予約法理の効果にとどまるにすぎないのである。

⑷　担保力補強予約＝本契約よりも担保力を補強することを狙いとした担保的予約

売買予約、代物弁済予約は本契約上の履行請求権を取得することによる丸取りを、再売買予約では再売買代金の制限回避を、併用賃貸借予約は本契約上の履行請求権の確保の意思はないが妨害排除力による短賃排除を狙いとするもので、いずれも担保力補強のための担保的予約といえる。これは、本来型予約の⑤機能に対応するものである。しかしこのような担保的予約については、清算義務を課することによって丸取りを排したり、短賃排除については濫用的短賃法理により対応するなどして、その存続を否定する方向がみられる。さらに短賃排除に関しては、立法によって解決するに至っている。

⑸ 遡及的優先主張確保予約＝遡及的な優先力確保を狙いとしている担保的予約

売買予約、代物弁済予約、再売買予約、譲渡担保予約は仮登記で、債権譲渡予約は通知留保で、遡及的に対抗力を確保することを狙いとするものであり、相殺予約、非典型相殺予約も予約により相殺適状を確保することを狙いとする担保的予約である。本来型予約の⑧機能に対応する。そして、このような予約による遡及的対抗力確保については、判例や学説においても承認する傾向にあることからすると、このような担保的予約は有用性をもつかのように思われる。しかし、このような予約の機能は、本来型予約の機能それ自体に内包するものであって予約の法理から派生するものであるにすぎない。この意味では、特に担保的予約であることを強調する必要はない。

以上からすると、担保的予約とされてきた予約が本当に「担保」的といえるのかという疑問が生ずる。それは、「予約」から生ずる効果性を「担保」的と捉えているにすぎないのではないかということである。遡及的優先主張確保も、実態は予約法理のもつ対第三者対抗力にすぎないのではないかということであり、これが、担保的予約の特徴であるとすると、本来型予約のすべてが担保予約ということにならないかである。この意味では、担保的予約概念は、その経済的機能にのみ注目して、担保的な機能を生じさせる予約であるとの意味での整理概念として安易に用いられてきたにすぎない感がある。ただ、そのような状況にあって、唯一、権利移転ないし権利移転予約としての効果内容を狙いとする担保的予約＝権利移転担保予約については、本来型予約の機能を利用しながら、予約「担保」法理の形成を目指すものとみることができよう。これが、担保的予約を法的概念にまで昇華させるものであり、他の担保的予約現象についても、かかる観点から再考する必要があるように思われる。

## 六　いわゆる「予約担保」構成の試み

これまで担保的予約とされてきた予約についての諸見解は、本来型予約の諸機能に伴う担保的な側面に注目したものにすぎなかったことは前述した。すなわち、担保的予約は、現象的整理概念として漫然と用いられてきたにすぎない感が強い。法的概念としてみたとき、本来型予約とは異なるものとして、「担保としての予約」すなわち「予約担保」とまでいえるような担保的予約が存在する余地があるのかどうか検討する必要がある。

ところで、本来型予約では、予約の効果目的は本契約の内容とする利益の享受に向けられた履行請求権を発生させること、予約状態の効果としては履行請求権の発生可能性状態を作り出している状態であり履行請求権は未発生状態にあること、予約完結後に予約時に遡及して履行請求権を当事者および第三者に対して行使できるというメカニズムになっているとみることができよう。これに対し、「担保としての予約」では、その効果目的は担保であること＝ある種の担保形態を予定したものであること、予約時においてすでにその予定された担保形態に対応する担保的効果が発生していること＝「予約担保」権が設定されており、かつ予約時に担保的効力についての第三者対抗力が確保されていること、予約の完結は「予約担保」権の実行を意味することの諸要素が備わっていることに差異が求められる。このため、形式的効果メカニズムとしては本契約上の履行請求権を発生させるものではあるが、実質的にはその効果内容が修正され予約時点ですでにある種の担保力を備えた状態にある点に特徴がみられることになる。

かかる観点に立って、これまで担保的予約とされてきた予約について構成し直すと次のようになろう。

［A］**売買予約**　売買予約は、担保形態としては、権利取得予約の方法による担保制度化を狙いとするものである。この意味では、民法の予定する担保価値支配担保と異なる担保形態である「予約担保」と解すべきであろう。そして、前述のように、そのような権利取得予約担保として特別法によっても承認されるに至っている。仮登記担保契約法の制

定がそれである。このことからすると、本来型予約のように本契約上の履行請求権の予約としてではなく、予約時において、すでに権利移転予約型「予約担保」権が存在するものと構成するのが素直である。法形式的には所有権移転の予約ではあるが、担保の法理としては、仮登記に基づく本登記の際に清算金の支払と引換えに権利取得の履行を請求できる状態にあり[85]、かつ他者による法定換価手続を行われると被担保債権の優先弁済を受けることができるだけで本登記請求は許されない状態にあるでの[86]権利取得型の担保予約権が設定されたものと構成すべきであろう。このことの結果、予約完結時においては、権利移転と帰属清算ないし処分清算の方法による清算義務が伴い、仮登記によって対抗力を確保することができる権利移転予約型担保予約権ということになる。

**［B］代物弁済予約**　代物弁済予約については、売買予約と同様の担保予約と構成されよう。ただ、法形式上は、債務者が負担した本来の給付に代えて他の給付をなすことにより債権の消滅を請求できるものとしている点では異なるが、かかる差異は本来型予約としては異なることになるが、担保予約としてはなんらの差異も生じないことになろう。本来型予約に対する担保的予約の特徴がここにもみられることになる。

**［C］再売買予約**　再売買予約については、従来からも売渡担保の一種[87]であるとか、財産権移転と再移転からなる担保制度[88]であるとか、譲渡担保という状態での担保[89]であるとの見解がみられる。すなわち、単なる解除権の留保ではなく、担保権設定を意味すると解するのが有力である。そこで、再売買予約についてみると、売買予約のように権利移転を予約するのではなく、予約の時点で権利移転が生じている点で譲渡担保と同様に、権利移転担保権の設定を狙いとするものであると解すべきであろう。ただ、譲渡担保と異なるのは、法形式上は、売買予約では債務者ときには債務者側（物上保証人）に予約完結権があり、これを行使することによって買戻しができるという点だけである。しかし、このことは譲渡担保についても債務者の取戻権の認められていることとなんら異なるものではない。そして、予約完結権行使による買戻しができなくなった時点が、権利移転担保権の実行を意味することになり、債権者に清算義務が生ずることになる権利移転型担保予約権と構成するのが妥当といえる。

も、予約を成立した段階から予約完結権が行使されるまでの段階では、目的物の所有権は、予約上の債務者のもとにとどまり、予約上の債権者には移転していない点にある。

このことに留意しながら、不動産譲渡担保予約についてみると、不動産譲渡担保予約＋仮登記は仮登記担保の一類型とみられる可能性はあるが、代物弁済予約や停止条件付代物弁済は予約完結権行使や条件成就の時点で最終目的が達成されるのに対して、予約完結権行使により不動産譲渡担保が成立し、その実行時まで最終目的は先送りされる点で大きな差異があると指摘する見解がみられる(90)。しかし、単に不動産譲渡担保契約成立の予約であるにすぎないと解するときは、予約それ自体は担保ではないことになろう。そこで、担保性を強調するとなると不動産の所有権移転が予約担保権で確保されていると構成すべきである。それは代物弁済予約と同様の権利移転予約型担保予約ということになろう。このことによって、予約完結権行使と同時に私的実行される場合には仮登記担保と同様の機能を営むために仮登記担保法の準用ないし類推適用を根拠づけることが容易になろう。

集合動産譲渡担保予約については、集合動産譲渡担保予約と集合動産譲渡担保では個々の動産に対する効力の段階で差異がある点に違いがある。この点に注目して、集合動産譲渡担保予約では、予約では個々の動産には未だ効力が及んでいない。予約が完結すると集合動産譲渡担保が成立し個々の動産に担保力が及ぶとする見解(91)に立つと契約の成立を予約するのと異ならないことになる。そこで、予約そのものに担保性を認めるというのであれば、譲渡担保について所有権的構成をとるとすれば予約完結の時点でただちに集合動産が移転することが予約されている担保予約権が設定されるものと構成することになろう。それは代物弁済予約と同様の権利移転予約型担保予約ということになろう。担保的構成によるときは予約完結の時点でただちに集合動産上の担保権を実行することができるものと予約されている状態にあり、価値枠構成をとるのであれば予約完結の時点でただちに集合動産上の浮動担保権を実行することができるものと予約されている状態にあると解すべきであろう。また、集合動産譲渡担保予約の対抗要件についても、集合動産譲渡担保の設定の予約にすぎないと解するときは、集合動産の移転ないし集合動産上の担保権が存在していないのであるから理論的に占有改定で対抗できるとはいえないであろう。これに対して、集合動産上の予約担保権の対抗としてみるときはそれは可能ということになろう。

集合債権譲渡担保予約についても集合動産譲渡担保予約と基本的には同様である。ただ、対抗要件についての扱いが若干異なることになる。通常は、通知留保によることになるし、特債法によることは可能ということになろう。

以上のように譲渡担保予約を担保予約として構成するとすれば、予約の成立、予約完結権行使による譲渡担保権設定、譲渡担保権の実行という三段構成ではなく、予約の成立＝予約担保権の設定、予約完結権行使＝予約担保権の実行としての譲渡担保権の実行という二段構成によるのが妥当ということになろう。

**［E］債権譲渡予約**　債権譲渡予約については、権利移転予約担保であるとか、代物弁済予約に類似などの見解[92]がみられる。これらの見解では、債権譲渡予約を本契約としての債権譲渡の予約ではなく、それ自体が担保契約であると解している点が注目される。そこで、このことについては肯認できるとしても、権利移転予約担保ないし代物弁済予約と解することにつき問題はないかである。すなわち、その意味するところは明確ではないが、もし予約完結権を行使することにより債権を取得し、その後の弁済により被担保債権が消滅することになるとの意味であるとするならば、本担保契約の予約にすぎないことになり、本来型予約とは本質的には異なるところはない。しかし債権譲渡予約では、第三債務者に対する債権そのものの取得を目的とするものではなく、譲渡された債権によって現実に債務が全額弁済されてはじめて被担保債権を消滅させる狙いであるとの指摘[93]によるときは、目的となっているのは債権の取得だけではなく、当該債権による弁済を直接に受けることを狙いとしている予約として構成すべきではないかと思われる。それは、単なる債権取得予約ではなく、債権取得予約＋弁済受領を内容とする予約担保権の設定を意味するものとして構成すべきであろう。このことによって、予約完結時においては債権を取得するだけではなく弁済受領により被担保債権が消滅することになる。そこで、不足額があれば債務者に弁済責任があり、超過額については債務者に返還することになるのであ

る。なお、対抗要件については、あらかじめ譲渡通知書を預託しておいて債権者が適宜充当して第三債務者に通知するという方法によることになるが、それはあらかじめの対抗を予定するのではなく、予約完結権行使時に第三債務者に通知し、その時点に対抗力をつけて対抗していくだけと解されよう。そこで、最高裁平成一三年判決[94]が予約型債権譲渡の対抗要件について「本件譲渡予約については確定日付ある証書により上告人の承諾を得たものの、予約完結権の行使による債権譲渡について第三者に対する対抗要件を具備していない上告補助参加人は、本件ゴルフクラブ会員権の譲受けを被上告人に対抗することができない」と判示したことについては、債権譲渡予約を担保予約としてではなく単なる本来型予約としてしかみていない結果ということになり、妥当性に欠けるものといえる。[95]

［F］**併用賃借権設定予約**　併用賃借権設定予約は賃借権設定の予約という本来型予約の域を出るものではない。すなわち担保予約構成は困難である。

［G］**保証予約**　保証予約については、将来、保証の本契約を成立させることを内容とした契約であるが、実質的には保証していると変わりはないとの見解[96]や、既発生債務まで形成権を行使すると保証の効力を発生させるものなら保証とほとんど同じであるとの見解[97]がみられる。しかし、保証予約は保証の本契約の成立を予約するものであるとの構成を前提とするかぎりでは、保証と同様との見解を導き出すことは困難である。この場合は、予約完結により、保証契約が成立するだけのことである。これはまた、本来型予約の域を出るものではない。保証予約を担保として構成するとするならば、予約完結により保証契約が成立するのではなく、予約保証人に対してただちに保証債務の履行を求めることができると構成すべきであろう。保証契約との違いは予約であることにより、保証の場合の制限などの回避を根拠づけることができる可能性がある点のみが異なることになる。なお保証予約では、当事者間はこのような予約の拘束をうけ、予約保証人が拘束に応じないときはただちに保証債務不履行責任を問えることになるのである。

［H］**相殺予約**　相殺予約は将来一定の事由が生じたときには、当事者間の対立する債権について相殺をすることができる旨、ないし当然に相殺の効果が生ずる旨の予約の総称であるが、このようなもののうち二当事者間相殺予約に

ついては債権質の設定に比肩すべき特殊な担保取引、いわば慣習法上の担保（一種の非典型担保）としての独自性が認められるとする見解がみられる。(98) この見解は、相殺予約により受働債権上に担保権が設定されたものと解する点において、相殺予約を予約担保権として構成するものであって注目される。ただ、相殺予約では、それにとどまらず、予約完結時においては自働債権消滅という効果をも生じさせる担保予約権と構成すべきではないかと思われる。そこで、対抗要件としては、予約時にそのような効力内容が備えていることを主張できるものであることが必要である。それは、特約だけでよいのか、周知の事実だけでよいのか、取引慣行でよいのかについては検討の余地があろう。

### ［Ⅰ］非典型相殺予約

代位弁済的相殺予約については、二当事者間における相殺予約による実質的担保取引という機能を転用した担保（非典型担保）であり、たとえばAがBに融資をするにあたって、BのAに対する甲債権にではなく、CのAに対する乙債権に債権質を設定しないで予約をするようなものであるが、債権質、債権の譲渡担保ないし代物弁済、債権の譲渡担保ないし代物弁済の予約のうち、債権の代物弁済の予約が一番近いとの見解がみられる。(99) このため、債権質に準じて要件を設定すべきであって、民法四七四条二項の要件は無視してよいと解する。単に代物弁済的相殺の予約と構成するのではなく、担保として構成する点において注目される。ただ、債権の代物弁済予約であると解するときは、前述のような担保構成をしても債権移転型担保予約権が設定されたことになるだけであるから、予約完結時にただちに自働債権および受働債権とされた乙債権が消滅するものと解することはできないことになる。このことから、物上保証人との関係で予約完結時においては自働債権消滅という効果をも生じさせる担保予約権が設定されたものと構成すべきではないかと思われる。

なお、異種債権間相殺予約については、それが二当事者間での場合は、前述の相殺予約と同様の担保予約権の設定と解すれば足りるであろう。

以上、従来、担保的予約といわれてきた予約につき担保予約構成を試みたわけであるが、このような担保予約構成が許されるとすれば、その担保的予約は本来型予約とは異なる法規範概念としての特徴をもつことになり、それは「担保予約」とでもいうべき本担保契約ということになろう。それは、本来型予約の予約法理の域を脱して担保法理に転化したものとして位置づけることができるということになろう。もっとも、その場合の「担保予約」の担保内容はさまざまであって一律に統一することはできないし、その必要もないであろう。

## 七　おわりに

本稿では、担保的予約として捉えられてきた予約につき、いろいろな側面から、その特徴について検討を試みたものである。その結果、最後に試みたような「担保予約」としての構成をするのでないかぎり、担保的予約といわれたきた予約についても本来型予約における予約の法理の域を出るものではなく、「担保的」として捉えられているのは単なる現象に注目しての概念把握でしかないことが明らかになった。このため、今後は、担保的予約の研究としては、最後の試みのような「担保予約」構成の方向性の可能を探究する必要があるであろう。本稿は、この意味では一つの問題提起にとどまるものであるにすぎない。

（1）　椿寿夫「予約研究序説」法律時報六七巻八号（一九九五年）七五頁。
（2）　倉田注士「予約」遠藤浩ほか監修『現代契約法大系(1)』（有斐閣、一九八三年）二六〇頁。
（3）　椿寿夫「予約の機能・態様について――担保的予約論を導き出す序説として」河合伸一判事退官・古稀記念『会社法・金融取引法の理論と実務』（商事法務、二〇〇二年）二四一頁以下。
（4）　椿・前掲注(3)論文〔河合古稀〕二五一頁。
（5）　椿寿夫「再売買予約」法律時報六八巻一一号（一九九六年）七七頁。
（6）　なお、各担保的予約現象の詳細な検討は、ここでは留保する。
（7）　倉田・前掲注(2)論文二六一頁。

（8）小川幸士「予約の機能としては、どのような場合が考えられ、何を問題とすべきか」椿寿夫編『講座現代契約と現代債権の展望第五巻』（日本評論社、一九九〇年）九五頁。
（9）椿・前掲注（3）論文（河合古稀）二四一頁。
（10）倉田・前掲注（2）論文二六九頁。
（11）最判昭四二・一一・一六民集二一巻九号二四三〇頁。
（12）最判昭四四・三・二六民集二三巻三号二〇九頁。
（13）最大判昭四九・一〇・二三民集二八巻七号一四七三頁。
（14）椿・前掲注（3）論文（河合古稀）二四一頁。
（15）小川・前掲注（8）論文九三頁。
（16）椿・前掲注（5）論文「再売買予約」七七頁。
（17）倉田・前掲注（2）論文二六五頁、小川・前掲注（8）論文九三頁。
（18）槇悌次「譲渡担保の意義と設定」『叢書民法総合判例研究⒄』（一粒社、一九七六年）一〇頁。
（19）椿・前掲注（5）論文「再売買予約」八二頁。
（20）小川・前掲注（8）論文九四頁。
（21）椿・前掲注（5）論文「再売買予約」八一頁。
（22）椿・前掲注（3）論文（河合古稀）二四一頁。
（23）吉田真澄「譲渡担保の予約」法律時報六八巻一一号（一九九六年）八四頁。
（24）吉田・前掲注（23）論文八四頁。
（25）吉田・前掲注（23）論文八五頁。
（26）吉田・前掲注（23）論文八八頁。
（27）吉田・前掲注（23）論文八六頁。
（28）吉田・前掲注（23）論文八五頁。
（29）吉田・前掲注（23）論文八六頁。
（30）宮廻明美「将来債権の包括的譲渡予約と否認権の行使」法律時報五五巻八号（一九八三年）一一七頁。
（31）宮廻・前掲注（30）論文一一八頁。

(32) 小川・前掲注(8)論文九九頁。
(33) 梅本宏「集合債権譲渡担保に関する問題点」判例タイムズ五一〇号(一九八四年)七一頁。
(34) 宮廻・前掲注(30)論文一一九頁。
(35) 池田真朗「債権譲渡特例法の評価と今後の展望㊤㊦」NBL六五六号三三頁以下、六五七号二三頁以下(一九九八年)参照。
(36) 池田・前掲注(35)論文㊦二四頁。
(37) 池田・前掲注(35)論文㊦二五頁。
(38) 最判昭五二・三・一八民集三〇巻二号一一一頁、最判平成元・六・五民集四三巻六号三五五頁。
(39) 高木多喜男「解説」平成元年度重要判例解説(一九九九年)七六頁。
(40) 椿・前掲注(3)論文〔河合古稀〕二四一頁。
(41) 峯崎二郎「保証予約の担保的機能とその実務」『担保法大系⑸』(有斐閣、一九八四年)一三九頁、吉田光碩「保証予約について」法律時報六八巻四号(一九九六年)七五頁。
(42) 谷啓輔「保証の予約(支払承諾型)」堀内仁監修『銀行実務判例総覧』(経済法令研究会、一九八七年)四八八頁。
(43) 伊藤進ほか「座談会/銀行取引と保証をめぐる諸問題」金融法務事情一四二一号(一九九五年)一五頁〔菅原胞治発言〕。
(44) 伊藤ほか・前掲注(43)一四頁〔江口浩一郎発言〕。
(45) 東京高判平一一・一・二七金判一〇六二号一二頁。もっとも本判決では相手方には過失がなく保証予約は有効としている。
(46) 伊藤ほか・前掲注(43)一四頁〔菅原発言〕。
(47) 小川・前掲注(8)論文九三頁。
(48) 伊藤ほか・前掲注(43)一五頁〔塚原朋一発言〕。
(49) 拙稿「差押と相殺」星野英一編『民法講座4債権総論』(有斐閣、一九八五年)四四四頁。
(50) 詳細は、拙稿・前掲注(49)論文四四三頁以下参照。
(51) 最大判昭四五・六・二四民集二四巻六号五八七頁。
(52) 好美清光「銀行預金の差押と相殺㊤」判例タイムズ二五五号(一九七一年)一四頁以下。
(53) 小川・前掲注(8)論文九八頁。
(54) 小川・前掲注(8)論文九六頁。
(55) 米倉明「差押と相殺」ジュリスト四六〇号(一九七〇年)九七頁。

(56) 石田喜久夫＝木棚照一「判批」法律時報四三巻一号（一九七一年）一一八頁。
(57) 四宮和夫「判批」法学協会雑誌八九巻一号（一九七二年）一四四頁。
(58) 塩崎勤「相殺予約の対外的効力について」金融法務事情一〇〇号（一九八二年）一三頁。
(59) 平野裕之「判批」銀行法務21五二七号（一九九六年）七頁。
(60) 椿寿夫「預金担保」加藤一郎＝林良平＝河本一郎編『銀行取引法講座㊦』（金融財政事情研究会、一九七六年）一五八頁〔『民法研究Ⅱ』（第一法規出版、一九八三年）所収〕。
(61) 林錫璋「いわゆる相殺の担保的機能」法政論集（名古屋大学）八八号（一九八一年）一四六頁。
(62) 神戸地判昭六三・九・二九判タ六九九号二一一頁。
(63) 最判平七・七・一八金判九九八号三頁・判時一五七〇号六〇頁。
(64) 平野・前掲注(59)論文七頁。
(65) 新美育文「判批」判例タイムズ七七一号（一九九二年）三六頁。
(66) 山田誠一「判批」金融法務事情一三三一号（一九九二年）三二頁。
(67) 吉田光碩「判批」判例タイムズ七八六号（一九九二年）三五頁。
(68) 松本崇「判批」判例タイムズ七七三号（一九九二年）七四頁。
(69) 大西武士「非典型相殺予約と利益考量試論」法律時報六八巻八号（一九九六年）九〇頁以下参照。
(70) 椿寿夫「予約の機能・効力と履行請求権⑴」法律時報六七巻一〇号（一九九五年）六二頁。
(71) 我妻栄『債権各論　中巻一』（岩波書店、一九五七年）二五四〜二五六頁。
(72) 椿・前掲注(1)論文「序説」七六頁。
(73) 倉田・前掲注(2)論文二五三頁。
(74) 我妻・前掲注(71)書二五四〜二五六頁。
(75) 椿・前掲注(1)論文「序説」七六頁。
(76) 倉田・前掲注(2)論文二五三頁。
(77) 我妻・前掲注(71)書二五五頁。
(78) 椿寿夫「予約の機能・効力と履行請求権⑷・完」法律時報七〇巻二号（一九九八年）九三頁以下。
(79) 小川・前掲注(8)論文八四頁。

(80) 来栖三郎『契約法』(有斐閣、一九七四年)一三一～一四頁、三宅正男『契約法各論上巻』(青林書院、一九八三年)一四八頁。
(81) 小川・前掲注(8)論文九一頁以下。
(82) 椿・前掲注(3)論文〔河合古稀〕二四三頁。
(83) 椿・前掲注(70)論文「予約の機能・効力と履行請求権」六一頁に依拠しながら諸見解を要約したものである。
(84) 椿・前掲注(3)論文〔河合古稀〕二四〇頁。
(85) 倉田・前掲注(2)論文二六九頁。
(86) 倉田・前掲注(2)論文二六九頁。
(87) 倉田・前掲注(2)論文二六五頁。
(88) 槇・前掲注(18)論文一〇頁。
(89) 椿・前掲注(3)論文〔河合古稀〕二四〇頁。
(90) 吉田真澄・前掲注(23)論文八四頁。
(91) 吉田真澄・前掲注(23)論文八六頁。
(92) 宮廻・前掲注(30)論文一一九頁。
(93) 宮廻・前掲注(30)論文一一九頁。
(94) 最判平一三・一一・二七民集五五巻六号一〇九〇頁。
(95) 渡邉拓「いわゆる『予約型』債権譲渡担保の対抗要件ならびに対抗要件否認に関する一試論」法政研究七巻一号(二〇〇二年)一九〇頁参照。
(96) 小川・前掲注(8)論文九二頁。
(97) 塚原・前掲注(48)一五頁。
(98) 平野・前掲注(59)論文七頁。
(99) 平野・前掲注(59)論文一〇頁。

〈著者紹介〉
昭和11年3月　大阪府松原市に生まれる。
昭和33年3月　明治大学法学部卒業
昭和35年3月　明治大学大学院法学部研究科修士課程修了
現　在　明治大学法科大学院長・教授
元司法試験考査委員
金融法学会常務理事

〈主要著書〉
銀行取引と債権担保（昭和52年・経済法玲研究会）
担保法概説（昭和59年・啓文社）
担保物件Ⅰ〔共著〕（昭和58年・啓文社）
民法Ⅲ〔共著〕（昭和62年・日本評論社）
担保物件法講義〔共著〕（昭和55年・勁草書房）
不法行為法の現代的課題（昭和55年・総合労働研究所）
リース取引全書〔共編著〕（昭和62年・第一法規出版）
司法書士法務全集〔共編著〕（平成4年・第一法規出版）
授権・追完・表見代理論〔私法研究第1巻〕（平氏元年・成文堂）
任意代理基礎論〔私法研究第2巻〕（平成元年・成文堂）
民事執行手続参加と消滅時効中断効（平成16年・商事法務）

担保制度論
私法研究著作集　第一五巻
平成一七年七月五日　第一版第一刷発行　©
著作者　伊藤　進
発行者　今井　貴
発行所　信山社出版㈱
113-0033 東京都文京区本郷六―二―九
モンテベルデ第二東大前一〇二号
電話　〇三(三八一八)一〇一九
FAX　〇三(三八一八)〇三四四
製作　㈱信山社
信山社笠間支店／稲葉・小池
販売　信山社販売㈱
印刷・製本　松澤印刷・大三製本
ISBN4-7972-9161-3　C3332
NDC 324.551
9161-01011, P408, ¥12000E
出版契約№ 9161-01011